中国文化哲学研究 ◎ 第一辑

文化与境界

陆杰荣/霍桂桓 ◎ 主编

中国社会科学出版社

图书在版编目(CIP)数据

中国文化哲学研究. 第1辑，文化与境界／陆杰荣，霍桂桓主编.
—北京：中国社会科学出版社，2015.12
ISBN 978-7-5161-7417-3

Ⅰ.①中… Ⅱ.①陆…②霍… Ⅲ.①文化哲学—中国—文集 Ⅳ.①G02-53

中国版本图书馆CIP数据核字（2015）第310635号

出 版 人	赵剑英
责任编辑	冯春凤
责任校对	张爱华
责任印制	张雪娇

出　　版	中国社会科学出版社
社　　址	北京鼓楼西大街甲158号
邮　　编	100720
网　　址	http://www.csspw.cn
发 行 部	010-84083685
门 市 部	010-84029450
经　　销	新华书店及其他书店

印　　刷	北京君升印刷有限公司
装　　订	廊坊市广阳区广增装订厂
版　　次	2015年12月第1版
印　　次	2015年12月第1次印刷

开　　本	710×1000　1/16
印　　张	22.25
插　　页	2
字　　数	365千字
定　　价	79.00元

凡购买中国社会科学出版社图书，如有质量问题请与本社营销中心联系调换
电话：010-84083683
版权所有　侵权必究

《中国文化哲学研究》学术编辑委员会

李鹏程　霍桂桓　邹广文　丁立群　张再林
郗　正　陆杰荣　何　萍　张曙光　洪晓楠
鉴传今　孙　辉　贾红莲　薄洁萍　赵　涛
赵　虹　许　明　肖俊明　何蔚荣　胡传胜
段　钢

编者前言

摆在读者诸君面前的这本书，是第十届"中国文化哲学论坛"的论文结集，同时也是该论坛历经十余年来的发展所交出的第一份"答卷"。为了有助于读者诸君更好地了解作为本书之学术背景的、该论坛的由来和基本发展轨迹，现将有关情况简述如下，权作"发刊辞"。

概而言之，"中国文化哲学论坛"是2007年5月在西安交通大学诞生的。当时，西安交通大学人文学院依托该校"985项目"筹备成立"文化哲学研究所"；在我的倡议下，该所诸位同仁一致同意不举办此研究所的创办仪式，把节约下来的经费用于广邀国内的文化哲学研究"大家"，召开一个全国性质的、题为"当代文化哲学研究的问题和出路"的文化哲学学术研讨会，同时邀请国内各重要刊物的代表与会，当时的与会者共计20余人。由于该会议举办方着力倡导纯粹的学术研究、积极推进与会者的思想交锋，加之各个方面的准备都比较充分，会议取得了非常好的效果。

会后，清华大学的邹广文教授建议把这样的会议的规模和形式固定下来，争取由各相关单位的与会者"轮流坐庄"、每年举办一次，得到了大家的一致响应。于是，作为"中国文化哲学论坛"之雏形的"全国文化哲学高层论坛"便诞生了。

此后，这种文化哲学研究方面的学术研讨会，曾分别由北京外国语大学、清华大学哲学系和华北电力大学人文学院、西安交通大学人文学院、武汉大学、《学海》杂志社、大连理工大学人文社会科学学部、黑龙江大学哲学与公共管理学院和广州大学承办，其具体论题则分别涉及"文化与相对主义"、"文化哲学研究的中国资源"、"文化软实力研究"、"文化哲学视野中的符号"、"文化软实力研究的方法论问题"、"文化哲学与实践哲学"、"文化的意义及其在当今社会转型时期的作用",而本书所承载的则是议题为"文化哲学视域下的文化与境界"的最新一届"中国文化哲学论坛"的研究成果。

有必要强调指出的是,运行近十年来,"中国文化哲学论坛"已经在国内学术界、特别是在国内文化哲学研究界吸引了越来越多的热心参与者、产生了越来越重要的影响。在这个过程之中,不断有热心的学界朋友建议尽早编辑出版"论坛"的论文结集,以期既能够记录"论坛"的成长轨迹、也能够有效地进行学术积累,不断推进文化哲学研究事业的发展。但是,由于论题所涉及的范围和深度不尽一致、参会者提交的论文水平各有高低,尤其是由于在出版经费筹措方面遇到的种种困难,这个美好的愿望一直没能实现。这显然应当说是"论坛"的一大憾事!

正是在这种情况下,以陆杰荣教授为首的辽宁大学哲学与公共管理学院诸位同仁,率先承诺在承办第十届"论坛"之余,慷慨资助"论坛"论文结集的出版,从而使这个愿望最终得到了实现!于是,在多方大力支持下,经过一番筹措和认真协商,大家一致同意将此文集定名为"《中国文化哲学研究》",并以其具体卷次和副标题来标明相应论坛的议题,以期在客观地记录"论坛"的成长历程的同时,尽可能简明地把相应"论坛"的议题内容展示出来。

"良好的开端是成功的一半"——"中国文化哲学论坛"是如此,承载其研究成果、记录其发展历程的《中国文化哲学研究》又何尝不是如此呢?我们衷心期望,无论是这个"论坛"、还是这份"研究",都能够越来越多地得到包括提供高质量论文和慷慨资助在内的、多方面的积极参与和大力扶持,从而使我们都能够为中国的文化研究和文化哲学研究做出越来越多、越来越重要的学术贡献!

霍桂桓
2015年2月5日于北京中国社会科学院哲学研究所

目 录

论境界的意义和有关其表现研究的几个问题 ………………（ 1 ）
论形而上学与哲学境界的内在关联 …………………………（ 21 ）
试论文化哲学与"哲学境界" …………………………………（ 26 ）
论文化的境界 …………………………………………………（ 38 ）
20世纪中国哲学的境界说述要 ………………………………（ 48 ）
过程哲学视域中的文化与文明 ………………………………（ 71 ）
从尼采的世界到周易的世界 …………………………………（ 86 ）
生活世界视域中的文化传统与个体境界 ……………………（100）
境界与教化：文化哲学的地位与任务 ………………………（111）
中国古建筑境界观初探 ………………………………………（144）
天地境界与生态化生存 ………………………………………（153）
显与隐：老子之"道"的"有"与"无" ……………………（163）
法兰克福学派的科学技术观及其理论困境 …………………（173）
"中国梦"的文化价值 …………………………………………（187）
人的有限性存在与文化形而上学 ……………………………（196）
中国传统文化及黄老哲学的文化观及其与自由主义的
　一致性 ………………………………………………………（204）
论文化哲学的三种回归路径 …………………………………（220）
浅析传统文化视域下审美境界的构成与实现 ………………（228）
哲学视域中的文化与境界 ……………………………………（238）
艺术审美谱系中人性的面向与回归 …………………………（248）
境界与形而上学 ………………………………………………（260）
哲学境界及其道说方式 ………………………………………（274）

西方哲人眼中的"现实" ……………………………………（289）
论罗蒂的人性观及其实质 …………………………………（296）
"物化"与"有分"：庄子、惠施的两重世界 …………………（312）
从实践辩证法的现实转向到否定的辩证法的文化转向 ……（324）
人本属性文化境界的现实样态 ……………………………（331）
形而上学内在主体逻辑探析 ………………………………（338）

论境界的意义和有关其表现研究的几个问题

霍桂桓*

对于积极推进哲学研究，特别是对于积极推进文化哲学研究来说，把境界作为研究对象来进行系统全面的探讨和研究是必要的吗？答案应当是肯定的。

之所以如此，一方面是因为，虽然作为研究对象的境界，长期以来几乎一直都是中国思想史和文化史方面的一个引人注目的论题。但是，在对它进行研究的时候，中国思想史和文化史方面的专家们却往往因为在认识方面仅仅注重微言大义式的体悟，特别是因为在绝大多数论及境界的研究者那里，富有情感体验性的感性描述几乎一直处于支配性地位，以至于一谈到境界便自然而然地将诸如"崇高""高尚"这样的褒义及相应的情感赋予它，因而几乎完全忘记了必须首先进行的严格的学术反思和界定[①]，所以，迄今为止，包括文化研究在内的各个方面的相关的研究者一直没有、也不大可能对境界进行严格的哲学界定和系统全面的理智性研究，因而对于哲学研究来说，境界研究几乎依然是一块有待开垦的处女地；另一方面也是因为，无论是学术研究分工的日益精细化、还是国内学术界长期以来

---

* 霍桂桓，中国社会科学院哲学研究所，哲学与文化研究室。

本文系作者为参加于2014年6月26—28日在辽宁大学召开的"第十届中国文化哲学论坛·文化哲学视域下的文化与境界"撰写的，在以之进行过发言后，又通过吸取有关朋友、特别是鉴传今教授和陆杰荣教授的意见，做了进一步的修改。谨此向所有各位对本文的观点提出过批评意见的朋友表示衷心的感谢！

① 有必要强调指出的是，就中国思想史和中国文化史的研究而言，研究者所使用的几乎所有与境界处于同一个理论层次上的范畴，诸如所谓"气韵""风骨""格调"等，都具有与此相似的特征，也就是说，研究者在论及它们的时候，往往是仅仅进行富有情感色彩的感性描述、因而从不通过进行严格的学术反思而加以准确的理智性界定；而这样一来，这些所谓的"学术研究"究竟是否已经真正达到了学术研究所必需的严格性、清晰性和准确性，因而究竟是不是真正的学术研究，似乎是不用多说什么的。

形成的学术研究壁垒和研究者因此形成的相应的思维惯性，都使得绝大多数哲学研究者，尤其是使得大多数马克思主义哲学研究者和西方哲学研究者，对作为被研究对象的境界保持着视而不见、漠不关心的状态，根本看不到扩展这个方面的探讨和研究所可能具有的多方面的重要意义。

而这样一来，我们便可以清楚地看到一幅由以下两个方面组成的、多少带有一些讽刺性意味的画面：一方面，几乎所有哲学研究者都同意，哲学研究要想得到进一步的健康发展，就必须打破学科壁垒，逐步实现中哲、西哲、马哲这三个方面的融会贯通，但是，所有这些研究者对于究竟如何把这种基本意向付诸实施，尤其是对于究竟以何处为突破口来付诸实施，却莫衷一是、众说纷纭；另一方面，虽然绝大多数哲学研究者都认同下列观点，即富有突破性的哲学研究必须以中国哲学和西方哲学研究的有机结合为基础，但在具体操作层次上，却同样是往往因为找不到真正恰当的切入点，而只能停留于一而再、再而三地简单地列举和比较这两种哲学的异同的境地，根本无法进一步深入下去。

既然如此，出路何在？

有鉴于此，我认为，要想逐步破除由这种画面表现出来的当今的哲学学术研究困境，从根本上对当今的哲学研究进行具有实质性的推动，对境界进行严格的、系统全面的哲学研究，不失为一个颇有学术研究价值的选择——概而言之，只要我们在对境界进行尽可能严格的哲学界定的基础上，概略地把与研究境界的基本表现有关的几个主要问题展现出来，这种选择所特有的学术价值，大致也就可以清楚地展现出来了。

一　什么是境界

对境界进行哲学上的严格的探讨和研究、进而展示其对于当今的中国哲学研究所特有的理论意义和学术价值，所面临的第一个问题便是"究竟什么是'境界'"？在我看来，正所谓"良好的开端是成功的一半"，只有首先对这个根本性问题进行了明确的界定和回答，我们才有可能对境界展开进一步的探讨和研究——毋庸赘言，这个问题所主要涉及的便是境界的定义，亦即是究竟应当如何界定境界的问题。

这里之所以专门提出境界的"定义"问题，是因为尽管中国思想史和文化史上不乏有关境界的各种颇为生动的论述①，西方思想史上也同样出现过包含着相应观点的思想②，而且，当代中国哲学研究界也已经有多位有识之士对境界进行了各种各样的划分和颇具描述性色彩的论述③，但是，迄今为止，国内哲学研究界尚未出现一个真正恰当的、能够得到绝大多数研究者一致公认的境界定义。因此，显而易见的是，要想通过分析和讨论境界的基本含义而把这种研究所具有的理论意义和学术价值揭示出来，如果没有一个经过哲学上的严格批判反思而得出的、真正恰当的定义，进行这样的研究工作就完全是不可想象的。有鉴于此，按照"论由史出"的基本研究思路，我们或许可以从概略考察中西方有代表性的语言辞书所收录的、比较成熟的有关境界的界定性说明出发，结合我们自己的探讨、研究和思考来尝试提出相应的定义，以期推进这项研究的逐步展开。

（一）中文辞书有关境界的基本说明

在最新版的《现代汉语词典》中，境界是这样被说明的："（1）土地的界限。（2）事物所达到的程度或表现的情况：思想~/她的演技已经达到出神入化的~。"④

可见，在这里境界的第一层含义与该语词的古义无异，基本上是一个

---

① 概览一下中国思想史上的相关文献典籍可见，境和境界在佛教传入之前即已成为常用语，其含义主要有二：一是表示地理方面的疆界、地域，如《孟子·公孙丑上》的所谓"鸡鸣狗吠而达乎四境，而齐有其民矣"等；一是表示人的心灵状态，如《庄子·逍遥游》所谓"定乎内外之分，辩乎荣辱之境，斯已矣"等；由此可见，此时表现精神状态的境界主要是作为引申义而存在的。佛教传入中土之后，译经者选用境界一词来翻译佛经，以之来表示信徒的心识在修持禅定的过程中所逐步经历和达到的修养层次，如唐圆晖的《俱舍论颂疏论本》所谓"功能所托，各为境界"，丁福保的《佛学大词典》所谓"自家势力所及之境土，又我得之果报界域，谓之境界"，当皆可作如是观；自唐代以后，这种佛学境界观开始大规模渗透到以诗学和词学为主要表现形式的中国古代文论之中，境和境界也开始成为相关论者的流行语，并逐渐以"意境"的形式确定下来，如王昌龄的所谓"诗有三境"说即是突出代表。这种有关境界的思想一直流传到中国现代的五四时期，如王国维提出的治学"三境界"即是突出的代表。

② 在我看来，尽管我们从西方学术界流行的主要权威辞书之中都找不到对于境界的界定，但从境界本身所隐含的、充分强调个体的精神修养所经历的过程和所达到的层次的意义上来看，无论是但丁的《神曲》、还是英国作家班扬（John Bunyan，1628—1688）的《天路历程》，实际上都可以说包含着与境界相应的基本思想。

③ 其中比较著名的有冯友兰的《新原人》、张世英的《新哲学讲演录》、蒙培元的《心灵超越与境界》以及陆杰荣的《哲学境界》和《形而上学与境界》等。

④ 《现代汉语词典》，中国社会科学院语言研究所词典编辑室编，商务印书馆2012年第6版，第692页。

地理学概念，或者说基本上是一个政治学概念抑或国际关系概念。在我看来，这种含义与我们所要探讨和研究的境界并不是一回事，尽管它是作为境界的本义而存在的；而这部词典所标示的境界的第二个含义，即"事物所达到的程度或表现的情况"，也是需要特别注意的——之所以如此，是因为由于作为其中的宾语的主词是"事物"、而不是任何一种主体，所以，尽管这样的解释从表面上来看没有什么问题，而且，由于作为被界定者的被研究对象本身确实是"事物"而不是某种"主体"，这样的界定还显得无懈可击，但是，必须特别强调的是，正因为"主体"在这里被"事物"取代了，境界似乎已经完全变成了事物的"程度或表现"，因而最终被物化了，不再与特定的主体有任何关系了！这种做法和相应的观点实质上隐含着把境界物化的基本倾向。我们到后面还会进一步看到，正是这种把境界物化的做法遮蔽了其与特定主体的有机联系，从而于无形之中给恰当地探讨和研究境界设置了不应有的障碍！

（二）外文辞书有关境界的基本说明

虽然出于论述全面的需要，我们不得不涉及外文辞书，尤其是英文辞书有关境界的基本说明，但毋庸讳言的是，由于在涉及作为现实社会个体的主体的精神世界的时候，西方思想界所秉承的一贯倾向便是，把被研究对象的所有各种有可能平面化、形式化、精确化的方面，都尽可能加以平面化、形式化和精确化，使之变成可以进行理智性把握的成分，同时又把被研究对象的各种无法平面化、形式化和精确化的方面，都当作非理性的成分而加以彻底摒弃！所以，尽管西方思想界或许并不缺少有关人生境界的思想火花、甚至是某些基本的观点抑或思想倾向，但在其经典性辞书之中却难以找到对于境界进行的、简练明确的定义，这也就不足为怪了——以英语辞书为例，尽管"boundary"（边界、疆界）、"state"（情形、状态、心态）、"realm"（范围、领域、王国、界）等语词，都可以被中国的研究者们用来表示境界，但是，这些辞书之中却并没有一个专名可以严格地表示境界本身！

在我看来，这种情况实际上已经表明，一方面，西方思想界惯用的"惟理智主义"（intellectualist）基本研究倾向本身仅仅擅长探讨和研究中观自然界的各种物质对象，因而根本不可能对作为被研究对象的境界加以恰当的对待和研究；另一方面，这样的基本研究倾向所特有的、由于仅仅专注于被研究对象的共时性现状维度而忽略其历时性生成维度的基本特征,实质上也从根本上消除了对以生成性为其本质特征的境界进行恰当的探讨和研究的可能性①。

可见,在试图着手对境界进行恰当的界定、进而逐步展开系统全面的探讨和研究的时候,我们所面对的学术资源,主要是作为一方面的、中国思想界有史以来的学者们对它进行的、富有情感的描述性论述,以及作为另一方面的、通过提炼日常语言用法而形成的、并未经过严格的哲学批判反思的、实质上并不确切的对境界的说明。那么,如何才能得出一个有关境界的真正恰当的定义,从而为我们对它进行系统全面的研究奠定基础呢?

(三) 经过哲学上的严格批判反思而得出的定义

在我看来,要想得出一个真正恰当的、有关境界的定义,研究者不仅需要尽最大可能批判和扬弃已有的相应思想和观点所包含的成果,而且更加重要的是,研究者必须真正在基本立场、思维方式、研究模式和方法论视角方面有所突破②,从而在使境界概念获得清晰的内涵和明确的外延的同时,将其现实针对性和理论解释力揭示出来。基于这样的基本考虑,我曾经在其他地方基于我自己提出的"社会个体生成论"(the Social Indi-

---

① 有趣的是,使用目前已经得到绝大多数国内网民使用的"海词"来翻译"精神境界"和"人生境界"这两个短语,所得到的结果竟然分别是"mental realm"(通常译为"精神领域、心理领域、精神王国")和"life realm"(通常译为"生活范围、生活领域"),这两个相应的英文短语显然是难以把"精神境界"和"人生境界"的确切含义表达出来的;而这也从一个特定的方面表明我们的上述基本判断是正确的。

② 有必要强调指出的是,这里之所以充分强调研究者必须在基本立场、思维方式、研究模式和方法论视角方面有所突破,从根本上来说是因为,人们通常在进行哲学研究的过程中所坚持的基本立场、思维方式、研究模式和方法论视角,都是从属于西方传统的惟理智主义思想传统的,而这样的思想传统又是以擅长研究自然对象、因而往往以削足适履的方式对待人文—社会现象的自然科学研究模式为其范本的,因此,运用这种惟理智主义传统的基本立场、思维方式、研究模式和研究方法,不仅是根本不可能恰当地对待包括境界在内的所有各种人文—社会现象的,而且还往往自觉不自觉地因为沿用了这种传统的颇具机械的二元分裂对立的思维模式,单纯地以"贴标签"、"划阵营"的方式来代替真正的学术研究——就这里的后一个方面而言,我们可以随手举一个例子:有研究者在看到一个新的观点抑或界定出现的时候,首先想到的并不是这样的观点抑或界定究竟是如何提出的、这样的提出过程及其基本思路有无合理之处,而是这样的观点或者界定是属于"经验主义"、还是属于"理性主义"的;显然,这样的做法是完全无益于对境界进行的、真正的学术研究的。

vidual Growing – up Theory）提出过如下定义：

  所谓"人生境界"，就是处于一定社会地位的现实个体，在追求使自己的生存和发展需要得到满足的过程中，经过历史文化传统、现实社会环境、特别是物质实践活动的反复陶冶和教化过程，逐渐生成并不断发展变化的、融知意情为一体的、具体体现为人生态度和应对环境之综合能力的"心态"（mentalities）[①]。

  关于为什么对作为"人生境界"（spiritual ranks of human life）的境界进行如此界定，以及进行如此界定究竟是否能够把前面所论及的、具体开展境界研究所具有的理论意义和学术价值展示出来，这里试作如下说明：

  第一，所谓境界，实际上不过是"人生境界"的缩略语而已，因此，这里对于人生境界的界定实际上也就是对于境界的界定。

  第二，我们在这里之所以用"spiritual ranks"，而不是用"spiritual situations"来表示境界，不仅是因为境界本身在这里是作为引申义而存在的，而且更重要的是因为相比较而言，"rank"（等级、阶梯）要比前面所说到的"boundary"、"situation"、"state"和"realm"更富有表现人的精神状态的不断生成和递进的动态过程性色彩。此外，从所谓"欲穷千里目、更上一层楼"的意义上来看，"rank"本身及其所表现的精神状态的不断提升，实质上也已经包含了富有平面色彩的、侧重从共时性角度出发的"boundary"、"situation"、"state"和"realm"的基本含义，因而完全可以被用来表示心境、心态和与之合为一体的眼界的相应提升。因此，在这里，使用"rank"来表示这样的心态（mentalities），显然要比使用"boundary"、"state"和"realm"更加准确和传神。

  第三，尽管在作为日常语言而存在的中西文之中，与境界相关的语词都脱胎于地理学—政治学意义上的"疆域"，但是，在具体涉及境界问题的时候，在我们的语境之中得到运用的，却显然只能是它们的引申义——也就是说，这些语词在这里所表示的，只能是作为现实社会个体的主观精

[①] 参见霍桂桓《文化哲学论要》，北京出版集团 2006 年版，第 109 页；中国社会科学出版社 2011 年版，第 102—103 页；个别文字有变动。

神状态而实际存在的所谓"心境""心态"。所以，从根本上来说，我们在这里指出人生境界是"融知意情为一体的、具体体现为人生态度和应对环境之综合能力的心态"，实际上既以扬弃的方式继承了这些学术成果，同时也通过进一步的细化而对它们有所发展——概略说来，这里的细化主要表现为以下五个方面。

第一，我们充分强调境界是"融知意情为一体的"，亦即它既不仅仅是以追求真理为目的的认知过程、以实现意志为目标的意愿过程，也不单纯是抒发感情的情感过程，而是这三者的水乳交融的有机统一。

第二，我们充分强调这种"融知意情为一体的"精神状态，认为它实际上具体表现为由"人生态度和应对环境之综合能力"共同组成的"心态"；如果从这种意义上来看，境界便显然不再是只能以情感体验的方式来领悟的对象，不再是只能以饱含情感的方式加以感性描述的对象，而是完全可以成为研究者以理智性的方式来认识和研究的对象。而这样一来，我们实际上便已经在至关重要的研究方式方面，对以往的境界研究进行了进一步的推进和发展，从而更有可能使这个方面的探讨和研究沿着正确的方向进一步健康发展。

第三，我们充分强调这种由"人生态度和应对环境之综合能力"共同组成的"心态"，是特定的社会实践活动的结果：概而言之，无论它所展现的究竟是日渐向善的"朝圣之路"、还是逐步趋恶的"堕落之途"，也无论它的基本存在形式和具体表现方式究竟是什么，它实际上都是"后实践的"——也就是说，它都是作为其承载体的现实社会个体通过对自己特定的社会实践过程及其结果进行反思、体验和感悟而形成的结果！显然，这样一来，境界研究就完全有可能突破单纯情感性描述的误区、走出"观念的王国"，与研究者对特定现实社会个体的实际生成过程、与对和这种生成过程相应的具体的社会实践过程的探讨和研究有机结合起来了。

第四，我们充分强调"历史文化传统、现实社会环境、特别是物质实践活动的反复教化和陶冶过程"，是因为只有这样做，作为研究者的我们才有可能在具体揭示境界的现实基础和存在前提的同时，把境界研究所应当涉及的相关领域、所应当遵循的具体路径清晰地揭示出来——概而言之，这种研究路径便是：通过把现实社会环境、特别是通过把具体的社会性物质实践活动对现实社会个体的反复教化和陶冶过程纳入研究视野,研究者才有可能系统考察个体生成过程,对境界的来龙去脉逐步形成清晰的认识和把握,从而彻底突破仅仅对其进行浮泛的、富有情感的感性描述而难以深入的研究现状;同时,充分强调历史文化传统在这里所实际发挥的作用,显然也有助于研究者进一步开阔眼界,在中西比较、古今比较的更加广阔的领域之中对境界进行恰当的探讨和研究。

第五,我们之所以充分强调人生境界的动力和成因是现实社会个体不断地追求和满足"自己的生存和发展需要",是因为此举不仅实际上有助于使境界及其研究真正落到实处,而且,从学理上来看也构成了对已有研究成果的进一步扩展,从而使境界研究和社会个体生成研究都具备了坚实的现实物质基础——在我看来,从根本上来说,现实社会个体不断追求并满足其生存和发展需要的过程,本身既是其不断实际参与的社会物质实践过程、是其因此而不断实际经历的人生历程,同时也是其人生境界的逐渐生成过程。

可见,通过以我们所提出的"社会个体生成论"的基本思路为依据进行系统的探讨和研究而得出的上述有关境界的定义,我们不仅有可能把作为被研究对象的境界的基本含义具体揭示出来,还可以实事求是地进一步将它的现实基础、基本载体、生成条件和相应的研究路径概略地逐一展示出来;这样一来,我们也就可以在初步表明境界研究有可能成为一个颇有前景的、有助于打破当今国内哲学研究的学术困境的突破口的同时,为进一步系统而全面地研究境界奠定了初步的基础,并将此项研究对于进一步推动哲学研究、特别是对于推动文化哲学研究的理论意义和学术价值比较清楚地展现出来了。

二 与研究境界的表现有关的几个问题

就对境界进行哲学上的、系统全面的探讨和研究而言,完成了对境界的明确界定,充其量只不过是获得了一个可靠的开端而已;研究者接下来面临的关键性问题便是"究竟应当如何对境界进行恰当的研究";这个问题之所以颇为关键,因为如果我们不认真地正视、研究和解决它,那么,即使把境界界定为由"人生态度和应对环境的综合能力"构成的"心态",我们依然会像探讨和研究其他所有各种心理状态那样,亦即要么像以往的研究者们所做的那样,仅仅基于自己的一己之感受、体验和感悟,而继续停留于对它进行富有情感性的感性描述的阶段,要么通过不加任何批判反思地直接搬用诸如以自然科学研究模式为摹本的心理学、抑或所谓社会心理学的现有研究成果,对境界进行削足适履式的探讨和研究,进而得出所谓"科学的"结论——凡此种种,显然都是根本没有从哲学研究所要求的高度和严格性出发对这样的"心态"本身进行探讨,因而所得出的形形色色的结论也都不可能是恰当的。

既然如此,那么,我们究竟应当如何对境界进行严格的哲学研究才有可能是恰当的呢?

在我看来,总的来说,如果我们确实希望在突破人们以往自觉不自觉地采用的、传统的惟理智主义的、像对待自然对象那样直接把境界当作现成的对象来研究的基本模式,在真正把境界当作一种社会现象来看待的同时,逐步摸索并使用真正适合于探讨和研究人文—社会现象的基本立场、思维方式、研究模式和方法论视角,那么,在探讨和研究境界的具体表现的时候,我们就必须把境界真正置于既具有历史性、又具有现实性的社会生活环境之中,而不再是要么直接从某种观念出发、完全通过形式逻辑推演的方式进行"从概念到概念"式的、因而完全与现实无关的探讨和研究,要么像以往的不少研究者所做的那样,在撇开西方传统的惟理智主义研究传统的同时,也自觉不自觉地放弃了对境界进行严格的学术研究,尤其是进行哲学研究所必须达到的基本要求,因而依然继续停留在富有"经验论"色彩的感性描述的层次之上——在我看来,就目前国内外研究界在这个方面的研究状况而言,我们需要涉及的问题至少有以下三个方面:第一,境界的归属问题,即我们所要研究的境界究竟是谁的境界?第二,境界的评价问题,即研究者可以对境界进行道德判断吗?第三,研究者用于判断境界高低的标准是什么?

(一)关于境界的归属

在探讨和研究境界的时候,研究者有必要追问境界的归属、亦即有必要明确提出并回答"正在被研究的究竟是谁的境界?"答案完全是肯定的。

之所以如此，首先是因为，综观以往的境界研究可见，尽管绝大多数研究者都没有明确否认任何一种境界都是特定的现实社会个体的境界，但是，在进行其探讨和研究的时候，他们却往往只是就境界而谈境界，因而通常都是以物化的方式来看待和研究境界的，几乎从未对作为境界的具体承载者的现实社会个体进行任何研究和论述！而且，从根本上来说，即使有些研究者并没有完全否认境界的归属，这个问题的重要意义也并不在于直截了当地指出"××的境界是通过××创作的××作品表现出来的"，因为这样的做法过于简单、其得出结论的方式也过于轻而易举了，所以，它不仅不可能彰显这个问题的重要性，反而有可能使这样的重要性受到遮蔽并消除进一步深究的可能性。在我看来，只有真正认识到了这个问题的实际存在，进而试图认真地对它加以研究和回答，研究者才有可能通过以人化的方式来进行境界研究、通过将境界研究与对现实社会个体的研究结合起来而使之真正落到实处，进而通过引进作为特定境界的实际承载者的现实社会个体，尤其是引进作为被研究对象的境界所特有的历时性维度，逐步走上对境界进行更加系统全面的探讨和研究的道路，而不再是依然仅仅停留于从共时性层面着眼而对它进行浮泛的常识性描述的状态。

从这种角度出发来看，也可以说，研究者在这里首先需要做到的、也是至关重要的事情，便是逐步自觉地实现其研究视角和研究中心的转变——也就是说，他/她必须在确定了自己所面对的境界的情况下，通过使自己的研究视角转向作为这种心态的实际承载者的现实社会个体，进而转向这种境界所表现的特定的现实社会个体的特定心态及其历时性动态生成过程，使自己的研究重心从以物化的方式来对待和研究的境界本身，逐步转移到以人化的方式来看待和研究属人的境界，进而将这样的探讨和研究与现实社会个体的精神世界的实际生成过程的本质性联系纳入自己的研究视野，逐步以真正适合于探讨和研究人的方式来探讨和研究这样的现实社会个体及其方方面面！

当然，毋庸赘言，进行这样的转变并不是为了此后便完全转向对境界所表现的、特定的社会个体的心态的探讨和研究，因而把作为被研究对象的境界本身弃置于不顾，而是为了更加系统全面地认识和把握境界本身——一言以蔽之，进行这样的转向是为了对境界进行"查其流、溯其源"式的探讨和研究，是为了通过真正引进其历时性维度、并将这样的历时性维度与其共时性维度有机结合起来,而对它进行更加系统全面的探讨和研究。假如真正做到了这一点,那么,研究者就不会再仅仅着眼于境界本身,因而也就有可能逐渐摆脱把境界物化、仅仅从共时性维度上来进行探讨和研究的不良倾向了。

所以,从根本上来说,在探讨和研究境界的时候明确其具体归属的重要意义,就在于使研究者超越其单纯地关注境界本身的狭隘视域,逐步把境界所表现的现实社会个体的心态、这种心态的历时性动态生成过程,以及塑造了这种心态的历史文化系统、现实社会环境和具体物质实践过程,都纳入自己的研究视野,从而真正逐步形成对境界的系统全面的认识和把握——简而言之,只有这样做,研究者才有可能真正找到探讨和研究境界所必须遵循的、切实可靠的研究路径。

(二) 能够对境界进行道德判断吗?

如前所言,无论在日常语言之中、还是就文学理论界和当今的哲学界相关学者做出的各种论述而言,境界似乎都主要是作为一个褒义词来使用的——在谈到境界的时候,绝大多数人往往都是在"崇高""高远""高尚""优雅"等积极含义上来使用它的。而这样一来,这些研究者实际上便是以心照不宣的方式认为,凡是境界都是"崇高的""高远的""高尚的""优雅的",因而不仅使作为被研究对象而存在的、本来应当加以客观对待的境界带上了不应有的褒义色彩,甚至导致有些人认为只要谈境界便必定是指"崇高境界",否则是没有什么境界可言的。那么,实际存在的境界真的是这样吗?

否!

实事求是地看,在对境界进行具体的、严格的哲学反思和研究的时候,研究者难免会面临下列问题:如果境界是任何一个现实社会个体都会具有的,而这些现实社会个体并不个个都是性情高洁、行为高尚的,那么,是不是其性情并不高洁、行为也不高尚的社会个体,本身就没有境界可言了呢?假如由此而得出的答案是肯定的,那么,研究者不仅会因为人为地排除了绝大多数人也具有相应的境界的可能性,从而使自己的基本判断出现了不应有的常识性矛盾、使自己的研究视域受到了不应有的限制,最终难以得出真正全面和恰当的研究结论,而且,更加重要的是,此举还会从根本上彻底消除对境界进行系统全面的探讨和研究的可能性,因为肯定只有极少数人才具有所谓好的境界、而绝大多数人都没有什么境界可言的做法,实质上是完全忽略了所谓好的境界本身也有产生和不断生成的过程,是将所谓好的境界完全孤立化了,因而很有可能由此进而得出极少数人天生就是圣人、而绝大多数人本来就平庸不堪且不可救药的荒谬结论。

可见,究竟是否应当在研究境界的时候作出道德判断的问题,并不是一个无足轻重的小问题,而是一个事关本项研究成败的关键性问题。

那么,难道对境界进行道德判断完全错了吗?

否!在我看来,这里的关键并不在于能不能对境界进行道德判断,而在于判断者究竟是在何种领域之中对境界进行道德判断的——或者换句话说,这里的关键在于,研究者是否会因为自己在这里、在不应当进行道德判断的认识领域不自觉地进行了道德判断,从而使自己戴上了有色眼镜、从根本上影响了自己对境界的探讨和研究、为这样的探讨和研究设置了难以觉察和难以逾越的障碍!概略说来,我们可以分以下两个方面来看待这个有关研究领域错位的问题。

一方面,在并不以对境界进行理智性认识、特别是进行严格的哲学研究为取向的日常生活领域和相应的活动之中,人们出于其自身特定的目的、运用并不严格的日常语言来对境界进行描述、并做出相应的道德判断,这不仅是可能的、正确的,而且也完全是正当的,因为评价者在这里并不是以严格地探讨和研究境界为目的的,其判断不仅在认识方面来看具有鲜明的"就事论事"特征,同时也具有明确的价值关联性:就这里的前者而言,由于其目的并不是对境界本身进行严格、系统和全面的学术研究,因而没有必要通过采取我们所谓的"查其流、溯其源"式的研究方式,进行尽可能严格的和系统全面的探讨和研究;就这里的后者而言,人们之所以关注和评价某种境界,就是因为它本身对于他们来说是有益的,因而是值得他们向往、值得他们追求的,因此,人们在这种情况下对它进行道德判断不仅是正当的而且也是完全必要的。

另一方面,就对境界进行理智性认识尤其是进行严格的哲学意义上的探讨和研究而言,情况就截然不同了:在这里,研究者必须尽最大努力采取学术研究所要求的价值中立态度,尽可能摒弃自己的、以主观性好恶为基础的所有各种价值判断,从而使自己尽可能客观公正地认识、对待、探讨和研究所有各种境界，这其中当然既包括所谓好的境界、崇高的境界，同时也必须包括所谓卑微的境界、甚至包括所谓坏的境界——显而易见的是，只有通过真正采取这样的态度、切实付出了这样的努力，研究者才有可能恰当地看待和研究所有各种实际存在和有可能存在的境界，逐步形成对境界的系统全面的认识和把握，从而最终得出客观和恰当的研究结论。

可见，正如我们不能笼统地谈论境界那样，我们同样也不能笼统地谈论究竟能不能对境界进行道德评价①，而必须进行更加具体地考察和分析。与此相关的另一个重要问题是，既然任何一位现实社会个体都具有其特定的境界，而这些境界事实上也存在着高低优劣的不同，那么，我们用来评价境界的优劣高低的标准是什么？

（三）对境界进行评判的标准

从已有的研究结果出发来看，虽然古往今来的绝大多数境界研究者都对境界进行了各种各样的划分和相应的描述，其中的不少描述也的确颇为深刻、富有启发意义，但是，毋庸讳言，正是因为所有这些描述都不是在进行严格的哲学批判反思的基础上作出的，而是这些划分者和描述者根据自己的主观认识、体验和感悟而进行的，所以，所有这些研究者都没有明确说明，他们在进行这样的划分和描述的时候所依据的标准究竟是什么，更不用说根本没有对他们究竟为什么采用诸如此类的标准，进行严格的学术研究、分析和论证了②。而这样一来，境界划分和评判方面的主观随意性也就特别突出地显示出来了。那么，究竟为什么会出现这样的情况？在我看来，其主要原因不外有二：第一，绝大多数研究境界的学者基本上依

---

① 毋庸赘言，这样笼统的谈论方式，实质上恰恰就是脱胎于西方传统惟理智主义研究模式的"宏大叙事"，因而同时也是这种研究传统所建构和推崇的、脱离现实的"观念的王国"的产物和组成部分。

② 即使我们不以十分苛刻的态度来对待这些研究者、而是完全采取实事求是的态度，我们实际上也可以说，按照严格的学术研究标准所提出的要求来看，诸如此类的研究和描述实质上还处于常识性感性描述的阶段，因而实际上尚未真正达到严格的学术研究的层次之上，充其量只能构成境界研究的"史前史"——尽管我们这样说，绝不意味着我们认为这样的划分和描述一无是处、毫无学术价值可言；或许有必要指出的是，从社会个体生成论出发对这种"史前史"进行探讨和研究、尤其是对通过这种划分和描述表现出来的研究者的主观精神生成阶段进行探讨和研究，是一项颇有价值、但我们囿于篇幅和论旨而无法在这里进行的研究。

然沿用着中国传统学术注重体悟和描述、忽视分析和论证的基本做法，因而提出境界的划分标准并加以论证的任务很难引起他们的关注；第二则是，即使这些研究者意识到了有必要提出这样的要求，但对于他们来说，"对境界进行评判的标准是什么？"依然是一个非常难以回答的问题。而后一个方面的主要原因则包括以下三个方面：

首先，在日常生活之中，人们论及境界的优劣高低的时候所使用的往往是道德判断、而不是严谨的理智性判断，而这样的判断本身也是不严格的、具有很大的主观情感性和随意性，因而在涉及评价标准的时候常常出现"不追问还明白、一追问反倒糊涂"的情况。因此，除非特别需要，否则人们也就不再进行理智性追问了——毋庸赘言，就绝大多数中国学者进行的境界研究而言，这种不加理智性追问的基本倾向也产生了颇为广泛的影响。

其次，社会生活领域所包含的各种评价标准本身便具有难以量化的独特性和复杂性——也就是说，尽管人们在进行道德评价、特别是在评价境界的高低优劣的时候，并没有完全清楚地认识到他们所使用的究竟是不是自然科学式的纯粹的客观量化评价标准，但是，在涉及评判标准问题的时候，他们实质上却是自觉不自觉地以这样的所谓纯粹的客观量化标准为典范和摹本的，而这样一来，即使有人追究这样的评判标准究竟是什么、抑或尝试确立并使用这样的标准，接下来用评价自然科学研究对象的标准来评价与之判然有别的、实质上是难以量化的社会科学研究对象，其结果究竟如何也就可想而知了。

最后，被评价对象本身具有的独特性和复杂性：毋庸赘言，与其他被评判对象相比，境界所具有的独特性和复杂性是显而易见的——它不仅具有每一个个体所特有的主观性、情感体验性，而且更加重要的是，这样的主观性和情感体验性都是随着个体的人生经历和人生感悟而不断生成和变化的，是其特定的人生经历和人生感悟的直接结果和最集中的表现，因而具有无与伦比的、以历时性动态生成为本质特征的流动性，而这样的流动性显然对确定其评价标准构成了最严峻的挑战！

既然如此，而且不同的现实社会个体实际上也的确具有各不相同、高低不一的境界，那么，究竟应当如何确立境界的评价标准呢？

在我看来，尽管存在着如此纷繁复杂的情况，但是，研究者却并非绝对无路可寻。之所以如此是因为，从根本上来说，对境界进行评判的客观基础并不是不存在的——也就是说，任何一位涉足于此的研究者，都会毫不犹豫地承认以下两点，即第一，作为被研究对象的境界是客观存在的，而不是某一个人主观臆造出来的；第二，无论关于境界的定义究竟有多少不同看法，研究者所面对的境界实际上确实有高低优劣之分，而处于日常生活之中的人们恰恰就是按照这样的高低优劣来看待境界、使之发挥必要的社会作用的。因此，我们在这里至少可以确定，评价境界的标准完全是有可能被确立起来的，其关键在于我们用来确立这样的标准的方向、方式和方法究竟是否恰当——只要能够找到真正恰当的方向、方式和方法，上述这些难题也就完全可以迎刃而解了。

那么，对于确立境界的评价标准来说，究竟什么样的方向、方式和方法才是正确和恰当的呢？

要想回答这个问题，我们首先必须明确一个事关学术研究成败的基本立场的问题：对于研究者来说，究竟是被研究对象的现实存在状态、基本内容、本质特征和具体表现形式，从根本上决定了其所应当采取的研究方向、研究方式和研究方法呢，还是与之截然相反，亦即其所采用的研究方向、研究方式和研究方法，决定了被研究对象的方方面面？显然，几乎任何一位研究者都会认为，其研究方向、研究方式和研究方法是由被研究对象的现实存在状态、基本内容、本质特征和具体表现形式决定的——也就是说，绝大多数研究者会自觉不自觉地在开始其研究过程的时候采用学术研究的唯物主义立场；而这样一来，余下的事情便是研究者究竟是否能够将这样的立场始终坚持下去了。既然如此，我们便可以看一看明确这个学术研究的基本立场与确立境界的评价标准之间的关系了。

在我看来，只要研究者能够明确地坚持这样的立场，那么，在探讨和研究境界、试图为其确定评价标准的时候，他/她显然就应当从境界研究本身出发来寻找这样的标准，而不应当出于自己的思维惯性抑或一厢情愿的好恶、从其他任何一个毫不相干的研究领域之中采用毫不相干的标准。而这里所谓"从境界研究本身出发来寻找这样的标准"则意味着，研究者应当结合相应的现实社会个体的主观世界的生成过程，通过对作为其被研究对象的境界本身进行系统、深入和全面地探讨和研究，来逐步认识和把握其方方面面的基本内容和本质特征，从而逐步把真正符合实际的、恰当的评价标准确定下来。

具体说来，我认为，尽管从外在的角度出发来看，所有各种现实社会个体都具有其独具特色的人生境界，因而境界所具有的独特性和复杂性甚至可以说是无与伦比的，但这绝不意味着所有这些境界毫无任何共同之处！实际上，如果我们以现实社会个体的精神世界的生成过程为基础，将自己的研究视角集中于境界本身尤其是集中于它那基于现实社会个体的生成过程的发展变化过程，那么，我们便可以比较清楚地看到，无论一种境界究竟有多么独特、甚至无论一种境界从表面上来看究竟有多么不可思议，它作为由人生态度和应对环境的综合能力构成的基本心态，都既是作为其形成者和实际载体的现实社会个体的人生经历和人生感悟的结果，同时也是对这样的人生经历和人生感悟的集中体现。既然如此，那么，通过系统而概括地探讨和研究这些基本心态的成因、生成过程和主要结果，我们也就有可能把用于评价境界的标准确定下来了。

真的是这样吗？我们可以分别通过境界的成因、生成过程和主要结果，从以下三个基本方面来概略考察一下，具体看看实际情况是否如此：

首先，就这样的基本心态的成因而言：

客观地说，任何一种心态之所以产生，其基本原因都在于作为其实际载体的现实社会个体对其特定的人生经历进行了主观体验和相应的感悟——在这里，从社会活动的角度出发来看，所谓特定的人生经历实际上体现为该个体与其他个体和群体进行的一系列具有利益交换特征的社会互动过程，而从哲学的高度来看，这样的社会互动过程则实际体现为作为现实社会个体的主体与作为其所实际面对的客体对象进行的，由对立到统一、再由统一到同一的发展过程。因此，现实社会个体的这种基本心态，实际上就是由于对这样的现实社会互动过程，由于对这样的对立—统一—同一过程进行主观体验和感悟而产生出来的：在我看来，正是在这样的体验和感悟过程中，作为主体的现实社会个体才在一方面使其生存和发展需要得到相对满足的同时；另一方面，逐渐实现着其主观世界的感性和理性、情感与理智、理想与现实乃至知意情的有机统一，从而不断形成其由特定的人生态度和相应的综合能力构成的基本心态。

因此，从根本上来说，这种基本心态的成因有两个相辅相成的基本方面：其一则是主体与包括他人在内的各种客体进行的，由对立、统一走向同一的现实社会互动过程,其二则是主体的精神世界本身所经历的、知意情三个方面的由相互对立不断走向有机统一的过程。

其次,就这种基本心态的生成过程而言:

有必要强调指出的是,我们在上面所说的、作为境界的基本心态的成因来论述的这两种动态性生成过程,都根本不是、也不可能是完全一帆风顺、始终如愿以偿的,而是充满了风和日丽与狂风暴雨、春风得意与悲观绝望、大喜大悲和心静如水的——这是因为,不仅具体体现为现实社会个体进行的形形色色的社会互动过程的,主体与客体的由对立走向统一、进而走向同一的过程,绝非始终都是洒满阳光和鲜花的坦途,而且也是因为,构成主体本身的精神世界的知、意、情三个方面也都不可能是齐头并进、协调发展的。正因为如此,在这样的人生经历过程之中,现实社会个体的人生态度和相应的综合性能力才能历经各种各样的陶冶和磨炼而逐步形成,并且进而构成其作为人生境界的基本心态。

那么,如何由此出发来逐步确立评价境界的标准呢?

在我看来,在这样的动态性生成过程之中,虽然各种各样的现实社会个体体现出了五花八门的基本心态和相应的综合性能力,但是,这些基本心态和相应的综合性能力却不仅都是他们各自体验和感悟其特定的人生经历的结果,同时,对于境界研究来说更加重要的是,这样的人生态度和相应的综合性能力,实质上也既体现着他们各自在与其客体对象在由对立走向统一和同一的过程中所达到的水平与体现着知、意、情三个方面在他们各自的主观世界之中的协调发展所达到的层次,同时也通过所有这些现实社会个体在其各自的人生历程之中所达到的智慧程度和对外界对象的执着程度体现出来——就这里的后者而言,现实社会个体的境界越低,实际上具体体现为其智慧程度越低、体现为其对特定客观对象的执着程度越高,反之亦然。

由此可见,无论是现实社会个体通过其社会互动过程而与其对象逐步走向同一的程度、他/她自身的主观世界之中的知、意、情三个方面协调发展所达到的程度,还是他/她在其人生历程之中所达到的智慧程度和相应增强抑或相应减弱的、对特定客观对象的执着程度,实际上都可以被研究者用来对境界做出判断和评价的标准。因此,所谓境界因为其独特性而根本没有客观标准、因而根本不可能得到客观判断和评价的观点,是根本站不住脚的。

最后，就这种基本心态的主要结果而言：

在我看来，就国内外学术界探讨和研究境界的现状而言，通过考察境界的主要结果来探索确立其评判标准的可能性，可能主要会涉及下列两个基本方面，第一，所谓境界在人生历程之中究竟能够发挥什么作用？第二，就其现实的生成过程而言，境界的发展只可能是越来越好的吗？

首先，关于"境界在人生历程之中究竟能够发挥什么作用"：我认为，从根本上来说，由于境界就是现实社会个体在其人生历程之中逐步形成的、由其基本人生态度和相应的综合性能力构成的基本心态，所以，我们可以毫不夸张地说，境界本身既是现实社会个体的整个精神世界的隐而不显的总体性根基，同时也是其进行所有各种自觉的，包括认识活动、意愿活动和情感享受活动在内的所有各种精神性活动的总体性基础和根本性前提；也可以说，现实社会个体的境界是通过其进行的所有各种自觉的精神性活动体现并表达出来的——一言以蔽之，境界不仅从根本上决定了现实社会个体的人生态度和基本精神倾向，而且是以内在底蕴的形式发挥并表现这样的决定性作用的。从这种角度出发来看，客观地说，虽然迄今为止的境界研究仅仅专注于直接体现和表达境界的精神性活动、特别是仅仅集中关注这样的活动的结果，但是，这样的做法并不是毫无合理之处的。

而从我们这里的问题出发来看，有必要强调指出的是，恰恰是因为"境界不仅从根本上决定了现实社会个体的人生态度和基本精神倾向，而且是以内在底蕴的形式发挥并表现这样的决定性作用的"，所以，在根本没有对沿袭至今的、主要关注被研究对象的共时性维度而忽略其历时性维度的西方传统的惟理智主义的思维方式和研究模式实施根本性突破的情况下，尤其是没有在进行这样的突破而逐步采用社会个体生成论的思维方式和研究模式的情况下，即使研究者意识到了有必要探讨和研究境界的评判标准问题，其因此而进行的探索之路也是陷阱重重、危机四伏的；反过来说，如果研究者通过自觉进行这样的根本性突破，找到了真正适合于探讨和研究包括境界在内的所有各种人文—社会现象的思维方式和研究模式，那么，即使境界以如此独特的方式发挥其作用，研究者依然可以通过将其置于具体的特定现实社会个体的主观精神世界的生成过程之中来加以探讨和研究，从一个特定的方面证明确立这样的评判标准并不是绝无可能，而是切实可行的。

其次，关于"境界的发展究竟是不是只可能越来越好"：在我看来，这个问题之所以有可能出现，主要是因为提问者依然是以存在于日常生活之中的提问方式、因而依然是以非学术研究的提问方式来提出这个问题。实际上，正如我们在前面论及究竟是否能够对境界进行道德判断的时候所指出的那样，严格的哲学研究意义上的境界研究，本身并不关注境界本身的发展究竟是不是越来越好的问题——毋宁说，它所关注的是，人们在日常生活之中所谓的好的境界和坏的境界，都是由哪些基本方面和内容构成的、都会由于其自身所特有的哪些成因和生成条件，而沿着它自己的独特的发展方向和轨迹而不断发展，以及人们在评判一种境界是好的境界还是坏的境界的时候，所使用的具体标准究竟是什么；简而言之，严格的哲学研究意义上的境界研究所关注的主要应当是，无论它们究竟是人们通常所说的好境界、还是坏境界，只要它们实际上都是作为境界而存在并发挥作用，即可被纳入严格的哲学意义上的学术探讨和研究的范围之中。

当然，毋庸赘言，从我们这里的问题的角度出发来看，在许多研究者看来，"境界的发展究竟是不是只可能越来越好"是与评判境界的标准问题紧密相关的——对于这些研究者来说，只有在"境界的发展只可能越来越好"的情况下，对境界的评判标准进行探讨和研究才是有意义的。实际情况真的是这样吗？

否！

之所以如此决绝地进行否定，是因为尽管这样的看法并非毫无道理，但却显然是片面的、因而没有多少适用性的，因为绝不是只有境界"越来越好"了，研究者才有可能对其加以评判，否则，按照这样的基本观点来看，只要那些保持相对稳定的、暂时没有变化的境界实际存在着，尤其是只要那些"越来越坏"的境界实际存在着，研究者就根本不可能对境界的评判标准进行任何探讨和研究了；但实际情况却恰恰就是如此！更为严重的是，假如研究者由于这些相对保持不变、抑或由于这些变得"越来越坏"的境界的实际存在，而根本无法对评判境界的标准进行必要的探讨和研究，那么，这样的研究者又如何能够评判一种境界究竟是"越来越好"、还是"越来越坏"呢？！

行文至此，我们显然已经又一次非常清楚地看到，尽管对境界的评判标准进行探讨和研究根本不可能完全脱离境界的优劣高低，而是必须以这样的优劣高低作为现实依据和最主要的参考对象，但是，这种从日常生活之中存在的、带有道德评价色彩的常识性观点出发，来探讨和研究有关境界的评判标准的问题的做法，实际上是完全可能由于既缺乏学术研究所必需的客观态度、又缺乏哲学研究所要求的批判反思精神，而最终流于以偏概全并误入歧途的境地的！实际上，只要我们不再拘泥于早已经形成的"观念的王国"及其特有的思维惯性，而是真正采用客观的态度，我们就可以清楚地看到，在现实存在的社会生活之中，既不乏向善之士所具有的"越来越好"的境界，也不乏普罗大众的平淡无奇的境界，更可见趋恶之徒的"越来越坏"的境界！因此，只有对境界及其评判标准进行严格的、哲学意义上的批判反思和探讨和研究，我们才既有可能认识和把握所谓好的境界，不断启发并促使自己和他人走上智慧之路并不断前行，也有可能认识和把握所谓坏的境界，从而不断警示并告诫自己和他人不可因为执着和沉迷而走向万劫不复的深渊。

行文至此，这篇极富尝试性的、肯定包含着许多缺点和不足之处的小文，便不得不囿于篇幅走向结束了——或许值得欣慰的是，尽管我们的探讨和研究工作是初步的、探索性的、必定包含着各种各样的不尽人意之处的，但是，我们毕竟已经开始沿着这个具有重要理论意义和学术价值的研究方向摸索前行了。由于这个论题本身所具有的深度、广度和难度，我们衷心希望并且坚信，无论对于今后的一般性的哲学研究来说，还是对于文化哲学来说，这个方向上的任何一种努力都不仅不是徒劳的，而且将是能够获得丰盛回报的！

主要参考书目

[1]《孟子》。

[2]《庄子》。

[3] 丁福保：《佛学大词典》，上海书店1991年版。

[4] 班扬：《天路历程》，陕西师范大学出版社2010年版。

[5] 冯友兰：《新原人》，三联书店2007年5月版。

[6] 张世英：《新哲学讲演录》，广西师范大学出版社2004年版。

[7] 蒙培元：《心灵超越与境界》，人民出版社1998年版。

[8] 陆杰荣：《哲学境界》，吉林教育出版社1998年版；《形而上学与境界》，中国社会科学出版社2006年版。

[9] 霍桂桓：《文化哲学论要》，北京出版集团2006年版；中国社会科学出版社2011年版。

论形而上学与哲学境界的内在关联

陆杰荣[*]

（一）

西方形而上学有其历史的起源和精神构境的历史，这意味着西方哲学的成长有着自身的演进历史。究其起源来说，希腊哲学初始确立的本体元素之规定及其对希腊哲学的铸型和基本框架之奠基对后来的形而上学样式的凸显起到了重要的作用。接下来的西方哲学对形而上学的总体建构包括西方哲学轴心规定的确认，即本体论与意识论以及二元论规定的三位一体的链接使得西方哲学的基本类型得以确立，并在其后的推移里逐渐彰显出其内在的价值和影响。需要指出的是，西方形而上学关注的最主要的目标就是本体，尽管对这一本体的理解有着一定的差异。例如对早期希腊哲学的"始基"的理解就透视着对哲学的本体的阐释，至于对"数"的说明以及巴门尼德对"存在"的阐释都在当时理论资源积累的前提下，对本体的式样给予了充分的探讨。这一切都为哲学本体的初始奠基确立了较为深厚的精神基础。

突出西方哲学的早期类型之构建的一个重要的原因在于，西方哲学在希腊时期有着自身的特点，这主要表现在"我们所研究的是这样一个思想时期，在这个时期的哲学问题、科学问题和宗教问题之间，或者科学方法与巫术之间，以及历史和神话之间没有划出明显的界限"[①]。在这一思

---

[*] 陆杰荣，（1957— ）男，辽宁大连人，辽宁大学哲学与公共管理学院教授、博士生导师。从事马克思主义哲学与历史哲学研究。

[①] D. J. 奥康诺主编：《批评的西方哲学史》，洪汉鼎等译，东方出版社2005年版，第2页。

想的演进阶段里，或许有三个问题在指导当时的哲学家的思考路径，"首先，他们探讨'君主制'；其次，他们在多样性中探求统一性；最后，他们在混沌的无序状态中探求有序的宇宙"①。他们力图通过对上述问题的求解来获得一种形而上学特有的结论性判断。在这里，可以看出希腊哲学在其初建的阶段里，已经构造了一种独特的哲学培育的精神氛围，并在这一耕种的精神土壤上结出了自身的果实。突出希腊哲学特别是这一时代哲学的精神构境和时代的节奏，可以管窥到这一时期哲学的主要趋向和追求。

按照西方哲学的初始逻辑及其内在惯性的演进路线可以看到，西方哲学的早期路线图的总体概貌是确立本体的内在优先性的原则，按照这样原则的思维路向就是在意识论和概念论以及二元论的根基上勾画出对本体的建造和固化。因此，可以说，西方哲学就其起源和演进的逻辑来看，其基本旨趣和终极寻求是确立形而上学的本体论框架。"可以说西方哲学的发展历史就是形而上学的构建和转型的过程。"②这也就是说，西方形而上学，"西方哲学从一开始就有两种活跃的动机——拯救的欲望和发现事物如何运作的欲望——始终齐头并进"③。事实上，这两种欲望从形态上划分似乎可以分为："理论的兴趣"和"实践的兴趣"，据此可以确认为二者的不同样态，即静观性质的观察与投入其中的观察。这一分类对理解形而上学本身有着重要的价值，这是因为形而上学的旨趣或者走向有着异质性的路线，一方面，在柏拉图那里，世界的二重化是一个事实，人本身本质上是分存于两个不同的世界；另一方面，人还需要有理念的引导和教化，使得人本身有一个理念的铸成。这样看来，西方形而上学的设计以"本体"规定为目标，提出了理念和形式的价值问题。在这一谋划里，亚里士多德的"形式"与"内容"有了新的展开空间，并且由于二者的性质与存在样式的不同使得形而上学的内涵有了不同的解释空间。

进一步的分析会看到，西方形而上学的旨趣是构造之上的"本体"，

---

① R. C. 斯普罗：《思想的结果》，北京大学出版社2006年版，第14页。
② 陆杰荣等著：《形而上学研究的几个问题》，中国社会科学出版社2012年版，第272页。
③ 陈家琪著：《哲学的基本假设与理想国》，中国人民大学出版社2007年版，第17页。

依据对"本体"的说明会认识到"本体"是纯粹的，因为只有具有之上的"纯粹"规定，方能保全其永恒的性质。这样的"本体"才能使形而上学得以保全和永久。希腊哲学在其发展的不同环节所展现的对"本体"的极度倾注也许是希腊哲学的一种神圣的特有景观。或许，哲学在自己的内部有着逐渐增长的热情，并力图在外部因素的对立中实现其自身的对象化。然而，对"本体"的理解需要软化的方式，并以细微的途径来彰显出形而上学的等级及其顺序，因为"本体"本质上是一个精神的抽象物，它可以很高，可以展现为精神的层级和结构的中心，有着"高处不胜寒"的境遇，但是倘若其本身无法与各种精神的资源给予沟通和关联，也就成了自身的独角戏。因此，形而上学的视域总是在演进中，不断地在同形而上学所发生的历史联系中呈现出不同的尺度和价值。

（二）

从当今的眼光观察形而上学的整体推移的历史形态会发现，西方的形而上学类型和架构有着西方式的特点。依据文德尔班的看法，哲学的道路通常可以被看作两种类型，即一般哲学就是指认识"现存"事物的思想工作，而"个别哲学"则指的是认识特殊科学里的现存事物的个别领域[①]。按照这一思路分析的话，西方形而上学的发展是在"理论理性"和"实践理性"的内部张力里前进的。事实上，西方形而上学的视野里，亚里士多德在其哲学的论证里比较明确地澄清了理论理性与实践理性的差异，进而指出了形而上学对"本体"的思考与对"质料"理解的路径的不同，因此亚里士多德关心的重点在于对自己构思的第一哲学有着独特的关注，以至于将其视为对终极事物的沉思。

从形而上学自身样式的发展来看，由柏拉图到亚里士多德哲学的发展过程完成了早期希腊哲学的形而上学体系的达成。在这一达成的显现和隐含的要素组合之中，形而上学本身包含着诸多的异质性之规定和发展的诸种展开的可能。这一观点印证了希腊哲学包括古罗马哲学内在地存在着一

---

① ［德］文德尔班著：《哲学史教程》上卷，商务印书馆 1987 年版，第 8 页。

种理想性的超越因素，同时也表征着西方形而上学自身所蕴含着的内在张力的紧张关系。首先，从西方形而上学的自身架构来看，形而上学本身是一种"二元"规定的合成，就自然有着理想性和现实性的分别，在理论旨趣和形式上有着分属视域的不同，必然产生出质料和形式的区别。深入地观察还可以知晓到，西方形而上学自身隐含的细微区别在展开中，必然地凸现出外在的向度中的一种特有的"对立"。也许这种对立正是形而上学本身所蕴含着的异质性的外显的一种样式。从具体的分析会看到，西方形而上学的系谱学从其开端起，其中就有着一个或隐或显的主导线索，这就是对形而上学本身所包含的理论智慧与实践智慧的多重性理解。一般地来看，形而上学的基本目的在于试图建构起对世界的总体看法和统一性的世界图景，问题在于建立这样图景的方式不是单一的，而是多样的；换言之，规约形而上学对整体世界把握的图景的方式可能是"形式"的，也可能是"质料"的。从另一个角度理解的话，形而上学建构的价值在于确立一个恒久的精神的终极的"本体"，这一"本体"具有高度的统辖性，进而形成最终的普遍的"形式"。

（三）

哲学层面上的形而上学其主要目的是建构起对真实的理解。从哲学的历史演进能够看到，哲学或者历史上的形而上学总是力求在把握真实的规定之中，来展开自身的论证体系和建构自身的诸种形态。从哲学的维度观察就会看到哲学或形而上学在这一理解过程中所做出的精神努力。因为西方哲学从其开端来看，就是要谈"本体"，尽管这一本体在其后的哲学演绎中有所变化，有所迁移，但总的方向是推定着"本体"规定的提升和聚焦。与西方哲学对"本体"的抽象理解和层次的提升相吻合，西方哲学在对形而上学的理解中其主旨就是要对"本体"渐次提升，使之成为真正的哲学的"理念"或"形式"，这就从一个基本向度上确立了本体的位置。这样精神的区划在某种意义上设定了"本体"的地位，并影响到柏拉图和亚里士多德对理论理性和实践理性的古典方案。

进一步的分析还会看到对哲学境界构思的重要途径是哲学境界与本体的连接的内在环节，"哲学在把世界分裂开来之后，才去通过自己的理论活动寻求它的统一性，重新建立起一个一统性的世界"。① 这样看来，哲学的境界是与科学的世界与宗教的世界不同的，科学的世界是自在的，宗教的世界是自为的，哲学境界的世界则是异质性的，或者是内在的辩证性的；哲学的境界是超越现象的世界的，同时它本身还持守着对现实的关注和对历史维度的重视。概括起来说，哲学境界的规定与世界理解的双重化性质有关，这一问题在哲学境界的角度自然就涉猎了对其他涉及的诸种因素的关联。与科学的世界相比，哲学境界是超越的，是"其所不是"，与宗教的"非现实"相比，哲学境界又是"现实"的。

通过进一步的理解还会看到，马克思指出，真实的哲学一定会产生现实的结果，这一结果提出了互为相关的几个问题，这就是人不是"一直在努力想在更高的水平上，重新创造自己的真实存在吗"？在马克思的判断中至少包含着这样的复合性的规定，即人是有真实的规定的；人的真实规定是在实践确定的；人的发展的过程是有着阶段性的差异的。在理解马克思关于哲学境界的观点时，需要重视马克思对哲学阐释的方法论原则。一是对哲学原则和架构的历史性的还原；二是对马克思哲学的双重尺度的把握，即人按照任何物种尺度进行着生产，哲学要客观地将对象化的活动给予现实的印证，同时人又每时每刻用内在固有的尺度衡量对象，这就要理解人性自身的内在固有的尺度。

---

① 高清海著：《哲学的憧憬》，吉林大学出版社1993年版，第635页。

试论文化哲学与"哲学境界"

李鹏程[*]

第一,什么是"哲学境界"?

"哲学境界"这四个字作为一个词,尽管它在其思想资料上有哲学史基础和文化史背景,但作为一个哲学研究术语,作为一个哲学概念,并不是中西哲学历史上有其学术传统的用语。它源出于 20 世纪 90 年代一位中国哲学研究者的一个大胆的学术创新:1998 年 4 月,陆杰荣教授的《哲学境界》一书,作为吉林教育出版社的"当代人文与文化丛书"的一种出版。书名就是我们现在要讨论的这个概念。而且此书就是在当代中国哲学研究领域第一次详细阐论这个概念的一部学术专著。这是我看到的使用"哲学境界"这个术语进行哲学研究的最早的学术来源。

什么是"哲学境界"?陆杰荣说:"所谓哲学境界,就是人在实践活动的基础上,通过反思、批判的自我意识所确立的'应然'目标的境地。"[①]他认为,哲学境界是人对自身生存活动意义和根据的表达。所以,哲学境界问题实质上是人的问题;"人需要提升、导引、陶冶,人存在着诸多得以生成和发展的可能性,人有着对人性完美的执着追求,人有着超越自身与既定特征的能力,人要使自身的存在和发展获得统一的意义,这

---

[*] 李鹏程,中国社会科学院哲学研究所。
① 陆杰荣:《哲学境界》,吉林教育出版社 1998 年版,第 4—5 页。

都归结为哲学境界所涉猎的问题。"①陆杰荣同时认为,从哲学的方面而言,"哲学作为形而上学就是对境界问题的研究"②。所以,在该书的"作者序——感受形而上学"中,他写到:"无论对'形而上学'持何种否定态度,都无法弱化形而上学的存在根据。……人的本性就具有形而上学的性质。……人都力求追寻形而上学的东西。即使在现代社会,形而上学也不是可有可无的。"作者甚至强调:和在古代社会、近代社会一样,在现代社会,"形而上学乃是对现代人的心灵慰藉,是现代人精神的摇篮"③。

从上述援引中我们可以大体上理解"哲学境界"概念的基本规定性:人在自己的生存中具有自我超越的本性,即总是要提升自己,为自己设计完善自己、完美自己的蓝图,这个蓝图就是一种未来的、理想的"生活世界",对这个生活世界,哲学家在哲学层面上进行论述,即从人的主体性(自我意识)的现实出发,进行整体性和全面性的概括,给自己呈现出一个思想"境界";这就是人、哲学与"境界"三者之间的关系。因此,也就可以说,"哲学境界"是思想建构理论过程中的形而上学的一个"图式"(scheme)。千万年来,人类在其生命活动过程中,要不断进行这种思想建构理论的活动,因而在每个时代,都会形成这种形而上学图式,所以,这种图式在人类历史上是与时俱进的,是层出不穷的,而且各种图式都是很不一样的。每个图式具有各自的特性,包括具有自己独特的境界。这些哲学基本图式,就是形而上学。

据此,我们从文化哲学视域对"哲学境界"作一理解,就可以看到,陆教授提出的"哲学境界"这个概念,其属性是一个哲学学的概念,进一步说,也就是一个文化哲学概念。这是因为:第一,文化哲学重视人的生活世界的现实性,并在此基础上强调人的存在的自我超越性和人在现实的实践活动中向着美好未来的自由自觉的自我生成;第二,也正是"哲学境界"这个概念,清楚地揭示了哲学形而上学的属人性质和文化性质;第三,我们也就可以说,"哲学境界"这个概念,在哲学形而上学的高层面上,论证了"一切哲学从根本上都是文化哲学"这个"哲学学"的判断。

---

① 陆杰荣:《哲学境界》,吉林教育出版社1998年版,第5页。
② 同上。
③ 陆杰荣:《哲学境界》,吉林教育出版社1998年版,第Ⅶ页。

在理解"哲学境界"这个概念的时候，我们不但应该看到这个概念在当今哲学研究领域的创新性质，而且更应该理解这个概念与哲学史的密切关系。关于这种情况，陆杰荣在他的这部研究著作以及后来的一系列关于"哲学境界"这个概念的研究性著述中，都已经作了很多表达。根据他的阐述，我认为要强调两点：

第一点，人类自古以来有各种各样的哲学，应该怎样对它们进行把握和理解呢？哲学史的研究大体上强调的是"述而不作"，是以陈述而"忠实再现"（尽管在"纯粹"的意义上"重现"是很难做到的）。那么，从我们作为哲学研究者的思考出发，我们是否可以以自己的主体思想对它们进行解释、理解、评价呢？包括是否可以对它们的义理进行比较、对它们之间的历史关系和理论逻辑关系进行梳理分析呢？回答当然是肯定的。对这些问题的回答，或者说对这些任务的承担，形成了一门哲学子学科，那就是"哲学学"。它的研究内容就是对各种哲学范式进行比较，对各种哲学范式之间的历史关系和义理逻辑关系进行分析和评论（评价）。在进入"哲学学"这个子学科的时候，我们马上就会遇到一个方法论的需求：对它们进行比较和进行"际性研究"的评价标准应该是什么呢？而"哲学境界"这个概念，就是哲学学所需要的一个评价概念（当然我们还可以设定和应用其他的评价概念，诸如"品性""风格""意蕴""时代高度""预言推理的有效性""浪漫性""实证性"等）。用"哲学境界"这个概念以及它的全部内在规定性，对哲学范式进行研究，就可以对各种哲学都有一个"境界"视域内的确认（回答"它的哲学境界如何？"的问题），从而就可以展开对该哲学的"境界"状况的描述，同时对诸哲学在境界的视域中进行排列、比较和联系性沟通等方面的研究。我认为，这可以说是哲学境界概念的最重要、也是最基本的学术意义和学术功能。

第二点，在此基础上，我们如何判定某种哲学的境界的高低、深浅、阔狭、抑或各种长短呢？如何比较诸个哲学范式的优劣或者有效性和适用性呢？那就需要我们关注"哲学境界"概念本身的两个规定性视域的情况：哲学境界的"相对时空视域"和"绝对理想视域"。第一种视域是我们基于某种具体的文明圈空间的或者文明演进时代的主体思想状况，对某种或者诸种哲学范式的"哲学境界"的评价性言说；而第二种视域，则是我们认为一切（当代的和未来的）哲学范式应该追求和争取达到（或者具备)的哲学境界。这样一来,我们就可以看到,哲学境界概念实际上是一个研究哲学范式的"质"性的哲学学范畴。当然我们完全可以说哲学范式的质性,绝不是哲学境界这一个概念可以完全涵盖的;也可以说这个概念或者范畴提出后,需要进行历史论述和逻辑论述的问题还很多、很复杂。但是无论如何,我们总可以说,提出哲学境界这个概念,起码是对推进当代哲学学研究而进行的范畴建构的一种有益的探索。这种探索是我们的哲学研究创新所十分需要的。

第二,"时代"维度中"哲学境界反思"的追切性

我们先来研究哲学境界的"相对时空视域"。

当我们把"哲学"与"时代"两个概念连接起来的时候,我们实际上就是把哲学与某个具体历史时代的整体文化状况连接了起来。

哲学在一个时代的功业、成就和命运,关键就是要看哲学与时代的关系。

在这个关系中,有两种可能的适应模式:一种模式是,时代要去适应某种已有的哲学,按照这种哲学的意图、境界,来建构本时代的社会蓝图,从而来建设人的生活世界的新时代;另一种模式则是,哲学要适应时代的发展状况,根据新的时代特点,来修正自己理论的一部分、或者大部分、甚至全部及至形而上学。

当然,我们今天也完全可以简单地说,谁适应谁(哪个适应哪个)的问题,不是哪个简单地服从于哪个,而是二者之间的"互动",是互相适应。这时候,我们就应该问,这种互动是有条件的,还是无条件的?如果是有条件的,那么条件又是什么?

从哲学方面说,如果能与新的时代形成互动关系,它起码要有正确解释和阐述时代状况的、并回答时代提出的问题的能力。如果具备这种条件,我们就可以说,这个哲学的境界或者眼界,具有与时代互动的可能性;反之,如果某种哲学不具有这种能力,它的话语系统整个都是在自说自话而不"食"其时代的"人间烟火",那它就不具有与时代互动的可能性。

而从时代的现实状况来说,时代的现实发展,是否处于某个哲学在其

先前就已经提供给它的某种思想图式之内？如果是在其内，那就要考察：时代的"发展"本身是否会遵循那个哲学图式结构所提供的逻辑时空的路线和范围？现实发展中的问题是否能够在原有的哲学层面即原有的哲学境界内被解答（化解和扬弃）？如果回答是"可以"，那么，时代与哲学就是"相恰的"，现实的发展及其理性指引也就不会出问题，哲学（形而上学）就不存在危机，这时人们也不会太多地来对哲学的境界提出质疑；但如果哲学（形而上学）回答是"不能了"，那么，时代在这个时候就必然觉得哲学已经是毫无用处的、陈腐的"老一套"说教，再跟着哲学的观念往下走，时代的现实发展就没有什么出路。这个时候，就是现实危机的时刻，也同样是哲学危机的时刻。到这个时候，时代的现实就觉得自己应该摆脱哲学观念的羁绊，在实践中寻找自己的发展智慧和发展理由，要别开生面地设计发展的道路和重新规划自己的现实发展。而这时，初生的发展智慧和理由，还不可能一下子形成自己的系统性和完整性，还没有达到成熟的"科学"（逻辑系统）的水平，这就是我们常说的形而上学危机。这个时候，我们就一定会问：哲学怎么了？哲学怎么是这样？怎么是这种境界啊？它能不能有一个更大气的、能解释时代问题的"新的"逻辑思路呢？这种提问方式和思路，也就吻合了前述"哲学境界"这个概念被提出的思想合法性。

从研究西方哲学史的角度来看，哲学境界其实也就是"历史的"生成的"哲学形而上学的范式"。每一种哲学境界，即哲学范式的提出，都是当时这种范式的提出者（建构者）对其时代的"时代精神"的一种感悟，同时也是对其进行一种新的概括和表达的创新（的尝试）。因而，这些哲学形而上学范式都是具有"历史性意义"的哲学眼界（眼光）。例如古希腊哲学的原子论和理念论，中世纪的唯名论和实在论，近代的经验论、唯理论和唯心论，以及现代早期的意志哲学和价值哲学，还有近一个多世纪以来的现象学、分析哲学、存在论哲学、实证主义和实用主义等等。它们无不都是形而上学的各种范式。这些哲学范式，实际上也就是用哲学语言表达了人对自己的生活世界的抽象的、即最概括的理解，因而也就是人思考自己以及自己处于其中的生活世界的普遍性的"历史性的"思想"境界"。哲学范式的一个接一个地依次出现和依次被取代，就以其接续绵延形成了一部哲学史。所以，哲学史就是哲学形而上学范式（即哲学境界）随着时代的进步而不断推陈出新的历史。

与西方哲学史一样，中国哲学史也是一部哲学形上范式（境界）不断转换、兴衰、新旧替代的历史。从先秦诸子的诸范式所表达的思想境界，到汉学（今古文经学）所表达的思想境界，再到魏晋玄学和隋唐佛学的境界，及至其后的宋明学问（道、气、理、心）模式，再至清季朴学和新公羊"启旧维新"的解释模式，都不无在自己的时代是时代精神的产物，但同时也是新的时代精神的引导者。

总之，我们可以说，任何一种哲学（形而上学）范式都是处在历史时代的波涛滚滚的思想长河中，后浪推前浪，在不断推陈出新，从而表现出了其独特的、让后人回味无穷的思想境界。因而我们也可以说，哲学的思想境界，人的哲学思维模式和风格，在不断地经历着境界的更新：沉舟侧畔千帆过，病树前头万木春！人类的思想（从而"文化"、"文明"）就是在不同哲学模式的这种生生不息、前衰后继的"灵动"转换中，在"境界"的不断"开新"中，保持着自己永恒的文化活力！

正是因为这样，我们也就可以说，人要达到对于本时代的生活世界的正确的感知、认识和觉悟，就需要有与本时代的文化精神相吻合的哲学。也就是说，需要有理解现时代人类现实的哲学，这当然就必须是一种与时代精神相呼应、并概括、升华和能够继续引导时代精神的哲学，这样的哲学当然也就是必然与前一个时代的哲学不同的、具有新的哲学境界的"新哲学"。

那么，这种"新"哲学到底是一种应该具有什么精神"境界"和思想"境界"的哲学呢？

那就是现时代的文化精神的境界和文化思想的境界。

关于这一点，我们可以重温一下德国文化哲学家阿尔贝特·施韦泽的观点[1]。施韦泽以一种比较悲观的情绪论述欧洲哲学的衰落与当时文化衰落的互动关系。他从时代的文化危机的现实症候出发，指出了文化危机就是因哲学的危机而导致的。而哲学的危机，就在于哲学在时过境迁的情况下，仍然一味沉溺于对哲学史的复述和对旧的哲学模式的留恋不舍，靠对

---

[1] 参见施韦泽《哲学对文化衰落的责任》中的论述。该论文收于施韦泽著的《文化哲学》，世纪出版集团与上海人民出版社2008年版，第46—51页。

前辈哲学家的俯首赞颂、甘受其囿地顺势发挥和无思考地随声附和,来显示自己的高雅并以此训导大众,而丢失了对本时代的人类生活世界问题的应有的眷顾,丢失了对本时代的个人、社会、民族、人类和文化等方面的真问题的关注,因而,"并不能够建立可以保持公众舆论中的文化理想的新体系"①,也就无从"开出"与时代的文化发展需求相互为表里的哲学"新""境界"。施韦泽认为这是哲学的"失职"。

我们把施韦泽的反话正说,就是:在一个崭新的时代,哲学应该以对时代精神的真挚热爱来"武装"自己,以对新的时代问题的敢于涉足并豪迈入里探究的勇气,从点滴尝试开始,逐步扩展哲学本身的时代视野和时代论域,为新时代"开出"新的思想境界,构建新的哲学模式,这就是哲学的正当职责。

在此基础上,哲学为时代提供新的主题词和新的话语体系,从而成为对新时代的精神进行理性教化和伦理规范的思想"核心",引导时代精神在柳暗花明的历史道路上继续蓬勃向前。

从这个意义上,我们同时可以看出:有新意的哲学,有时代活力的哲学,必须是"文化的"。因为只有哲学通晓新时代的所有文化,哲学才会有自己的新的境界;也因为只有哲学成为新时代的所有文化的形上抽象、概括和理性总结,新时代的诸种文化才会有自己的稳定扎实和经得起颠沛挫折考验的思想灵魂和精神依托,从而使新时代的文化获得具有健康发展的可能和广阔的发展境界。

也就是说,一时代一文化;一文化一哲学;一哲学一境界;一境界一文化;一文化一时代。

这就是从对哲学境界的时代性的探究中,自然而然地对哲学的文化性质的揭示,也是对哲学境界研究在时代精神论域中的具体落实。

第三,现时代人类文化呼唤新的哲学境界

着眼于我们时代的明显的和潜在的文化特征,我们可以看出,战争和

---

① 参见施韦泽《哲学对文化衰落的责任》中的论述。该论文收于施韦泽著的《文化哲学》,世纪出版集团与上海人民出版社2008年版,第347页。

冲突问题、环境与生态问题、全球人类总体化交往问题、人的生活世界全面信息技术化的问题、新技术对人类的可能影响问题、生存意义问题等作为当代人类文化特征，极大地左右着并改变着人类的面貌和生存方式。这些问题的复杂性，不但作为"人类命运"的图式，决定着我们现实人生的各种样态，并且作为"人类思想逻辑"的产物，其路线图式时时刻刻缠绕着我们爱好思维的大脑，促使我们以更高远的境界意识鸟瞰人类生活世界。

我们按照人类生存的文化迫切性的顺序，来看看在现时代扩建我们的哲学境界的几个应有的现实出发点和思想理路。

首先，现今人类生活世界中的一个十分迫切的问题，就是战争和武力冲突问题。大小媒体几乎天天都要报道世界上每日进行着的战争和不断发生着的武力冲突。这令我们这些重视生命价值的思考者感到悲哀。人类多少年来一直在呼吁消除战争和武力冲突，缔造世界和平。但战争、武力冲突问题作为人类最古老的"老大难"问题仍然存在。我们讨论文化，首先要说的就是必须强调对人的生命的保护和爱待。从文化的基本原则来看，战争和武力冲突的实质，是反文明的、反文化的。就事论事地来看战争，我们当然承认战争有正义和非正义之分，我们也赞成在"万不得已"的情况下可以用正义战争和正义武力来解决人类问题。但是，人类如果以文化（反野蛮）的思路来看问题，以尊重和保全人类的每个个体生命为基本原则来看问题。就应该不打仗，尽量不打仗。能以其他方式公正地解决问题，就尽量避免用武力去解决。因为战争和武力冲突，都必然是以牺牲一些人的宝贵生命为代价的，同时还要消耗大量的人类精力和人类财富。人类应该提倡应用非战争、非武力冲突的方式，即理性对话和谈判协商的方式，来处理人与人之间、集团之间、民族之间、国家之间以及地区之间的所有矛盾、争议和冲突。即使对于非正义的武力和邪恶势力的武力，也应该尽量采用智慧的方式，来促成问题的和平解决。这样的思想路径才符合中国古代著名军事家"不战而屈人之兵，善之善者也"的教诲。如今的每一天，世界上还有许许多多的人类生命，正在被进行着的战争和武力冲突吞噬着、并即将被吞噬！人类什么时候才能心平气和地"消解"人与人之间相互的"深仇大恨"呢？才能"冲出"以战争和武力环环相报的恶性循环圈呢？什么时候全人类的公平正义才能够"取代"那些驱使千千万万热血生命走上战场的现象呢？什么时候才能够真正实现"马放南山"、"化干戈为玉帛"、让每个欲战之人的双手都抛掉杀人武器、而高举起橄榄枝雀跃欢呼和平呢？这个梦寐以求的时代理想的实现，首先需要的是人性一次彻底转化，或者说就是人性的一种断然的升华！使人从万千年以来传统的、盲目的仇恨观念、战争观念、武力观念和狭隘的利益观念中彻底地自我解放出来，真正开辟一个人类和平的新时代。为此，我们呼唤一种新的哲学形而上学，它能够涵盖一个新的、关于"处理人类普遍关系的最终理性"的哲学思想逻辑，需要一个新的哲学境界！

其次，现今人类文化和文明面临的最普遍的、最明显的危机，就是人类环境被破坏而引发的全球性生态危机。讨论环境与生态问题，实际上也就是研究工业化作为一种人类文明和文化的功过问题。地下资源的开采，使我们人类得到了大量的能源以及各种金属及非金属材料的原料。有它们人类才有工业化。对地下的煤、石油和天然气的采掘，使人获得了能源，这些能源材料经过燃烧，转换为电能，支撑着现代人类全部城市和绝大部分乡村的生活所需要的一切能量，给人类带来了极大的便利和福利；石油炼制为汽油和柴油，支撑着人类的全部机械发动机的运转，人类才能有现代化的交通。同时，石油化工、煤化工加上其他开采物的化工技术和矿物冶炼技术，为人类提供了大量的新材料、新的食品原料和化学药品原料，为人类提供了大量的建筑材料和机器材料。总之，我们可以看出，人类现代以来大规模地下采掘现象，是工业化的基本特征。工业化三百多年来，人类从工业化受益匪浅，越是现代化程度高的国家和民族，对于现代化所带来的福利和便利越是体悟颇深。但是，我们已经很清楚地看到，人类在享受工业化成果的同时也深受其害。第一，工业化产生了大量的"三废"：废水、废气和废料垃圾。它们污染着人类赖以生存的空气、水和土地，使人的呼吸、饮水以及食物的摄取等生命的基本代谢过程被全部毒化，直接威胁着人的生命安全。第二，工业化促进城市化，促进大都市的形成。城市化过程，其实就是人们为了分享现代能源革命所带来的各层级的基本生活便利和社会便利而进行的空间迁移过程。而城市化和大都市的形成，使人口密度集中化，把人压缩到一个特定的有限空间，这更加大了（放大了）工业化污染的功能和危害。并且次生出了人在大密度人口空间中的社会犯罪和生存灾难。而城市化同时又瓦解了传统的乡村社会，使那里的田园荒芜、文化颓废、民不聊生。第三，从全球大尺度宏观空间来看，工业化形成的二氧化碳排放和废水废料对陆地海洋的污染，使得我们居住的这个小小星球的温度、气象、气体质量、地质质量及其密度分布等天文学性质和地质学性质，也都甚至已经开始发生重大变化，而这将使地球变成一颗"不宜人类居住的星球"！所有这些状况，催促着人类理智和人类良心必须反思"工业化现象"，重新评价它的功过；必须反思所有"地下采掘产业"的功过，抉择它的何去何从！必须在反思人类现代化生存方式的对错的同时，为人类生活重新定义能源和资源概念。为此，我们也呼唤一种新的哲学形而上学，它能够涵盖一个新的、关于"人类与地球这个星球的共生性"的人类理性的哲学思想逻辑，需要一个新的哲学境界！

再次，哲学应该关注人类历史上到现在已经十分明显的"全球一体化"现象。人类当代现实的实践活动（而不是人类理性！）已经明白无误地告诉我们，历史已经进入了一个"人类总体化交往"的时代。这是"世界史时代"意识的一个最新的特征。关于这一点，我们头顶上天空中飞翔的飞机、高速铁路、全球电信网络、媒体中播放的远程火箭和洲际导弹、人造卫星返回的地球气象照片、全球国家和民族的日益频繁和多样的合作与摩擦、地球南极的探险和科学考察，以及多国对北极安全问题的关切，还有我们身边的无国籍者、跨国婚姻、混血人种，以及人类各种语言间的相互干涉影响所产生的新词新语、商业公司的"全球价"、"全球首发"、奥林匹克运动和各种各样的全球体育、文化艺术、娱乐几个方面的国际赛事……所有这一切，都已经足以使我们意识到，我们是处在一个全球普遍交往的时代之中。这时候，再来看看以前没有意识到的阿拉伯数字和基督教的"公元历法"在全球的世俗化应用，我们就可以知道，全球一体化的人类交往，是经过了一个漫长的"润物细无声"的文化嬗变过程，才达到了如今这个程度。在这样的情况下，我们马上就面临两个需要回答的人生问题——第一个问题是：我是哪里人？第二个问题是：哪些文化和文明是属于我的？哪些是属于别人的？实际上，这两个问题是一个问题，它就是询问我们的文化身份和文明归属。以前，在划分"地方文化特色"和划分世界诸"文明圈"的情况下，人们的交往活动分为"内外"，这种内外区别就是我们每个人的文明圈归属和文化身份的界定。但当今天我们的生活世界被物质手段和信息手段一体化为"全球生活世界"之后，假如我们可以站在地球外一个视点来看我们的星球，我们就会扬弃掉狭隘的地方观念，而意识到我们都是地球人！这种对地球和其上的全人类的认同，使我们明白了我们的身份就是地球人类；而整个世界文化就都是"我的文化"！身份意识、文化意识和文明意识的这种"坐标系转换"使我们开始明白："地方性"不只是一个平面的差别性概念，而且是一个具有立体性结构的内在规定性的概念。举例来说，"我是怀化人"与"我是湖南人"、"我是中国人"、"我是地球人"并不是相对性概念，在逻辑上并不互相对立和排斥，而是一个具有层级结构的、包含性的概念序列。同样，"怀化文化是我的文化"与"中国文化是我的文化"这两个判断并不是在理性上相悖的、必须二者择一的概念。按照这个逻辑来推论，在全球一体化的今天，我们对自己的文明归属和文化身份就应该形成新的文化意识：佤族人和乌拉圭人都是我的"老乡"；而纽约大都会博物馆和巴黎罗浮宫的宝藏都是我的宝藏；英语、韩语、和只有12个音素的夏威夷语都是"邻乡人"的语言；《诗经》、《荷马史诗》和《萨格尔王传》都是"我的"古典著作。在这种意识的情况下，民族、国家、宗教、语言等的差异和局限的合法性必然逐步受到挑战。这种情况需要哲学有更为博大的胸怀和更为广阔的眼界，对"人类存在"的这种大变化提供更为合理的文化哲学的形而上学的支持和解释。这也需要一个新的哲学境界。

最后，我们还要简单地强调一下哲学必须及时地随着人类的实用技术的创新和自然科学研究的最新的应用创新，来考察和研究它们对人类生存状态的作用和影响。例如当代手机、电脑作为人类生活的新"用具"的"泛滥"，极大地改变和创新着人类的交往方式和生活方式。哲学也应该有兴趣给予观照，形成新的哲学眼界和精神境界，在形而上学的高度对它们作出抽象概括、总结和理性诠释。

总之，对当代人类的这些重大的文化问题和影响人类文明走向的问题，哲学如果罔顾而言他，就是哲学的"失职"。失职的哲学就是让人们失望的哲学。

而哲学要能够解释这些时代问题，并进一步成为人们解决这些文化问题和文明问题的实践行动的精神向导，哲学就必须把自己的眼光和思想触角深入到这些问题的理论领域和实践领域之中，形成新的、具有本时代特色的境界观、思想向度与思想风格,以这些时代问题的矿石与烈火,铸成新时代的哲学的形而上学。这是很有难度的哲学使命,但我们有信心,哲学会以自己崭新的精神境界来实现这个使命。

论文化的境界

邹广文[*]

什么是境界？一般说来，境界就是主体心灵对自然、社会与人生的觉悟程度，其觉悟的程度越高，境界就越高，对宇宙人生事相看得也就越透彻。很显然，谈论境界问题是针对人生的思考而言的。哲学在其根本上说就是人生哲学，所以对境界问题的关注乃是哲学的应有之义。进一步看，文化与境界具有怎样的关联呢？按照卡西尔的说法，人是文化的存在，文化划定了人性的圆周。因此在人所创造的文化世界中，无疑表征着人的境界追求——人的文化世界是否有意义？文化世界是否完整寄托了人的理想？是否印证了人的目的性诉求？等。

在日常生活中，"境界"一词对于我们每个人来说也许并不陌生，但是，诚如哲学家黑格尔所言，"熟知非真知"，静心思考，我们发现"境界"其实是一个"很中国"的词汇。在中国文化语境中，谈"境界"的思想家从古至今并不少见，但是在西方哲学的话语中，"境界"一词似乎很少提及。由此使笔者想起了2008年在北京举行的"全国文化哲学论坛"的主题——"文化哲学研究的中国资源"。新时期以来，中国的文化哲学研究热持续不衰，正在由单纯的西方学术话语研究走向对"中国问题"的日趋关注，这应该说是一个令人欣慰的现象。从这一角度看，将"境界"问题引入文化哲学的视阈，可谓是开拓文化哲学研究中国资源、致力于文化哲学研究中国化的有益尝试。

---

[*] 邹广文，清华大学哲学系教授。

一 为什么要在文化层面谈"境界"？

在卡西尔看来，人是"文化的存在"，人只有在创造文化的劳作（work）中才成为真正意义上的人，获得真正的自由。所以人因其文化而划定了"人性的圆周"[①]。卡西尔认为除了在一切生物种属中都可以看到的感受器系统和效应器系统外，在人那里还可以发现存在于这两个系统之间的第三个系统——"文化符号系统"。正是这个新的获得物改变了整个的人类生活。从这个意义我们可以说，文化就是人与自然相区别的独特之处，文化是人从芸芸众生脱颖而出的根本保证。文化世界的形成意味着人的"类"意识之觉醒，人不再把自己等同于普通的"物"，而要开启成为"人"的征程，而要在对"文化"的实践中去求索人生的目的、价值与意义。

显然，文化作为划定了"人性圆周"的特定领域，必然有着不同于物质经验世界的"形而上"关怀，即指向人生的目的、价值与意义层面的生命关怀，而这就引申出了文化的境界问题。笔者以为，从文化角度看"境界"，就是文化的人文关怀，从积极方面来看，文化指的就是一个社会或民族的精神境界。"境界"表达的是在文化的"形而下"与"形而上"的关联性中，凸显人的形而上关怀，这是一个人性的提升过程。生活中，每个人的境界有高低。人生在世，说到底就是一个境界提升的过程。而境界要提升，就需要标示人生的方向，即回答"往什么方向提升"的问题。因此，"境界"内在就标示着方向感，境界是文化的"向上"价值诉求。

哲学意识就是超越意识，哲学的本质就在于超越。从文化哲学的视角来看"境界"问题，我们就会发现，境界彰显着人文性，关注着人的生命完整性。我们知道，人生境界对于人的整体生活质量有着至关重要的影响，人的精神生活的丰富和提高是人的全面发展的本质体现。因此，"境界"正是在文化价值层面对人的主体精神的表达与确证。要而言之，境界指涉着人的文化实践的意义与目的层面，只有对人生境界不懈追求的文

[①] 参见卡西尔《人论》，上海译文出版社1985年版，第87页。

化，才是对主体确证和肯定的文化。从境界的视角看文化，我们就能把握住文化的根本与核心。境界标志着文化的发展质量，表达着主体对于文化的觉悟与感受程度，因此，境界问题说到底是一个价值问题。人生境界与文化成长的关系是相辅相成、相互促进的。当文化拥有了"境界"的关怀，文化的成长才可能是目的性的，文化才不会导致文化的异化而走向违背人性的发展方向。

但是，近代西方理性主义文化的滥觞，使得文化的"工具性"意义被放大了，相应地遮蔽了文化的人文教化功能。我们知道，资本的逻辑就是讲求效益的最大化，所以在现实生活中，这种"工具理性"文化实践是通过精确计算和功利的方法最有效达至既定目标的理性，人们常常通过确认工具（手段）的有用性从而追求实践的最大功效，并为人的某种功利目的的实现服务。显然，这是一种以工具崇拜和技术主义为生存目标的价值观，在这种追求中，人们走入了手段的王国而失去了人的目标，文化的"境界"更无从谈起。人类生活不能止于碎片和无序状态，人生需要"安身立命"，需要为生命找到"理由"。从人类文明发展的长河来看，理性主义文化仍然是一种需要被超越的环节。在此意义上，境界追寻为当代文化的健康发展确立了价值坐标。

冯友兰先生曾认为："人与其他动物的不同，在于人做某事时，他了解他在做什么，并且自觉地在做。正是这种觉解，使他正在做的对于他有了意义。他做各种事，有各种意义，各种意义合成一个整体，就构成他的人生境界。"[①] 在冯先生看来，按照中国哲学的传统，哲学的任务不是"智"，而是"慧"，不是增加关于实际的积极的知识，而是提高人的精神境界。据于对人性的这种理解，冯友兰把各种不同的人生境界划分为四个等级，从低到高分别是自然境界，功利境界，道德境界，天地境界。自然境界是人以"本我"为中心的本能的自发性存在，功利境界是人以"自我"为中心、讲求实用与效益的存在，道德境界是人在社会关系中"正其义"，以利他、利社会为核心的存在，天地境界则是人达到"超我"状态，超越世俗、与天地为一体的存在。这种自下而上的境界提升过程是文化的成长过程，也是人文精神不断彰显的过程。

[①] 冯友兰：《中国哲学简史》，北京大学出版社1985年版，第389页。

人创造了文化，文化反过来也在塑造人，人与文化是一种"同构互塑"关系。个体的人生境界主要是在民族文化的大背景下形成的，周围的各种文化环境，其所受的文化教育，会对每个人人生境界的形成产生重要影响。这导致每个人的人生境界常常由于个人生活的文化背景不同而有差异性，即每个人因其不同的社会文化和民族文化便会形成不同的人生境界。自觉在学习和弘扬民族文化中反省自己，超越自己，从而提升自己的人生境界，这是一个社会文化健康发展的标志。

正是在对自我与世界的不断超越中，人生的价值才得以实现。所以，谈及境界问题乃是哲学研究的应有之义。但相对而言，西方哲学侧重于外在超越，中国哲学讲求内在超越。原因何在？西方文化是"天人两分"的文化，人生的价值是在人与上帝的张力结构中实现的，所以，"超越"就成了实现人生价值的重要途径。西方哲学讲究超越，因此划定了"此岸世界"与"彼岸世界"。如在康德那里，"绝对命令"作为普遍道德规律和最高行为原则，其根据不可能来自经验世界，而是来自彼岸的"上帝"。这里强调的是一种外在的超越性。而中国文化强调"天人合一"，实现人生价值讲求"内圣外王"、"反身而诚"，向内用力，讲求内在的超越，主体自觉是关键。

二 中国文化的境界追求

可以说，中国哲学与文化的内在超越品质，成就了中国人的"境界"意识。中国文化是一种以描述和体验为特征的文化，其中蕴涵着"物我合一""道器不离""体用不二""和谐共生"等中性智慧。在中国哲学看来，人性是一个"向善"的不断自我实现、不断自我超越过程，伴随这种向善过程的就是人的境界的提升。在中国文化的实践中，境界是一种修为，境界是一种格调，境界更是一种层次。在一定意义上可以说，对"境界"的领悟成了中国人实现自我人生超越的重要标志。中国哲学强调个体的人生理想必须依托于个体的人生境界来实现，即人生理想应以完善最高人生境界为基础才能得以实现。

我们首先以孔子为例。作为儒家学派的创始人，孔子认为个体的生命展示其实是一个文化成长的过程。孔子在总结他一生时说："吾十有五而志于学，三十而立，四十而不惑，五十而知天命，六十而耳顺，七十而从心所欲，不逾矩。"（《论语·为政》）文化成长的最终目标就是养成像文武周公那样的君子人格。在《论语》中我们看到，"君子"与"小人"是一个张力结构，这个张力正是君子所修为的空间。在孔子那里，境界与一个人的理想、志向有着内在的关联性，当主体确定了人生的理想目标之后，必须通过提升修养以确立一种人生志向，并把外在的礼、乐转化为主体的内在需要，自觉地加以运用并有所取舍，才可能自觉地建立起君子人格境界，实现人生的超越。据统计在《论语》中仅"志"字就出现了十七次，如"三军可夺帅也，匹夫不可夺志也"（《论语·子罕》），"苟志于仁矣，无恶也"（《论语·里仁》），等等。志向是人生境界的表达，孔子曾多次与弟子谈论志向，询问弟子志向，激励弟子树立志向。在《论语·先进》篇中，就曾记录了一次孔子与弟子坐而言志的情形，全文结构完整，人物性格鲜明，语言简洁生动，意蕴悠远不绝——

  子路、曾皙、冉有、公西华侍坐。子曰："以吾一日长乎尔，毋吾以也。居则曰：'不吾知也！'如或知尔，则何以哉？"
  子路率尔而对曰："千乘之国，摄乎大国之间，加之以师旅，因之以饥馑，由也为之，比及三年，可使有勇，且知方也。"夫子哂之。
  "求，尔何如？"对曰："方六七十，如五六十，求也为之，比及三年，可使民足。如其礼乐，以俟君子。"
  "赤，尔何如？"对曰："非曰能之，愿学焉。宗庙之事，如会同，端章甫，愿为小相焉。"
  "点，尔何如？"鼓瑟希，铿尔，舍瑟而作，对曰："异乎三子者之撰。"
  子曰："何伤乎！亦各言其志也。"
  曰："暮春者，春服既成，冠者五六人，童子六七人，浴乎沂，风乎舞雩，咏而归。"
  夫子喟然叹曰："吾与点也！"
  三子者出，曾皙后。曾皙曰："夫三子者之言何如？"子曰："亦各言其志也已矣。"

孔子要他的弟子们"各言其志"。前三位子路、冉有、公西华都是在讲治国之道，但第四位曾皙却有不一样的回答："阳春三月，可以换上春装的时候，我们五六个青年人，六七个少年人，到沂水里游一游，在舞雩台上领略习习的春风，让歌声伴随着我们的归程。"我们从孔子对曾皙问及点评的回答可知，在孔子看来，前三者所言其志向都是在治国的"手段"层面讲的，只有第四位曾皙所讲的志向才指向人生的"目的"关怀，曾点的志向是投身于自然，超然物外，忘世自乐，悠然自适，孔子认为仁者的境界即是要与天地万物为一体，悠然从容地融入自然之道，享受着舞雩归咏的乐趣，毫无疑问这是一种自由的、"天人合一"的审美境界，当然也是人生的最高境界。

孔子的人生境界是成为谦谦君子，而孟子的人生境界则是要成为尧舜。在孟子看来"人皆可以为尧舜"（《孟子·告子下》），但是在谈到人与动物的区别时，孟子也曾有一句意味深长的话"人之所以异于禽兽者几希"（《孟子·离娄下》），孟子强调人虽绝大部分同于动物，但却具有"异于禽兽者"的部分。要做好人成为尧舜，关键在于克制同于禽兽的部分而保存发扬那"几希"的"人性"。这样，人就是一种在"尧舜"与"禽兽"之间挣扎的特殊性存在。而"尧舜"与"禽兽"之间，留下了人的境界修为的空间。如何修为呢？孟子提出了著名的"养气说"——"我善养吾浩然之气。"何谓浩然之气？孟子的回答是："其为气也，至大至刚，以直养而无害，则塞于天地之间。其为气也，配义与道。"（《孟子·公孙丑上》）也就是说，这种至大至刚的浩然之气，是与道义密不可分的。人生境界追求在最高层面上，是具有共同的人类性内涵的，即与人类的普遍价值相关联。"养气"是一个过程，这是一个不断地超越，不断地自我提升的过程。孟子认为人格境界的养成经过了六个基本层次："可欲之谓善，有诸己之谓信。充实之谓美，充实而光辉之谓大。大而化之之谓圣，圣而不可知之谓神。"（《孟子·尽心下》）意思是说值得你心灵去追求的叫作善，把善在自己身上加以实现叫作信，随时随地都能秉持善行就是美，充满善并且能发出光辉叫作大，光大善并且能使天下人感化叫作圣，圣又高深莫测叫作神。人生的境界在其最高的地方是神圣而不可知的，是实现了与天地同其在、与宇宙同其大的"天人合一"的境界，是达到普遍和无限的终极境界。

在以老子、庄子为代表的道家文化那里,"无为"既是其最基本的精神追求,也是一种最高的精神境界。老子强调"人法地,地法天,天法道,道法自然"(《老子》二十五章),这是《道德经》五千言讲的核心问题。天地万物是由道创生的,而道则要依法于最高的准则"自然",人要依循地、天、道,便必须也依循"自然"。而这里的"自然",指的就是"事物之本然",即事物本来的样子。在老子看来,人生最难得的就是能够保持住自己"本来的样子",守住"本然"之我,才不会迷失方向,不会犯致命的错误。而守住"本然"之我的方法就是"无为",只有"无为",事物之"本然"状态才呈现出来。才能真正达于"人道"与"天道"的合一。显然,道家的"无为"决不是提倡什么也不做和不为,而是要崇尚"天道",以事物的自然为纲,遵循万事万物的自然规律,其深层次内涵是绝对不能逆道而为,去干预自然之大道。天地创生万物,然"生而不有,为而不恃,长而不宰"(《老子》五十一章)。"无为"的精神境界就是"道法自然"的价值取向的直接体现。无为的本质就是顺应自然的变化,使事物保持其天然的本性,不人为造作,达到"无为而无不为"的境界。

老子还指出了"为学"与"为道"的区别:"为学日益,为道日损"(《老子》四十八章)。"为学"的目的是获得更多的知识,因此知识积累越多越丰富越好,而"为道"的目的是提高人的精神境界,境界的提高有待于私欲的减少,所以"为道"需要"无为",需要恢复人之自然本性,回归生命之本根,达到"与道同体"的自我超越境界。

总之,儒家道家作为中国传统文化的主脉,都讲求超越,以求人生境界的提升。但是其超越的路径则不尽相同。儒家"尚有",强调刚健有为;道家则"贵无",主张顺应自然。但路径不同却殊途同归,都很好地诠释了人生的境界追求——通过超越有限而实现无限与永恒,通过超越有形而进入无形,通过超越小我而成就大我。在一定意义上我们可以说,中国传统文化的境界诉求是其最具人性魅力的环节。

三 人生境界与我们的当下生活

不容否认,物质文明与进步是构成现代社会的基础。我们知道自从资本主义登上历史舞台，人类的物质进步便步入了快车道，当今社会经济和科技的迅猛发展，为人的精神生活的发展提供了诸多便利条件。但是随着市场经济在我们生活的推进，文化的实用功能被放大，急剧增长的财富却并没有给人们带来我们所期望的东西：归属感、幸福和尊严，在无形之中文化的超越本性被淡化甚至被遮蔽了。我们在手段和工具层面盲目挥洒着人生，却忽略了追问"什么是我们最想要得到的？"。当代中国社会生活的急速变化（如竞争的日益激烈、收入差距的拉大、人际情感的淡漠等），都给人的思想和心理造成了巨大的压力，导致人们物质世界与精神世界的失衡，并陷入价值选择的困境。因此在当下的文化生活背景下，我们谈论境界问题就显得尤为迫切。

人的需求是有层次的，需要实现由物质需求向精神需求的跃升。国学大师王国维在《人间词话》中曾断言：一个人"有境界则自成格调"。当代著名学者张世英先生也曾认为："个人的精神境界（性格、人格、对世界的态度等等）又是在他所属的社会文化、民族文化的影响下形成的，既受自然环境、自然条件的制约，更受文化环境的熏染。要提高个人的精神境界，最重要的是弘扬民族文化。"[①]人生需要一种境界，民族复兴更需要一种境界，崇高的人生境界能够使人生更完美，使社会更和谐。

精神富有、境界提升是社会发展的目的指向。人类的社会生活需要葆有一些超越技术、超越物质经验的内容，这也许是人的价值世界何以充满魅力之所在。无论是一个健全的人还是一个健康的社会，都应该自觉地去反思这样一个问题——"什么是我们最想要得到的？"。这里，"最想要"标示了人的精神维度、体现了人的超验性指向。精神的、人文的世界是需要我们去坚守的世界，它也许不是物质与技术所能给出充分理由的世界，但也许因为有了这种坚守，人才会在现代社会纷繁的物质诱惑面前保持一份清醒和警觉——在对物质的追寻之中超越物质，以体现人性的尊严与光辉。

反思有利于进步。我们看到改革开放的中国在经济快速发展、物质财富大幅增长的同时，我们的社会生活也出现了一系列的矛盾与问题。如我们在发展中也同样出现了普遍重视技术经济而忽略人文精神的现象，精神

---

① 张世英：《境界与文化》，载《学术月刊》2007年第3期。

文化在整个国家经济社会发展当中，往往在不知不觉中被淡化和边缘化，生活中神圣的东西被消解，过度的市场化导向以及利益驱动使得社会文化实践出现了诸多问题。在社会实践层面表现为发展的"唯物质"倾向——发展缺少文化含量，缺少对于社会公平正义的呼唤，只关注经济的、量的扩张而忽略发展的品质提升；而在个体实践层面则表现为感性欲望的泛化、主体道德人格的迷失和精神价值的消解。由于人文关怀的缺失和物质享受欲的泛滥，进一步衍生出了诸多生态环境问题、社会问题，人的个人生活被碎片化、实用化，缺少恒常的价值关怀。市场经济把欲望刺激得太强烈了，我们过多的关注物质的占有和量的扩张，而忽略了内心的平衡，忽略了生活品质的提升。在追寻物质的过程中，反而失去了人性当中最为珍贵的东西。

人类世界不能成为物质所堆积的、追逐名利的场所，我们的世界更不能完全通过科学技术来"祛魅"，因为当这个世界被祛魅之后，这个世界就会变成机械呆板的死的世界，精神、信仰、理想、灵魂、境界这些本该让我们心生敬畏与虔诚的词汇便没有了存在的价值。我们的社会应该夯实培育精神充实、人性崇高的社会基础，否则我们的社会都被祛魅了，没有神秘性了，生活也就丧失了根本的、目的性的意义。

人生境界的形成和提升离不开日常实践的历练，谋求财富与精神的共同进步需要个体与社会的一起努力。就个体而言，我们既要做一个富有的人，要做一个传达思想方式的人，自觉去追求一种至真、至善、至美的生活；从社会的角度说，我们要与物质财富的增长同步培育出一种现代人文精神，尤其要关注社会精神产品的生产，使优秀的精神产品真正满足人的精神需要，使中华民族真正成为精神富有的、有创造力的民族，从而自信地立于世界民族之林。

社会发展的本质应着眼于物质丰盈与精神充实的统一，着眼于人的身心和谐与全面发展，切实体现以人为本，真正从人的角度，把人当作目的，丰富人的精神世界、增强人的幸福指数、培育人的终极关怀。人是一种目的性存在，人类不堪忍受无根的生活，总要在纷繁陈杂的经验世界寻找一个生活的理由，即为人生安身立命。重建科学和人文的统一，就是让我们的心灵重新找回心灵的充实和安宁。诚然，幸福作为一种身心和谐的感受，当然是和物质满足有一定关系。但我们不能把手段和目的颠倒了，而要实现心灵的充实与宁静,就需要重建我们的精神家园。丰富中国人的精神世界,构建全社会的人文关怀,应成为我们社会发展的目的性指向,以此来赋予社会发展以恒常的价值与意义,以确保社会发展的全面性与可持续性。

20世纪中国哲学的境界说述要

洪晓楠[*]

中国哲学最突出的特点,就是具有高远的精神境界。"从根本上说,中国哲学不是实体论哲学,而是境界形态的哲学"[①],"中国传统思想讲境界,除古典诗所讲的境界属于审美艺术领域外,也讲比诗意境界的范围更广的人生境界,人生境界包括诗意境界"[②]。无论是孔颜乐处,还是孟子的"富贵不能淫,贫贱不能移,威武不能屈"的大丈夫精神,荀子的"积善成德,而神明自德,圣心备焉"的境界,张载的"为天地立心,为生民立命,为往圣继绝学,为万世开太平",无不反映了中国传统哲学中非常重要的精神价值资源——境界理论,这种精神价值资源也为近代中国哲学的发展所继承,从而形成了20世纪中国哲学丰富的境界理论。本文主要概述20世纪中国哲学的境界说,[③]并运用比较研究的方法,主要对现(当)代新儒家的境界理论进行比较与评析。

---

[*] 洪晓楠,大连理工大学人文与社会科学学部教授、博士生导师。
  2013年度第一批国家社科基金重大招标项目重点项目:"扎实推进社会主义文化强国战略研究"(13AZD016)阶段性成果。

① 蒙培元:《心灵超越与境界》,人民出版社1998年版,第455页。
② 张世英:《哲学导论》,北京大学出版社2002年版,第81页。
③ 20世纪中国哲学家中讨论境界说的学者非常之多,这里不可能在一篇文章中尽述,本文主要讨论王国维、朱光潜、宗白华的境界说以及现(当)代新儒家的境界理论,即便如此,也有很多人的境界理论我在这里没有论及,如熊十力的境界学说、钱穆的境界理论、牟宗三的境界理论等,未及之处,只好待他日补充论述,特此说明。

第一节　王国维、朱光潜、宗白华的境界说

境与界虽为二字，但字义相近。《辞源》称："境：一为疆界；二为所处地方；三为境界。""界：一为边界；二为界限；也可释为毗连、离间、分划等。"境界连用则表示疆界、境地之意。①"境界"二字，既不出于儒家，也不出于道家，而是出于佛家经典。但是境界作为一种普遍性学说，却是三家共有的。②

意境，又称"境界"。一般地说，意境是指能在具体、有限的物象、事件、场景中唤起无限的时间和空间体验，从而对人生、历史、宇宙获得哲理性感知和领悟的特定过程或状态③，是特定的艺术形象和它所表现的艺术情趣与氛围及其可能触发的丰富的艺术联想与幻想的总和。④

王国维在美学上的真正贡献在于他是第一个沟通了西方美学学说与中国传统的艺术理论的人。⑤王国维把"意境"或"境界"作为一个较为系统的美学理论来分析、评判和指导文学艺术。

王国维说："沧浪所谓兴趣，阮亭所谓神韵，犹不过道其面目，不若鄙人拈出'境界'二字，为探其本也。"⑥"言气质，言格律，言神韵，不如言境界，有境界，本也；气质，格律，神韵，末也。有境界而三者随之矣。"⑦ 在这里，王国维一语道出了他的境界说与中国古典美学范畴的"意境"之间的本质区别：后者不过是"道其面目"，而他本人却是"探其本"的。所谓"道其面目"，是指触及了事物的表层和片面，而"探其本"则是深入到事物的内部和核心把握其本质和本原。什么是"境界"？王国维在《人间词话》中下了明确的定义："境非独谓景物也。喜怒哀

---

① 方同义：《中国哲学之"境界"论及其现代意义》，《"儒学与实学及其现代价值"国际学术讨论会论文集》2006年8月，第99页。
② 关于佛教对境界的论说，参见蒙培元《心灵超越与境界》，人民出版社1998年版，第91—94页。
③ 见乐黛云等主编《世界诗学大辞典》，春风文艺出版社1993年版，第681—682页。
④ 蒲震元：《中国艺术意境论》，北京大学出版社1999年版，第21页。
⑤ 冯契主编：《中国近代哲学史》上册，上海人民出版社1989年版，第392页。
⑥ 王国维：《人间词话》，滕咸惠译评，吉林文史出版社2007年版，第15页。
⑦ 同上书，第97页。

乐，亦人心中之一境界。故能写真景物、真感情者，谓之有境界。否则谓之无境界。"① 也就是说，真景物、真感情应该融为一体，做到"以景寓情"、"意与境浑"、"意境两忘，物我一体"，既写真景物又抒真感情，把逼真传神的写景和情真意切的抒情有机地统一起来，这就是"境界"的基本涵义。

王国维认为："夫境界之呈于吾心而见于外物者，皆须臾之物。惟诗人能以此须臾之物，镌诸不朽之文字，使读者自得之，遂觉诗人之言，字字为我心中所欲言而又非我之所能自言。此大诗人之秘妙也。"② 就是说，诗人在"须臾之物"中揭示了人人所欲言的共同的东西、普遍的性质，创造出诗的意境。一般人都有悲欢离合、羁旅行役之"感"，但只有"感"（感慨、感发、感喟等）而不能"写"；诗人则不然，他能够抓住呈于心而见于物的"须臾之物"，从个别中发现一般，从有限中抓住无限，在短暂中揭示出永恒，这就是所谓的大诗人创作的秘诀。诗这样，词亦如此。"词以境界为最上。有境界则自成高格，自有名句。"王国维认为境界是理想和现实的统一。"有造境，有写境，此理想与现实二派之所由分。然二者颇难分别。因大诗人所造之境，必合乎自然，所写之境，亦必邻于理想故也。"③ 这是因为，"自然中之物，互相关系，互相限制"，故不能有完全之美。而艺术家描写现实，把它表现于美术、文学，就把自然事物间的关系、限制之处遗漏了，从而做了艺术的概括，如此，"虽写实家，以理想家也"；但是，另一方面，艺术家不论如何虚构，如何理想化，他的艺术构思决不能违背自然规律和自然法则，"故虽理想家，亦写实家也"。

艺术的境界有"有我之境"和"无我之境"。有我之境是表现了个人强烈激动感情的境界，如"泪眼问花花不语，乱红飞过秋千去"、"可堪孤馆闭春寒，杜鹃声里斜阳暮"。无我之境也就是忘我之境，是表现宁静澹泊感情的境界，如"采菊东篱下，悠然见南山"、"寒波澹澹起，白鸟悠悠下"。"有我之境，以我观物，故物皆著我之色彩。无我之境，以物

---

① 王国维：《人间词话》，滕咸惠译评，吉林文史出版社2007年版，第11页。
② 同上书，第123页。
③ 同上书，第3页。

观物，故不知何者为我，何者为物。"有我之境，于由动之静时得之，也就是说，诗人开始时带着强烈激动的感情，进而从痛苦和压抑中解脱出来，转而进行审美静观，所以属于"壮美"、"宏壮"；无我之境，人惟于静中得之，也就是说，诗人始终保持宁静澹泊的心态进行审美静观，所以属于"优美"。两者都是情和景的统一，然而统一的方式不同。

关于"境界"的艺术表现，王国维提出了"不隔"的要求。写景写情都有"隔"与"不隔"的区别。"如雾里看花，终隔一层"，就不是好的作品。"语语都在目前"，就是好的作品。例如，"生年不满百，常怀千岁忧。昼短苦夜长，何不秉烛游。""服食求神仙，多为药所误。不如饮美酒，被服纨与素。"写情如此，方为不隔。"采菊东篱下，悠然见南山。山气日夕佳，飞鸟相与还。""天似穹庐，笼盖四野。天苍苍，野茫茫，风吹草低见牛羊。"写景如此，方为不隔。所以，"大家之作，其言情也必沁人心脾，其写景也必豁人耳目。其辞脱口而出，无矫揉妆束之态。以其所见者真，所知者深也。诗词皆然，持此以衡古今制作者，可无大误矣。"①

"诗人对宇宙人生，须入乎其内，又须出乎其外。入乎其内，故能写之。出乎其外，故能观之。入乎其内，故有生气。出乎其外，故有高致。"② 所以，古今之成大事业、大学问者，必经过三种之境界："昨夜西风凋碧树，独上高楼，望尽天涯路。"此第一境也。"衣带渐宽终不悔，为伊消得人憔悴。"此第二境也。"众里寻他千百度，蓦然回首，那人却在灯火阑珊处。"此第三境也。总的来说，王国维的境界说表现出他对于艺术的本质特征有相当深刻的理解和把握，也是对中国美学和文艺理论的继承和发展。

正如冯契先生所说的：朱光潜、宗白华讲的是艺术境界，其旨在论美的创造。在宗白华看来，人与世界接触，因关系的不同，可有五种境界（实为六种）：（1）为满足生理的物质的需要，而有功利境界；（2）因人群共存互爱的关系，而有伦理境界；（3）因人群组合互制的关系，而有政治境界；（4）因穷研物理，追求智慧，而有学术境界；（5）因欲返本

---

① 王国维：《人间词话》，滕咸惠译评，吉林文史出版社2007年版，第81页。
② 同上书，第85页。

归真，冥合天人，而有宗教境界。但除了这五种之外，介乎学术境界与宗教境界之间，还有一种境界，"以宇宙人生的具体为对象，赏玩它的色相、秩序、节奏、和谐，借以窥见自我的最深心灵的反映，化实景而为虚境，创形象以为象征，使人类最高的心灵具体化、肉身化，这就是'艺术境界'。"① 如果说功利境界主于利，伦理境界主于爱，政治境界主于权，学术境界主于真，宗教境界主于神，那么，艺术境界则主于美。"在一个艺术表现里情和景交融互渗，因而发掘出最深的情，一层比一层更深的情，同时也透入了最深的景，一层比一层更晶莹的景；景中全是情，情具象而为景，因而涌现了一个独特的宇宙，崭新的意象，为人类增加了丰富的想象，替世界开辟了新境……这是我的所谓'意境'。"② "艺术家要在作品里把握天地境界。"③ "人类这种最高的精神活动，艺术境界与哲理境界，是诞生于一个最自由最充沛的深心的自我。"④ 他认为，"艺术的境界，既使心灵和宇宙净化，又使心灵和宇宙深化，使人在超脱的胸襟里体味到宇宙的深境"⑤，在艺术境界里实现自我，同时也就是使"道"（真理）具象化，肉身化了。

朱光潜沿着王国维的路子，把意境理论的探讨引向深入。朱光潜认为，像艺术一样，诗是人生世相的返照。"诗必有所本，本于自然，亦必有所创，创为艺术。自然与艺术的媾和，结果乃在实际的人生世相之上，另建立一个宇宙，正犹如织丝缕为锦绣，凿顽石为雕刻，非全是空中楼阁，亦非全是依样画葫芦。诗与实际的人生世相之关系，妙处惟在不即不离。惟其'不离'，所以有真实感；惟其'不即'，所以新鲜有趣。'超以象外，得其圜中'，而这缺一不可。"⑥ 如前所述，王国维指出文学有两个原质：一是情；二是景。朱光潜也说："每个诗的境界都必须有'情趣'（feeling）和'意象'（image）两个要素。" "诗的境界是情景的契合。"⑦

---

① 《宗白华全集》第2卷，安徽教育出版社2008年版，第358页。
② 同上书，第360页。
③ 同上书，第365页。
④ 同上书，第368页。
⑤ 同上书，第373页。
⑥ 《朱光潜美学文集》第二卷，上海文艺出版社1982年版，第49页。
⑦ 同上书，第55页。

情趣即情,意象即景。情趣是感受来的,起于自我的,可经历而不可描绘的;意象是观照得来的,起于外物的,有形象可描绘的。情趣是基层的生活经验,意象则起于对基层经验的反省。情趣如自我容貌,意象则为对镜自照。① 要形成一个艺术境界就必须具备两个条件:一个是形象的直觉,"诗的境界是用'直觉'见出来的,它是'直觉的知'的内容而不是'名理的知'的内容"。欣赏者或创造者在直觉中把握独立自足的意象,它是完整的形象,是一下子凭灵感、凭艺术的想象把捉到的整体。另一个要素是要求"所见的意象必恰能表现一种情趣"。艺术的主要使命就是使情趣与意象融化得恰到好处,这是达到最高理想的艺术。

第二节　冯友兰的人生境界论

人生究竟有没有意义?所谓人生的意义者,其所谓意义的意义是什么?这是冯友兰在《新原人》一书中为我们提出的问题。

"人生亦是一类底事,我们对于这一类底事,亦可以有了解,可以了解它是怎样一回事。我们对于它有了解,它即对于我们有意义,我们对于它底了解愈深愈多,它对于我们底意义,亦即愈丰富。"冯友兰认为,人之所以异于禽兽者,在于人有觉解。人做一件事情,他了解这是怎么一回事情,了解就是"解";而且人在做这件事情时,自觉地在做这件事情,自觉就是"觉"。了解是一种运用概念的活动,自觉则是一种心理状态,了解而又自觉,就合称之为"觉解"。他说:"若问:人生是怎样一回事?我们可以说,人生是有觉解底生活,或有较高程度觉解底生活。这是人之所以异于禽兽,人生之所以异于别底动物的生活者。"②

有人认为,人和别的动物的区别就在于人有文化。冯友兰则不以为然,他认为,鸟兽、蜜蜂、蚂蚁也可以有文化,如它们也会筑巢造窝,但它们筑巢造窝都出于本能。人与鸟兽、蜜蜂、蚂蚁的差别,不在于他们是否有文化,而在于他们对文化是否有觉解。"人的文化是心灵的创造,而

---

① 参见《朱光潜美学文集》第二卷,上海文艺出版社 1982 年版,第 62 页。
② 《冯友兰学术论著自选集》,北京师范学院出版社 1992 年版,第 214 页。

鸟或蜂蚁的文化是本能的产物。"① 所以,有人的宇宙与无人的宇宙是大不相同的。

　　人不但有觉解,而且能了解其觉解是怎样一回事,并且于觉解时能自觉其觉解。若借用佛家的名辞,我们可以说,觉解是"明",不觉解是"无明"。宇宙间若没有人,没有觉解,则整个宇宙是在不觉之中,是在无明之中。宇宙间有人,有觉解,则宇宙间方有"始觉"。然而,人对于宇宙人生的觉解的程度可有不同,因此,宇宙人生,对于人的意义也就有不同。"人对于宇宙人生在某种程度上所有底觉解,因此,宇宙人生对于人所有底某种不同底意义,即构成人所特有底某种境界。"② 这就是说,宇宙人生对于人的意义构成人的思想境界,这种境界,故亦有主观的成分,然而也并非完全是主观的。

　　各人有各人的境界,严格地说,没有两个人的境界是完全相同的。每个人都是一个个体,每个人的境界,都是一个个的境界,由于没有两个个体是完全相同的,所以也没有两个人的境界是完全相同的,这是就人生境界的不同来说的。如果我们忽其小异,取其大同,则人所可能有的境界,可以分为四种,这就是:自然境界、功利境界、道德境界、天地境界。

　　在自然境界的人,"凿井而饮,耕田而食,不识不知,顺帝之则","日出而作,日入而息,不识天工,安知帝力?"这就是自然境界中的人的心理状态。这种境界的人都是"顺才""率性",即是顺才而行,照例行事,莫知其然而然。

　　在功利境界的人,其行为是"为利"的,他对于"自己"及"利",有清楚的觉解。在此种境界的人,其行为虽然不同,但其最后的目的总是为了追求自己的利益。

　　在道德境界中的人,其行为是"行义"的。义与利是相反相成的,求自己的利的行为,是为利的行为;求社会的利的行为,是行义的行为。"在功利境界中,人的行为,都是以'占有'为目的。在道德境界中,人的行为,都是以'贡献'为目的。……在功利境界中,人的行为的目的是'取'。在道德境界中,人的行为的目的是'与'。在功利境界中,人

---

① 《冯友兰学术论著自选集》,北京师范学院出版社1992年版,第217页。
② 同上书,第222页。

即于'与'时，其目的亦是在'取'。在道德境界中，人即于'取'时，其目的亦是在'与'。"①

在天地境界中的人，其行为是"事天"的。在此境界中的人，知性知天，与天地参。

既然是境界，那就有高低。此所谓高低的分别是以到某种境界需要的人的觉解的多少为标准。如果需要觉解多，其境界就高；如果需要觉解少，其境界就低。"自然境界，需要最少底觉解，所以自然境界是最低底境界。功利境界，高于自然境界，而低于道德境界。道德境界，高于功利境界，而低于天地境界。天地境界，需要最多底觉解，所以天地境界，是最高的境界。至此种境界，人的觉解，已发展至最高底程度。至此种程度的人已尽其性。在此种境界底人，谓之圣人。"②"在自然境界和功利境界的人，对于人之所以为人者，并无觉解，他们不知性，无高一层底觉解。在道德境界和天地境界中的人，知性知天，有高一层底觉解。"

因境界有高低，所以不同的境界，在宇宙间有不同的地位；有不同境界的人，在宇宙间也有不同的地位。一个人其所处的境界不同，其举止态度和心理状态不同。有的表现为"圣人气象"，有的表现为"贤人气象"；有的胸襟宽广，有的胸襟狭窄。这不同的心理状态，就是普通所谓怀抱、胸襟或胸怀。

在自然境界中的人，只能享受其所感觉的事物。在天地境界中的人所能享受的，则不限于实际的世界。他们所能享受的境界，一个是极小，一个是极大。普通行道德事的人，其境界不一定即是道德境界。如果他行道德的事，是由于天资或习惯，则其境界就是自然境界；如果他行道德的事，是由于希望得到名利恭敬，则其境界就是功利境界；如果他对于道德真有了解，根据其了解以行道德，则其境界就是道德境界。

境界不仅有高低，还有久暂。一个人的觉解，虽然有时已到某种程度，他有某种境界。但因人欲的牵掣，他虽有时有此种境界，而不能常住于此种境界。所以一个人的境界，常有变化。

在自然境界中，人不知有我；在功利境界中，人有我，在此种境界的

---

① 《冯友兰学术论著自选集》，北京师范学院出版社1992年版，第227页。
② 同上书，第228页。

人，人的一切行为，皆是为我；在道德境界中，人无我，其行道德固是因其为道德而行之，即似乎是争权夺利的事，他也是为道德的目的而行之；在天地境界中，人亦无我，此无我应称之为大无我。由此可见，上述四种境界就其高低的层次看，可以说是表示一种发展，此种发展即是"我"的发展，"我"自天地间一物，发展至"与天地参"。"在不同境界中底人，可以作相同底事，虽作相同底事，但相同底事，对于他们底意义，则可以大不相同。此诸不相同底意义，即构成他们不相同底境界。"①

自然境界和功利境界是自然的礼物，人顺其自然地发展，即可得到自然境界或功利境界。道德境界，及天地境界，不是自然的礼物，而是精神的创造。如果人任其自然地发展，人就不能得到道德境界，或天地境界。人必须用一种工夫，始可得到道德境界或天地境界。此所说的工夫有两部分，一部分的工夫是求对于宇宙人生的觉解。人对于宇宙有完全的觉解是知天，人对于人生有完全的觉解是知性。知性，则他所作的事情，对于他即有一种新意义，此种新意义使其境界为道德境界；知天，则他所做的事，对于他即又有一种新意义，此种新意义使其境界为天地境界。此另一部分的工夫即是道学家所谓敬。"对于宇宙人生底某种觉解，可以使人到某种境界。'以诚敬存之'，可以使他常住于某种境界。"②

可以说，"境界说是冯友兰为了继承发扬中国传统哲学而提出的一种新的人学形上学，是他的哲学体系的灵魂"③，其中，冯友兰的"天地境界"说又是他的"新理学"系统的精华，也是他一生学术的精华，是对二十世纪中国哲学的贡献。④

第三节　方东美的"双回向"的"六层境界"说

方东美被人称之为当代中国哲学界中的艺术家，是新儒家中有浓厚诗人气质的哲学家。方东美的文化哲学，旨在追求以科学文化为基础、以哲

---

① 《冯友兰学术论著自选集》，北京师范学院出版社1992年版，第237页。
② 冯友兰：《贞元六书》，华东师范大学出版社1996年版，第666页。
③ 蒙培元：《心灵超越与境界》，人民出版社1998年版，第384页。
④ 参阅［瑞典］沈幼琴：《"天地境界"中的生态哲学》，载高秀昌编《旧邦新命——冯友兰研究》（第二辑），大象出版社1999年版，第425页。

学文化为核心的"艺术、哲学、宗教"三者"合德"的理想文化。

在方东美看来,哲学的智慧眼光总是要根据过去,启发未来,而对未来的一切理想又能根据现在的生命、行动去创造,才能构成所谓的"先知、诗人、圣贤的综合人格",只有在这种情况下,他的精神眼光才可以贯串过去,透视现在,玄想将来,即"究天人之际,通古今之变"。"超人文化"是方东美早年的提法。到了晚年,他改称其为"理想文化"。他在《中国哲学对未来世界的影响》这一讲演中指出,当今时代是一个"迷惘的时代",是文化上的"黑暗时代"。这个时代,"不只是宗教的精神衰退、哲学的智慧衰退,连艺术的精神也衰退,几乎都到了一种不可理解的程度"[①]。面对着世界哲学的衰退,中国哲学的死亡,他认为我们内心实在应从困惑痛苦、惭愧里面赶紧觉醒过来,在精神上重新振作,要为将来的中国、将来的世界创建一种新的哲学。首先,我们应当负起一种责任,为未来的世界,在这个哲学上面要打一个蓝图,仿佛建筑师一样,要建筑一个新的哲学体系!不仅如此,方东美还主动承担了设计人类"理想文化"的蓝图这一工作,为人类设计了"人与世界在理想文化中的蓝图"。这个蓝图实际上也就是方东美心目中的人类未来文化的理想模式。这个理想文化模式,以"真实而有价值的世界"为客体,"以有智慧的人类做主体"[②],采取佛教"双回向"的"双轨路径",架构成了一个旨在强调向上层层提升人的生命精神以达到尽善尽美的境界。也就是说,这个蓝图的设计思想是"把这个物质世界当做是人类生活的起点、根据、基础。把这一层建筑起来之后,才可以把物质点化了变成生命的支柱,去发扬生命的精神;根据物质的条件,去从事生命的活动,发现生命向上有更进一层的前途,在那个地方去追求更高的意义、更高的价值、更美的理想。这样把建筑打好了一个基础,建立生命的据点,然后在那里发扬心灵的精神;因此以上回向的这个方向为凭借,在这上面去建筑艺术世界、道德世界、宗教领域;把生命所有存在的基础,一层一层向上提高,一层一层向上提升,在宇宙里面建立种种不同的生命领域。所以,在建筑图里面

[①] 蒋国保、周亚洲编:《生命理想与文化类型——方东美新儒学论著辑要》,中国广播电视出版社1992年版,第601页。

[②] 同上书,第610页。

是个宝塔型,以物质世界为基础,以生命世界为上层,以心灵世界为较上层。以这三方面,把人类的躯壳、生命、心理同灵魂都做一个健康的安排。然后在这上面发挥艺术的理想,建筑艺术的境界,再培养道德的品格,建立到的领域,透过艺术和道德,再把生命提高到神秘的境界——宗教的领域。

方东美之所以将人的境界划分为形下与形上两类人生境界,是基于从"层叠的宇宙观"出发,将世界划分为两层:形下的自然世界与形上的超越层次。其中形而下之"自然层次"中包含着物质世界、生命世界与心灵世界;形而上之"超越境界"包括艺术天地的开拓、道德宇宙的展开与宗教世界的超升。

以上是人类文化的理想蓝图,然而这个蓝图的实现必须依靠人类自身来进行。为此,方东美认为要了解、处理、应付那个客观世界的真象,就要看人类有怎样的才能、心性,可以旁达呼应,能够适应那个外在的境界。

第一层:"自然的人"(Homo Faber)或者称之为行动的人:自然的人能够应付、了解、安排一个物质世界,并且安排我们这个躯壳健康存在。自然的人的最大特点就是:能力就是行动,借其行动,即使没有世界,他可以来开辟一个物质的领域。这就是行动的人。

第二层:从"Homo Dionysiacus"到"Homo Creator"即创造行能的人:假如我们要把这个生命存在领域从物质境界提升到真正生命的境界里面,那么就要有第二种能力,第二种能力所形成的第二种人叫作"Homo Dionysiacus",这个人善于行动,但是人的行动有时假使受不正当的才能牵引着,就会产生疯狂的行动,所以这个"Homo Dionysiacus",要有修正,要把他点化过来,转变成"Homo Creator",即有创造性、有创造能力的人,他可以把物质世界提升变成生命的领域,从"Sphere of Existence"变成"Sphere of Life",而且变成"Sphere of Creative Life"。

第三层:知识合理的人。这种人受真知卓识的指导,侧重理性的表现,以理性为指导形成各式各样的系统知识。他是经过理性考虑、理性支配、理性决定所指定出来的真理世界,以知识为基础,把他的生命安排在真理世界上面。

综上所述,把行能的人、创造行能的人、知识合理的人结合起来,他一方面有健康的身体，又有伟大的生命活动力，再有开明的知识，这样子合并起来才构成了一种自然人，这个自然人的生活有躯壳的健康，生命的饱满，知识的丰富，生种种方面的高尚成就。他可以自然人开创一种自然世界出来，然而这个世界只是构成为普遍的科学文化所建立起来的自然界。假使达到这么一个境界就止步了，我们只可以有科学的文化，但是不能够有哲学的文化。由于这个自然界只是形而下的境界，虽然我们站在形而下的里面，各方面的要求都满足了，但是我们还要提升向上，向上去发现形而上的世界的秘密。这一种境界向上提升是有条件的，也就是人性也向上面发展。因此，提高第四种人性，就是卡西尔所说的"符号的人"（Homo Symbolicus），这种人能够运用种种符号，创造种种语言，在语言上面发现种种复杂的语法，从而可以把寻常的自然界，透过种种符号象征发现美的境界、美的秘密，也就是艺术世界。这是个形而上的人，这种人就是各种类的艺术家，就像诗人、画家、建筑家、雕刻家、文学家，他可以创造种种美的语言，美的符号，把一个寻常的世界美化了，使它变成艺术领域，这是形而上世界的开始。然而在这个美的世界里，有时是美，有时是丑，是美丑杂居的艺术世界，终究它不是完美的生命领域。所以，要在这个世界上再进一步，要艺术家的品格再向上面点化，使他成为更高尚的人。如此，一个艺术家又有崇高的品德，在艺术上面的价值再加上道德的精神，那么这样艺术就是尽善尽美了，这样的艺术家就变成了另外一个人，就是高尚其志，纯洁的精神人格，即是所谓道德人格，也叫作"Homo Honestatis"，这就是具备优美品格，优美人格的人，是道德的主体。

假若一个人在他生活上面的阅历，由物质世界→生命境界→心灵境界→艺术境界→道德境界，不断提升他的生命地位、生命成就、生命价值，如此，他不仅仅是一个自然人，也不仅仅是一个艺术家，不仅仅是一个道德人格，而且在他的生命里面各方面的成就都阅历过了，都提升他的精神成就达到一个极高尚的地位，他整个的生命可以包容全世界，可以统摄全世界，也可以左右、支配全世界，这种人我们可以叫作"全人"（perfect and perfected man），全人的生命能力叫作全能。这个全人，我们可以叫作"宗教的人"（Homo Religiosus），用一个普遍的名词可以叫作（God - man Cocreator with the divine），以儒家的精神来看就是"圣人"，或者是道家所谓的"至人"，佛家所谓人性完成之后，完成佛性。

假若把人发展到这么一个最高的境界，在人与世界在理想文化中的蓝图中就达到了塔顶，站在这个塔顶上面成就的这个人，我们叫作"高贵的人"（Homo Nobilis），就是儒家所谓圣人，道家所谓至人，佛家所谓般若与菩提相应的人，就变成"觉者"。

方东美强调"生命"必须循"双回向"的路径创进、创进、再创进，显然旨在把"客观的世界"与"主体的人类精神"的贯通，落实在"永无止境的宇宙真象"上。但这种贯通仅就本体论的意义而言，如果就主体的层面讲，要实现与宇宙真象的贯通，了解、处理、应付、对应那个客观世界的真象，就要看人类，他有怎么样的才能、心性，是否具备适应那个客观外在世界的主观条件。所以，人类必须不断提升自己的精神人格，以自己伟大的创造力，层层塑造与客观生命境界相适应的人格境界，"从自然层次的行为的人，到创造行为的人，到知识合理的人，到象征人（符号运用者的人），到道德人（具备道德人格的人），到宗教人（参赞化育），再到高贵的人，就是儒家所谓圣人，道家所谓至人，佛所谓般若与菩提相应的人，就变做觉者，最后更进入所谓玄之又玄，神而又神，高而又高，绝一切言说与对待的神境"①。人格精神一旦达到"神境"，主体也就实现了与"宇宙真象"的沟通，则宇宙精神所有的无穷力量就会发泄、贯注"到一切人性上面，就是道德的人格、艺术的人格、宗教的人格，一直到自然人，一切的知识活动，行动的人一切的动作里面"②。人接受了这么一个精神的力量贯注之后，人的素质里就有了神的素质，于是"自然人宗教化、精神化"，这样，"不仅仅在他的生命里面具有神圣化的作用，而宇宙万有在这个宗教的领域、道德的领域、艺术的领域乃至在自然界里面，这个精神力量仍旧是贯注下去，变做无所不在"③。由此我们可以看出，方东美所说的上回向路径与下回向路径是一体的，前者主要言人和人的境界的提升；后者主要言天，是说天地之精神、生命之本体层层下贯，弥漫一切，是言人的境界向上跃迁的根据。无论是由人到天，还是由天到人，其终极理

---

① 蒋国保、周亚洲编：《生命理想与文化类型——方东美新儒学论著辑要》，中国广播电视出版社 1992 年版，第 20 页。
② 同上书，第 627 页。
③ 同上书，第 629—630 页。

想是到达天人合一。在方东美看来，虽然这个"双回向"历程是其理想文化模式，但这并不表明在现实世界的发展中，没有这种理想文化的原型。他认为，他为人类设计的"人与世界在理想文化中的蓝图"的最高点，可以拿柏拉图的哲学智慧来印证，亚里士多德哲学和"新柏拉图学说"又是分别从两个回向来讲精神的发展的极好例证。在东方，原始儒家孔孟荀、原始道家老庄、大乘佛学等，最后的目的都是要把人的精神，从自然界里面提升到达精神的顶点，然后从人类的智能才性上面变做尽善尽美，变做神圣。从"超人文化"到"理想文化"，表明方东美完成了他初创于《哲学三慧》而后来一直在东西哲学（尤其是中国哲学）的研究中运作并深化的思辨哲学体系。

第四节　唐君毅的"心灵九境"说

唐君毅在世间和出世间上下求索，希望为世人提供一个最佳的安身立命之所，并使其进入一个最佳的人生境界。唐君毅在他的《生命存在与心灵境界》一书中，对于人的心灵活动的各种不同层次与面向做出分梳与融通。对不同的心灵活动中可有不同的观法，这便是横观、顺观和纵观，而相应于不同的观法所关联的心灵所观的对象又可有体、相、用三种不同的表现。这即是相应于心灵所对的客观存在事物、心灵的主观活动与对于主客境界的超越向往三者。这体、相、用三观相应于不同的心灵境界的层层发展，便建构出"心灵九境"的理论系统。[①]

第一境为万物散殊境，于其中观个体界。于此，人之知有实体之存在，初乃缘其对一一个体事物所知之相，更观此相各有其所附属之外在之实体。我之为一实体，亦初如只为万物中之一物。故此境称之为万物散殊境。凡世间之一切个体事物之史地知识，个人之自求生存、保其个体之欲望，皆根在此境，而一切个体主义之知识论、形上学与人生哲学，皆判归此境之哲学。

[①]　参阅吴汝钧《当代新儒学的深层反思与对话诠释》，台湾学生书局2009年版，第265页。

第二境为依类成化境,于其中观类界。此为由万物散殊境,而进以观其种类。定种类,要在观物相,而以相定物之实体之类;更观此实体之出入于类,以成变化。今名之曰依类成化境。一切关于事物之类,人之自求延其种类之生殖之欲,以成家、成民族之事,人之依习惯而行之生活,与人类社会之职业之分化为各类,皆根在此境。一切以种类为本之类的知识论,类的形上学,与重人之自延其类、人之职业活动之成类,之人生哲学,皆当判归此境之哲学。

第三境为功能序运境,于其中观因果界、目的手段界,此为由观一物之依类成化,进而观其对他物必有其因果。人用物为手段,以达目的,亦由因致果之事。于此,即见一功效、功能之次序运行之世界。故此境称功能序运境。一切世间以事物之因果关系为中心,而不以种类为中心之自然科学、社会科学之知识,如物理学、生理学、纯粹之社会科学之理论;与人如何达其生存于自然社会之目的之应用科学之知识,及人之备因致果、以手段达目的之行为,与功名事业心,皆根在此境。一切专论因果之知识论,唯依因果观念而建立之形上学,与一切功利主义之人生哲学,皆当判归此境。

此上三境,均归于客体之世界。

至于中三境,则皆非觉他境,而为自觉境。此中之语言,不重在对外有所指示,而要在表示其所自觉。

中三境之第一境,为感觉互摄境,于此中,观身心关系与时空界。在此境中,一主体先知其所知之客体之物之相,乃内在于其感觉,而此相所在之时空,即内在于其缘感觉而起之自觉反观的心灵;进而知以理性推知一切存在之物体,皆各是一义上能感觉之"主体"。此诸主体与主体,则可相摄又各独立,以成其散殊而互摄。故此境成为感觉互摄境。

中三境之第二境,为观照凌虚境,于此中观意义界。此境之成,由于人可于一切现实事物之相,可视之如自其所附之实体,游离脱开,以凌虚而在。人即由此而发现一纯相之世界,或一纯意义之世界。此纯相、纯意义之世界,可由语言文字符号而表示。此所表示之世界,皆唯对一凌虚而观照之心灵而显,亦不能离之而在。故此境称之为观照凌虚境。

中三境之第三境,为道德实践境,于此中观德行界。此要在论人之自觉其目的理想,更普遍化之,求实现其意义于所感觉之现实界,以形成道德理想，自命令其行，并以语言表示其命令；而以其行为，见此理想之用，于人道德生活、道德人格之完成。故此境称之为道德实践境。

至于后三境，则由主摄客，更超主客之分，以由自觉而至超自觉之境，然此超主客，乃循主摄客而更进，故仍以主为主。其由自觉而超自觉，亦自觉有此超自觉者。故此三境亦可称之为超主客之绝对主体境。在此三境中，知识皆须化为智慧，或属于智慧，以运于人之生活，而成就人之有真实价值之生命存在；不同于世间之学之分别知与行、存在与价值者。其中之哲学，亦皆不只是学，而是生活生命之教。

此后三境，第一境名为向一神境，于其中观神界。此要在论一神教所言之超主客而统主客之神境。此神，乃以其居最高位之实体义为主者。这是生命心灵活动上观超越的全智全能的人格神所成之境。

第二境为我法二空境，于其中观法界。我法是佛教的范畴，指客观的物质世界和主观的精神世界。此要在论佛教之观一切法界一切法相之类之义为重，而见其同以性空，为其法性，为其真如实相，亦同属一性空之类；以破人对主客我法之相之执，以超主客之分别，而言一切有情众生之实证得其执之空，即皆可彰显其佛心佛性，以得普度，而与佛成同类者。这是生命心灵依其超越的活动，视我法皆空幻所成之境。

第三境为天德流行境，又名尽性立命境，于其中观性命界。天德即儒家所说的天理。这是生命心灵依其超越的活动，上观儒家所说的天人合德所成之境。此要在论儒教之尽主观之性，以立客观之天命，而统主客，以成此性命之用之流行之大序，而使此性德之流行为天德之流行，而统主客、天人、物我，以超主客之分者。故此境称为尽性立命境，亦称天德流行境。此为通于前所述之一般道德实践境，而亦可称之为至极之道德实践境或立人极之境。

此最后三境，初之神道境，二之佛教境，三之儒教境，其内容大义，皆诸创教者已说。

唐君毅先生之所以由觉他之客观境、自觉之主观境、与超自觉之通主客境，及对体、相、用之义之所偏重，以开人之生命之境为九境之理由。这种论述方式，如果借用道教之言，可以说前三境主要论述形体之事物，归于功能之序运，如炼精化气；中三境归于道德人格之殁而为鬼神，如炼气化神；后三境之由神灵而论我法之二空，则炼神还虚；尽性立命则为九境而丹成也。这九种境界以类而言，则各为一境，自成一类；以序而言，则居前者为先；以层位而论，则居后者为高。以此九境之可依序以升降言，则此九境既相差别，亦相平等。

第五节　20世纪中国哲学的境界说评析

如果把20世纪中国哲学的境界说做一个简要的分类的话，我们可以看到，这些理论可以分成几种类型：一种类型就是王国维、宗白华、朱光潜的艺术意境（境界）理论；一种是现（当）代新儒家的境界理论，主要包括冯友兰的人生境界说、方东美的"双回向"的"六层境界"说以及唐君毅的"心灵九境"说，其中唐君毅是方东美的弟子，他虽然在学术上更愿意与牟宗三等人接近，可在情感上却始终视方东美为良师。正如有学者指出的："方东美和唐君毅都强调哲学的意义在于提升生命精神境界，但方东美主张提升生命精神应循上下双回向的路径分别依次向上超越和向下落实六个境界（即物质世界、生命世界、心灵世界、艺术境界、道德境界、宗教境界），而唐君毅则主张生命精神活动宜循'三意向'（横观、顺观、纵观）分别展开为客观、主观、超主客观九境（万物散殊境、依类成化境、功能序运境、感觉互摄境、观照凌虚境、道德实践境、归向一神境、我法二空境、天德流行境）。这种将生命精神的展开，或视为六层次，或视为九境界，其差别应该不是实质性的，因为两者的主要差别在于一个将六境界区分为形而上与形而下两个层次；一个将九境界按体、相、用立体结构分为客观、主观、超主客观三个层次，然而无论是两层次还是三层次，都把生命境界从价值上区分为物质境界、道德境界、宗教境界，而不是在价值上提出不同的生命境界。"[①]

著名的美籍华裔学者傅伟勋教授结合心理分析和实存分析以及傅朗克的"意义治疗学"，提出了生命十大层面与价值取向的模型，阐明人的存在过程包含着多层面，每个层面都有不同价值取向。他指出，按照生命存在的诸般意义高低层面于自下往上的价值取向，作为万物之灵的人的生命存在十大层面如下：(1) 身体活动层面；(2) 心理活动层面；(3) 政治

[①] 蒋国保、余秉颐：《方东美思想研究》，天津人民出版社2004年版，第417—418页。

社会层面；(4) 历史文化层面；(5) 知性探求层面；(6) 美感经验层面；(7) 人伦道德层面；(8) 实存主体层面；(9) 终极关怀层面；(10) 终极真实层面。① 由此可见，如果我们以傅伟勋教授关于人的生命的十大层面来研判人的境界的话（这里我们暂且撇开王国维、朱光潜、宗白华的诗学、艺术境界说不论，仅就现当代新儒家的三位代表冯友兰、方东美、唐君毅的境界理论来说），那么我们看到：

从人生十大层面比较现（当）代新儒家的境界学说

人生十大层面	冯友兰的四境界说	方东美的理想文化蓝图		唐君毅的"心灵九境"说	
终极真实层面	天地境界	形上人	宗教境界	天德流行境	
终极关怀层面				我法二空境	
实存主体层面				归向一神境	
人伦道德层面	道德境界		道德人/道德境界	功能序运境	道德实践境
美感经验层面			符号人/艺术境界		观照凌虚境
知性探求层面	功利境界	自然人	物质世界、生命世界与心灵世界	依类成化境	感觉互摄境
历史文化层面					
政治社会层面					
心理活动层面	自然境界			万物散殊境	
身体活动层面					

(1) 人生境界从总体上不仅受到客观规律的制约，而且受到主观精神的影响。就客观规律的制约来说，首先要受制于自然规律，在此基础上还要受制于社会规律的制约。自然规律、社会规律的制约，这些都是硬约束条件。正如殷海光所说的："文化的行为和生物的行为有所不同，但文化是建立在生物逻辑的基础之上的。"② 这也就解释了为什么冯友兰、方

---

① 傅伟勋：《从西方哲学到禅佛教》，生活·读书·新知三联书店1989年版，第477页。人生究竟能够分成几个层面，不同的学者看法不同，我们不必拘泥于傅伟勋先生所说的十个层面，可以多于十个层面，也可能少于十个层面，不同的人对人生感悟不同，感悟的层面也就不同。

② 殷海光：《中国文化的展望》，中国和平出版社1988年版，第567页。

东美、唐君毅在讨论人（文化）的境界时都不能回避自然境界（物质境界、生命境界），只不过在他们的哲学境界说中用了不同的名称而已，名虽不同，本质上却是一致的。

（2）人与动物又是不同的。"境界作为主体的内在精神状况的自我确认，既有范围广狭之分，亦有层次高低之分，即是说，主体的精神状态所及的心理空间范围有大小，心理层次有高低，心理意识有觉有不觉，如此等等。"[1] 在冯友兰看来，人是有觉解的；在方东美看来，人是能够进行创造性活动的；在唐君毅那里，人不仅能够依类成化、功能序运，而且还会感觉互摄、观照凌虚，因此，或为功利境界，或为心灵境界，或为依类成化境、功能序运境（客观境）、感觉互摄境、观照凌虚境（主观境）。

（3）主体处于何种境界，是主体由于自身对待世界、社会、人生的认知的总体性反映，从而处于某种特定的精神状态，即境界。不同的人有不同的境界，人的地位、经历、背景、财产等等是一种外在性的差别，人的境界则是一种内在性的差别，是人的精神所能涵盖、选择、确认的那个内在"世界"，即精神所处的具有主观性的"心理空间"。现实世界是客观的、一维的，而人作为有理性智慧的生命存在，其精神世界则是各个不同的、多维的，因而，境界是精神的"可能世界"。[2] 在现代新儒家的境界理论中，无论是冯友兰，还是方东美、唐君毅师徒，都存在一个道德境界，甚至他们所定义的名称几乎都是一致的。

（4）现（当）代新儒家的人生哲学最高的境界就是天地境界、通天境界（冯友兰）、宗教境界（方东美），而人的宗教意识，从信原始的自然神到儒家的天德流行，都根植于唐君毅的超主客观境。

从划分或判定境界的标准来看，我们可以看到现（当）代新儒家关于境界的理论有不少相同点。他们都以对宇宙人生的认识程度作为衡量人生不同境界的依据，都以主体的自觉程度来区分不同的人生境界，最终都以执着于世间为人生的低境界，而以超脱世间为人生的高境界，同时也都认为境界是可以变化的。冯友兰是依据自己的觉解论提出了他的人生境界

---

[1] 方同义：《中国哲学之"境界"论及其现代意义》，《"儒学与实学及其现代价值"国际学术讨论会论文集》2006年8月，第101页。

[2] 同上书，第104页。

说的，按照人的觉解程度深浅，将人生境界划分为自然境界、功利境界、道德境界和天地境界；方东美是依据自己所构想的"人与世界在理想文化中的蓝图"来展开他的境界理论的，从物质世界起始，依次经过生命世界、心灵世界、艺术境界、道德境界，直到宗教境界；唐君毅则是以超越心灵的自觉程度来划分生命层级的标尺的，所以，在唐君毅看来，在最低的客观境，人只是"觉他而非自觉"；在中间的主观境，人只是"自觉而非觉他"，此种人虽已经自觉，但仍然受主客相分之限并完全困限于主观世界中；而到高层的超主客境，人则能够"由自觉而超自觉"，超克了主客相分的有限性，完全达到无限的超越之境。在这种超越心灵的不断超升过程中，随着心灵之感通活动的开展并表现于外，便形成人们在现实世界所从事的种种活动及其成果，包括各种文化以及知识、思想学说等。①

从一定意义上来说，"境界"这个范畴是"对于人所寓于其中、融于其中的活生生的生活世界的最恰切、最深刻的表达"②，"其实质乃是'可能世界'，是主体在对存在世界（存在本体）、意义世界（价值本体）的认知、理解基础上的独特创造，是存在与本质、事实与价值、现实与理想的统一，或物与我、主观与客观、理论与实践的统一"③；"境界是一种状态，一种存在状态或存在方式。这种状态既是心灵的自我超越，也是心灵的自我实现。说它是'超越'，是对感性存在而言的；说它是'实现'，是对潜在能力而言的。超越到什么层次，境界便达到什么层次，实现到什么程度，境界便达到什么程度"④。境界说就是对人类精神生活所做的反思，冯友兰和宗白华所谓的天地境界，无非就是站在一个更高的观点看待宇宙人生的问题，如果说超越是存在的，天地境界也应该是存在的。⑤ 在天地境界中的人，"与物冥"，浑然与宇宙同体。所以，对于人来说，就没有主观与客观的对立了，这实际上也就是方东美所说的儒家所谓圣人，

---

① 李明：《生命存在与心灵超越——现代新儒家人生境界说研究》，人民出版社 2011 年版，第 386 页。
② 张世英：《哲学导论》，北京大学出版社 2002 年版，第 81 页。
③ 方同义：《中国哲学之"境界"论及其现代意义》，《"儒学与实学及其现代价值"国际学术讨论会论文集》2006 年 8 月，第 100 页。
④ 蒙培元：《心灵超越与境界》，人民出版社 1998 年版，第 413 页。
⑤ 参见蒙培元《评冯友兰的境界说》；陈岱孙、季羡林、张岱年等：《冯友兰先生纪念文集》，北京大学出版社 1993 年版，第 286 页。

道家所谓至人，佛家所谓般若与菩提相应的人，就变成"觉者"，也就是唐君毅所说的超主客观境。就此而言，熊十力称之为证量境界、冯友兰的"天地境界"、方东美的"宗教境界"和唐君毅的"天德流行境"都是对中国古代哲学所说的"天人合一"境界的不同表达或者超越。总的来讲，现代新儒家都以"天人合一"作为人生境界的最高层次。他们所提倡的境界都是始于自然境界，终于天地境界或宗教境界。

现（当）代新儒家的人生境界说的不同点主要表现在：

（1）理论来源不同。冯友兰的人生境界观主要以传统儒家哲学为基础。他把儒家哲学精神归结为追求"极高明而道中庸"的理想生活，由此确立"天地境界"，又以孔子的"君子喻于义，小人喻于利"来区分"道德境界"和"功利境界"，以古诗中的"不识不知，顺帝之则"、"不识天工，安知帝力"来说明"自然境界"。方东美、唐君毅的人生境界观则聚古今中外哲学于一炉。方东美自己曾说："在家学渊源上，我是个儒家，在资性气质上，我是个道家，在宗教欣趣上，我是个佛家，此外，在治学训练上，我又是个西家。"① 方东美选择了柏格森、怀特海的生命哲学、《周易》的"生生"哲学作为他确立形上学的思想资源。唐君毅则自称，他的文化哲学，"一方承康德以道德为文化之中心，而同时不如康德之只以自觉的依理性以立法自律之道德理性与其所成之道德生活，乃为真正之道德理性，道德生活"②。

（2）确立的人生不同境界的标准并不完全相同。冯友兰以是否合乎道德作为衡量人生境界高低的标准。他说："凡可称为道德底行为，必同时亦是有觉解底行为。无觉解底行为，虽亦可合于道德律，但严格地说，并不是道德底行为。"由此可以推知，"自然境界"和"功利境界"都不符合"人之理"，都是不道德的；"道德境界"和"天地境界"都符合"人之理"，都是道德的。显然他的人生境界具有传统儒家道德中心论的特色。③ 方东美则主要立足于"自然人"与"形上人"的分际。从"自

---

① 参见方东美《中国哲学精神及其发展》，中华书局 2012 年版，第 481 页。
② 张祥浩编：《文化意识宇宙的探索——唐君毅新儒学论著辑要》，中国广播电视出版社 1993 年版，第 251 页。
③ 钱耕森、程潮：《冯友兰与唐君毅的人生境界说之比较研究》，《中州学刊》1995 年第 6 期。

然人"到"道德人",再到永无止境的"最高价值统会"的人格超升过程,乃是作为一种"功用历程"而体现了普遍生命那生生不已的本性。①唐君毅则强调随着生命心灵活动的方式不同,相应而起的境也就不同。宋明程朱理学有一本散为万殊,万殊归于一本的说法,唐君毅所说的生命心灵开出九境,就是一本散为万殊,而九境回归一念——心本体,则是万殊归为一本。

20世纪中国文化哲学的境界说对于21世纪中国哲学与文化的发展仍然具有极其重要的现实意义:

"境界"是理解中国哲学之为中国哲学,并与西方哲学相区别的关键性环节,是中国哲学特殊性的重要表征。②冯友兰在20世纪40年代那样极其艰难的条件下,透过他哲学的睿智,提出的"天地境界""是对阳明哲学的发展,是对《中庸》与《易传》的'接着讲',是中国哲学史中的'宇宙发生论'的延伸,是对'天人合一'思想的超越"③。这一思想的提出,实际上"先验性"地预见了人类社会可能面临的生态问题、环境问题,为人类的可持续发展和生态文明的理念提供了理论支持,这也许就是哲学的价值和意义,更是哲学境界说的高明之处。由此可见,"冯友兰先生以其理想人格学说,为促使传统文化中的优秀成果实行现代转换,做出了有价值的、发人深思的理论探索"④。

方东美在文化上坚持"以价值为中心"的取向,他所设计的理想文化蓝图为如何不断地提升生命精神境界以臻于至善指出了路径,这对于我们今天从世界大文化的视角来探讨中国优秀传统文化的创造性转换和创新性发展这一重大的理论与现实问题,具有一定的参考价值。

唐君毅提出"心灵九境"说的理论"目的是要人们通过对这九重境界的'如实观、如实知',将人类所有的知识都化为人生智慧,然后'更

---

① 蒋国保、余秉颐:《方东美思想研究》,天津人民出版社2004年版,第113页。
② 方同义:《中国哲学之"境界"论及其现代意义》,《"儒学与实学及其现代价值"国际学术讨论会论文集》2006年8月,第104页。
③ 参阅 [瑞典] 沈幼琴:《"天地境界"中的生态哲学》,载高秀昌编:《旧邦新命——冯友兰研究》(第二辑),大象出版社1999年版,第425—426页。
④ 冯锺璞、蔡仲德编:《冯友兰先生百年诞辰纪念文集》,清华大学出版社1995年版,第160页。

起真实行，以立人极'而使人得以安身立命。作为一个现代大儒，缘自对儒家思想的宗教式信仰和虔敬，他企望将人们引往儒家的'天德流行境'，由过儒者的道德生活而使人的生命存在成为真实的存在，并最终实现其人生价值和意义。"[1] 这种生命的真实存在也许就是傅伟勋先生所说的达到"终极真实层面"的写照。这其中也许透现出唐君毅"试图将儒家人文精神普遍化、世界化的文化理想"[2]，这也许就是我们所说的"跨越时空、超越国度、富有永恒魅力、具有当代价值的文化精神"，对此，我们需要结合当代中国的实际进行创造性转化和创新性发展。

---

[1] 李明：《生命存在与心灵超越——现代新儒家人生境界说研究》，人民出版社2011年版，第357页。

[2] 同上书，第358页。

过程哲学视阈中的文化与文明

杨富斌[*]

"文化"与"文明"在日常用语中历来是两个不同的概念,然而在一些探讨文化问题的论著中,例如在泰勒的《原始文化》和奥斯特瓦尔德的《自然哲学概论》等著作中,这两个概念经常被当作同一概念来使用。在笔者看来,对"文化"和"文明"概念如此不加说明和界定而当作同一概念来使用的做法,极容易造成语义混乱,不利于深入探讨文化哲学及其相关问题。因此,本文试从怀特海过程哲学视阈来探讨一下何谓"文化"与"文明"及其关系,以期对文化哲学讨论提供一孔之见,同时对过程哲学中的文化与文明的关系,也做一些阐释和说明。

一 "文化"与"文明"是既相联系又有区别的两个概念

首先,"文化"与"文明"是两个既有联系又有区别的不同概念。在文化哲学讨论中,我们不能不加说明地把这两个概念简单地混为一谈,把它们当作含义完全相同的概念去使用。否则,就可能会给文化哲学的讨论与研究带来混乱,也会给"文明"问题的讨论和研究带来麻烦。

例如,著名的英国文化人类学家 E. B. 泰勒对"文化"一词所下的定义即有混同"文化"与"文明"之嫌。他在《原始文化》中指出:"文化,或文明,就其广泛的民族学意义来说,是包括全部的知识、信仰、艺

---

[*] 杨富斌(1958—),北京第二外国语学院法政学院院长、教授、博士,研究生导师,校学术委员会委员,中国历史唯物主义学会人的发展研究会副会长。

术、道德、法律、风俗以及作为社会成员的人所掌握和接受的任何其他的才能和习惯的复合体。"[1] 在这里，泰勒不加说明地把"文化"与"文明"当作同一概念使用，不免会给读者带来理解上的混乱。例如，他在对"文化或文明"作了这一界定之后，接着讲到"人类社会中各种不同的文化现象，只要能够用普遍适用的原理来研究，就都可成为适合于研究人类思想和活动规律的对象。一方面，在文明中有如此广泛的共同性，使得在很大程度上能够拿一些相同的原因来解释相同的现象；另一方面，文化的各种不同阶段，可以认为是发展或进化的不同阶段，而其中的每一阶段是前一阶段的产物，并对将来的历史进程起着相当大的作用。"[2] 显然，其中的第"一方面"是讲"文化"现象在"文明"中有广泛的共同性，这显然是在"文化"与"文明"是不同的东西的意义上进行论述的。换言之，这里的"文明"一词不能替换为"文化"，否则，就会引起语义混乱。[3] 只有把这里的"文明"理解为人类脱离茹毛饮血的原始社会而进入文明时代以后的所有文明时期或文明社会，这句话才能讲得通；而其中的"另一方面"则是指对"文化"发展的不同阶段应当或可以如何理解，显然，这句话里的"文化"不是指"文明社会发展的不同阶段"，而是指"文化发展的不同阶段"。而泰勒不加说明地把"文化"和"文明"当作同一概念使用，在我们看来，似乎有些混乱，逻辑上不统一，至少是容易造成人们理解上的混乱。因为人们对"文化"和"文明"两个概念的使用，通常是有区别的。例如，我们可以说"文化哲学"，而一般不会说"文明哲学"。我们本次学术论坛的主旨是"中国文化哲学论坛"。但是，如果把这次会议的主题改为"中国文明哲学论坛"，就可能会显得怪怪的，令人费解。

再如，德国哲人科学家、能量学和能量论创始人奥斯特瓦尔德也对"文化"与"文明"未加区分。他在其《自然哲学概论》中说："有助于人类社会进步的一切东西都被恰当地称为文明或文化，进步的客观特征在

---

[1] 参见泰勒《原始文化》，上海文艺出版社1992年版，第1页。
[2] 同上。
[3] 如用"文化"代替"文明"，这句话就成为如下话语："文化现象在文化中有如此广泛的共同性……"这会令人不知所云。

于改善为人的意图获取和利用自然界中的天然状态的能量之方法。"① 他在 1915 年所做的"科学的体系"的讲演中，也清楚地指出人类的独特之处不是社会，而是文化或文明，并把对这一特征的科学研究叫作"文化学"而非"社会学"，指出："很久以前，我就提议把这一正在讨论的领域称之为文明的科学或文化学。"② 显然，奥斯特瓦尔德认为"文化"或"文明"是同一个东西。

但是，无论在中文里，还是在英文等西方文字里，"文化"和"文明"通常都是两个不同的概念和术语。西方语言中的"文化"（culture），在 1690 年安托万·菲雷蒂埃的《通用词典》中，被定义为"人类为使土地肥沃，种植树木和栽培植物所采取的耕耘和改良措施"。我国学者通常也认同"文化"一词的这一词源。如李醒民在《科学的文化意蕴》一书就说，英语中的"文化"一词 culture 源于拉丁语 cultura，其本意是耕耘、耕作土地，种植、栽培庄稼，培育、饲养家畜等。这种含义今天在"农业"（agriculture）和"园艺"（horticulture）两词中仍然保留下来。直到 18 世纪，像沃夫纳格侯爵和伏尔泰这样的学者，才开始在法语中以全新的意义使用"文化"（culture）一词。对他们来说，"文化"意指训练和培养（或思想、或趣味）的结果和状态，而非过程。很快地，这个词就被用来形容受过教育的人的实际成就。人们称良好的风度、文学、艺术和科学等为"文化"，并认为文化是通过教育能够获得的东西。从《牛津词典》得知，在 1805 年之前，英语中的 culture 还未出现这个意思。直到马修·阿诺德（Mathew Arnold，1822—1888）在其著作《文化和无政府状态》（1869 年）中把这个用法加以推广，作为"文化"一词的通常用法才一直存留至今。而直到 19 世纪中叶以降，随着社会学、人类学、文化学的兴起，文化问题才引起人们的关注和研究。然而，由于"文化"概念的内涵极其丰富、外延十分广泛，到 1952 年，文化的定义已经多达 160 多种。可是仍然似乎没有一个定义令人满意——否则，就不会有那么多的"文化"定义了。如今，讨论"文化"时人们引用最多的还是人类

---

① 参见奥斯特瓦尔德《自然哲学概论》，李醒民译，华夏出版社 2000 年版，第 125 页。
② 转引自李醒民《科学的文化意蕴》，高等教育出版社 2007 年版，第 15 页。

学家泰勒和马林诺斯基的经典性定义。①

看来,"文化"一词成为现代意义上常用的表述方式即术语,大约在19世纪中叶才形成。在这之后,人们经常把"文化"和"文明"看作是同一事物的两个方面。但是,笔者认为,无论如何,我们不能简单地把这两个概念相等同。尽管这两个概念的内涵和外延有很大的交集,而如果我们在探讨文化哲学和社会文明等问题时,把它们不加界定和说明地简单等同,一定会造成语义上的混乱,对人们理解和说明文化和文明及其关系造成严重的困难。

正因如此,我国的《现代汉语词典》把"文化"与"文明"作为两个词去界定,并没有把它们视为同一个概念的不同表述方式。其中,"文化"被界定为:(1)人类在社会历史发展过程中所创造的物质财富和精神财富的总和,特指精神财富,如文学、艺术、教育、科学等;(2)考古学用语,指同一个历史时期的不依分布地点为转移的遗迹、遗物的综合体。同样的工具、用具,同样的制造技术等,是同一种文化的特征,如仰韶文化、龙山文化;(3)指运用文字的能力及一般知识。如学习文化、文化水平等。而"文明"则被界定为:(1)文化,如物质文明;(2)社会发展到较高阶段和具有较高文化的状态,如文明国家;(3)旧时指有西方现代色彩的风俗、习惯或事物,如文明结婚、文明棍儿等。② 显然,这两个词的释义中虽有一些明显的交集,但毕竟是两个不同的词,其内涵有很大不同。我们知道,概念是人对现实存在的认知和把握的表达方式。人们之所以用不同的表达式,正是因为所要表达的对象及其意义是不同的。而在笔者看来,在文化哲学研究中,区分出"文化"和"文明"的不同含义,恰恰是深入探讨文化哲学和社会文明都必不可少的。即使在日常语言中,这两个词也不能随便替代,否则,就会出笑话。例如同是小孩在公共场合小便,由于各国文化和认可度不同,法国处罚得严厉,通常至少罚款35欧元,而在英国则是法律不禁止的行为,甚至孕妇在公共场合小便也是法律认可的行为,而且规定警察还要给予"掩护"。③ 这里,如

---

① 参见李醒民《科学的文化意蕴》,高等教育出版社2007年版,第1—2页。
② 中国社会科学院语言研究所词典编辑室编:《现代汉语词典》,商务印书馆2005年第5版,第1427页。
③ 参见《法制晚报》2014年4月24日文章《法国罚得狠,英国更宽容》。

果把上一句话中的"文化"换成"文明"即"由于各国文明和认可度不同……",这似乎难以被人接受。

其次,对于"文化"的探讨,既可以从人类学、社会学视阈进行,也可以从哲学视阈进行。当然,也可以从宗教学、经济学、法学、政治学和自然科学等视阈进行。例如,科学哲学中的"科学文化"研究,正是从科学技术视阈探讨文化问题的。正因如此,迄今为止,人们已从不同学科和视阈对"什么是文化"作了许多探讨,国内外这方面的文献可谓汗牛充栋,数不胜数。

从人类学和社会学的角度探讨文化现象及其历史发展的学说,其中较有影响的观点大致有三种:一是方式论,即认为文化是一定民族的生活方式,是一种并非由遗传而得来的生活方式。这里包括了人们的兴趣、爱好、风俗、习惯,强调了文化的继承性。譬如,美国著名文化人类学者鲁斯·本尼迪克特对"文化"所下的定义是:"文化是通过某个民族的活动而表现出来的一种思维和行动方式,一种使这个民族不同于其他任何民族的方式"。我们通常所说的中国文化、美国文化、欧洲文化和非洲文化等,即是在此意义上使用的。

二是过程论,即认为文化是人类学习和制造工具,特别是制造定型工具的过程,这里包含了人类智力和创造能力的不断进化,强调了文化的演进性。我们通常所说的仰韶文化、农耕文化、工业文化等,就是在这个意义上使用"文化"概念的。

三是复合论,即认为文化是作为社会的一个成员所获得的包括知识、信仰、艺术、音乐、风俗、法律以及其他种种能力的复合体。这一观点强调了文化的熔铸性,譬如泰勒所说的"文化",就是人类在自身的历史经验中创造和接受的"任何才能和习惯的复合体"。

而从文化哲学层面探讨"文化"问题,无疑是所有关于文化的研究中最高层次或最深入的理论研究。例如,霍桂桓博士从文化哲学高度提出的"判断一种文化是否先进的方式",实际上就提出一个非常重要的文化哲学问题:何以判定一种文化是否先进?不管我们是否赞同其在《文化哲学论稿》和《文化哲学论要》等著述中提出的"社会个体生成论"可以为真正解决这个问题提供现实的可能性,但是,这至少启示我们:第一,文化是有先进与落后之分的,否则我们谈论"先进文化"就没有意义；第二，判断一种文化是否先进，应当具有一定的标准和方式，否则，我们便无法具体地判定一种现实的或历史的文化形态是否先进。怀特海对此也有类似的思想。他在《观念的探险》中说："倘若不依据某一判断标准、某一预期的目标，你便无法思考什么是聪明，什么是愚蠢，什么是进步，什么是堕落。"[①] 套用在文化问题上，倘若不依据某一判断标准，我们便无法判断什么是先进文化，什么是落后文化，什么是文化的精华，什么是文化的糟粕。

然而，笔者认为，判定一种文化是否先进与判定一种文明是否先进的方式和标准，虽然可能会有相同之处，然而决不可能完全一样。例如判断游牧文明与现代工业文明哪个更为先进的标准，与判定游牧文化与工业文化的标准，肯定不会是完全一样的标准。这从另一角度说明，"文化"与"文明"是人类社会中两种不同的现实存在，它们的表现形态和语义所指都是有所不同的。

从起源上说，"文化"（culture）起源于培育、养育等，与农业有关；而"文明"（civilization）则与城市、市民生活有关。这表明，在古代社会，人们通常认为文明是与城市生活有直接关联的。直到今天，在日常语言中仍有"城里人"与"乡下人"之分，并且当这样使用时，其中就包含"是否文明"或"文明程度有高低之分"的意思。例如，据说上海人通常习惯于把自己称为"城里人"，认为上海之外的人都是"乡下人"，其文明程度不如土生土长的上海人高。相对而言，"乡下人"似乎文明程度不高甚至"不文明"，比如可能会说话粗俗、举止不雅，甚至会出现随地吐痰，乱扔纸屑烟头，夏天光膀子上街，甚至有的还会在公共场合小便，在旅游景点乱刻乱画"到此一游"，喜欢听"黄段子"等。

从内涵上说，尽管文明可以说是指人类所创造的全部财富的总和，因而有物质文明和精神文明之说，但人们经常使用的"文明"一词，大多是特指精神财富，如文学、艺术、教育、科学等，也可以指社会发展到较高阶段所表现出来的那种较为高级的社会状态。可以说，文明是人类审美观念和文化现象的传承、发展、糅合和分化过程中所产生的生活方式、思维方式的总称。它是人类开始群居并出现社会分工专业化，人类社会雏形

[①] 怀特海：《观念的探险》修订版，周邦宪译，译林出版社2012年版，第8页。

基本形成后开始出现的一种现象。

从社会进步意义上说,"文明"在作为人类社会的进步状态的意义上,其实质就是人类社会的平等程度。所谓丛林法则所决定的动物之间的生存竞争,造成动物之间只有不文明的野蛮状态,表现为弱肉强食,没有什么真正的平等可言,实质上就是动物之间根本没有什么文明可言。因此,我们根本不可能说哪些动物比另一些动物更为"文明"。只有在人类社会中才有文明与不文明之说。换言之,从归根到底的意义上说,文明是人类社会独有的现象,倘若人类没有文明,就不会有人类社会。完全失去文明的人类,那就是退化到了动物界的生存竞争状态。而人类文明发展和进化的历史,实质上就是从社会的不平等逐步地向平等、从野蛮状态逐渐地向文明状态过渡的历史,以及从文明程度较低的状态向文明程度较高的状态逐渐过渡的历史。也正是在这个意义上,马克思才说,人类只有在推翻资本主义社会并进入共产主义社会之后,才是真正的人类社会的开始。而在此之前,实质上都是人类社会的史前史阶段。

就当前人类社会发展的阶段而言,尤其是随着我国政府开始着力于建设生态文明社会,人们开始从深层次上反思人类文明的发展及其未来走向。就游牧文明、农业文明、工业文明和生态文明的进路而言,当前国内外关于生态文明的探讨,不管是哲学层面的研究还是其他层面的研究,如社会科学层面、自然科学层面、技术和实践层面,还是政治、经济和文化层面,显然都是在"文明"与"文化"不言而喻的有区别的意义上进行研究的。如果把"生态文明"建设中的"文明"概念置换为"文化"概念,显然就与我们谈论的"生态文明"大相径庭了。

总之,尽管"文化"与"文明"具有非常密切的关联,它们在外延上有很大的交集,但却是两个不同的概念。如果不加界定和说明地把这两个基本概念当作同一概念来使用,只能会给研究者的思维和阐述带来混乱,给读者和听众带来困惑和误解。而如果从怀特海过程哲学视阈来探讨"文化"和"文明"及其相互关系,则对我们从另一角度来理解和说明文化与文明的关系,掌握二者的本质和特征,具有一定的启发。因为任何一种新哲学,都是一种新的世界观。过程哲学作为一种新的世界观,它对人类社会中的"文化"和"文明"及其相互关系问题一定具有自己独特的看法和观点。

二 "文明"是人对宇宙的普遍性的认识和把握

根据怀特海的过程哲学，同动物界的野蛮状态相比，人类社会的文明特质是，人类能通过自己的理智和智慧，认识和把握宇宙中客观存在的"普遍性"（universalities）或"普遍原理"（universal principles）。这种普遍性或普遍原理，大体上相当于马克思主义哲学话语体系中的普遍规律。

在怀特海看来，虽然"文明"是难以定义的一般概念之一，然而，从不同角度可以对文明作出不同的理解和说明。他在《观念的探险》中明确指出，文明"暗示了这个世界的某种生活理想，这一理想既关系到个体的人又关系到人组成的社会。个人可被文明化，一个整体社会也可被文明化；不过在这两种情况中，文明一语的意义略有不同。"① 他在这部著作中所要研究的问题就是"文明的概念，力图要理解的是文明化的人是如何产生的"②。在他看来，成功的文明需要"两种层次的观念，即特殊的低级普遍观念以及哲理的高级普遍观念。人们要求用前一种水平的观念去收获那种直接的文明之果；后一种观念则用来指导通往新奇的探险，并确保那理想的目标的价值得以直接实现。"③

对于文明的本质，怀特海从过程哲学视阈作出如下深刻的阐述。首先，他说，人类文明的本质乃在于人类能掌握宇宙间普遍性的东西。人类社会文明的进步乃在于对这种普遍性的掌握越来越深入，对各类普遍性掌握的数量越来越多，范围越来越大。在对宇宙的普遍性加以把握的各种方式中，相对于科学、宗教和人类的日常经验等把握方式而言，"哲学是对关于范围广泛和适当的一般性概念的思考。这种精神习惯就是文明的本质，它就是文明。独居的鸫和夜莺能发出极为优美的声音，但它们不是有文明的生物，它们缺乏关于自己的行为及周围世界的适当的一般性的观念。高等动物无疑具有概念、希望和恐惧，由于它们的精神机能的一般性不充分，它们还缺乏文明。……文明生物是那些运用某些范围广泛的关于

---

① 怀特海：《观念的探险》修订版，周邦宪译，译林出版社2012年版，第301页。
② 同上书，第1页。
③ 怀特海：《观念的探险》修订版"前言"，周邦宪译，译林出版社2012年版，第2页。译文略有改动。

理解的一般性来考察世界的生物。"① 可见，根据怀特海的过程哲学，人类关于范围广泛和适当的一般性概念或普遍性原理的思考这样一种精神习惯就是文明的本质。文明乃在于把握宇宙中的普遍原理或普遍规律。动物虽有比人类还灵敏的感官、比人还强大的力量，甚至动物也有复杂的心理活动和感情，能与其他动物乃至和人类进行一定的交流和沟通，但是，由于动物缺乏关于自己行动及周围世界的适当的一般性观念，它们无法把握外部世界和自身活动的一般性规律，它们没有关于世界的普遍原理的观念，所以它们还不是文明的生物。这样，以是否能把握外部世界和自身运动变化和发展的普遍原理或普遍规律为标准，便可以从根本上把人类和其他动物区别开来。

其次，同一历史时期的不同国家和地区之间、不同历史时期的国家和地区之间以及同一国家和民族在不同历史时期的文明状态先进与否，或者是否有进步，也只能根据这种关于文明本质的观点作标准来判断。例如，美国和欧洲各国之间的文明状况、美国自身现实的文明状况与200年前的美国相比、中国大陆如今的社会文明状况与清王朝时期的文明状况相比，究竟哪种文明状况更为先进和可取？显然，从怀特海过程哲学视阈看，从过程哲学的文明观来看，一定会得出确定的结论。我们绝对不能仅仅以经济发展、科技进步、人民生活水平提高等因素来衡量，归根结底，要以我们这个时代对自然、社会和思维等领域的普遍本质和规律性的把握程度来衡量。中国古代文明曾经在世界上处于领先地位，那正是因为中国古代社会对宇宙、社会和人生中许多普遍性的东西有比西方人深刻的认知和把握。而近代以后特别是现当今，欧洲文明超越了古老的东方文明，也正是因为有牛顿、爱因斯坦、普朗克等科学家，有黑格尔、马克思、尼采、海德格尔和怀特海等思想家，他们对宇宙、社会和人生的普遍本性和规律性的把握，无论在深度还是在广度上都超越了我们这样古老的东方国家。而我们当今正在致力于建设的社会主义物质文明和精神文明以及生态文明，则是应当在吸收和借鉴西方发达资本主义国家的物质文明、精神文明和生态文明的基础上，更高一级的文明状态。

怀特海还从文明与语言的关系视角思考过人类文明的本质。他说：

---

① 怀特海：《思维方式》，刘放桐译，商务印书馆2012年版，第5页。

"人类文明是语言的结果,而语言又是向前发展的文明的产物。"① 他高度评价了文字和书写语言在人类文明发展进程中的作用,认为"作为人类经验中的一个因素的书写语可以与蒸汽机相比。它是一个重要的、历史不久的、人工的因素。"② 当然,语言对文明的发展也有一定的负面影响。用他的话说:"语言的发展所固有的抽象有其危险,它使人脱离直接世界的实在事物。……然而,尽管有许多危险,文明的最后兴起还是由于这种抽象。这种抽象对概念经验作出了表达,概念经验潜在于整个自然界。"③

在《观念的探险》整部著作中,尤其是其第四部分,怀特海通过考察影响人类文明发展的各种普遍观念,对"文明"概念作出如下界定:"关于文明的普遍定义是:一个文明的社会表现为五种品质:真、美、探险精神、艺术、平和。"④ 该书第四部分的五章分别以"真""美""真与美""探险"和"平和"为标题,分别探讨了这些因素在人类社会进程中的重要作用,以及它们的相互关系。在他看来,如果这些基本要素或性质在社会生活中共同实现了,就会构成人类社会的文明。

需特别指出的是,怀特海特别地看中"平和"在文明的各因素中的核心作用。他指出,一个社会如果仅仅具有四种性质——真、美、探险精神与艺术,其文明中就还缺少某种东西。这种东西很难用意义足够广泛的术语来表述。但倘若把它的各种意义区分揭示得太清楚,又有夸张之嫌。它犹如一种气氛,依附在柏拉图的"和谐"观念上,同时它与"爱欲"观念也不同。"倘若没有它,对于'真、美、探险、艺术'的追求就会是无情、艰难和残酷的;……没有它,文明就会缺乏某种基本性质。"⑤ 此外,"温和"和"爱"的观念虽然重要,但用它们来表述文明却又太狭隘了。所以他说:"我们所要寻求的是和谐之最这样一个概念,该概念将把其他的四种性质结为一体,从而将人们追求这些性质时常用的那种骚动的自我中心主义从文明中排除出去。"因此,怀特海经过精心考虑后决定"选择'平和'(peace)这一术语来表述平息破坏性骚动从而完成文明的

---

① 怀特海:《思维方式》,刘放桐译,商务印书馆2012年版,第33页。
② 同上书,第34页。
③ 同上书,第36页。
④ 怀特海:《观念的探险》修订版,周邦宪译,译林出版社2012年版,第302页。
⑤ 同上书,第313—314页。

那种和谐之最。"并认为:"因此,一个社会,只要它的成员分享真、美、探险精神、艺术、平和这五种性质,该社会便可称为文明的社会。"① 换言之,文明社会的本质特征是追求真、热爱美、善于探索、热爱艺术、达于平和状态。

由上述可见,根据怀特海的观点,世界上各个民族,越是对普遍性有深刻的认识和把握,其文明化的程度就会越高。世界上之所以有所谓先进的文明与落后的文明之分,判断的标准就是一种文明对宇宙的普遍规律,包括自然规律、社会规律、思维规律等基本规律的认识和把握,是否要比其他与之相比较的文明形态更为深刻和高级。例如,通常认为中国古代文明程度曾经高于西方文明,而近代以来西方文明超越了东方和中国文明;目前,一般认为,西方发达国家的文明程度总的说来比我们先进。我们要学习和借鉴西方的文明成果,包括作为我们党和国家的指导思想的马克思主义,也是从西方学来的。如毛泽东所说,苏联十月革命一声炮响,给我们送来了马克思列宁主义。而在科学技术、工业制造水平、环境保护、人民幸福指数等社会文明方面,总的说来,我们恐怕也不能说我们目前已经高于西方发达资本主义国家。反过来说,这些西方发达国家之所以进入更高的文明状况,就是因为它们较早地把握住了宇宙间更多的普遍性。牛顿以其《自然哲学的数学原理》把握住了宏观宇宙的基本规律,使西方世界进入近代工业文明。而爱因斯坦的相对论和普朗克、玻尔等人创立的量子力学等现代自然科学,则使西方世界又一次站在了科学文明的制高点。我们由于在自然科学、社会科学和思维科学等方面在总体上落后于西方发达国家,因此要培育我们的文化自信和文明自信心,尚待时日。虽然我国如今在经济上已成为世界第二大经济体,但我们在文明发展的总体上是否是世界第二,恐怕我们大多数人难以非常有底气地作出肯定回答。

正是在这个意义上,我们可以说,农业文明高于游牧文明,而工业文明高于农业文明,当代人类致力于建设的生态文明则要高于以往的所有社会文明形态,它是一种奠基于以往文明成果基础之上的,同时又不同于以

---

① 怀特海:《观念的探险》修订版,周邦宪译,译林出版社 2012 年版,第 314 页。

往任何社会文明的崭新的文明形态。之所以这样讲,从过程哲学的文明观来看,就是因为在人们认可的这个文明发展序列中,后一个文明形态总是比前一个文明形态达到了对于自然、社会和思维等普遍规律的更大普遍性的认识和把握。尽管有人可能说,乘坐飞机旅行的人,其文明程度未必比坐马车的人更高,但是,一个能够制造和使用现代大型民用客机的民族和社会,从总体上说,一定要比一个只会制造和使用马车的民族和社会的文明程度要高。否则,我们今天动员整个民族和国家的力量,全力以赴地实现社会主义现代化就没有意义。

再以生态文明建设为例说明上述道理:所谓生态文明从根本上说正在于建立对宇宙中万事万物的普遍相关性原理的深切认识——整个宇宙是一个有机整体,是一个无缝的网状宇宙,任何现实存在的生成都是以往全部历史和整个宇宙中各种力量和因素综合作用的结果。在宇宙中,没有任何现实存在是真正的孤岛,宇宙实际上是一个永无止境的"多生成一并由一而长"的创造性进展过程。倘若没有对宇宙、对人与自然、人与社会、人与人之内在关联性的这种深刻认识和把握,我们就不可能从灵魂深处真正地形成生态文明的理念,也就不可能真正采取措施,努力建成符合宇宙本性的生态文明社会。

三 文化是文明的灵魂和精神特质

由上所述可见,"文化"与"文明"确实是两个既有密切联系,又有很大区别的概念。那么,它们两者之间是什么关系呢?从怀特海过程哲学视阈看,可作出如下判断:文化是文明的灵魂和精神特质。对此,可从以下两方面来理解和说明。

一方面,从文明对文化的视角看。首先,一个文明的社会一定是由许多有文化的具体个人所构成的。文明可分为社会文明和个人文明。无论是在社会文明层面还是在个人文明层面,文化作为人类的一种特殊的内在精神要素,总是在文明中占据着主导地位,是文明的灵魂和主要特质所在。一个文明中缺少了文化,其文明程度就要大打折扣,甚至不再是文明的了。所以,在怀特海看来,为了推进文明的进步,教育的最终目的是要培养既有文化修养，又掌握专业知识的人才。①

其次，一个人的文明程度在一定意义上也取决于他有多高的文化程度。所以，从总体上说，在当代社会，受过高等教育的人群，其文明程度总体上高于未受高等教育的人群。当然，这并不是说，每一个受过高度教育的人，其文明程度一定高于任何一个文化程度低的人。而是说在总体上，一个国家或一个民族或一个地区，接受教育的人越多，人们所受的教育程度越高，相对而言，其社会文明和个人文明的程度也会越高。当前，我国旅游行政主管部门和国家文明办大力倡导文明旅游，承认我国旅游者相对而言在总体上不如欧洲人的旅游文明程度高，这也是一个不争的事实。

怀特海认为，活的文明需要学习，但却不仅仅是学习而已。文明还需要不断地探索未来和未知。因此他特别推崇对文明的探险，认为："探险精神属于文明的本质。"② 而文化似乎并非如此。在一个文明社会中，文化只是文明社会的精神特质而已。一个文明的社会，一定是一个有文化的社会。一个文明程度高的社会，往往也是文化水平程度高的社会。文化的发展是文明社会在观念上不断探险的结果。而一个社会的文明如果长久地停滞不前，僵化凝滞，不再有探险精神，就可能会被其他社会文明所超越和取代。该社会的文化也会作为过时的僵化文化而被历史前进的车轮抛在一边，甚至被人遗忘。

从这个意义上说，文化只是文明社会中存在的某种特殊因素。这种文化因素不同于文明社会中的政治、经济、法律、军事、科技等。如果把文化作广义的理解和扩展式解读，不给"文化"划一个相对清晰的边界，那就诚如有学者所说，如果像泰勒和马林诺夫斯基的文化定义③那样，把文化看作一个无所不包的概念，几乎把社会生活的所有方面都机械地堆积并拼凑在一起，形成所谓文化哲学的"对象群"，这样的"文化"概念所

---

① 参见怀特海《教育与科学 理性的功能》，黄铭译，大象出版社2010年版，第4页。
② 怀特海：《观念的探险》修订版，周邦宪译，译林出版社2012年版，第326页。
③ 马林诺夫斯基的文化定义是"文化……显然是一个集成性的整体，包括工具和消费品、各种社会群体的制度宪政、人们的观念和技艺、信仰和习俗。"马林诺夫斯基：《科学的文化理论》，中央民族大学出版社1999年版，第52页。转引自霍桂桓《文化哲学论稿》，中国社会科学出版社2007年版，第198页。

指称的"文化现象"或"文化形态"既无法判断其是否先进,也使我们无法把握"文化"的本质,"实际上恰恰完全抹煞了现实的文化活动所特有的、不同于其他人类现实社会活动的本质性内容特征,使之变成了完全抽象化的、不包含任何实质性内容的'形式'"[①]。这样一来,"无论把文化的先进与否等同于掌握知识的多少、等同于科学技术是否发达、等同于人的文明程度高低,还是等同于社会制度的发展水平甚至等同于GDP的多少和增长速度"[②],都不可能真正把握文化的本质。

这里,笔者非常赞同霍桂桓博士在《文化哲学论要》中给文化所下的定义:"所谓文化,就是作为社会个体而存在的现实主体,在其具体进行的认识活动和社会实践活动的基础上、在其基本物质性生存需要得到相对满足的情况下,为了追求和享受更加高级、更加完满的自由,而以其作为饱含情感的感性符号而存在的'文'来'化''物'的过程和结果。"[③]这里的要义有两点:一是文化是体现于社会个体之上的精神特质;二是文化是人以"文"化"物"的过程和结果,不能把它直接等同于物质性的东西。即使器物文化也是精神性的存在,器物只是其载体而已。

同时,笔者也在原则上赞同李醒民对文化的固有特征所作的概括。他在其《科学的文化意蕴》中把文化的特征概括为十个方面:(1)文化是人独有的,是人超越于动物的本质特征。(2)自然而然的东西不是文化,文化就其本性而言是非自然的。(3)文化产生的最低前提是人的机体需要之满足,但随着人类的进步和社会的发展,超体性文化的意义越来越凸显出来。(4)文化是一个整体,它的构成要素只能在理论上加以分析研究,而在实践中则难以分割。(5)文化是模式化和符号化的,因而是有规律可寻和可循的。(6)文化是经验的和理性的,也是历史的和多样的。(7)使用和转换能量的水平是文化进步的标志。(8)文化的欣赏或消费不仅不会造成文化的匮乏,反而会促进文化的创造和繁荣。(9)文化进化速度远快于生物进化的速度。(10)文化是后天习得的,但是也不能完全排除某种先天的遗传因素,生物进化和文化进化是相辅相成的。[④]

---

① 参见霍桂桓《文化哲学论稿》,中国社会科学出版社2007年版,第200—201页。
② 同上书,第202页。
③ 同上书,第110—111、210页。
④ 参见李醒民《科学的文化意蕴》,高等教育出版社2007年版,第7—12页。

显然，从"文化"的这十个固有特征看，它都是人类文明中所具有的不同于政治、经济、法治、军事、科技等诸因素的东西。只有这样理解和界定文化，我们讨论东西方文化交流，推动文化创意产业，使中国文化走出去，同时还要学习西方先进文化包括马克思主义等，才有现实的意义，才有可操作性的意义。

　　另一方面，从文化对文明的视阈看，首先，一个没有文化的社会不可能是一个文明的社会。正如毛主席所说："没有文化的军队是愚蠢的军队，而愚蠢的军队是不能战胜敌人的。"[①] 一个社会、地区、国家，如果缺少文化，甚至一个企业如果没有形成自己的文化，也不可能长久存在下去。

　　其次，文化是一个民族的精神家园，一个文明社会的灵魂。倘若一个民族丧失了本民族特有的文化，那就等同于丧失了民族的灵魂，其民族实际上等于不复存在。而文明似乎并非如此：人类的文明可以由全世界各族人民，不分肤色和国家以及政治信仰等，也不分南北东西，都可以共享。所以，人类可以从游牧文明进入农业文明，进而进入工业文明和后工业文明，或者进入生态文明社会。我们决不认可工业文明只属于欧洲或美国，而农业文明只属于中国等东方国家。我国现在全国上下正在以四个现代化为基础，努力建设生态文明社会，这恐怕有可能是全人类的努力方向！而且只有在这种人类文明中才有可能真正把握人类文化的特质，以不同国家、民族和地区的不同文化相互促进、相互影响与和谐发展，共同促进全人类的文化发展。

---

　　① 参见1944年10月30日毛泽东在陕甘宁边区文教工作者会议上所作的讲演《文化工作中的统一战线》。

从尼采的世界到周易的世界
——一种"生命的形上学"视角
张再林[*]

（一）

了解尼采这位自称为具有"不合时宜的思想"的德国哲人，不能不从他书中一个不乏"黑色幽默"的故事谈起。在该故事中，他描写了一个疯子大白天打着灯笼在市场上寻找上帝。他对聚集在市场上的人们说："上帝哪里去了？我要告诉你们！我们杀死了他，——你们和我！"此即尼采哲学中最为经典也最具实质性的一个命题："上帝死了。"

海德格尔说，"上帝死了"，"这就是说，'基督教的上帝'丧失了它对存在者和对人的规定性的权力。'基督教的上帝'既是'超感性事物'及其各种含义的主导观念，也是'理想'和'规范'、'原则'和'规则'、'目的'和'价值'的主导观念，它被凌驾于存在者之上，为存在者整体'提供'一个目标、一种秩序以及（如同人们简明地说的）一个'意义'"。[①]

因此，这里的"上帝"是作为哲学形而上学意义上的上帝，是作为西方"观念化"（ideation）世界赖以存在的上帝。它发端于西方古老的柏拉图主义，而坚持理念、上帝、物自体三位一体的德国古典哲学是其羽翼丰满的成熟形态。故"上帝死了"不仅意味着基督徒心目中偶像的瞬间

---

[*] 张再林，河北南皮人，西安交通大学人文学院教授、博士生导师。
本文系 2014 年国家社科基金一般项目"现象学中的'身体'运动及其效应研究"（14BZX070）的阶段性成果。

[①] 转引自周国平《尼采与形而上学》，译林出版社 2012 年版，第 9 页。

破灭,而且意味着整个西方文明大厦的轰然倒塌。曾经,这位作为最高主宰者的上帝,由于作为世间一切存在物的"终极存在物"是如此的坚如磐石,也由于把人类像猴子一样玩弄于股掌之中是那样的不可一世。

无疑,也正是缘乎此,使尼采获得了"作为欧洲第一个彻底的虚无主义者"的称誉。同时,也正是缘乎此,使尼采为业已成为废墟的西方文明重新奠基。而当从事这一奠基活动时,他不是像上帝的信众那样重新拥抱理念论的柏拉图主义,而是在视柏拉图哲学乃一种"高贵的谎言"的同时,将自己目光转而易帜,投向赫拉克利特的领地,这个主张"一切皆流,无物常驻"、主张"方生方死"的"生成"的领地,而非"在"之"永在"的"观念木乃伊"的领地。在这个领地里,他不仅称赫拉克利特为"上帝之死"的先知,将赫拉克利特引为自己的哲学知己,而且称"赫拉克利特永远不会过时",在一个感性的"生成"的世界里,而非超感的"观念"的世界里为西方文明再建哲学的金字塔,为西方文明重新发现了一个新的理论根据之地。

寻本追源,如果说超感的"观念"世界就其"思的知识论"是以"意识"为其本体的话,那么,感性的"生成"世界则就其"感官生理学"是以"身体"为其本体。在这里,同样存在着一种奎因式的"本体论承诺"。故当柏拉图主义、基督教哲学在"死亡练习""原罪"的名下对身体弃若敝屣之际,尼采却对身体致以崇高的敬礼,并以身为本,将其视为一种反传统的新哲学的真正理论奠基之石。他宣称,一切从身体开始,宣称以身体为准绳,认为身体不仅是世界"赫拉克利特之流"的真正载体、母体,且身体乃是比陈旧的"灵魂""更令人惊异的思想",身体在它的生死盛衰中"带着对全部真理和错误的认同","正是肉体而不是精神在诠释着这个世界"。以至于在《查拉图斯特拉如是说》中,他从彻底经验主义出发,一反西方传统地提出"我完完全全是身体"。以至于在人们印象中,作为哲人的尼采不如说更像一个医生,他以医生的口吻告诫人们,对信仰和道德的一味求助不过是身体本能衰竭的并发症。因此,尼采对身体的推崇,不仅是后来身体哲学大师梅洛-庞蒂所谓"身体意识"的理论原型,也以一种哲学本体论的方式,开启了整个后现代主义的哲学的"身体转向"最初的先声。

身体的张扬凸显,以一种真正"亲在"方式,意味着一种全新的人——"超人"的挺立。故尼采的所谓的"超人"与其说是生物进化论意义上的一种新的人种,乃至其旨在为希特勒式的种族主义进行理论申辩论证的话,不如说是"人学"意义上对人的一种洗心革面的定位,对人的全新的正名。换言之,对于尼采来说,就其本质而言,真正的人与其说是康德哲学中那种由种种先验的观念范畴所构成的"意识的精美化石",不如说作为一种涉身性、躬行性的东西,其恰恰就是我们活灵活现的"活着"的生命,或换言之,也即为尼采高标特立的"强力意志"。

滥觞于叔本华的"生命意志",却与之大异其趣的尼采的"强力意志"是这样一种东西,如果说前者基于"生命之需",坚持生命的性质是匮乏的话,那么后者则基于"生命之能",坚持生命的性质为充盈和丰富。如果说前者从匮乏出发,主张生命的宗旨在于苟延残喘地自我保存的话,那么后者则从充盈和丰富出发,主张生命的宗旨在于不断地并无所不用其极地表现自己、创造自己、扩张自己。从这种"燃烧的生命"中,不仅产生了一种尼采主义者巴塔耶从生命本质的"奢侈"出发的,那种有别于"消费"而主张"耗费"的"太阳经济学",而且与这种经济学互为发明,使尼采在哲学上断言强力意志是生命的永不枯竭的增生和增殖,是生命中"必须不断自我超越的东西",从而使其思想实际上与存在即"能在"(可能性存在)这一存在主义深旨暗通款曲,并从中产生了陈鼓应先生将"权力意志"译为"冲创意志"这一对尼采学说的完全存在主义式的解读。同时,更重要的是,从这种存在主义出发,使尼采通过对生命固有的无限潜能的肯定,以一种"内在超越"的方式,其思想最终被赋予了超生物的"生命的形上学"的意义。正是基于这种"生命的形上学",我们才能理解为什么在尼采的学说里,叔本华的苟活于世、坐以待毙的悲惨的人生,一变为他自己的刚健有为、日新不已的精彩的人生。也正是基于这种"生命的形上学",我们才能理解为什么在尼采的学说里,痛苦缠身、必有一死的个体生命惟有通过"悲剧"而非"禁欲"才能得以真正解赎,因为正如梅洛-庞蒂认为真正的身体惟有与审美的艺术品类似那样,对于尼采来说,人只有活在悲剧这种把超功利的审美发挥到极致的艺术形式中,才能使自己在悲惨而有限的人生中臻至欲仙欲死的高峰体验,并从中真正蒙受"形而上的慰藉"这一生命的恩宠。

因此,巴塔耶说得好:"尼采第一次独立于道德目标或独立于服侍上帝的目的表述了一个极端的、无条件的人类渴望。"① 通过以"权力意志"为内容的"超人"的推出,尼采的学说的意义在于,它实际上标志着西方哲学史上前所未有的彻底而激进的"人本主义"的确立。而之所以是一种彻底而激进的"人本主义",是由于尼采的"超人"学说,以一种有别于叔本华的"侏儒化"的"意志"的真正大写的"唯意志主义",坚持意志作为"自身性"的意志,不仅因我而自足,也由我而为,从而"我欲故我在",不是笛卡儿的理论明证性的"我思",而是尼采的自足自为的"我的意志"才是世界一切存在的真正的立法者。故在尼采笔下,迎之而来的,不仅是对人类冥顽不化的精神奴性的彻底的告别,还有一切看似颠扑不破的传统价值都必须被重新加以评估:物理的逻辑来源于生理的非逻辑,知识不过是强力意志的工具,道德实际上是弱者的遮羞布,而向人许诺不朽、至善和宇宙秩序的上帝,则是从来身不由己的并苟且偷生的"末人"赖以栖身的最后庇护。而这不啻也意味着,尼采所谓的"上帝之死",不外乎就是"人之自由"的同义语。在这里,尼采的学说实质上又一次与存在主义学说不期而遇,并使其学说一如人们所指出的那样,理所当然地成为现代存在主义的真正理论先驱。

(二)

虽然把"人更三圣,世历三古"的中国周易学说与西方后现代主义的尼采学说给予哲学比较有"时空穿越"的嫌疑,然而,一种深入的考察使我们不得不承认,虽然二者的区别以其如此的明显仍然不可曲为之掩,② 但同作为普世性的人类哲学,二者之间确有一种"文化家族"上的"家族相似性"。现试述其相似性如下。

首先,这种相似性表现为,正如尼采从赫拉克利特出发,使我们面对

---

① 巴塔耶:《论尼采:序》,参见巴塔耶《尼采与哲学》,中文译文参见《尼采的幽灵》,社会科学文献出版社2001年版,第2页。
② 二者的区别也即中西哲学之间的区别。唐力权《生生之仁与权力意志:儒家与尼采之间》一文(《社会科学战线》1994年第4期)对这种区别做了很好的表述,认为是强调"互体性"(中国)与强调"自体性"(西方)之间的区别。囿于主题的需要与篇幅的限制,本文对这种区别将忽略而不论。

着一个变动不居的感性的生成世界,而非一成不变的超感的观念世界一样,周易亦如此。这一点可见之于"日月为易""唯变所适"这一"易"的定义,可见之于"感因交织,重重无尽"的64卦、384爻的"无序之序",可见之于诸如"乾"卦"万物资始"、"坤"卦"万物滋生"、"咸"卦"天地感而万物化生"、"恒"卦"恒久而不已"、"归妹"卦"天地不交而万物不兴"、"剥"卦"君子尚消息盈虚"这些表述,可见之于周易对"阴阳"、"动静"、"感应"、"消息"、"时"等概念的强调,可见之于周易《系辞上传》"生生之谓易"、《系辞下传》"天地之大德曰生"这一对大易之旨的一言以蔽之。

故当柏拉图主义的西方文明把生成的世界存在化,把流逝的世界固定化,并最终导致了西方人对世界本源的追问,从而使自己不得不走向对形上的"终极存在"和"绝对主宰"的神的上帝的皈依和托庇时,中国周易的作者却反其道而行之,他们以一种彻底的现象主义、经验主义之姿把这一生成的流逝的世界当作不可还原的"事物本身"照单接受。固然,作为所谓"神州"的子民他们也讲"神",但"阴阳不测之谓神"(《系辞上传》),在那里,"神"不过是变化生成的大易之道的代称,并也许由此才有了孟子所谓"大而化之之谓圣,圣而不可知之谓神"(《孟子·尽心下》)这一古人对"神圣"的别具一格的正名。

明白了周易的这种极力彪炳的生成之旨,我们就不难理解为什么在周易的考证中,郭沫若甚至语出惊人、别立他说地提出这样一种观点,即:作为周易思想集大成的《易传》"多出自荀门",其大部分是秦时代的荀子的门徒们楚国人所著,著书的时间当为在秦始皇三十四年以后。理由是,"国灭以后把秦人怨恨得最深刻的要算是楚人。楚人有句谚语,是说'楚虽三户,亡秦必楚'。可见得楚人是始终想图报复,而和秦人反抗的。秦始皇帝兼并了天下以后,他自己号称为'始皇帝',在那时有过一道诏书说明他的这种称号的用意。

  朕为始皇帝,后世以计数,二世、三世,至千万世,传之无穷。
(《史记·秦始皇本纪》)

这种万世一系的期望所包含着的思想是万事万物都恒定不变。这不用说是秦人的统治思想。但这种思想在和秦人反对的楚人，自然是要反对的。想到了这层便可以知道为什么楚国的学者要多多趋向到《易》理的阐发上来。《易经》是注重变化的，这和当时的统治思想正相对抗。那种叛逆的思想自然是不能够自由发表的，而楚人却借了卜筮书的《易》来表示，令人不能不感叹道那些楚人要算是些巧妙的石龙子。"①

其二，尼采学说与周易学说相似性还表现为，正如尼采的世界是以"身体"为其本体一样，这种"身体本体论"对于周易的世界同样成立。故周易世界观与其说是柏拉图主义的"建构论"的，不如说是与《易》的"感生论"宇宙图式一致，一如张载所谓"天地之塞吾其体，天地之帅吾其性"所述，而为地地道道的"体现论"（embodiment）的。这种"体现论"思想在易学大家王夫之那里被表述得尤为明彻。一方面，在周易的研究中他力斥所谓绝对"形而上"的存在。他称"形而上者，非无形之谓。既有形矣，有形而后有形而上。无形之上，亘古今，通万变，穷天穷地，穷人穷物，皆所未有者也。故曰：'惟圣人然后可以践形'。践其下，非践其上也"（《周易外传卷五·系辞上传第十二章》）。另一方面，与此相应的，在周易的研究中他又只认可"形而下"的存在，并在这种认可中使"身道"如如朗现。他谓"道恶乎察？察于天地。性恶乎著？著于形色。有形斯以谓之身，形无有不善，身无有不善，故汤武身之而以圣"；"汤武身之也。谓即身而道在也"（《尚书引义》卷四）。

这种"身"与"道"齐一的思想不仅是对尼采彻底经验主义的"我完完全全是身体"思想的中国式的表述，同时，也像尼采一样，使中国古人把对无论中西思想中都长盛不衰的身体"原罪说"的批判提到了哲学的议事日程。故针对释老一开始就把身体妖魔化的观点，王夫之在破解《易》的"无妄"卦时写道："'吾有大患，为吾有身，反以为用，弱以为动，穅秕仁义，刍狗万物'。究其所归，以得为妄，以丧为真，器外求道，性外求命，阳不任化，阴不任凝。故其至也：绝弃圣智，颠倒生死；以有为妄，斗衡可折；以生为妄，哀乐俱捐，又何怪其规避昼夜之常，以冀长生之陋说哉"（《周易外传卷二·无妄》）。在王夫之的笔下，对身道的否定，其结果带给我们的必然是"以生为妄"，是整个生机盎然、流光

---

① 郭沫若：《青铜时代》，科学出版社1957年版，第92—93页。

溢彩的生成世界在灰飞烟灭中彻底化为乌有。

一旦如同尼采那样，把身体视为世界的本体，那么，这也意味着，和尼采一致，周易同样也使自己最终趋向了对作为"人自身"而非"物自体"的所谓"超人"的至极顶礼。这就把我们带到了周易学说与尼采学说相似性的第三点也即最后一点。

固然，众所周知，在周易中并没有尼采这种所谓"超人"的称谓，但却不乏"圣人"、"大人"这些至高卓绝之人的概念的表述。关于所谓"圣人"，按孟子的说法，即"出乎其类，拔乎其萃"的人（《孟子·公孙丑上》）；① 而关于所谓"大人"，周易则雄论滔滔地写道：

夫大人者，与天地合其德，与日月合其明，与四时合其序，与鬼神合其吉凶；先天而天弗违，后天而奉天时。天且弗违，而况于人乎？况于鬼神乎？（《易经·乾·文言》）

这是对"人"的前所未有的千古高歌、倍加讴颂，取而代之的是冠冕堂皇的"神正论"的退隐。是长期以来不无卑微的"人"取代了至高无上的"神"的地位，由此才有了周易诸如所谓"神而明之，存乎其人"（《系辞传》），所谓"天地设位，圣人成能"（《同上》），"苟非其人，道不虚行"（《同上》），"人谋鬼谋，百姓与能"（《同上》）这些对大写的"人"无上的赞辞。

故周易虽是源于神巫的占卜之书，但究其深旨，这里既没有上帝的"创世说"，也没有神学的"命定论"，有的只是"善为易者不占"，即其所大力强调的是之于吉凶福祸可以趋避的人的主动性，而非人之于前定的命运主宰者的唯唯诺诺、安之若命；强调的是人学目的论意义上的"利用安身"、"致命遂志"、"危者使平"，而非神学目的论意义上的天人感应、因果报应。惟其如此，才使周易《系辞传》把一部文明史视为是由包牺氏、神农氏、黄帝、尧、舜氏"尚象制器"的英雄创世史；惟其如

---

① 值得一提的是，民国时期的学者谢无量，亦根据孟子义将尼采的"超人"译为"圣人"。参见《超人哲学浅说——尼采在中国》中谢无量《德国大哲学者尼采之略传及学说》一文，江西高校出版社 2009 年版。

此，才使李贽在论及周易时不仅宣称"法神圣者，法孔子者也，法文王者也，则其余亦无足法矣"（《九正易因·读易要语》），而且他还指出，《易》的六十四卦乃六十四大乾坤世界，而六十四卦之《爻》、《象》乃专一发明六十四位神圣大人事也（《同上》）。凡此种种，使周易虽然没有像尼采那样直接发出"上帝死了"的呐喊，但我们却不难得出的是，"淡于宗教"（梁漱溟语）这一迥异于其他民族的极其独特的中华文明精神，这一精神也惟有在周易所开辟的航道上才真正扬起了自己的风帆。

这种以"人"易"神"，这种对"人"的绝对地无条件依赖、求助和信任是建立在对人的生命自足、充盈、丰富和强大的基础之上的。故与中国式的"超人"思想交相辉映，在周易中我们也看到了对"超人"之体强而志弘的"强力意志"的力挺，对生命的表现自己、创造自己、扩张自己之旨的至极肯定。在这方面，我们除了一睹到了《易》中与"大哉乾元"相应的"天行健，君子以自强不息"这一人性宣言外，还看到了《易》以一种"立象以尽意"的方式，在诸卦的卦象中无一不把"自强不息"的精神大力提撕，使人性之奋进、有为、刚健、果敢、执着、不屈、坚韧、淡定的种种美德被表露无遗。如"蒙"卦谓"君子以果行育德"，"讼"卦谓"君子以作事谋始"，"泰"卦谓"君子以裁成天地之道，辅相天地之宜"，"大有"卦谓"君子以遏恶扬善，顺天休命"，"蛊"卦谓"君子以振民育德"，"临"卦谓"君子以教思无穷，容保民无疆"，"无妄"卦谓"先王以茂对时育万物"，"大过"卦谓"君子以独立不惧，遯世无闷"，"离"卦谓"大人以继明照于四方"，"恒"卦谓"君子以立不易方"，"困"卦谓"君子以致命遂志"，"革"卦谓"君子以治历明时"，"巽"卦谓"君子以申命行事"，如此等等，不一而足。

一旦经我们的解读，周易与"乾元"相应的"自强不息"可以被理解为中国式的"强力意志"，[①]那么，周易哲学中的诸多尼采式思想也就可以随之一起洞显了。例如，当尼采一反叔本华从僧侣主义、禁欲主义出发，把生命意志仅仅理解为自我保存意志，而主张生命意志乃为一种创造性、张扬性乃至挥霍性的意志，并从中最终导致了尼采主义者的光芒普

---

① 无独有偶，民国时期李石岑亦提出"权力意志者，生生不已自强不息之活动也"。李石岑《尼采思想之批判》，载《超人哲学浅说——尼采在中国》一书。

照、不计回报的"太阳经济学"的提出时,殊不知,这一思想在周易的生命哲学中却已经早着先鞭了。我们看到,不仅《易》的"乾元"之"乾"字本身有"太阳"义,而且《易·乾·文言》谓"乾始能以美利利天下,不言所利,大矣哉"。王夫之就此文言的论述写道:"此言四德之统于元也。'美利',利之正也。'利天下',无不通也。'不言所利',无所不利之辞,异于坤之'利在牝马',屯'利在建侯'。当其始,倚于一端,而不能统万物始终之理,则利出于偏私,而利于此者不利于彼,虽有利焉而小矣。乾之始万物者,各以其应得之正,动静生杀,咸恻隐初兴,达情通志之一几所函之条理,随物而益之,使物各安其本然之性情以自利;非待既始之余,求通求利,而唯恐不正,以有所择而后利。此其所以为大也"(《周易内传》卷一上·乾)。故正像尼采的强力意志以其对普遍性的宇宙意志的强调并未导向一己之私的利己主义那样,周易亦如此。一如王夫之解读"易为君子谋,不为小人谋"时所指出的:"易之所谓利者,非小人之利,求荣而荣,求富而富,欲焉而遂,忿焉而逞者也。故曰'利物',非私利于己之谓也;曰'合义',合于义即利"(《周易内传发例》)。

无独有偶,这一点同样在周易生命哲学中得以见证。这就把我们引向了作为其核心概念的周易的"几"的概念。周易《系辞传》谓:"知几其神乎!"谓"君子见机而作,不俟终日"。而无论是"几者,动之微,吉之先见者也"(《系辞传》),还是"动而未形,有无之间为几"(周子语),实际上都为我们指明了"几"乃可能性的存在而非现实性的存在,并由此使"几"成为生命之为生命的至极规定,成为"至健"的"乾元"的代称,成为方东美所谓的"包罗万象的大生机"。舍此易学所以不明,造化或几乎息矣。无怪乎张载从现象学而非存有论出发,宣称"知幽明之故而不言有无",而把真正的易学视为是"几微"之学。同时,也无怪乎王夫之就《系辞传》所谓"夫易,圣人之所以极深而研几也"写道:"'深'者精之藏;'几'者变之微也。极而至之,研而察之者,神也。圣人之神合乎天地,而无几不察矣"(《周易内传》卷五下·系辞上传第十章),并且写道:"唯乎健顺,以知大始而作成物,故无深非其深,无几非其几,以速于应而妙万物。若何晏、夏侯湛之徒,以老庄之浮明,售其权谋机智,而自谓极深而入神,则足以杀其躯而已。"(同上)

在王夫之笔下，他告诉我们，周易所谓的"几"与其说是"权谋机智"的"机"，不如说正是那种作为存在之可能性的生命"几微"的"几"。惟其如此，才使以"几"为核心的周易和"阴阳不测""变化之道"的"神"联系在一起，并进而才使周易所强调的生命以一种"下学上达"的方式被赋予了形而上学的意义，从而使周易学说一如尼采学说，最终通向了一种"生命的形上学"。正是基于这种"生命的形上学"，才使我们虽作为芸芸众生有限生命，却以其李贽所谓的"人人各正一乾之元也，各具有首出庶物之资也"（《九正易因·乾的解说》），而可以活出了光彩照人、义薄云天的无限的大写的人。也正是基于这种"生命的形上学"，才使我们可以在自己备极艰难困苦的生活中做到视险若夷，视失若得，视死如生，无论身处何时何境都不可让渡和宠辱不惊地葆有对自身生命追求的有如殉道般忠诚。对于这一点，王夫之体会尤深。他就周易"归妹，君子以永终知敝"这一象曰指出："以少女归长男，有不能偕终之嫌焉，悦而归之无疑。……不能偕终者，'敝'也。唯'知敝'而必与之'永终'，斯以为君子。知父母之疾不可起，而必药必祷；知国之亡不可兴，而必出必仕。以得所归为悦，以动为尽道，何贰行鲜终之有？'天下有道，不与易也'，'道之不行，已知之矣'：此君子所以异于功名之士也。"（《周易大象解·归妹》）又，关于"乾"所谓"亢之为言也，知进而不知退，知存而不知亡，知得而不知丧，其唯圣人乎！知进退存亡而不失其正者，其唯圣人乎！"一语，王夫之又指出："刚而不止，居高而不下，亢也。亢之为道，率由不知；而龙之亢，非不知也。秉刚正之德，虽知而不失也。唯若孔子，知不可为而为之，而不磷不锱不失，乃能与斯。忠臣孝子，一往自靖，不恤死亡之极，亦有圣人之一体，虽有悔而固为龙德；时乘之，亦所以御乱世之天也。"（《周易内传卷一上·乾》）

在这里，无论是周易所谓"君子以永终知敝"，还是其所谓"知进退存亡而不失其正"，都从中无不为我们书写出了一种"知不可为而为之"的中国文化精神。而这种精神不正是既可视为一种中国式"舍我其谁"的超人精神，又可视为一种中国版的"悲剧"精神的体现吗？于是，正是在这里，李泽厚所力揭的并似乎业已成为不易之论的中国文化乃为"乐感文化"这一观点应被大打折扣。实际情况是，一方面，诚如李泽厚所说，中国文化以其对感性的、个体生命的满足肯定，从来不乏"乐天知命"的精神，而使自己远离了超世俗的"神"的皈依和宗教的迷狂。但另一方面，中国文化又是如此地使人直面内忧外患的血淋淋的人生，直面无所逃乎天地之间的人的"向死而在"的生命之畏，以至于使其文化同时又不乏对感性的、个体生命自身命运的自我的积极的超越和永不妥协的抗争。由此才有了中国文化理论中以"感性的自足"的艺术取代超感性企盼的宗教之说，并且在中国古代的"准宗教"的艺术形式中，中国古代的悲剧以其不逊于西方悲剧的突出的地位而同样不得不大书特书。当人们谈论中国古代悲剧时，往往把屈原"忧愁幽思"的《离骚》视为其发轫之作，然而深而究之，实际上，正如英雄主义的希腊神话是西方悲剧的历史发端那样，始于文王命悬一线，并以体现"大人"、"圣人"生命之崇高、生命之壮美的《周易》才可被视为中国古代悲剧之真正滥觞。

（三）

　　一条勾勒出的"生成世界——身体——超人"的线索，为我们在尼采哲学和周易哲学之间架起一道桥引，把二者内在地勾连在一起，并最终殊途同归地使二者导向一种彻底而激进的人本主义。而之所以是一种彻底而激进的人本主义，是因为这种人本主义与其说是康德式的，不如说是存在主义式的。如果康德式的人本主义以其对超感的、总体的人的理性的强调，而为一种祛身化的人本主义的话，那么，存在主义式的人本主义则以其对感性的个体的人的意志、愿望和选择的强调，而为一种源于人自身生命的切身性的人本主义。它不仅导致了自然主义也即人本主义这一完全"天人合一"的人本主义，它也是对人的现实的自在自为的自我、自由的真正肯定，是之于一切决定论的、宿命论的学说的根本的颠覆和完全的拒绝。

　　我们发现，这种彻底而激进的人本主义既是周易哲学本质的最终归宿，又可被奉为实际上基于周易哲学的中国古代思想的真正臬极。故从中隐含着中国古代思想中道之所以为道的"道论"，以及人之所以为人的"人学"的一切隐秘。

　　什么是中国古代思想所理想的"道"？一言以蔽之，它就是为章太炎一语点破的古人所谓的"依自不依他"之道。从某种意义上说,它与存在主义的"懦夫是自己造就为懦夫,英雄是自己造就为英雄"之旨可以互发。按梁漱溟的说法,其乃最反对依赖于外力之催逼与趣味之引诱,而主张教人自觉地尽力量去生活的中国式的"郑重"之道,以别于西洋式的功利主义的"逐求"之道、印度式的禁欲主义的"厌离"之道。在先秦时期,它为孔子所宗,所谓"不怨天,不尤人"(《论语·宪问》),所谓"内省不疚,夫何忧何惧"(《论语·颜渊》),所谓"为仁由己,而由人乎哉"(《论语·颜渊》),所谓"人能弘道,非道弘人"(《论语·卫灵公》),无一不可视为是对该道的忠实注译。在章太炎看来,不独孔子,自孔子而后,儒道名法变异万端,溯其根源,惟依自不依他一语。即使殆至宋明时期,无论程朱还是陆王,虽其说各异,而"自贵其心,不以鬼神为奥主,一也"。① 正是以"依自不依他"为圭臬,才使中国思想虽敬鬼神却"敬而远之",虽宗佛乘之说却信"自性圆满",虽以道德为胜旨却宗"无可无不可",虽不讳言利益的追求却道"见利思义",虽重知识言说却抱"得意忘言"之说。而这一切,不仅一如独具慧眼的章太炎所言,与尼采所尚的"真正的灵魂是自己尊敬自己"这一所谓的"厚自尊贵"之风庶几相近,而且溯其理论上的造始端倪,不正是可以在基于"大哉乾元"的大易之"自强不息"精神里找到其最初的出处吗?

　　什么是中国古代思想所理想的"人"?用司马迁《报任安书》里的话来说,他就是"古者富贵而名摩灭,不可胜记,唯倜傥非常之人称焉"中的所谓"倜傥非常之人"。这种人与其说是为物所诱,以其追求利润最大化而为"经济人"的写照,不如说与中国的"依自不依他"精神一致,以其艰苦卓绝、奋厉慷慨,以其见利思义、见危授命而为"道德人格"的象征。在孔子那里,他就是以其所谓的"三军可夺帅也,匹夫不可夺志也"(《论语·子罕》),所谓"可以托六尺之孤,可寄百里之命,临大节而不可夺也"(《论语·泰伯》),所谓"发愤忘食,乐以忘忧,不知老之将至云尔"(《论语·述而》)的志士仁人。在孟子那里,他就是以其所谓"富贵不能淫,贫贱不能移,威武不能屈"(《孟子·滕文公下》),

---

① 章太炎:《訄书·王学》,载《章太炎全集》第3卷,上海人民出版社1984年版,第148页。

所谓的善养至大至刚、塞于天地之间的"浩然之气",所谓的"虽千万人,吾往矣"(《孟子·公孙丑上》)的"大丈夫"。在司马迁那里,他就是《报任安书》里提到的文王、孔子、屈原、左丘、孙子、吕不韦、韩非,《史记》里提到的项羽、伯夷、叔齐、程婴、介子推、荆轲、侯嬴、高渐离等等一个个非凡的顶天立地之人。鲁迅写道:"我们自古以来,就有埋头苦干的人,有拼命硬干的人,有为民请命的人,有舍身求法的人,……虽是为帝王将相作家谱的所谓'正史',也往往掩不住他们的光耀,这就是中国的脊梁。"① 从鲁迅的这一"脊梁说"里,我们毋宁说从中窥探到了以所谓"春秋人格"为代表的,中华民族从古至今都始终未泯的一种"英雄情结"。而追究这种"英雄情结"之思想渊源,同样使我们不得不回溯到开出中国式的"超人说"的周易这部经典之作。

因此,一部中国文化史表明,无论是其光辉的"道统",还是其英雄的"人脉",实际上都无一不是尊周易为其理论开山的。故周易一如西方文化奠基者的柏拉图主义,其乃我们了解中国文化之胜义的脚注的真正底本。这也说明了为什么在中国历史上,中华民族愈远离周易时代,中华民族也就愈文明日降,世风日敝,以至于一些历史学家在对勘早期中国古代史与晚期中国古代史时发现,中华民族随着历史的推移,民族生命力的衰竭退化使该民族虽同为一种族,实际上却判若两人。同时,这也说明了为什么在中国历史上,每当其文明面临危机,其文明江河日下岌岌可危之际,对大易的理论再溯和回归却成为万牛莫挽的历史之势。在这方面我们看到,宋代新儒学对日炽佛学的力辟实际上是和易道的重振紧密联系在一起。故"周茂叔谓一部法华经只消一个艮卦可了"(《二程集·河南程氏外书卷10》),张载则谓"知虚空即气,则有无、隐显、神化、性命通一无二。顾聚散、出入、形不形,能推本所从来,则深于易者也"(《正蒙·太和篇》)。除此之外,耳目一新的王阳明的"心学"的确立离不开"龙场悟道",而其"龙场悟道"又离不开"阳明子之居夷也,穴山麓之窝而读《易》其间"的《玩易窝记》。同理,李贽对"阳为道学,阴为高贵"的宋明伪道学的摧枯拉朽式的彻底颠覆,则不能不得益于《九正

---

① 鲁迅:《且介亭杂文·中国人失掉自信力了吗?》,载《鲁迅全集》第6卷,人民文学出版社2005年版,第122页。

易因》中其所独悟到的"万化生于身"这一易理,而和他的不无卓绝的理论可以互发的其心雄万夫、特立独行的人格,则来自他对所谓"人人各正一乾之元也,各具有是首出庶物之资也。……而自甘与庶物同腐焉,不亦伤乎"(《九正易因·乾》)这一大易之乾元之道的体认。

类似的历史境遇也来到了20世纪的民国初年时期。这是一个中国文明危机空前深重的时期,是一个在西方强势的"工具理性"文明的当头棒喝下、使中国自己的价值已进退失据而摸不着北的时期,一个国人"既乏进取之勇气,复少创造之能力,乃徒以卑屈之懦性,进而为习惯上之顺氓",[①] 清朝臻至极峰的专制主义及以顺为正的"妾妇之道"使中华民族的精神奴性业已沦落到无可救药的时期,从而也是一个比中国任何历史时期都需要重振"依自不依他"之道,都呼唤"倜傥非常之人"的时期。值此起衰振敝时期,一种尼采主义在中华大地的振聋发聩的兴起就不仅理所当然,也势如潮涌。故除种种尼采思想的译作纷纷推出之外,王国维言尼采"唱绝对个人主义",李大钊视尼采为"个人主义之雄桀",鲁迅则以鼓吹"剖物质而张灵明,任个人而排众数",以寄希望于"勇猛奋斗之才",而把尼采思想推为国民性批判的至极之谛。

这一切,虽可视为现代中国人文思想而非科学思想史上"西化"运动的先声之鸣,然而实质上,它不正是以一种"新瓶装旧酒"的方式,体现了怀着浓浓的乡愁,现代中国文明又一次不无顽强地向其古志的大易之道的回归吗?体现了无论古往或今来,都不能改变"易其至矣乎"这一中国文化的至极规定吗?

---

① 李石岑:《尼采思想之批判》,载《民铎》1920年第2卷第1号。

生活世界视域中的文化传统与个体境界
——文化与境界之思的历史语境及现代意蕴

梅景辉[*]

哲学解释学创始人伽达默尔曾经断言：当前我们所处的是一个科学的时代，这一时代的悖论之处在于，科学在给予时代启蒙的同时，又造成了新的、更加深沉的蒙昧。[②] 对此，伽达默尔给出的解决方法是运用实践理性和文化的启蒙使人们从科学的蒙昧中超越而出，使整个社会能够从文化价值和实践理性的层面思考我们这个时代的文明发展趋向。而在我们看来，伽达默尔以及他所代表的现象学和生存论的传统，给予我们最大的启发是，如何在当代生活世界的视域下，思考文化传统与现代人自身发展的历史语境及其生命境界的生成和超越，如何融入这个时代，引领并建构新的文化潮流与价值理念。

一 文化传统与个体境界的思想关联：历史语境的反思

马克思曾经以批判性的笔调说："人们自己创造自己的历史，但是他们并不是随心所欲地创造，并不是在他们自己选定的条件下创造，而是在直接碰到的、既定的、从过去承继下来的条件下创造。一切已死的先辈们

---

[*] 梅景辉，哲学博士，南京财经大学党委宣传部副部长，马克思主义学院副教授，研究方向为马克思主义哲学与文化哲学，政治哲学与解释学等。

本文为2013年度江苏省社会科学基金资助项目（项目编号：13ML012）的阶段性成果，国家社科基金重点资助项目（09AZD007）。

[②] 参见［德］伽达默尔《科学时代的理性》，薛华等译，国际文化出版公司1988年版，第1页。

的传统，像梦魇一样纠缠着活人的头脑。"①马克思虽然在此将先辈的传统，比喻为纠缠着活人的梦魇，但毋庸置疑，每一代人的文化传统和思想，总是在这种"梦魇"的基础上得以建立。文化传统对于每一个时代，每一个民族，总是不可或缺的文化基因和根底，新的思想理论总是在这种基因和根柢上才可能得以发展与创新。

黑格尔也用形象的比喻表达了对于文化传统的思考，他认为一个人无法超出自己所处的文化传统与时代精神，就如同一个人无法超出自己的皮肤一样。② 文化传统在海德格尔的《存在于时间》中则转化为人的前理解和前结构，他认为人的生活在生存论结构上已经为自身的"前见、前有和前结构"所笼罩。伽达默尔则立足于海德格尔的前理解思想来为"传统"正名。他因此说道："与传统相联系的意义，亦即在我们的历史的诠释学的行为中的传统因素，是通过共有基本的主要的前见而得以实现的。诠释学必须从这种立场出发，即试图去理解某物的人与在流传物中得以语言表达的东西是联系在一起的，并且与流传物得以讲述的传统具有或获得某种联系。"③

在生活世界的视域中，文化传统的传承与发展必定要依托于特定的生命个体，以一种独特的生命境界和精神境界的方式得以展现与延伸。如同庄子所言"薪火相传"，在文化的传承中，火是指文化传统，而薪则是指个体生命，个体生命和文化传统之间，是通过特定的生命境界和精神境界得以关联。如张载所言："为天地立心，为生民立命，为往圣继绝学，为万世开太平。"这就体现了文化传统的传承既需要极高明而道中庸的精神境界，也需要能够承继这种精神境界的个体生命的内在体悟。

在中国文化传统的发展历程中，任何一个学派和一种思想潮流的开创与传承，莫不与一些具有独特的生命感悟和精神境界的哲人相关联，而这些哲人的生命体验又通过对以往文化脉络的考察以及时代精神的转变而形成独特的思想旨趣。如老子的《道德经》中既包含了中国周代以前的古典

---

① 《马克思恩格斯全集》第八卷，人民出版社1961年版，第121页。
② 参见［德］黑格尔《哲学史讲演录》第一卷，贺麟、王太庆译，商务印书馆1978年版，第57页。
③ ［德］伽达默尔：《真理与方法》上卷，洪汉鼎译，上海译文出版社2004年版，第381页。

文化的精华，也包含了老子自身对于经典文本的理解和对天道变化及时代语境的感悟。所以在《道德经》中，自然之道和社会之理是同时存在的，但因为它更多地体现了老子作为个体生命的精神境界和人文体验，因此《道德经》在中国的文化传统中和老子融为一体，既象征着先秦时期道家最高的人文境界和文化成就，也象征着老子作为生命个体的精神境界和思想内涵。相对于《道德经》而言，《论语》虽然是儒家文化传统的开创性经典之作，孔子也是作为灵魂性的人物存在于其中，但《论语》和《道德经》最大的不同之处在于，《道德经》是老子在和自然、古人以及时代语境对话的基础上形成的独特的生命体验和大道之思，它所展现的主要是个体的生命境界，而最终融入了中国文化传统。《论语》所展现的则是一个学派的总体性的生命感悟与精神境界。当然，在《论语》中，孔子是整个学派精神境界的开创者，但不是唯一者，孔子的传人也参与了儒家学派的思想建构，孔子在其中是作为一种集体人格的代表性人物出现，是一种精神境界和文化格局的象征性符号。但正因为《论语》并非孔子所书写，如果从解释学的严格意义上，很难说《论语》中就已经包含了孔子的全部人文思想和生命感悟，它只是从一些生活的记事和师生的对答中展现了一个比较本真，又具有独特思想境界的哲人的样态。在此意义上，《论语》的精神境界既是个体的生命的表达，也是一种总体性的生命表现。正因为它蕴含了个人的生命体验和精神境界，所以它具有独特的时代创新意义，但也因为它蕴含着总体性的思想感悟和对话，因此它在儒家文化的传承中不断被重新解读和阐发，并由此产生了不同的生命境界的样态。

　　冯友兰先生正是在对中国古典文化传统的理解与辨析的基础上区分了人生的不同境界，他认为从人的自我觉解和生命体验来说，有自然境界、功利境界、道德境界和天地境界四重境界。处于自然境界的人，只是顺着自身的本能或社会的风俗习惯，而对所做之事并无觉解或不甚觉解，所做之事对于自身和他人也就无甚意义。处于功利境界之人，则以自我为中心，凡事以自身利益为出发点，功利的价值是其行为的基本准则。处于道德境界的人意识到自身是社会整体中的一员，他能够为社会的利益做各种事情，而且做事情是"正其义不谋其利"，因此其行为具有道德的价值和意义。达到天地境界的人，则了解到在社会之上，还有宇宙是超越性的存在，人是宇宙中的一员，应当具有超越于社会道德价值的觉解。按照中国文化的传统，哲学的任务是帮助人达到道德境界和天地境界，特别是天地境界，是真正意义上的哲学境界。①

根据冯友兰先生的理解，儒家思想的宗旨是要帮助人们进入道德境界，而道家的宗旨则是要使人达到天地境界。在此意义上，虽然儒家思想对于中国的政治结构和道德传统影响深远，但道家的思想却在提升中国人的心性结构和生命境界层面上发挥了更加重要的作用。当然，这是从不同的境界层面对不同的思想传统予以区分。因为社会历史是一个多元复合的总体性存在，无论是哪种文化传统，还是哪个历史时代，总会有不同的生命个体对于文化传统不同的理解和生命体验，也就形成不同的社会结构和社会秩序。这也就是说，如果将生活世界区分为"文化""社会"和"个人"三个不同的维度，那么，文化传统总是在一定的社会整合过程中，通过不同的生命个体的理解和体验才得以传承。在此过程中，单个的生命在对文化传统的体验中达成了对于历史生命的理解和认同，也在社会秩序的规范和整合中寻求了自身在社会发展中的坐标，将自身的生命体验传达给他人，并在与他人在交往中达成共识，从而成为一个具有特定生命境界的社会存在，并延续着文化传统的脉络。

在这一点上，正如张世英先生所言："如果说境界一词是指个人的精神境界，那么，文化则是指一种社会、一个民族的精神境界。一种社会、一个民族的文化是由它所属的成员的个人境界构成的，离开了个人的精神境界，所谓社会文化，民族文化，是空无内容的。"② 当然，虽然境界一词主要是指个人的精神境界，但在有的语境下，一个学派，一个民族，当把它看作一个生命总体的时候，它也会具有不同于其他学派和民族的独特的生命境界。而文化传统是指一个社会、一个民族的精神境界的外在表现，这一点是毋庸置疑的。文化传统和个人境界在社会历史的发展和生活世界的表达中相互关联，构成了一个总体性的生命统一体，也表征着一个民族国家区别于其他民族的根本特质。

张世英先生在借鉴了黑格尔的精神现象学以及冯友兰先生境界说的基础上，以自我意识的发展和自由的追求作为脉络，区分了"欲求的境界、

---

① 参见冯友兰《境界》，中信出版社2012年版，第8—10页。
② 张世英：《境界与文化》，《学术月刊》2007年第3期。

求知的境界、道德的境界和审美的境界"四重人生境界。他认为"在现实的生活中,四种境界总是错综复杂地交织在一起的,很难想象一个人只有一种境界而不掺杂其他境界。只不过现实的人,往往以某一种境界占主导地位,其余次之,于是我们才能在日常生活中区分出某人是低级境界的人、低级趣味的人,某人是高级境界的人、高级趣味的人,某人是以审美境界占主导地位的真正的诗人、真正的艺术家,某人是以道德境界占主导地位的道德家,如此等等。"① 张世英先生认为四种境界是综合地存在于每一个现实的人的生命之中,而且这些境界是文化传统得以构成的重要元素,这是非常有道理的。而他用欲求境界取代了冯友兰先生所说的自然境界和功利境界,用审美境界取代了天地境界,而且在欲求境界和道德境界之间加上求知境界,则明显是受西方哲学特别是黑格尔哲学思想的影响,也体现了中西方文化对于人生境界的不同体认。我认为,如果在现代生活世界的视域下,在中西方文化的比较与融合的语境下,其实可以将不同的生命境界区分为"自然境界、功利境界、实证境界、道德境界和天地境界"。② 这五种境界其实都潜藏在每一种文化传统和个体生命之中,只不过在独特的生命个体中,某一个层次的境界突出地表现出来,以使我们大致可以确定他处于哪一种境界之中。

二 生活世界视域中文化传统与个体境界的理性反思

冯友兰先生是在中国传统哲学的视域中阐释人生境界,而张世英先生则借鉴了西方古典哲学,特别是黑格尔哲学思想来理解境界和文化之间的关联。如果进入生活世界的视域,我们则有必要在现代西方哲学背景下研究文化传统和个体境界之间的内在关联。

在现象学创始人胡塞尔的思想中,生活世界是一切科学和文化的创造和意义的源泉。他最注重的是现代人如何在科技的喧嚣与异化中保留一处

---

① 张世英:《张世英讲演录》,长春出版社2011年版,第112页。
② 当然这种区分既借鉴了冯友兰和张世英的思想,也借鉴了孔德划分不同时代的思想,其中实证的境界类似于张世英先生所说求知境界,它主要在于求科学之真,并无意于个人功利或社会功利,因此这一境界既可说处于功利境界和道德境界之间,也可说处于道德境界和天地境界之间。

宁静的心灵栖息之地。由于对现代科学与哲学危机的深切关怀，胡塞尔在科学的虚幻光环背后发现了被人所遗忘的生活世界。当然，他所说的生活世界是与科学世界相对待的，是一个非课题化、非客观化、直观的原初世界，即："生活世界是永远事先给予的，永远事先存在的世界。人们确认它的存在，并不因为某种意图，某种主题，也并不因为某种普遍的目标。一切目标以它为前提，即使那在科学的真理中所被认知的普遍的目标也以它为前提，并且已经和在以后的工作中一再以它为前提，它们以自己的方式设定它的存在，并立足在它的存在上。"[1]

在胡塞尔的思想中，生活世界具有双重维度的存在，即作为基底的原初生活世界和当下实存的周围日常生活世界。如果说当下实存的生活世界是文化传统和科学技术的展开的场域，则原初的生活世界既是文化和科技的产生的根源，当然也是人的生命境界生成的与发展的源泉。

作为意义之源泉的原初生活世界类似于庄子所言的尚未分化的世界，即非对象性的世界。这个世界既是一种理想的，也是一种本体论式的存在。在这一世界中，文化、科学和个体的生命境界都是不相区分的，即生命就如其所是地存在着，始终敞开着自身的境域。但一进入现实的日常生活世界，特别是实证主义意义上的世界，则将文化、科技和个体的境界区分开来，人必须首先将自己和物相区分，并对象化，才能够去理解生活世界的意蕴和自身生命的意义。在此意义上，日常的生活世界已经丧失了其本真的世界样态，文化的价值和生命的意义得到彰显，也受到限制。

文化传统和个体生命境界就是在原初生活世界和日常生活世界的交融中形成并得到发展。就如同海德格尔说，人必然先沉沦，而后才能超越；先要作为常人生存，才可能体悟到此在的命运。如果没有原初生活世界作为文化和生命的根底，那么文化传统和个体生命就不会形成超越性的价值；如果没有日常生活世界的沉沦，文化传统则缺乏传承的现实维度，个体生命也就缺乏真实而丰满的生活体验。

胡塞尔之所以要在日常生活世界中去探究作为根底的原初生活世界，就因为他深刻地感受到，现代科技的发展，和工具理性的扩张，已经导致个体生命境界的缺失，人们缺乏对自身所处世界和文化传统的内在生命体

---

[1] 倪梁康选编《胡塞尔选集》下卷，上海三联书店1997年版，第1087页。

验，而逐渐成为单向度的人。

哈贝马斯则在思考现代性社会转型的问题时，对胡塞尔的生活世界理论进一步延伸，提出了当代社会生活世界殖民化和合理化问题。而在这些问题中，则蕴含着现代人对文化传统的功能和社会个体自我认同之间的内在关联。他在《交往行为理论》中说道："我将文化称之为知识储存，当交往参与者相互关于一个世界上某种事物获得理解时，我们就根据知识储存来加以解释。我将社会称之为合法的秩序，交往参与者通过这些合法的秩序，把他们的成员调节为社会集团，并从而巩固联合。我将个性理解为一个主体在语言和行动方面所具有的能力，就是说，使一个主体能够参与理解过程，并从而确证自我的同一性。"① 即在文化层面上，生活世界是文化传统及文化意识纵向的传承与融合；在社会层面上，生活世界则是社会各个组织的横向联合；在个人层面上，生活世界则是每一个人的自我体验与社会意识，以及为个人所理解并认同的生活方式与生活境域。在此，生活世界成为文化传统和社会组织及个体生命境界不断生成发展的基本境域，它和文化的传承及个体生命境界的提升形成一种根本的生命关联。只有在生活世界视域中，文化传统才能够以本真的方式建立起一个民族国家最根本的思想的地平线，才能成为个体和总体性的社会保持思想认同的前在性知识结构。而现代社会由于系统对于生活世界的干涉与侵袭，已经使文化传统和社会组织以及个体自觉上发生脱节，即社会系统以权力和资本的方式，取代了文化的语言媒介方式，在人们的交往行动中占据主要的地位，使文化生产和个体生命更多地屈从于权力与资本的操控。在此情境下，文化传统和个体生命是以悖论式的方式得到发展，即生活世界的殖民化和合理化进程的同时发展。个体生命在受到系统控制的同时，也更加理性化和多元化，能够对现代生活方式具有更深刻的生命体验，从而也能够更好地传承文化的脉络。

在哈贝马斯看来，要想使一个得到相应解释的生活世界具有合理的行为取向，甚至要想让这些行为取向能够凝聚成为一种合理的生活方式，文化传统就必须具有以下形式特征：（1）文化传统必须为客观世界、社会世界以及主观世界准备好形式概念，必须允许有不同的有效性要求存在，比

---

① Habermas, J., *The Theory of Communicative Action*, Vol. 2, Beancon Press, 1987, p.138.

如命题的真实性，规范的正确性，主观的真诚性等，并且必须促使基本立场有相应的分化，比如客观立场，规范立场以及表现立场等，只有这样，才能在一种抽象的水平上创造出符号表达；这些符号表达不仅有着不同的理由，而且可以得到一种客观判断。（2）文化传统必须与自身保持一种反思的关系；它必须彻底放弃其教条，以便让传统的解释能够接受人们的拷问，并加以批评和纠正。（3）文化传统必须把它的认知部分和评价部分与特殊的论据重新紧密地结合起来，以便相应的学习过程能够在社会层面上得以制度化。沿着这样一条路线，就会出现科学、道德和法律、音乐、艺术和文学等文化亚系统，也就是说，可以形成不同的传统。这些传统不但经过牢靠的论证，而且还经受住了不断的批判，最终才得以稳定下来。（4）文化传统还必须这样来解释生活世界，即让目的行为能够摆脱通过交往不断更新的沟通命令，以实现至少能够局部地与交往行为区别开来。①

生活世界之所以成为文化传统发生的场域，因为它和人的语言表达密切相关，因此，他认为语言是生活世界中最重要的交往媒介，人的交往行动都是在语言表达和话语协商的基础上形成，必须通过言行一致而与他人建立良好的社会关联，而文化传统也是以语言的形式表达并得以传承，个体生命是通过语言媒介而进入文化领域，并使自身的交往理性不断发展。即"交往模式把语言看作是一种达成全面沟通的媒介。在沟通过程中，言语者和听众同时从他们的生活世界出发，与客观世界、社会世界以及主观世界发生关联，以求进入一个共同的语境。这种解释性的语言概念是各种不同的形式语用学研究的基础。"②

虽然哈贝马斯并没有直接论述文化传统和人的生命境界之间的关联，甚至他并没有使用境界的概念，但他在阐释交往行为理论时，特别是运用交往理性概念时，却已经对个体生命境界的展现及其与文化传统的关联有所指涉。

因为在生活世界视域中，文化传统是以知识储藏和语言世界的方式得以表达，而个体生命的境界则必须在交往理性的生成与发展中得以展现。哈贝马斯是在批判工具理性，借鉴价值理性和公共理性概念的基础上，提

---

① ［德］哈贝马斯：《交往行为理论》第一卷，曹卫东译，上海人民出版社2004年版，第70—71页。

② 同上书，第95页。

出了交往理性概念。他认为:"合理生活方式的特征在于:它把一种复杂的行为类型固定了下来;这种行为类型囊括了合理性的所有三个方面的内容,并把合理性提高到了一个新的水平;此外,还把这些合理性结构紧密地结合在一起,使得它们相互加强,互为前提,彼此促进,合理的生活方式既促成也保障了行为的后果:从工具合理性的角度看,它履行了技术的使命,并建立了有效的手段;从选择合理性的角度来看,它坚持在不同的行为之间进行选择(在此过程中,如果必须注意到对方的合理抉择,那么,我们就称之为策略合理性);从规范合理性的角度来看,它在伦理原则方位内履行了道德实践的使命。"①

在哈贝马斯思想中,虽然没有专门以个人境界作为研究主题,但他对理性问题的探究,实际就是对于个体生命境界和社会总体性精神境界的理解与阐释。哈贝马斯认为传统理性观念是一种对象性和知识性的范畴,它导致了社会向科技理性和工具理性的单向度发展。而交往理性是双维或多维的,涉及不同行为者的对话和实践关系,它通过主体间相互理解的方式得到表达,并寻求双方的交往共识。在此意义上,交往理性的前提是人作为一个社会总体性存在物的主体间性,即交往者都是在同一个生活世界中生存,通过可以相互传达的语言符号表达自身的生命体验和知识体系,由此保持社会的一体化、秩序化和合理化。而交往理性也是一个生命个体在理解传统文化以及社会关系、道德规范过程中所形成的个人内在的生命体验以及语言表达的能力。从个体性而言,交往理性也就是作为社会单子的个体生命境界。从社会性而言,交往理性则是一个民族国家传承文化传统和整合社会规范基础上形成的具有公共性的理性能力。

三 现代生活世界合理化背景下文化传统与个体境界的自我超越

在中西方不同的历史语境和文化视域中,文化传统和个体境界表现出不同的思想内涵和理论关联。如中国传统偏向于物我两忘的圆融之境,而西方

---

① [德]哈贝马斯:《交往行为理论》第一卷,曹卫东译,上海人民出版社2004年版,第168页。

传统则偏向物我相分的理性之境。但在现代性的语境之下，中西方文化之间的融合与交流，使中国当代社会呈现更为复杂的文化境况与生命体验，它表现为现代生活世界合理化背景下文化传统与个体生命境界之间的悖反，文化工业的发展对文化传统的解构和对个体生命体验的消解等诸多层面。

毋庸讳言，在经济全球化的语境之下，生活世界合理化已经是中国现代化发展道路中不可逆转的趋势，就如同哈贝马斯所言，生活世界合理化与生活世界的殖民化其实是现代社会发展的同一条路途上的两个不同过程，生活世界合理化是人与文化传统之间，人与社会之间、人与人之间以及人与自己的心灵之间的交流与沟通；生活世界殖民化则是人与文化传统、社会、他人以及自我心灵之间的相互侵袭与疏离。虽然，生活世界合理化是社会发展总的趋势与目标，但又必须经过殖民化和甚至是异化的过程来实现。因此，生活世界合理化背景下，就难免会出现文化传统和个体境界之间的悖反与疏离。

中国当代社会的转型固然存在诸多独特的性质与问题，但经济全球化毕竟已经使中国进入到马克思所言"以物的依赖关系为主体"的商品经济时代，权力与资本已经作为通用的媒介入侵到文化和社会的各个领域，导致传统文化价值理念的解体和新的文化价值观念的生成。如哈贝马斯所言，现代文化的一个显著特征是，随着宗教世界观的崩溃，各个价值领域发生分化，理性变得分崩离析，科学、道德、艺术由此获得独立自主的地位和发展轨道，每个领域都被机制化、专业化，由专门人员负责，形成专家文化。而专家文化日益脱离广泛的公众实践，导致现代社会的危机和文化的贫困化。文化的贫困化又导致生活世界的文化资源出现严重透支和匮乏，使生活世界在面对社会系统力量的渗透与侵蚀时缺少抗拒之力。[①]

虽然中国传统文化向现代文化形态的转变过程中不存在宗教世界观的崩溃问题，但中国传统文化中道德体系和思想体系的解体也和西方一样发生文化领域的机制化和专门化，特别是文化产业化的生产和传播方式颠覆了文化的权威和精英地位，使现代文化和传统文化、中华民族文化与西方文化、精英文化和大众文化处于冲突和博弈之中，同样导致了现代价值理

---

① 参见李佃来《公共领域与生活世界——哈贝马斯市民社会理论研究》，人民出版社2006年版，第282—283页。

念的危机和文化的贫困。它也是中国社会转型期生活世界殖民化的重要表现。

霍克海默、阿多诺和伽达默尔都曾在实践理性和价值理性对于现代文化工业和科技理性批判的基础之上,从启蒙的维度阐释了现代文明与文化之间的悖论。但我们也不得不承认,现代性已经使文化创作卷入了工业文明和商品经济的浪潮之中,我们已经很难回复到传统文化的教化和经典阅读的时代,而必须在对当代文化工业反思的基础上有所建构。也许正如马克思所言:"自我异化的扬弃与自我异化走的是一条道路。"[1] 现代文化工业的物化境况也许是文化自身发展的必经之途。因为,当代思想文化面临最大的问题就是如何向"生活世界"和"个体生命境界"回归。而在学术凸显,思想淡出的背景之下,处于精英地位的文化传统、意识形态与生活世界越来越疏离,成为精英教育中的金字塔,而难以对大众产生深刻的影响。文化工业的发展,促使文化传统从"阳春白雪"向"下里巴人"转变,使文化的传承从精英向大众转化。在一个自媒体的时代,每一个人都能够成为文化的创造者与传承者,其结果是,文化自身的理念与内涵虽然变得物化而庸俗,但文化传统向生活世界的回归却因此曲径通幽。虽然文化工业和大众文化的兴起使文化价值观念发生深刻的变化,但大众接受文化的渠道和层次却广泛而多元。文化与政治,知识与权力之间的关系再一次发生了倒转。即文化工业和大众文化在给现代社会造成新的蒙昧的同时,也给解开了传统社会中文化与政治、知识与权力之间的枷锁,使每一个人都能够从文化与知识的体悟中对这个时代的境况予以启蒙与觉解。在此意义上,文化工业的发展与大众文化形态的转型其实是当代社会转型的一个的缩影,而文化形态的转型中也映射着现实生活世界合理化背景下文化传统和个体生命境界的沉沦与自我超越。

---

[1] 《马克思恩格斯全集》第42卷,人民出版社1979年版,第117页。

境界与教化：文化哲学的地位与任务

萧俊明[*]

自从文化哲学问世以来，关于它的定位问题就一直争论不休，虽然尚无最终的定论，但继续讨论这个问题似乎略显乏味。我在这里讨论文化哲学的"地位"和"任务"，并不是重弹一些理论定位的老调，而是要强调文化哲学对于当前哲学发展的重要意义，而对这个重要意义我们似乎认识得并不充分。

首先，不应从学科分类的角度来看待文化哲学。也就是说，文化哲学不是一个学科分支或部门哲学，它不应与文化人类学、文化社会学等分支学科形成类比，也不应与政治哲学、管理哲学、科学哲学、法哲学等部门哲学等同起来，因为后者指的是对某一具体学科领域进行的元学科反思，比如对政治权力运作的原理、对科学范畴的发展规律、对法律精神的本质等等进行反思。[②] 文化哲学的出现代表着哲学方向和视角的一种转变，更预示着哲学反思的一次飞跃，一种哲学核心概念的转换，这个核心概念就是文化。

文化哲学的产生：概念的由来与知识危机

作为一个概念的文化哲学，或者德国语境的文化哲学，是由路德维希·施泰因 1899 年在其《世纪之交：一种文化哲学的尝试》一书中提出的。从某种意义上讲，这一概念的提出是一种危机意识所致，也就是说，

---

[*] 萧俊明：男，1955 年生，中国社会科学院信息情报研究院研究员。
[②] 李红霞："德国文化哲学研究的新动向"，《国外社会科学》2012 年第 3 期，第 10 页。

它是对当时的文化危机进行反思的结果。① 这种反思一方面是担忧文化有可能消亡，另一方面是相信科学进步和西方文化自身的发展可以消除这种危机。显然，这时的文化哲学还只停留在概念层面，尚未进入理论化和体系化阶段。

这种文化危机意识在西梅尔那里演化为一种文化悲观主义，文化哲学也进入了理论层面的探讨。西梅尔在其1911年发表的《文化的概念和悲剧》一文中表现出对文化的未来的绝望。他认为，文化的诞生就注定了它的灭亡，因为文化的危机并非来自任何外来的破坏，而是源于文化自身无法克服的自相矛盾和悖论。② 具体而言，西梅尔将人类文化区分为"客体文化"和"主体文化"。客体文化是指所有可以集体共享的人类创造物，比如宗教、艺术、文学、哲学、仪式等，也即外在于我们而存在的事物。这些事物对我们产生着影响，形塑着我们的态度、信念和行为，我们通过它们来造就和改变我们个体的生命。"主体文化"或"个体文化"则是指个体的创造和智性方面，也即创造文化的能力，以及控制和吸收客体文化的不同方面的能力，而这种能力只能通过外在的或"客体"的文化来培养。

客体文化与主体文化之间是相互作用的辩证关系。如果客体文化急剧增长，而主体文化却未增长，就会导致失衡。当社会实现了现代化，大量的客体文化产品压制了个体，使个体失去了自由选择的能力，文化的悲剧便发生了。也就是说，人类的灵魂能量创造的文化客体作为异化的客体面对其创造者。其实，西梅尔在文化上的悲观倒不如说是哲学上的绝望。对此卡西尔解释道，"在他（西梅尔）看来，哲学只能指出矛盾所在，却不能断定任何走出困境的最终出路。因为哲学反思越是深入，就越是揭示出我们文化意识中的一种辩证结构"。③

所以，文化危机并非文化本身的危机，而是文化的发展陷入一种二元论困境，卡西尔分析道，"西梅尔绝不想将文化的进步阻止于某个特定阶段。他知道历史的车轮不可能倒转。但是，他同时确信，这同样必要和同

---

① 李红霞："德国文化哲学研究的新动向"，《国外社会科学》2012年第3期，第11页。

② 同上书，第12页。

③ Cassirer, Ernst, (1961), *The Logic of The Humanities*, translated by Clarence Smith Howe, New Haven: Yale University Press, p. 184.

样合理的两极之间的张力会越发加剧,最终人类将不得不顺从于不可救药的二元论"。① 那么,如何走出这种二元论困境呢? 卡西尔认为,一件文化作品只要"仅仅是作为一个过渡点",即作为"从自我一极通向另一极的桥梁",所关涉的就不是"它"而是"你","即接受这个作品的另一个人,他将这些作品融入自己的生命,将其变回为产生作品的媒介"。② 将"我"与"它"的关系转换为"我"与"你"的关系,正是走出二元论困境的关键所在。传统认识论探究的是存在和客体,客体决定"我",或者说"我"要符合客体。康德的"哥白尼式革命"彻底颠覆了传统的认识论模式,主体或者"我"成为了中心,"我"决定客体。卡西尔则将"我"与客体的关系转换为"我"与"你"的关系,即一个主体与另一个主体的关系。因此,"一个主体为另一个主体所认识和理解,并不是单纯地将前者移入后者,而是使主体进入一种主动的相互关系。……这是任何精神交流的根本意义所在。交流本身要求共同参与具体过程,而不是分享产品的单纯同一性"。③

经过这种视角的转换,虽然问题依然存在,但是可以从不同的方向寻找解决办法。卡西尔的解决办法是以作为"戏剧"的文化模式替换作为"悲剧"的文化模式,但这样一种替换并不否认矛盾和对立的存在。"可以说,在各个不同的文化领域,我们总是遇到一个在基本结构上相同的过程。这就是两种力量——一方力求守成,另一方寻求更新——之间永无休止的对立与冲突。有时,两种力量之间会达成平衡,但这种平衡永远是不稳定的,随时都会爆发为新的运动。随着文化的增长和发展,钟摆式的震荡便会加剧——摆动本身的幅度不断地加剧。因此,内部的张力和对立的强度也会不断地加剧。不过,这出文化的戏剧不会变成为一种彻底的'文化的悲剧'。"④

在卡西尔看来,在人类文化的历史发展中,在各个文化生活阶段之间,以及在文明的兴起与衰落之间,必然会发生冲突和对立,但这些对立从不是最终的。也就是说,这样的对立从不是绝对的对立,而是展示了存

---

① Cassirer, Ernst, (1961), p. 187.
② Cassirer, Ernst, (1961), p. 192.
③ Cassirer, Ernst, (1961), p. 192.
④ Cassirer, Ernst, (1961), p. 211.

在于任何创造活动中的一种要素。对立所蕴含的变化从不是全新的发生，而总是与某种作为发生变化的背景而存在的东西相关联。因此，卡西尔认为，文化就其历史过程而言是戏剧式的，但在任何一个瞬间或环节都可能是悲剧式的，因为在其发展中可能会失去内容。但是，在任何时刻文化的悲剧都不会是彻底的。不存在绝对的文化悲剧，因为每一次对立的结果并不是毁灭文化本身，而是进一步揭示其基本过程的不同维度。①

这样，文化发展之路便被描述成辩证的，因为"文化只要是戏剧的，它就是辩证的。文化不是简单的事件，不是事件的平和更迭，而是一种行动，一种必定永远重新开始而又从不确定其目标的行动"。② 之所以将文化看作人的行动，是因为"文化也是一个'主体间世界'，这个世界并不存在于'我'中，而必然是所有主体可达及的，并且所有主体必然参与其中。但是，这种参与和参与物理世界截然不同。主体不是将自己与事物的同一时空世界联系起来，而是在多种多样的形式世界的媒介中找见自己并且与自身相互联系起来，而文化就存在于这些媒介中。这里，亦是知觉必然迈出的关键性的第一步——这里，亦是从'我'到'你'的过渡。"③

以上是卡西尔在《文化（人文）科学的逻辑》第五章"文化的悲剧"（1942）中阐述的见识。概括而言，卡西尔在这篇文章中将人的创造过程看作文化的基础，将文化看作过程本身。在卡西尔看来，对立是各种特定形式的文化在产生和发展过程中必不可少的一个环节或瞬间。这种对立的基本存在方式有两种。一是存在于主体"我"与文化世界之间；二是存在于文明兴衰、文化相互对抗的文化发展过程中。卡西尔拒斥那种认为"我"在文化创造活动中从根本上被自我异化的观点。他提出的观点是，将意识划分为"我"与世界这本身包含着对其原初状态的统一性的克服。其实，这是卡西尔先前的一个观点的延续。他在《符号形式的哲学》（1929）第三卷出版后不久发表的一篇文章"当代哲学中的'精神'与'生命'"（1930）中提出，"精神"（Geist）和"生命"（Leben）不应

---

① Verene, Donald Phillip, (1978), Cassirer's Concept of Symbolic Form and Human Creativity, in *Idealistic Studies*, 8: 8, pp. 14 – 32.

② Cassirer, Ernst, (1961), p. 190.

③ Cassirer, Ernst, (1961), p. 143.

被视为两个对立的、具有不同本质的实体。如果在精神与生命之间作出明确区分从而将精神视为生命的自我异化，那么便无法说明二者的积极方面。卡西尔认为，只有将精神看作生命的一种转化，才能做出积极的说明。这里的蕴含是，只有通过文化的存在，"我"与"我"，或"我"与"它"之间的对立才能被弥合，因为文化永远是作为所有精神交流的基础而存在。[1] 值得注意的是，"文化的悲剧"和"当代哲学中的'精神'与'生命'"所探讨的一般问题在卡西尔的最后两部著作《人论》（1944）和《国家的神话》（1946）中变成了具体问题。这就是说，无论是一般还是具体，这是文化哲学的关注所在。

如果我们将卡西尔的思想置于一个更广阔的语境，也许更能理解这种视角转换的意义所在。在某种意义上，这里所说的二元论困境或文化悲剧折射出了整个西方知识界当时面临的普遍知识危机或哲学危机。一些学者认为，早在启蒙时期也即 17 世纪末和 18 世纪初，就已出现了危机。到 19 世纪末和 20 世纪初，危机变得更加普遍和严重，胡塞尔的《欧洲科学的危机和超验现象学》可以说是对危机作出的最早诊断之一。这部著作是胡塞尔的最后一部著作，也是未完成的一部著作。这部只是两篇论文的著作写于 20 世纪 30 年代，而实际上是胡塞尔四十多年来一种日趋强烈的意识的最终爆发，也就是说，胡塞尔到了晚年越发强烈地意识到，体系化科学研究的基础正在崩溃，亟须重建。在胡塞尔看来，科学危机表现为生活丧失意义，它是欧洲人根本的生活危机，因此也是西方人性的危机。胡塞尔把西方人性危机的起因归结为实证主义科学观的泛滥，同时存在主义加深了这一危机。

从环境原因看，胡塞尔所处的时代正是欧洲社会、文化和政治危机极其严重的时刻，哲学界的危机感可能是由这些危机导致的，并非哲学本身出现了危机，所以哲学家们陷入了一种虚假的安全感中。然而，这中间还有更根本的深层原因。这就是胡塞尔对危机的诊断并未切中要害。更具体地讲，胡塞尔虽然对实证主义科学观展开了批判，但是他是站在理性主义的立场上批判了实证主义排斥价值、意义、理性等主体因素，只局限于纯粹的客观事实研究。他的哀叹是："作为严格科学的哲学——这场梦已经

---

[1] Verene, Donald Phillip, (1978), 8: 8, pp. 14-32.

做完了"。梅洛·庞蒂对此所做的解释认为，胡塞尔宣布与他自己以前的本质哲学决裂。① 不过，梅洛·庞蒂的解释现在被普遍认为是一种曲解，因为他把胡塞尔拉向了存在主义。

其实，胡塞尔所谓的"作为严格科学的哲学"是要延续欧洲传统的逻各斯中心主义的认识论。我们可以从两个隐喻中看到一种连续性。但凡研究哲学的几乎无人不知柏拉图的洞穴之喻。洞穴之喻向我们传达的是一种知识观，即作为实在之镜的知识。这种观念认为，我们在这个世界所经验的不过是现象，真正的实在在经验世界之外。换句话讲，洞穴之内的世界相应于可感世界，而洞穴外面的世界则好比理智世界或曰可知世界。我们的经验现象所产生的是信念意见。在某种意义上，这种信念意见是一种幻觉，它导致的是永无休止的争论和混淆。然而，一旦我们走出洞穴便可以达及真正的实在即理智世界，这个理智世界将赋予我们一个整体的知识体系。这个知识体系会使整个人类形成统一，最终使所有人获得自由。在西方的传统观念中，通向这个真正实在的路径有两条，即理性和宗教。

胡塞尔在他的著作中指出，"理性给予一切被认做为'存在者'（Seiendes）的东西，即一切事物、价值和目的以最终的意义。这也就是说，理性刻画了自开始有哲学以来的'真理'——'自在的真理'这个词和与其相关的词'存在者'——'真正的存在者'之间的规范的关系。"② 学者们为了说明胡塞尔的思想而列举的玫瑰花之例颇有典型意义。比如说，这朵玫瑰花是红的，通常被认为是一个客观的事实。但是按照物理学理论，玫瑰花本身不是红的，它只是折射了一定波长的光，这种光作用于我们眼球的特殊组织，使我们感觉到它是红的。因此，"这朵玫瑰花是红的"按照常识的观点来说是一个客观事实，但按照物理学理论来说则不是一个客观的事实。③ 与柏拉图的洞穴之喻相比，玫瑰花之喻有了更严格、更精准的科学理论作为基础，但是，归根结底，胡塞尔要让理性把我们带离世界的多重和多变的表象而到达一个受明晰和严密的逻辑秩序支配的真正实在。从这个意义上讲，胡塞尔所谓的危机，实际上是说欧洲哲

---

① 胡塞尔：《欧洲科学的危机和超验现象学》"译者的话"，张庆熊译，上海译文出版社1988年版，第18页。

② 同上书，第8页。

③ 同上。

学偏离了理性这条道路,他要以其"作为严格科学的哲学"将哲学拉回到传统的老路,或者说为西方形而上学寻找一条出路。这是他的危机说当时未能在哲学家中间获得广泛赞同和产生强烈反响的根本原因,因为他毕竟想把哲学变成一门科学或为其他科学提供基础的科学。

海德格尔认为,作为一门科学、作为一个综合知识体系的哲学在柏拉图那里诞生时已经孕育了"哲学的终结"的种子。哲学的终结导致思的开始,即对于西方哲学史中忘却很久的存在的思考。海德格尔为哲学摆脱科学做出了巨大贡献。雅克·德里达和理查德·罗蒂以各自的方式步其后尘。在德里达和罗蒂那里,哲学是写作,并且哲学必须学会成为写作,写作的权威总是要去重新获得,并不因为它是哲学而被继承或授予。[①]

20世纪下半叶西方知识界的两大思潮从另一个侧面反映了西方的知识危机。这两大思潮一个是后现代主义;另一个是文化研究。发端于建筑和艺术领域的后现代主义在利奥塔那里演化为对整个知识状况的分析,进而否弃元叙事和宏大理论。在哲学领域,后现代主义试图颠覆整个形而上学大厦,而颠覆形而上学的突破口选择的是消解逻各斯中心主义,拒斥非此即彼的二元对立逻辑,乃至否弃任何体系化哲学。不过,后现代主义是否真正能完成对形而上学的颠覆仍然是个疑问。从海德格尔到德里达和罗蒂只是把作为科学的哲学引向了作为写作的哲学,不过是借助诗性的澄明走出哲学的迷茫。因此,人们不禁要问,在把哲学作为写作的思考中,海德格尔、德里达和罗蒂是唯一的选择吗?所谓的"存在之思"(das Denken des Seins)是否是在科学和技术时代研究哲学的唯一可能的方式?除非不折不扣的海德格尔主义者,任何人都不会肯定地回答这个问题。

另一大思潮是文化研究。当代文化研究的兴起不仅将作为研究对象的文化从边缘地位提升到主导地位,更重要的是,文化无论是作为一种现象还是作为一种实在,它拒绝任何本质的追问,拒绝非此即彼的逻辑,拒绝主客两分。西方传统的形而上学在文化面前不仅显得捉襟见肘,而且反倒成了理解和解释文化、特别是构建文化哲学的桎梏。我们看到,维柯的"新科学"、赫尔德的历史科学这些原本被视为非主流的,乃至被斥为杂

---

① 姜永安:《"哲学在哪里"?哲学在科学与人文学科之间的地位》,《第欧根尼》2011年2月,第9-11页。

乱无章的东西得到重新认识和重新解释。

从这样的背景去看，卡西尔显然是在寻找另一条出路，也就是说，他对危机有他自己的理解。在某种意义上，卡西尔的最后两部著作《人论》和《国家的神话》针对的就是西方文化中的危机。尤其是《人论》本身就是对当时的知识危机的一种独到的解释，其第一章的标题"人类自我认识的危机"说明卡西尔将西方的知识或哲学危机理解为人类认识其自身的危机。在卡西尔看来，当代西方知识界已经失去了为人类提供一个关于其自身的基本的、统一的概念的能力。卡西尔援引马克斯·舍勒的观点描述了人类的知识状况："在我们当今这个时代，人对其自身越来越充满疑问，这在人类知识的任何其他阶段是从未有过的……我们不再具有任何清晰而连贯的关于人的观念。尽管研究人的各门特殊科学越来越多种多样，但是与其说是阐明我们关于人的概念，不如说是使这种概念更加混乱模糊。"[1] 一旦这种状况发生，人面对自己的创造——文化——便会陷入迷思，他的哲学力量和生命便开始枯萎。

卡西尔清醒地认识到这种状况的原因所在："传统的逻辑与形而上学本身并非更能理解和解开人之谜。它们首要和最高的法则是不矛盾律。理性的思想，逻辑和形而上学的思想所能把握的仅仅是那些摆脱了矛盾的对象，只是那些具有始终如一的本性和真理性的对象。然而，我们在人那里从未找见的恰恰是这种同质性。哲学家不允许构建一个人为的人，他必须描述一个实在的人。任何所谓关于人的定义，只要不基于我们关于人的经验并不被这种经验所确证，都不过是空洞的思辨而已。要认识人，除了去了解人的生活和行为以外，别无他途。但是，我们在这里所发现的东西拒绝任何用一个单一的简单的公式来囊括的企图。人类生存的基本要素正是矛盾。人没有任何'本性'——没有单一的或同质的存在。人是存在与非存在的奇怪混合物，他的位置是在对立的两极之间。"[2]

在卡西尔看来，以往的哲学在揭示人的本性的秘密方面并未找到适当的进路，或者说，传统的哲学并未很好地回答"人是什么"这个问题。

---

[1] Cassirer, Ernst, (1972, 1944), *An Essay on Man: An Introduction to A Philosophy of Human Culture*, New Haven and London: Yale University Press, p. 22.

[2] Cassirer, Ernst, (1972, 1944), p. 11.

显然，单纯的形而上学进路不够充分，多学科的探究固然可取，却缺乏一个统一概念。卡西尔认为，关于人的本性的知识，无论就各门不同科学积累的丰富事实而言，还是就用于观察和实验的技术工具以及我们的分析力而言，都已达到前所未有的发达程度。"然而，我们似乎还没有找到一种方法来掌握和组织这种材料。与我们自己现在的丰富性相比，以往显得非常贫乏。但是，事实的财富未必就是思想的财富。除非我们成功地找到了引导我们走出迷宫的阿里阿德涅，我们就不可能对人类文化的一般特性具有真识，我们就仍然会迷失于一大堆互不相干各自分离的材料中，而这些材料似乎缺少任何概念的统一性。"①

不难看出，卡西尔所宣称的"危机"似乎在于缺少一种普遍接受的哲学人类学或文化哲学，卡西尔要做的是掌握相关的特定科学的实际材料和事实，从而产生一个关于人的本性和人类文化的综合或一般学说。那么，卡西尔关注的是在一种关于心智符号功能的普遍性的概念基础上建立一种能够为人类充分描绘人的本性的文化哲学。为此，不仅需要修改关于人的古典定义，更重要的是把人定义为符号的动物，把"动物智能"转化为符号行为。

> 我们可以修正和扩大关于人的古典定义。尽管现代非理性主义做出了一切努力，但是人是"理性的动物"（animal rationale）这个定义并没有失去它的力量。理性能力确实是一切人类活动的固有特征……那些把人定义为理性动物的伟大思想家们并不是经验主义者，他们也不曾打算对人的本性作出一个经验说明。藉此定义，他们所表达的毋宁是一个根本的道德律令。对于理解丰富多样的人类文化生活形式来说，理性是个很不充分的名称。但是，所有这些文化形式都是符号形式。因此，我们应当把人定义为"符号的动物"（animal symbolicum），而不是定义为理性的动物。惟其如此，我们才能指明人的特殊差异，才能理解对人开放的新路——通向文化之路。②

---

① Cassirer, Ernst, (1972, 1944), p. 22.
② Cassirer, Ernst, (1972, 1944), pp. 25–26.

然而，这条通向文化之路能否让我们走出"人类自我认识的危机"，我们在下一节再进行深入的讨论。

文化哲学的任务：卡西尔的启示与教益

关于文化，卡西尔在1936年的一篇演讲"作为文化哲学的批判唯心主义"的开篇中指出，"文化并不仅仅是思辨的东西，并且不能建立在单纯思辨的基础上。它包含的不仅仅是一系列理论假定；它要求一系列行动。文化意味着一个言语活动和道德活动的整体。这样的活动不是仅仅以抽象的方式可以理解的，而具有恒常的实在化趋向和能量。正是这种实在化，这种对经验世界的构建和重建，包含在每个文化概念中，构成了文化的最本质的和最具特色的特征。"①

卡西尔所说的文化，是一个具体的世界，人类的世界，或者借用赫拉克利特的说法，是一个共同的世界。那么，所有形式的文化的主要目的和任务就是去建立一个思想和情感的共同世界，它是一个号称由清醒理智的人而不是由个人梦幻和妄想构成的世界。② 在构建这个文化世界或文化宇宙时，任何文化形式都不会沿循某种预先构想和决定的框架，即那种在根本上可以以一种先验的思想方式加以描述的框架。

实际上，卡西尔给文化哲学规定的任务就是要探究"人类精神的文法和句法"，即揭示文化的结构。然而，哲学的任务并不是去检验这种"人类精神的文法和句法"或"思想的字母表"，因为科学已经做了这件事。也不是去发明新的"字母表"。它的任务是去比较人类精神或思想不同的、在结构上是可见的字母表或文法。③

卡西尔在《文化（人文）科学的逻辑》的第三章"自然的概念与文化的概念"的结尾时更加明确了文化哲学的任务。他说："正如康德所指

---

① Verene, Donald Phillip, ed. (1979), Symbol, *Myth and Culture*: *Essays and Lectures of Ernst Cssirer* 1935 – 1945, New Haven and London: Yale University Press, p. 65.

② Orth, Ernst Wolfgang, (2009), Ernst Cassirer as Cultural Scientist, in Synthese Vol. 179 (1), p.116. 赫拉克利特说："清醒的人们有着一个共同的世界，然而在睡梦中人人各有自己的世界。"

③ Orth, Ernst Wolfgang, (2009), p. 122.

出的，自然科学教我们拼读现象，以便将它们读解为经验，而文化科学则教我们解释符号，以便破解它们的隐含意义——也就是使这些符号原初从中产生的生命再度显现出来。"[①] 卡西尔在这里所指的是"意义的生命"，他的"符号形式的哲学"也正是要揭示这种"意义的生命"。当然，我们并不是要把文化哲学引向"符号形式的哲学"。

之所以作出这样的判断，是因为"符号形式的哲学"并不是文化哲学的唯一形式，而且我们沿着符号形式的哲学的线路继续走下去似乎意义不大，不过倒是可以从中获得某些启示和教益。

毋庸置疑，卡西尔三卷本的《符号形式的哲学》（1923，1925，1929）不仅确立了文化哲学的学科地位，更完成了文化哲学体系化工程，文化哲学也由此进入了鼎盛时期。《人论》是卡西尔生前出版的最后一部著作，一般认为是其《符号形式的哲学》的概要。因此，卡西尔被期望对文化的多种多样的符号形式之间的相互关系作出更加清晰的论述，对其体系的基础做出更全面的说明。实际上卡西尔并未去写一部《符号形式的哲学》的缩写本，而是如其在"序言"中所说，"决定重头做起，写一部全新的书"，因为他又"了解了许多新的事实，遇到了新问题。即便是老问题，他也是从不同的角度来看待，让人耳目一新"。[②] 这在一定程度上给一些读者造成了迷惑，认为《人论》虽然增加了关于艺术和历史的讨论，但并未使问题简明化，反倒更加复杂了。

不可否认，造成这种迷惑固然有卡西尔使用术语方面的原因，但对卡西尔的思想脉络缺乏系统梳理恐怕是更重要的原因。以下的论述则围绕着这两点展开。

我们不妨先从"符号"（symbol）谈起。符号在卡西尔的著述中无疑是使用最多的关键词，但是卡西尔似乎并未对符号做出明确定义，而只是在对符号和信号（sign）之间作出区分时将符号称为"指示者"（designator），将信号称为"操作者"（operator）。如果按照哲学词典的释义去理解卡西尔的符号，似乎有些不知所云。的确，无论是符号还是符号形式在卡西尔那里都不是按照通常普遍接受的方式使用的，甚至与哲学中的传统

[①] Cassirer, Ernst, (1961), p.158.
[②] Cassirer, Ernst, (1972, 1944), p. vii.

用法是背道而驰的。按照狭义的哲学术语,符号意指它无法直接表述的某种东西,也即某种不能与其感官印象直接对应的东西,而卡西尔的用法则非常宽泛,其符号形式不仅包括语言的符号形式,而且艺术、神话、宗教以及科学作为文化表现都包含于其中。[1] 要对此做出澄清,还须从卡西尔的早期思想说起。

卡西尔的符号形式的哲学应该萌发于他的早期代表作《实体概念和功能概念》(1910)。在这部被柯亨斥责为背叛了马堡学派立场的著作中,卡西尔根据一种关于主客体关系、心智及实在的一般理论提出了一种科学思想理论。卡西尔的观点是,应该根据一种以系列性和秩序为基础的概念形成理论,而不是特性同一性概念来理解科学思想逻辑。卡西尔这种认知理论的核心是"创造性智能"(creative intelligence)学说。在卡西尔看来,对于哲学传统上寻求理解的基本概念如心智、实在、主体、客体、外在世界、事物、因果关系等,应该从它们在人的思想过程中在自身之中实际建立的关系来理解。它们之所是是与它们作为思想原理之所是相分离的某种东西。卡西尔并不试图独立于这些概念在知识创造中的作用来定义它们,他认为那是"形而上学的"。所以说,在卡西尔早期哲学思想中包含一个关于创造性心智的概念,这个创造性心智是一种能动性,它以一种综合的、过程式的方式决定其自身的实在。[2]

在三卷本的《符号形式的哲学》中,卡西尔将《实体概念和功能概念》中的认知理论扩展为一种关于人的意识和文化的整体理论。《符号形式的哲学》的第一卷探讨的是语言,第二卷探讨的是神话思想,第三卷的标题是"知识现象学",这也是卡西尔体系的核心。在这一卷中,卡西尔将意识分为三种功能,即"表现性功能"(Ausdrucksfunktion)、"再现性功能"(Darstellungsfunktion)、"概念性或意义功能"(Bedeutungsfunktion),每一种功能都是其他功能的基础,相互之间形成多种多样的辩证关系。与每一种功能相对应的是一种基本的文化形式:表现性功能对应神

---

[1] Barash, Jeffery Andrew, ed. (2008), *The Symbolic Construction of Reality: The Legacy of Ernst Cassirer*, Chicago and London: The University of Chicago Press, p. ix.

[2] Verene, Donald Phillip, (1978), 8: 8, pp. 14 – 32.

话，再现性功能对应语言，概念性功能对应科学。① 符号形成概念则是卡西尔意识理论之根本，是其哲学的核心概念，也是卡西尔的一个专门用法。符号形式具有三个基本含义：② 指的是（1）我们通常从最宽泛的意义上认作为符号的东西，即含有意义的动作、声音或物体，比如一个手势、一个图形、一个语词、一个标识或一个数字；（2）通过使用这些符号而产生的一种意识结构，它有其自己的内在"逻辑"，构成人类文化活动的一个重要领域，如神话、宗教、艺术、历史或科学；（3）秩序在经验中藉以发生的那些普遍概念、范畴或原理，它们构成我们哲学理解的传统论题，如因果性、客体、事物、实体、品质等。

按照韦雷内的分析，符号形式的这三种含义是相互关联的，卡西尔往往交替使用却未注明。就第一个含义而言，卡西尔认为，认识就是从感知经验的流形（manifold）引出（elicit）秩序，而引出这样的秩序就是符号化。形象、语词、数字都是符号。它们的差异不在于这个比那个更具符号性，而在于通过每个符号与一个感知流形的关系获得秩序的方式。因此，卡西尔提出的根本问题是，如果说心智在经验中创造秩序，那么这个秩序是通过什么媒介发生的？卡西尔在符号中找见了这种媒介，因为符号总是同时是某种物理的东西和某种精神的东西，也即某种具有意义的东西。③ 贯穿于全部人类活动的恰恰是符号或心智的符号过程，它可以被作为一种普遍现象来分析。因此，符号形式的第一含义是指心智创造知识时的活动。

符号形式的第二含义和第三含义是紧密相关的。知识的创造并不局限于心智的认知活动，而发生在所有形式的心智活动中，即神话、艺术、宗教、语言以及历史经验中。心智认识其对象的主要方式显然是在于文化经验。因此，符号形式也指构成人类精神世界的主要文化形式。这个含义上的符号形式是指构建经验的方式，从而可以将重要的思想范畴和形式

---

① Cassirer, Ernst, (1957), *The Philosophy of Symbolic Forms*, trans. Ralph Manheim, Vol Ⅲ, New Haven: Yale University Press, pp. 61, 108, and 282.

② Hamburg, Carl H., (1956), *Symbol and Reality: Studies in the Philosophy of Ernst Cassirer*, The Hague: Martinus Nijhoff, p. 58.

③ Cassirer, Ernst, (1953), *The Philosophy of Symbolic Forms*, trans. Ralph Manheim, Vol I, New Haven: Yale University Press, p. 109.

(比如原因、客体、事物、属性、空间、时间、数字以及自我等) 汇集在一起, 以一种特殊的方式为感知内容建立秩序。这些普遍的思想形式除非存在于文化活动中就不具有任何内容, 并且它们的特性因文化领域而不同。如此, 便可以在神话因果性与科学因果性之间、在神话空间与审美空间、语言数字概念与科学数字概念之间进行比较和对照。符号形式的第二和第三个含义源自第一个含义, 卡西尔只有将二者合起来才可将文化视为一个知识形式体系, 因为这些知识形式是作为意识的三个主要功能的产品或主客关系的基本模式而产生的。①

归根结底, 符号形式的哲学是要回答"人是什么?"这个问题。对此, 卡西尔在《人论》第六章"就人类文化而言的人的定义"做了不失精辟的解答。"符号形式的哲学是从这样的预设出发的: 如果有什么关于人的本性或'本质'的定义的话, 那么这种定义只能被理解为一种功能性的定义, 而不能是一种实体性的定义。我们不能以任何构成人的形而上学本质的内在原则来给人下定义; 我们也不能以可由经验的观察来确定的天生能力或本能来给人下定义。人的突出特征, 人的区别于其他的标志, 不是他的形而上学本性或物理本性, 而是人的"劳作"(work)。正是这种劳作, 正是这种人类活动的体系, 划定和确定'人性'的圆周。语言、神话、宗教、艺术、科学、历史, 都是这个圆的组成部分和各个扇面。因此, 一种'人的哲学'一定是这样一种哲学: 它能使我们洞见这些人类活动各自的基本结构, 同时又能使我们把这些活动理解为一个有机整体。……我们必须深入到这些活动的无数形态和表现背后去寻找的, 而且我们必须力图将其追溯到一个共同的起源的, 正是言语、神话、艺术、宗教的这种基本功能。"②

需要指出的是, 对于卡西尔的文化哲学我们不应简单粗暴地归入唯心主义一类而加以拒斥, 尤其不应套用马克思对黑格尔《精神现象学》的批判。③ 更进一步讲, 卡西尔的批判唯心主义实际上是对以往的形而上学

---

① Verene, Donald Phillip, (1978), 8: 8, pp. 14–32.
② Cassirer, Ernst, (1972, 1944), p. 68.
③ 马克思在《德意志意识形态》中指出,"在《现象学》这本黑格尔的圣经中,……个人首先转变为'意识', 而世界转变为'对象', 因此生活和历史的全部多样性都归结为'意识'对'对象'的各种关系。"《马克思恩格斯全集》第3卷, 人民出版社1960年版, 第163页。

体系特别是黑格尔的绝对唯心主义的彻底否弃,尽管它并未脱离唯心主义的立场。

卡西尔认为,在黑格尔那里,艺术、宗教和哲学不过是绝对精神自我发展的不同和必然阶段,"而与黑格尔的绝对唯心主义相比,批判唯心主义给自己提出了不同的而且更加低调的任务。它并不妄称能够理解文化的内容和范围,进而对文化的每一步骤做出逻辑演绎,并且对这些步骤由精神的绝对本性和实质的演化所依据的普遍计划做一形而上学的描述"。[1]

虽然卡西尔与康德渊源颇深,被称为新康德主义的代表人物,但他并未继承和发展康德和马堡学派的思想。卡西尔本人在1939年发表的一篇题为"什么是主观主义?"的文章中作出澄清说,"我本人往往被列为'新康德主义者',并且我从这样的意义接受这个称号,即我对于理论哲学领域的全部研究工作是以康德在《纯粹理性批判》中提出的方法论基础为预设。可是,当今哲学文献中许多可归入新康德主义的学说不仅对我来说是陌生的,而且与我自己的看法是对立和矛盾的。"[2]

然而,以康德为预设并不必然继承康德。显然,卡西尔的哲学从一开始就意图超越理论哲学的局限性,遗弃理论理性与实践理性的二元论。因此,批判唯心主义给予我们的启示并不仅仅在于它与康德的先验唯心主义和黑格尔的绝对唯心主义不可同日而语,也不仅仅在于它从理性的批判转化为文化的批判,最为重要的启示乃是:哲学不应仍在理论上寻找出路,而应在全部人类活动中探寻一个理想世界。正是卡西尔所说:"被视为一个整体的人类文化,可被称为人不断自我解放的过程。语言、艺术、宗教、科学是这一过程的不同阶段。在所有这些阶段中,人都发现并印证了一种新的力量——建设一个人自己的世界、一个'理想'世界的力量。哲学不能放弃它对这个理想世界的基本统一性的探寻。"[3]

---

[1] Verene, Donald Phillip, ed. (1979), p. 89.

[2] Rudolph, Enno, (2008), *Symbol and History: Ernst Cassirer's Critique of the Philosophy of History*, in Jeffery Andrew Barash, ed., *The Symbolic Construction of Reality: The Legacy of Ernst Cassirer*, Chicago and London: The University of Chicago Press, p. 3.

[3] Cassirer, Ernst, (1972, 1944), p. 228.

境界与教化：从黑格尔到伽达默尔

可以说，卡西尔的文化哲学是广义的人文科学，他本人使用多个称谓如"文化哲学""文化科学""精神科学"等，而将"文化科学"英译为"人文科学"也恰恰说明了卡西尔文化哲学的目的不是去建构一个部门哲学，尽管卡西尔本人确实说过文化哲学是哲学的一个分支。① 从他的研究来看，比如《人论》，他要对神话、宗教、语言、艺术、科学、历史等具体领域所隐藏的意义进行揭示和破解，其最终目的是要去认识人类的共同世界，探寻一个理想世界。这个理想世界应该是人文科学或文化哲学追求的境界。这个境界其实在中国古典中早有界定，那就是："观乎人文，以化成天下。"以人文精神来教化天下应该是哲学乃至人文科学的至高境界。

"境"与"境界"可以说是东方或中国独有的词，我们在西文中只能找到与作为表述地理空间的境界相对应的词，即"疆域边界"（bourdary）。而在哲学和美学意义上所说的境界在西文中几乎没有对应或近似的词，无论是把境界作为一种心理空间还是精神状态来理解，都不能完全表述境界的内涵。

按照普遍的看法，最早赋予"境"以哲学内涵的是《淮南子·修务训》中的"无外之境"一说。按照陈良运的解释，所谓无外之境是物理空间的主观化，也即人的精神空间与天地万物的客观外境的统一，是"至大"与"至小"、"无外"与"无内"的统一，体现了道家的"至大无外、至大至小"的思想。②

其实，使精神层面的境界普及起来的是佛经的传入，或者说是因为某位佛经译者用"境"或"境界"来转译梵语中的"Visaya"一词。按照叶嘉莹的解释，"一般所谓'境界'之梵语则原为 Visaya，意为'自家势力所及之境土'。不过此处所谓之'势力'并不指世俗上用以取得权柄或攻土掠地的势力，而乃是指吾人各种感受'势力'。这种含义我们在佛经

---

① Cassirer, Ernst, (1961), p. 3.
② 陈良运：《中国诗学体系论》，中国社会科学出版社1992年版，第243页。

中可以找到明显的例证,如……'六根''六识''六境'之说"。① 叶先生所说的境界只是感官层面的,而实际上佛学中对于"境界"一词的使用并无严格的界定,也就是说,它是多义的、多语境的,而且并无褒贬之义。

唐宋以后,由于佛教的广泛传播,"境"或"境界"的使用进入了文学领域,其含义开始泛化,同时被赋予了多种维度和层面,到了王国维那里有关境界之说达到了一个高峰。但是,"境界"作为一个概念也越发模糊多义。近现代以来,尽管大谈境界的学人不在少数,却未见一个得以普遍接受的明确定义。究其原因,大概在于"境"或"境界"作为一个表述的多义性、含混性和不确定性。

对于"境"或"境界"的表述大致可分为三个进路,即诗意的、隐喻的、概念的。诗意的或审美的进路,以王国维《人间词话》的人生三境界最具有典型性。王国维直接用诗来表述诗化的意象。他的境界说试图通过挪用叔本华的理念论来实现中西文化的交融,反倒掉入唯意志论的陷阱,"境界"在他那里不外乎是意志的客体化。隐喻的进路则不同于诗意的进路,前者是主客体的交融,后者是一种映射过程,即将一个概念域投射到另一个概念域,或者说通过彼事体来理解和经验此事体。佛教中的"菩提""涅槃"可以说是借用隐喻来表示境界。概念的进路多为哲理性的,儒、道、释中均有各自的境界学说,近现代的一些哲学大家也有不少关于境界的论说,但谈的大多是人生阶段,"境界"似乎是作为"层次名词"来使用的,而非一个普遍概念,所以境界不具有"理念"那样的共性或一般性,所谓至高境界充其量是被圣化的层级。

其实,无论是佛教的欲界、色界、无色界,道教的天界、人界、地界,还是读书三境界,人生的四境界,指的都是按照某种设定而发生的内向形成或构建过程,这个过程可能是陶冶、修炼、教化等等。从这个意义上讲,与其谈论境界,不如谈论教化。这就如同谈论琴棋书画,如果仅从段位、层级来论境界是没有任何意义的,而从陶冶、修炼的过程来论境界无疑给境界赋予了意义。这里所说的教化是指德语词"Bildung",与之相关的名词"Bild"是形象、图像之意,动词"bilden"则为形成、创造之

---

① 陈良运:《中国诗学体系论》中国社会科学出版社1992年版,第243—244页。

意。"Bildung"的古典定义源于基督教观念，即人是上帝的形象，也就是说，人模仿上帝的形象来打造自己。那么，东方所说的宗教或哲学意义上的境界无非是人按照佛祖或圣人的形象陶冶或修炼自己。这样，我们不仅在境界与教化之间找到了某种程度的对应性，更重要的是我们可以把境界过程化，探讨通达境界的步骤和手段。至于终极或最高境界是怎样的状态已经不重要，就如同人的本性的完全实现永远是一个过程，因为到达终点的只有圣人。

谈及 Bildung 首先遇到的一个困难就是，它不但在汉语而且在英语和法语中居然找不到一个完全对应的词，比较常见的英译有"formation"（形成）、"development"（发展）、"construction"（构建）——这是它的第一层含义；"education"（教育）、"culture"（文化）、"cultivation"（培养）——这是它的第二层含义。罗蒂则将伽达默尔的 Bildung 概念译为 edification（教化、陶冶），取代了《真理与方法》英译本"culture"（文化）译法。直至现在，许多英文文献中论及 Bildung 时直接使用原词，不做翻译。尽管"教化"译法涵盖不了 Bildung 的全部含义，特别是"形成"和"发展"之意，但是在国内学界是普遍接受的一个译法，所以权且作为一个"代码"来使用。

德语的教化一词最早可追溯到 16 世纪的虔敬主义神学，主要是"培养"（cultivate）之意，即虔诚的基督教徒应该按照自己灵魂所内化的上帝形象来培养自己的天赋和性情。帕拉切尔苏斯、雅各布·伯麦以及莱布尼茨在自然哲学中也使用教化一词，指的是"发展或展露一有机体的某些潜能"。[1] 到 18 世纪末，教化一词逐渐丧失了其神学含义，具有了人文主义含义，最终在赫尔德那里产生了一个关于教化的基本定义："达到人性的向上教化"（Emporbildung zur Humanität），意思是指人性由低向高的形成或转变。

赫尔德提出这一概念主要是为了回应抽象理性主义的不可一世，同时主张对不同的文化和语言进行研究，也就是对人文科学进行广泛的研究。他认为只有具体的和实际的事例才能促进人类希望的"进步"。赫尔德的

---

[1] Schmidt, James, (1996) *The Fool's Truth: Diderot, Goethe, and Hegel*, Journal of the History of Ideas 57. 4, p. 630.

教化概念的重要意义在于它可以作为人文科学的基础座右铭。[①] 从这个意义上讲，是赫尔德首先将教化概念引入人文科学的，可以说他是教化理论的奠基人。伽达默尔评价说，"当时成为至为重要的教化概念或许是18世纪最伟大的观念，正是这一观念构成19世纪人文科学赖以生存的氛围，尽管人文科学尚不能为它提供认识论证成。"[②] 从康德到黑格尔期间，赫尔德确立的教化概念得到了不断的发展和提炼，成为了一个完善的概念。

这中间尤其值得一提的是威廉·冯·洪堡关于教化与文化（Kultur，修养）的区别。伽达默尔援引洪堡说："但是如果我们用我们的语言来讲教化，我们指的是某种更高级和更内在的东西，即"情操"（Sinnesart），它由全部知识和道德活动追求的认识和感受而来，和谐地融入感性和品性当中"。教化在这里不再指"文化"，即能力或天赋的发展。[③] 洪堡所说的情操指的是一种心智态度，也就是一种境界，而文化或修养则处于较低的阶段。

教化与文化的区分其实蕴含的是"physis"（自然）与"paideia"（教育）之间的区分，伽达默尔指出，"教化这个词绝非偶然地与希腊词自然相类似。正如自然一样，教化没有自身之外的目的。"[④] 在伽达默尔看来，教育只是对某种天赋的培养和训练，只是一种达到目的的单纯手段。而在教化中，"一个人借助和通过教化所形成的东西，完全变成了他自己的东西"。[⑤]

教化的概念化和理论化可以说是由黑格尔完成的。黑格尔关于教化的论述主要出现在《哲学入门》和《精神现象学》两部著作中。他在《哲学入门》中对教化所做的分析建立在两个基本假设的基础上：（1）教化是一个个体学会如何放弃自己的欲望和倾向，超越特殊性而达到一种普遍性的过程；（2）这个过程反映了精神占有他物所特有的"异化"（En-

---

① 多尔迈尔："让人类人性化：人文科学的全球意义"，《第欧根尼》2013年2月，第64页。

② Gadamer, Hans-Georg, (1975), Truth and Method, trans. Garpett Barden and John Cumming, Sheed and Ward Ltd, p. 10.

③ Gadamer, Hans-Georg, (1975), p. 12.

④ Gadamer, Hans-Georg, (1975), p. 12.

⑤ Gadamer, Hans-Georg, (1975), p. 12.

tfremdung）和"返回"（Rückkehr/Heimkehr）的结构。① 在黑格尔看来，教化并不只是对现有能力的提升，它包含着一个"自我越位"（self-transgression）运动。黑格尔尤其注重"异化"概念，他强调学习过程必须经由他物，自我发现只能通过与他物和世界相遇才能发生，② 用伽达默尔的话讲："在异己的东西里寻找自身，在异己的东西里变得如在自己的家中，这就是精神的基本运动，精神的存在只是从他物向自身的返回。"③

伽达默尔将第一个假设称为实践性教化，将第二个假设称为理论性教化。不过，二者不是截然分离的，而是一个辩证过程，这个过程分为三个阶段，即教化三一体。关于这个辩证过程，黑格尔在《精神现象学》中关于主人与奴隶的辩证法也即自我意识的独立与依赖的论述最具有代表性。黑格尔这样描述了第一个阶段："自我意识有另一个自我意识和它对立；它走到它自身之外。这有双重的意义，第一，它丧失了它自身，因为它发现它自身是另外一个东西；第二，它因而扬弃了那另外的东西，因为它也看见对方真实的存在，反而在对方中看见它自己本身。"④ 在这个阶段，个体并不将其他的自我意识看做为另一个东西，并且预设它基本上与其自身是等同的。自我意识因此是"单纯的自为存在，通过排斥一切对方于自身之外而自己与自己相等同"。⑤ 然后，对方被还原为"带有否定的性格作为标志的对象"，⑥ 因此被看作不是它自身，也不是另外一个自身（第二个阶段）。

在黑格尔看来，在前两个阶段，对方不被看作为一个独立的个体，这就阻止个体超脱自己的欲望和信念。但是，随后由于奴隶的顺从，个体达到这样一种超脱。主人的命令最初被奴隶看作为威胁，但是最终他认识到将他的意志顺从于另一人并非是不适当地强加于他。在"我"与"我们"

---

① Sampaio, Rui, (1998), *The Hermeneutic Conception of Culture*, paper given at the Twentieth World Congress of Philosophy, in Boston, Massachusetts from August 10-15, 1998.
② 多尔迈尔："让人类人性化：人文科学的全球意义"，《第欧根尼》2013年第2卷，第66页。
③ Gadamer, Hans-Georg, (1975), p. 15.
④ 黑格尔：《精神现象学》上，贺麟、王玖兴译，商务印书馆1997年版，第122页。
⑤ 同上书，第125页。
⑥ 同上。

之间没有区分:"我就是我们,而我们就是我。"① 奴隶学会用主人的眼光看待事物,并且不再沉湎于欲望的满足,而是节制欲望。由于奴隶为主人劳动不是专为其自己的个体利益,他的欲望不仅包含了他这个特定个体的欲望,而且包含了另一个人的欲望。奴隶因此而上升超越了其自然意志的自私个体性。②

奥登斯特德将教化所经历的这三个阶段概括为:(1)与个体自然状态的未经反思的统一,并否定他物;(2)由他物引发的与个体自然状态的异化;(3)自我与他物之间的反思的和解。③ 这样,教化其实是一个异化和返回过程。黑格尔认为古代世界研究尤其适合于提供这种形式的教化,因为古代世界对我们来说是相当陌生的,足以使我们与我们的自然状态即我们所属的文化相分离。但是,这个古代世界又是我们的文化相当熟悉的,因而允许我们在其中重新发现自身。这就是说,获得教化的个体不再将其文化的重要性视为理所当然的,而是通过采取一种更加反思的普遍观点而达到和解。④ 在黑格尔看来,在第三阶段自我与他物达成最终和解是由于洞见到实在本身具有自我的特性即精神。

黑格尔关于教化的论述显然为伽达默尔的《真理与方法》提供了理论来源,我们似乎可以在伽达默尔的哲学解释学中找到某些对应或回响。比如,在"视域融合"发生时所进行的对前见(Vorurteil,偏见)的纠正中,仿佛能看到黑格尔的教化过程。具体而言,每当我试图理解一个特定的作品或文化制作时,为了克服一个不同的文化视域的陌生性,我必须重述我的前见。通过这个过程,我的预期背景被扩大,我赋予世界的意义被修改,并且我理解他物之他性的能力得到提高。我始终是我的前见的人质,但是我的视角的特殊性可以通过一个没有终点的和非目的论的视域融合过程逐步地被克服。他物只是我的前见的矫正手段,是通往普遍性的阶梯。因此,黑格尔教化概念的"异化"和"返回"也是伽达默尔教化概念的一个基本特征。在伽达默尔看来,有教养的和有体验的人始终在寻求

---

① 黑格尔:《精神现象学》上,第122页。
② Odenstedt, Anders, (2008), Hegel and Gadamer on Bildung, The Southern Journal of Philosophy Vol. XLVI, pp. 561–562.
③ Odenstedt, Anders, (2008), p. 562.
④ Odenstedt, Anders, (2008), p. 560.

新的解释学经验和不同的文化视域（异化），以便将它们融入（返回）使理解成为可能的特定语境和背景。的确，在黑格尔也在伽达默尔看来，经验的本质在于否定我们的预期视域和颠倒意识。任何真正的经验都否弃先前的预期，因而是"痛苦的"和"不愉快的"。① 然而，伽达默尔与黑格尔的差别在于，他认为文化经验并不终结于绝对的知识，而终结于对人类经验的片面性和有限性的接受，也即终结于对新的经验的一种永无止境的开放性："经验的辩证法并非完成于确定的知识，而完成于那种由经验本身所促成的对经验的开放性。"②

我们不妨以"限制的辩证法"为例来进一步说明伽达默尔与黑格尔之间某种根本性的差别。在黑格尔看来，"使一个限制成为限制的东西，其实总是同时包含对它的两方面的认识。限制的辩证法只有通过它扬弃自身才存在……在限制的辩证法中表现为逻辑普遍性的东西，由经验在意识中特殊化，这种经验在于，区别于意识的自在存在是它自身的他物，并且当它被认识为自我时——即当它在完全和绝对的自我意识中认识自身时，它的真理被认识"。③

对于黑格尔"限制的辩证法只有通过扬弃它自身才存在"的观点，伽达默尔赞扬黑格尔把握了"经验的否定性"，并"把经验设想为正在行动的怀疑论"，④ 因而事物不是它们先前之所是。但是，伽达默尔认为，这个过程只是在它显示我们先前概括的虚假性的意义上才是一个克服限制的过程。此外，黑格尔认为教化在"绝对知识"中达到终点，绝对知识允许精神由实在本身具有自我的特性的洞见将意识与自我意识"等同"起来。然而，在伽达默尔看来，只有永无止境的"对话"，在这种对话中，受到历史语境灌输的前见绝不可能成为完全自我意识的。⑤ 因为"教化的结果总是处于进一步继续教化的恒常状态中"。⑥ 也就是说，它总是对新的教化保持开放性。

---

① Gadamer, Hans–Georg, (1975), p. 319.
② Sampaio, Rui, (1998).
③ Gadamer, Hans–Georg, (1975), p. 307.
④ Gadamer, Hans–Georg, (1975), p. 317.
⑤ Odenstedt, Anders, (2008), p. 566.
⑥ Gadamer, Hans–Georg, (1975), p. 12.

可见，伽达默尔不会简单地"套用"黑格尔的教化"正反合"，他援引黑格尔主要是把教化概念理解为舍弃个体的直接性和特殊性向普遍性提升的能力。这意味着离开私人生活的狭窄圈子进入社会生活去参与一种共同文化。达到普遍性还意味着发展一种兼容不同观点的能力，这样我们便能够面对我们必须考虑和占有的他性或陌生性。[①] 这就是伽达默尔从黑格尔的精神的辩证运动所要"挪用"的东西。所以，精神的辩证运动不仅是黑格尔辩证法的特征，也是解释学经验的特征。伽达默尔将理解的任务确定为占有异己的东西。解释学经验发生在归属他性与向他性开放之间的张力之中。通过占有陌生的东西，个体被引入它所归属的共同体的文化，他理解了自己的传统，也发现了其他文化和文明。

当然，伽达默尔的教化概念还有其他更重要的思想来源。其中海德格尔对于伽达默尔影响是不容忽视的。作为解释学范式的创始人，海德格尔在他的代表作《存在与时间》(1927) 中创制了一种整体论的认识论。《存在与时间》的主旨是要终结"笛卡儿焦虑"，即结束始于笛卡儿终于胡塞尔的近代哲学传统。因此，海德格尔严厉地批判了主体概念和认识论的客观性概念。一方面，海德格尔用"此在"(Dasein，直译为英文即"being‐there"，"在那儿")取代了"主体"。"此在"针对的是意识概念，也就是说，人不主要是一个"有意识的存在"，而是一个"在那儿的存在"，借此，海德格尔拒斥了把人视为自律的、统一的或自明的主体的观念。与近代的主体观念截然对立的是，此在的存在是由我们总是被抛入其中的世界和视域决定的。此在是一种"在世界中的存在"(being‐in‐the‐world，在世存在)。因此，我们"筹划"(entwerfen)自身的方式在很大程度上是由我们的语境主宰的。这样海德格尔否弃了那种在伦理学和认识论领域中为人类活动和知识寻找一个普遍有效的基础的做法，也否弃了任何把人看作一个具有某些确定特性和一种稳定的同一性的"实体性"存在的观念。反之，他更愿将此在描述为一种"存在能力"(Seinkönnen)和一种总是未完成的筹划。用他的

---

① Vallée, Marc‐Antoine, (2012), The Humanities as Conversation and Edification: On Rorty's Idea of a Gadamerian Culture, in M. J. A. Kasten, H. J. Paul & R. Sneller (ed.). Hermeneutics and the Humanities: Dialogues with Hans‐Georg Gadamer, Leiden, Leiden University Press, pp. 186 ‐ 197.

一句名言讲:"可能性高于现实性。"①

另一方面关涉对客观性的认识论批判。这种批判主要体现在海德格尔对于解释学循环和理解的"先在结构"(Vor – Struktur)的分析中。在海德格尔看来,我们赋予任何存在的意义总是产生于对我们具有某种预期背景的经验的筹划,因而我们对实在的理解总是以一个语言和概念体系为中介。理解过程的这种预期结构是海德格尔对解释学循环的存在论重新解释的基本特征。海德格尔认为,这种对先前预期的筹划是一个永远无法规避的因素,它不仅包含对文本的解释,而且包含全部的意义经验,因而构成了此在的一个存在论结构。因此,我们不应将解释学循环评价为我们知识的缺陷或不完善,相反,"在这一循环中包藏着最源始的认识的一种积极的可能性"。② 由此,海德格尔否弃了所谓可以中立地和客观地说明世界的假说,进而批判了西方哲学传统最重要基石之一的真理符合论。

那么,海德格尔的批判的文化意蕴何在?对此,鲁伊·桑巴约做了颇有见地的阐释。③ 首先来讲,海德格尔的解释学循环蕴含着强烈的语境主义,也就是说所有的意义都是"依赖语境的"(context – dependent),因而也是不稳定的。由此而产生的文化概念是诗意的和创造性的,而不是伦理的或认识论的。海德格尔提出了两个重要的概念:"解构"(Destruktion)和"重演"(Wiederholung)。在《存在与时间》中,海德格尔对存在论历史进行了解构,为的是打破"僵硬化了的传统"造成的一切"遮蔽",并且回到构成其本源的"源始经验"。④ 在《现象学之基本问题》(1927)中,解构被描述为一种对传统概念的"批判性拆解"(Abbau)以及对其起源的复原。这样,解构其实包含着对我们文化传统的某些方面的重演,但是重演应被理解为一个创造的和主动的过程:"我们通过重演一个根本问题来理解对其源始的并且隐藏至今的可能性的'揭示'(Erschließung);对于这些可能性的整理(Ausarbeitung,又译'拟稿')转化了问题,并且构成了保存其内容的唯一方式。然而保存一个问题意味

---

① 马丁·海德格尔:《存在与时间》,陈嘉映、王庆节译,三联书店1987年版,第48页。
② 同上书,第187页。
③ Sampaio, Rui, (1998).
④ 马丁·海德格尔:《存在与时间》,陈嘉映、王庆节译,三联书店1987年版,第28页。

着去释放和唤醒位于其本质之基的、使之可能成为一个问题的内在力量。"① 因此，海德格尔的解构和重演概念并不意味着单纯地回归已经失去的本源，而是要我们去转化并创造性地占有文化传统的内容，正如他在《存在与时间》中所说，"解释并非对被理解的东西有所认知，而是把理解中所筹划的可能性整理出来"。② 从这个意义上讲，他的解构和重演概念恰恰折射出一种文化概念，这个文化概念把文化看做为一个由不稳定和不确定的可能性构成的、有待进一步探索的领域，也即新的解释视域。那么，海德格尔的文化理念就是把文化看做是一个对过去的作品进行主动和积极的解释的没有终点的过程，文化传统被看做为生命力的贮藏库，我们只有摆脱千百年所造就的僵化才能体验这种生命力。

从海德格尔的观点来看，文化不应被看做为一种旨在发现先在结构和客观意义的活动，而应被看做为一个旨在探索由过去的作品开启的可能性的创造过程，也就是要探索全部人类思想在其中找到其根的深层维度，即存在。但是，将海德格尔的思想应用于文化理论由于其本身的局限性而受到影响。桑巴约指出了三个方面的局限性。③ 第一，海德格尔只专注于过去和我们的传统，忽略了与其他文化世界的交往。第二，海德格尔执着于几乎是神秘的存在概念是不无问题的，因为以假设一个隐藏的、超出人类控制的维度的存在作为文化理论的基础是不堪一击的。最后，海德格尔显然贬低人的活动，把存在本身视为历史的真正创造者，而人的能动性无关于世界的转变。

伽达默尔的哲学解释学正是以海德格尔的理解先在结构为起点来展开的。按照海德格尔的理解先在结构概念，所有意义必然是一个使世界的经验成为可能的特定视域或背景所预期的。正如伽达默尔在《真理与方法》中所指出的，"所有这种理解最终都是自我理解……无论谁理解都是理解他自身，都是按照其自身的可能性去筹划自身"。④ 伽达默尔以"前见"（偏见）概念来完成对理解先在结构的超越。如果所有理解都包含着对意

---

① Heidegger, Martin, (1991), *Kant und das Problem der Metaphysik* (Gesamtausgabe - 3), V. Klostermann, Frankfurt, p. 204.
② 马丁·海德格尔：《存在与时间》，第181页。
③ Sampaio, Rui, (1998).
④ Gadamer, Hans - Georg, (1975), p. 231.

义的预期，那么其目的并不在于消除所有的前见，而在于区分虚假的与真实的前见。按照伽达默尔的观点，如果我们的前见对所解释的东西能够产生连贯和谐的解释，那么便证实了其真实性，反之，如果不能，便显示出其虚假性。这样，伽达默尔就同时避免了相对主义和客观主义。既然解释学范式是整体论和语境主义的，那么视域概念就是不可或缺的。如果说所有意义都是依赖语境的，那么理解就不主要是一种主体与客体之间的关系，而是视域之间的关系。因此，理解存在于一个视域融合过程。

可以说，伽达默尔从视域融合的角度来描述文化经验和活动在继承其前辈的解释学范式的同时克服了其某些局限性，实现了超越。而最大的超越就在于伽达默尔强调人的维度和对其他文化的尊重，因此人的教化必然地是其哲学解释学的核心。教化概念作为伽达默尔哲学解释学的核心，它的重要意义在于它对构建一种文化哲学的贡献。从这个意义上讲，伽达默尔关于教化的论述也是一种文化哲学理论。桑巴约从三个方面来阐释他的文化哲学理论。[①]

第一，将文化看作为游戏。伽达默尔的"教化没有自身之外的目的"一说源自康德将游戏界定为"无目的的合目的性"的定义。将文化看作游戏的概念反映了教化过程的非目的论性质。人类教化既不以实现客观规范为目的，也不以内化某个确定的模式为目的，而是与我们偏见（前见）的限制进行永无止境的斗争，也就是说，它包含的是对新的解释学经验和视域融合的绝对开放性。更进一步讲，游戏可作为视域融合的绝好模式。我们可以从《真理与方法》中关于艺术的分析的书页中体会其中的意蕴：就如同一个游戏者必须使自己服从某一特定游戏的规则，一个解释者也必须承认和融入某一特定文化表达所提供的视角的效用；就如同一个游戏只有人们玩游戏它才存在，任何作品的意义都不是由客观资料构成的，而是由一个解释者的创造性来施行的并且依赖于这种创造性。正如伽达默尔喜欢说的，理解是不同地去理解。

第二，文化基于翻译。在伽达默尔看来，"能被理解的存在就是语言"。[②] 由于所有的理解都具有一种语言的特性，所以视域融合也是一个

---

① Sampaio, Rui, (1998).

② Gadamer, Hans-Georg, (1975), p. 432.

语言过程，更确切地说，也是一个翻译过程。理解就在于将在另一个视域或语言游戏中所说的某种东西转入我们自己的视域或语言游戏。如果说所有意义都是依赖语境的，那么翻译作为一种再语境化过程必然包含新意义的产生。因此伽达默尔宣称，"翻译者的情况和解释者的情况从根本上说是相同的"。① 所以，尽管我们的语言总是受到特定的视域或语境的限制，但是它可以通过顺从于一个永无止境的语言融合过程而无限地弱化它的特殊性和片面性。

第三，隐喻对于教化的意义。伽达默尔指出，"从一个领域到另一个领域的转换不仅具有一种逻辑功能，而且符合语言的基本隐喻本性"。② 自亚里士多德以来，欧洲文化将隐喻定义为将一个名称从其通常的语境转到一个陌生的语境，从而获得一种新的表达可能性。隐喻的这种再语境化操作构成了翻译和理解的本质，因而语言和理解均具有一种隐喻本性。既然教化在于通过语言及视域的融合理解他物，那么教化本身就是一个理解过程。教化的本质就在于成为自身的隐喻。

桑巴约的阐释有一定的启发和借鉴意义，但是确实也有不少值得商榷之处，限于篇幅，恕不赘述。归根结底，伽达默尔教化概念之根本就在于摆脱现代科学的方法和知识观念，同时对人文科学产生一种新的认识。因此，人文科学并非只是一种知识，伽达默尔也并非要用教化概念来替代知识概念，因为有知识的人并不等同于经过教化的人。这里，伽达默尔推出了赫尔姆霍茨的"机敏"（Takt，又译"得体"）概念。"凭借机敏我们理解对情境的一种特殊的敏感性和感受力，并且懂得如何在其中行为，对此我们不可能从一般原则获得任何知识。"③ 这是因为"在人文科学中起作用的机敏并非只是一种感觉或无意识的东西，而同时是一种认识方式和存在方式。"④ 至于机敏的确切含义是什么，对伽达默尔来说似乎并不重要，重要的是它体现了一种不同的认知价值，显现出教化概念对人文科学的意义。"至于人文科学如何成为科学的，与其从现代科学的方法概念中，不如从教化概念的传统中更容易理解。我们必须依赖的正是这个人文主义传

---

① Gadamer, Hans-Georg, (1975), p. 349.
② Gadamer, Hans-Georg, (1975), p. 390.
③ Gadamer, Hans-Georg, (1975), p. 16.
④ Gadamer, Hans-Georg, (1975), p. 17.

统。这个传统在抵抗现代科学的诉求中获得了一种新的意义。"[1]

那么，单凭教化概念的一己之力能够与现代科学抗争，重振人文主义传统吗？显然不能。伽达默尔列举的人文主义主导概念除了教化之外，还有"共通感"（Sensus communis）、"判断力"（Urteilskraft）及"趣味"（Geschmack）。与其说后三项是教化概念的进一步展开，倒不如说后者是前者的具体化和实质化，或者说后三项是教化过程不可或缺的。更重要的是，伽达默尔尤其强调它们的认知价值，而康德以及审美意识概念的出现无疑贬低乃至抹杀了这种认知价值，伽达默尔显然想恢复康德之前的人文主义传统。接下来先谈谈共通感。

所谓共通感其实并非仅指每个人都具有的一种感觉能力，而是指在一个共同体中与其他成员互动中培养出来的能力，也即一种共同感或原则感——一个共同体所依赖的原则。维柯显然是这一传统的传承者，但他不否定近代批判性科学的积极方面，而是指出这种科学的局限所在。维柯的意图在于给现代教育并最终给启蒙运动指出一个新的方面和赋予新的意义，他所强调的不是抽象的普遍认知，而是在社会背景中从道德上培养的实践经验。正如伽达默尔所说，在维柯看来，"即使面对这种新科学和它的数学方法，我们仍离不开古人的智慧和他们在'慎思'（prudentia）和'口才'（eloguentia）方面的修养。即便是现在，教育的最重要的方面仍是某种别的东西，即'共通感'的培养，"这种共通感不是靠确定的真理，而是通过权衡可能的或或然的东西培养出来的。[2]

共通感在苏格兰哲学家如沙夫茨伯里和弗朗西斯·哈奇森那里被称为"常识"（common sense），并被赋予了道德维度。这种常识"与其说是赋予所有人的一种特征，即自然法则的一部分，毋宁说是一种社会德行，即一种在沙夫茨伯里看来由心灵而非头脑构成的德行"[3] 这种社会德行在沙夫茨伯里那里具体化为"同情"，这个概念构成了其整个形而上学基础，更与近代以来对自我利益的高扬格格不入。到了他的追随者哈奇森和里德那里，常识与同情的结合演化为一种"道德感"理论，在反击霍布斯和

---

[1] Gadamer, Hans-Georg, (1975), p. 18.
[2] Gadamer, Hans-Georg, (1975), pp. 20–21.
[3] Gadamer, Hans-Georg, (1975), p. 24.

洛克的自由个人主义中发挥了至关重要的作用。① 诚如伽达默尔所说，"'常识'概念在苏格兰哲学中发挥了核心体系作用。苏格兰哲学以抨击形而上学及其怀疑主义的化解办法为其方向，并且在原初的和自然的常识判断的基础上建立自己的新体系……但同时又保持了常识与社会之间的关联：'常识判断的作用在于指导我们的日常生活事物，而我们的推理能力却使我们误入歧途'。"因此，"正常理解即'健全感觉'的哲学不仅是医治形而上学'夜游症'的良方，而且包含了一种真正公正对待社会生活的道德哲学的基础"。②

在伽达默尔看来，共通感是真正的知识源泉，这种知识更似于传统所形成的、由共同体所共有的智慧，并非通过科学知识的方法研究所能达及的。这样，"显然就有某种理由把语文学和历史学研究以及人文科学的研究方式建立在这个共通感概念上。因为人文科学的对象，即人的道德和历史存在，正如它在人的活动中形成那样，在很大程度上是由共通感规定的"。③那么，共通感的重要意义就是：人之为人就在于归属于历史和共同体，惟其如此，他才能具体地研究和理解人的道德和历史存在。

与共通感紧密相关的是判断力和趣味（鉴赏力），因为共通感或"常识首先表现在对正确与错误、适当和不适当进行判断中。谁具有一个健全的判断，他就不能以普遍的观点去判断特殊事物，而知道什么是真正重要的，即他从正确、健全的观点看待事物"。④伽达默尔所说的这种具有道德和认知意义的判断力显然不是那种靠逻辑推断而完成的判断，它只能通过实践来训练，是一种"慎思判断"（Urteil）。因此，它来自亚里士多德所说的"实践智慧"（phronesis），而非康德的理性主义，甚至与康德的《判断力批判》也无甚关联。在康德那里，判断和权衡利弊仍然服从于"绝对命令"的统治。从人文主义和人文科学的观点来看，这种服从显然是不可接受的，因为它忽视实践和实际参与，只注重所谓客观的抽象知识。反之，亚里士多德的实践智慧则强调对"中道"（mesotes）的寻求，以及对慎重权衡利弊的道德能力的培养，因而慎思判断与启蒙运动对普遍

---

① 多尔迈尔：第68页。
② Gadamer, Hans‐Georg, (1975), p. 25.
③ Gadamer, Hans‐Georg, (1975), p. 22.
④ Gadamer, Hans‐Georg, (1975), p. 31.

准则的强调截然对立。①

判断力的道德和认知价值具体表现在趣味（鉴赏）判断。当然，谈到趣味判断不可能不提及康德。在伽达默尔看来，康德的美学是建立在趣味判断的基础上，而趣味判断则着眼于审美现象的两个方面，即它的经验的非普遍性和它对普遍性的先天诉求，但是其代价却是否认趣味有任何认识意义。② 这样，审美判断无非是一种介于理性和想象力之间的中介作用，是理解力和想象力之间的一种自由游戏，既不受自然法则的支配，也不受道德准则支配。这给与审美判断一种反思判断的独特地位，但在反思判断中个体没有可依赖的给定原则，既没有进行推断所包含的逻辑必然性，也没有可以始终应用的普遍标准。③ 充其量是"一种与认识完全符合并且展示了在对象中获得愉悦的原因的主体关系"。因此，"在趣味中得不到任何关于对象的认识，但它也不单纯是一个主观反应问题——就如令感官愉悦的东西所产生的那种反应。趣味是'反思的趣味'"。④

诚然，"如果康德就这样把趣味称为真正的共通感，那么他是在不考虑共通感概念……伟大的道德和政治传统"。其实，在康德看来，趣味还是有普遍性和共同性可言的：就趣味是我们全部认知力自由游戏的结果并且不像外在感觉那样局限于某个专门领域而言，趣味具有一种普遍性；就趣味抽离于诸如吸引力和情绪那样的主观的、个人的状况而言，它具有一种共同性。令人费解的是，这种"感觉"的普遍性是由从中抽离出某种东西的那个东西负面地规定的，而不是由确立共同性和建立共同体的那个东西正面地规定的。⑤

确实，尽管康德谨慎地否认了趣味与道德之间的任何必然的关联，但是他仍然保留了趣味与社会性之间的那种古老的关联，他关于趣味判断的分析以多种方式指向了道德和社会性，因而启发了诸如汉娜·阿伦特和柯克·皮洛这样的哲学家看到了其中的一般价值关联性。⑥ 不过，

---

① 多尔迈尔：第66-67页。
② Gadamer, Hans-Georg, (1975), p. 40.
③ Bonsdorff, Pauline von, (2012), Aesthetics and Bildung, in Diogenes 59: 1-2, p. 128.
④ Gadamer, Hans-Georg, (1975), pp. 40-41.
⑤ Gadamer, Hans-Georg, (1975), p. 41.
⑥ Bonsdorff, Pauline von, (2012), p. 128.

在伽达默尔看来,康德只是把"趣味(鉴赏)的培养"作为附录在《判断力批判》"趣味(鉴赏)的方法论"一节中附带地加以探讨,"在那里,人文研究(Humaniora)……是与人性相适应的社会性,并且道德的培养是真正的趣味得以呈现为一种确定不变的形式的方式。因而趣味内容的确定性并不属于其先验功能。康德之所以关注趣味,只是因为存在一个特殊的审美判断原则,并且这就是他为什么只关注纯粹趣味判断的原因所在"。①

显然,伽达默尔对康德意义上的趣味概念是不满意的,特别是康德的《判断力批判》将趣味变成了一种审美的和个人的偏好,使之失去了其原本的人文传统。为此,伽达默尔指出:"趣味概念无疑包含着一种认识方式。好的趣味的标志就在于我们能够远离自身,远离我们的个人偏好。因此,就其根本性质而言,趣味不是个人私有的,而是一等的社会现象……我们必须具有趣味——我们既不可能通过演示来学习趣味,也不可能以单纯的模仿来取代趣味。但是,趣味并不是单纯的个人品质,因为它总是想成为好的趣味。趣味判断的果断性包含它对效用的诉求"。②

在《真理与方法》中,伽达默尔用了相当的篇幅来讨论康德的趣味(鉴赏)概念,可见伽达默尔并不单纯要恢复趣味的人文主义传统,而是以趣味作为切入点来完成对康德美学的批判和超越。从这个意义上讲,伽达默尔所列举的人文主义的四个主导概念——教化、共通感、判断力及趣味,毋宁说是康德的《判断力批判》乃至其美学的核心概念。当然,康德在《判断力批判》中并未使用"Bildung"一词,但他使用了"Bildungskraft"(形成力)、"Bildungstrieb"(形成冲动,形成本能)等概念通过有机体类比来讨论教化的形成作用,同时使用"Kultur"(文化、训练)一词论述教化的培养作用。③ 因此,康德虽未直接使用"Bildung"这一概念,但它同其他三个概念一样是其美学不可或缺的。

这中间,我们似乎可以看到一个从"异化"到"返回"的过程,通过这样一个过程,这四个概念特别是教化概念便被赋予了人性、道德、实

---

① Gadamer, Hans – Georg, (1975), p. 41.
② Gadamer, Hans – Georg, (1975), pp. 34 – 35.
③ 康德:《康德著作全集》第 5 卷,《判断力批判》第 65、81、83 节,李秋零译,中国人民大学出版社 2007 年版。

践、社会、认知等维度,而最终要完成的是一种"超越"。这种超越不仅仅在于以"教化哲学"来对抗"体系哲学",更在于一种向文化哲学的推进。虽然伽达默尔没有像卡西尔那样明确地将自己的研究称为文化哲学,但他与卡西尔一样要从人文科学和人文主义的传统中完成对文化哲学的构建,只不过卡西尔是通过"背叛"而伽达默尔是通过"超越"康德和以康德为象征的哲学来实施这种构建。前者试图回答"人是什么",后者则探索"怎样成为人",都以弘扬人文精神为己任。

最后,我们回到本文的主题:文化哲学绝不是一门部门哲学,也不单纯地是一个哲学范式,而是哲学的一个出路。既然是出路,它需要的是探索与发现,世上本没有路,有人敢走也便成了路。我在此连篇累牍地讨论卡西尔和伽达默尔并非要去倡导他们的哲学,毕竟他们各自都有其局限性和缺憾,而只是希望他们的探路过程能产生某些启迪,进而推动文化哲学在中国语境下的构建。文化哲学要在中国获得其应有的地位,有很长的路要去探索。然而,一旦东西方哲学从文化上完成一种"视域融合"而进入一个"共同世界",文化哲学无疑会达到一个更高的境界,最终成为"第一哲学"。

参考文献

[1] 陈良运:《中国诗学体系论》,中国社会科学出版社 1992 年版。

[2] 多尔迈尔:"让人类人性化:人文科学的全球意义",《第欧根尼》2013 年第 2 期。

[3] 黑格尔:《精神现象学》,贺麟、王玖兴译,商务印书馆 1997 年版。

[4] 胡塞尔:《欧洲科学的危机和超验现象学》,"译者的话",张庆熊 译,上海译文出版社 1988 年版。

[5] 姜永安:"'哲学在哪里'?哲学在科学与人文学科之间的地位",《第欧根尼》2011 年第 2 期。

[6] 康德:《康德著作全集》第 5 卷,《判断力批判》,李秋零译,中国人民大学出版社 2007 年版;李红霞:"德国文化哲学研究的新动向",《国外社会科学》2012 年第 3 期。

[7] 马丁·海德格尔:《存在与时间》,陈嘉映、王庆节、译,三联书店。

[8] Barash, Jeffery Andrew, ed. (2008), *The Symbolic Construction of Reality*: *The Legacy of Ernst Cassirer*, Chicago and London: The University of Chicago Press.

[9] Bonsdorff, Pauline von, (2012), *Aesthetics and Bildung*, in Diogenes 59: 1 - 2.
[10] Cassirer, Ernst, (1953), *The Philosophy of Symbolic Forms*, trans. Ralph Manheim, Vol. I, New Haven: Yale University Press.

中国古建筑境界观初探

张守连[*]

中国古代建筑具有独具特色的审美形式和审美风格，自先秦至19世纪中叶以前基本上一直作为一个封闭的独立的体系而存在，两千多年间风格变化不大，学术界通称为中国古代建筑艺术。早在《1844年经济学哲学手稿》中，马克思就以"实践"区分了人化自然与自在自然；按照这种观点来看，建筑作为人类实践活动的产物，是一种人化的自然存在，它凝结了人的意识，蕴含着人的审美、价值诉求，体现着人们的生活方式、风俗习惯、精神风貌，以有形的物质存在沉淀并呈现着无形的文化存在。

那么，究竟应当如何看待境界与中国古代建筑文化的关系呢？正如霍桂桓教授所言，"所谓'境界'，就是处于一定社会地位的现实个体，在追求使自己的生存和发展需要得到满足的过程中，经过历史文化传统、现实社会环境、特别是物质实践活动的反复教化和陶冶过程，逐渐生成并不断发展变化的、融知意情为一体的、具体体现为人生态度和应对环境之综合能力的心态（mentalities）"[①]。因此，境界本身是现实社会个体的整个精神世界的隐而不显的根基，是其进行所有各种自觉的精神性活动的基础和前提。所以，建筑文化作为人们精神的一种直观表现，其背后必然有着某种精神境界的支撑。

虽然"冯唐易老"，但在时光的飞逝中，建筑作为一种空间结构的展

---

[*] 张守连，哲学博士，北京建筑大学文法学院思政系主任，北京建筑文化研究基地秘书，主要研究方向为建筑文化哲学。

[①] 霍桂桓：《文化哲学论要》，中国社会科学出版社2011年版，第102—103页。

现和特定的文化载体,却由于其历久性而成为人们发挥聪明才智和抒发情感的主要载体之一。"历史上每一个民族的文化都产生了它自己的建筑,随着这文化而兴盛衰亡……中华民族的文化是最古老、最长寿的。我们的建筑也同样是最古老、最长寿的体系。"① 总的说来,建筑是一个时代以及民族精神的最直接的表象之一。而中国自古便是一个统一的多民族国家,这些民族所居住的地域,既由于东西南北的自然环境不同与气候条件的差异,也由于不同地区各自产有不同的建筑材料,所以在世世代代的生活过程之中,他们都依特定的自然条件与可能得到的物质材料,按照各自生产和生活的不同需要与习惯,创造了互不相同各具特色的建筑,并在长期发展中形成各自的建筑方法与建筑风格。因此,从历史的角度出发来看,不同时代的建筑,风格和特点各异,所包含的文化内蕴自然也不同。易经有云:"上古穴居而野处,后世圣人易之以宫室,上栋下宇,以蔽风雨,盖取诸大壮。"② 这段话长期以来一直被当作中国建筑的最早的理论。由此可见,从原始人的"穴居"到圣人的"宫室",究其发展历程不难看出,这显然是一个从最早的主要满足居住功能、到后来又越来越注重精神性享受和美感的发展历程,它反映了人们所追求层次的不断提升,其中蕴含着丰富的精神财富。

具体说来,中国古建筑在选址、空间布局、结构造型等许多方面遵循着追求建筑与环境、建筑与人、建筑与社会的和谐共生的基本倾向,因而从建筑这个特定的角度反映了中华民族的基本文化特征,并由此而展现出了底蕴深厚的精神境界。"中国建筑既是延续了两千余年的一种工程技术,本身已造成一个艺术系统,许多建筑便是我们文化的表现艺术的大宗遗产。"③

在这个意义上完全可以说,透过"建筑"这个历史的"望远镜",我们能看见中国古人在建造它们时的身影、听见他们的声音,尤其是读懂那支撑他们进行设计、建造的精神世界。具体而言,中国古代建筑蕴涵着中国古人关于人自身、关于人与人以及关于人与自然的关系思考,而这样的

---

① 梁思成:《我国伟大的建筑传统与遗产》,《文物参考资料》1951年第2卷第5期,第89页。
② 袁庭栋译注:《易经》,巴蜀书社2004年版,第229页。
③ 梁思成:《中国建筑史》,中国建筑工业出版社2005年版,第2页。

思考后来便逐渐积淀成了追求和谐共生的精神境界。下面便来看一看，中国古代建筑中所蕴含的主要境界的基本表现。

一 宜居乐生——个体的基本生存境界

在人与自然关系问题上，西方自近代以来的工具理性主义一直过分强调人对自然的"征服"、"宰制"、"攫取"，把自然仅仅当作为人类服务的单纯的工具和手段来看待。同样，现代社会日益肆虐的消费主义对自然、资源、环境造成破坏并对人的心理、发展造成扭曲和异化。与这些基本倾向有所不同的是，中国古代建筑突出表现的是人们对自然、和谐、恬淡的幸福生活的追求，亦即追求人与自然的和谐共生，这样的态度和理念具体体现为质朴的自然主义。按照马克思的基本观点来看，"全部人类历史的第一个前提无疑是有生命的个人的存在"[①]，而人"为了生活，首先就需要吃喝住穿以及其他一些东西"[②]。而美国社会心理学家马斯洛的"需求理论"[③]也指出，生理需求是人类首要和最基本的需求。因此，建筑最基本的功能首先也是要满足人们生理和安全需求。总的说来，无论设计者选择什么样的建筑环境，想实现什么样的建筑风格、建筑布局，都首先必须满足人类的这些基本需求。

具体就中国古代建筑而言，其在修建过程中具体采用的善择基址、因地制宜、整治环境、甚至讲求风水等做法，便始终贯穿着以追求人与自然和谐共生为基础的首倡实用和"便生"的精神，亦即建筑者首先注重的是人的生存、生活感受，强调首先必须使建筑适合人们居住和活动之便。这就是古人在设计和建造建筑物时首先加以考虑的出发点，其实质核心可概括为"宜居乐生"。而随着时间的流逝，这样的基本考虑便逐渐积淀成了"宜居乐生"的与个体基本生存直接相关的精神境界。

比如说，中国古代建筑所注重的"适形而止"，便充分反映了人对自然的尊重和顺应。当然，这里的所谓"适形而止"实际上是强调建筑要

[①] 马克思、恩格斯：《德意志意识形态》（节选本），人民出版社2003年版，第12页。
[②] 同上书，第23页。
[③] 美国社会心理学家马斯洛把人的需求分成生理需求、安全需求、社会需求、尊重需求和自我实现需求五类。

根据不同的用途来设计不同的"度",而"度"即是指建筑物的尺度、空间造型等;比如说,《考工记》中就对"度"有所规定:"室中度以几,堂上度以轨,宫中度以寻……"这显然表明,中国古代建筑都是根据不同用途来设计不同的大小和规模的,充分反映了中国古代哲学非常注重实用性、重视宜居的思想境界。

以今天的眼光来看,这种态度和理念与工具理性主义和现代消费主义相比无疑具有一定的优势,也可以成为一种批判,具有极其重要的现实意义。

在适形而止的基础上,中国古代建筑追求对自然的生命的尊重,即"乐生"。无论什么样的古代建筑,从故宫到乡间农舍,在其众多差异的背后都有一个最基本的相同点——方便使用者的使用,这都是为了更好地进行自然而然的生活、创造适宜和和谐的生活环境。比如,《易传》"说卦"就曾经提到"土生木,木生风",所以,中国古人认为木代表着生气,它是一种生命的象征,而土和石头则是无生命意识的象征,所以,在中国古代建筑者看来,木结构与人的生命意识息息相关,是对人的生存和发展产生良好作用的因素,因而中国古代建筑的"木结构"便具体体现了对"乐生"的推崇。同时,木结构在古代还具有取材容易、造型方便、施工快速、便于修葺等诸方面特点,这也契合了中国古代建筑富含的实用理性主义精神,从一个特定的角度体现了"乐生"。

因此,这种通过中国古代建筑表现出来的宜居乐生的境界,实际上蕴含着中国古人追求人与自然、人与自身、人与人的和谐、天人合一的基本倾向,它同时也从一个侧面出发,反映了作为这种境界的理论基础的中国哲学尤其是儒家哲学的一个精髓性观点——"以人为本"。

二 礼乐并重——等级森严的社会境界

在儒家思想的长期支配下,中国古代建筑中富含着重视礼制、男尊女卑、礼乐并重、等级森严的社会思想。实际上,讲究等级秩序既是中国古代社会的基本特征之一,因而也必定会通过包括古代建筑在内的各种文化形式具体体现出来,从而反过来变成有关中国古代建筑的具体设计的重要参考标准。儒学提倡礼制,以礼为治国之本和个人立身行事的准则,主张孝亲法祖，主张敬天，这样的基本主张对中国古代建筑的多种类型及其形制都产生了重要而深远的影响。我们可以具有从总体性的"重视礼制"和个体生活的"男尊女卑"两个角度出发，初步考察一下这种影响。

（一）重视礼制

从中国古代文献出发来看，"礼"起源于祭神，"故其字后来从示，其后扩展为对人，更其后扩展为吉、凶、军、宾、嘉各种仪制。"[1] 可见，"礼"来源于中国古代的神权和族权之中，后来才随着社会历史的不断发展而逐渐成为贯穿整个中国古代社会的行为规范的核心内容，进而成为统治阶级的统治工具。这个方面在中国古代建筑中也得到了集中而明确的体现。

《荀子·礼记》曰："礼起于何也？曰：人生而有欲。欲而不得，则不能无求；求而无度量分界，则不能无争。争则乱，乱则穷。先王恶其乱也，故制礼义以分之，以养人之欲，给人之求。"荀子指出，社会资源有限，只有通过"礼"使每个人在一个等级结构中各安其位而防止逾越分位争夺资源，社会才有可能稳定地存在和发展。实际上，这里的"礼"不仅是人们应该遵守的道德规范，同时也是保证社会生活正常运行的律法制度，它通过对个体提出强有力的约束，以保证社会的稳定和发展。

从社会生活的分层角度出发来看，"居室"虽然只是满足生活的需要，仅仅是代表了古代建筑的最基本职能，但其在精神层次上的更重要的作用，则主要体现为维持社会秩序的"礼制"，如《礼记·曲礼》曰："君子将营宫室，宗庙为先，厩库为次，居室为后。"这种蕴含着礼制精神的建筑次序逐渐形成了中国古代建筑的基本原则和设计标准，它要求建筑设计者必须严格依照礼制的要求，绝对不能出现僭约等级的设计和相应的建筑——在修建各种建筑物时，从设计到建筑，从外形到颜色，从台阶到屋顶，乃至所有各种相关的细节，设计者和建筑者都必须严格遵照礼制的标准。比如说，在中国古代社会，无论民宅还是宫殿和城市的设置、规划，基本上都采用了严格的中轴对称式布局，即重要的主题性建筑居中，其中心之所在的基线即为中轴线所在，其他附属性建筑则对称安排在建

---

[1] 郭沫若：《十批判书·孔墨的批判》，人民出版社1982年版，第21页。

群的这种中轴线的两侧,即整个建筑群采用中轴对称的基本格式,因而从建筑布局这个基本侧面具体展示了中国古代礼教所充分强调的"尊者居中"的基本要求。这实质上反映的就是建筑物所代表的人在政治、经济、文化等方面的社会地位的不同,即严格的封建等级制。再如《礼记》曾经提到:"天子之堂九尺,诸侯七尺,大夫五尺,士三尺。"[①] 另外《礼记·王制》中有:"天子七庙,诸侯五庙,大夫三庙,士一庙,庶人祭于寝。"这都是有关与人的不同社会地位相匹配的宗庙的数量和排列方式等的基本规定。

(二) 男尊女卑

中国古代文献《列子·天瑞》曾经指出:"男女之别,男尊女卑,故以男为贵",这种男尊女卑的思想境界根源于人类社会基本矛盾,与生产力的发展程度息息相关。自从青铜器时代以来,人类社会便从妇女受尊重的母系社会逐渐过渡到了妇女处次要地位的父系社会,在此后长期的中国封建社会中,以女性体力、经济、生理及社会意识的弱势来体现男子相对体力、生理及社会意识上的优势,淡化和否定女性的人权、经济、生理、生育的价值的男尊女卑的观念便逐渐牢固地树立在了人们心中,其在观念方面的具体表现便是儒家的礼教对女子的行为所做的种种规定和限制。

比如说,《礼记·内则》指出:"礼始于谨夫妇。为宫室,辨内外,男子居外,女子居内。深宫固门,阍寺守之,男不入,女不出。"这就是说,人们必须清楚地认识到内外有别,女主内,男主外。这种规制无论是对于宫殿来说,还是就民宅而言都是一致的,它贯穿于一切中国古代建筑的规制之中。而且,需要强调指出的是,这里的内外并不单纯指建筑空间上的内与外,而是形象地借助空间上的屋内和屋外,延伸至表示家庭内和家庭外的事情——外部的事情相对于内部的事情来难度要大很多,需要男人来承担,而女人只需要负责家里的小事情就可以了;承担的事情不同,享有的权利当然也就相应地不同,这就从建筑上呈现出了中国古代的男尊女卑。如墨子说"宫墙之高足以别男女之礼",指出建筑空间的构成要具备与行为习俗一致的空间态势。

---

① 戴胜编:《礼记》卷八,时代文艺出版社,第108页。

因此，男尊女卑的精神境界实际上也是对重视礼制的一个特殊的重要表现。在儒家为代表的封建思想的长期影响下，人们也逐渐变得安于这种建筑等级制，认为只有严格遵照这种建筑等级制，社会才能和谐，天下才能太平。"这不仅是理想状态，而且是天经地义的。由此人们只能对封建社会等级制度顶礼膜拜，而不能产生丝毫怀疑。"①

因此，中国古代建筑所表现出来的无论是重视礼制还是男尊女卑的思想，都印证了中国古人礼乐并重——等级森严的社会境界。

三　天人合一——注重和谐的理想境界

从中国思想史的角度来看，"天人合一"的思想概念最早是由庄子阐述的，后来才被汉代思想家、阴阳家董仲舒发展为哲学思想体系，并由此构建了中华传统文化的基本精神。"天人合一"主要有两层意思：其一是天人一致。宇宙自然是大天地，人则是一个小天地；其二是天人相应，或天人相通，它认为人和自然在本质上是相通的，故一切人事均应顺乎自然规律，达到人与自然和谐。比如老子曾经说："人法地，地法天，天法道，道法自然"，这清楚地表明了人与自然的一致与相通；汉儒董仲舒也明确提出："天人之际，合而为一"（《春秋繁露·深察名号》）。这种观点逐渐成为延续两千多年的儒家思想的一个重要观点。

中国古代建筑追求天人合一的理想境界，事实也表明追求"天、地、人"的和谐统一，实质上已经成为中国古人在设计和建造建筑时的一种自觉意识和理想境界。这种天人合一境界的具体表现之一，就是以人与自然和谐为核心的风水理论。据说风水的创始人是九天玄女，比较完善的风水学问则起源于战国时代。早期的风水理论主要关乎宫殿、住宅、村落、墓地的选址、座向、建设等方法及原则，是一门有关选择合适的居住方位的学问。具体说来，在"天人合一"的思想支配下，中国古代建筑无论从选址定位、设计布局，还是城市规划，都强调建筑与自然的融合，追求的是人与自然的和谐、融合，追求人、建筑、周围环境的相互映衬和浑然一体，并由此而延伸出了在建筑中非常注重的风水学。在这里，"风"指

---

① 李宝玉：《发展与和谐》，中原农民出版社2005年版，第21页。

的是元气和场能，"水"则指的是流动和变化。因此，就其狭义而言，"风水"本为相地之术，即临场校察地理的方法。

　　风水理论认为天地人是一个大系统，建筑者必须重视山形地势，把小环境放入大环境考察，如清代《阳宅十书》指出："人之居处宜以大地山河为主，其来脉气势最大，关系人祸福最为切要。"因此，在这个系统中，天地人三者是相互联系、相互制约、相互依存、相互对立和相互转化的，人们必须宏观地把握各子系统之间的关系，通过优化结构来寻求最佳组合，使人与建筑适宜于自然，回归自然，返朴归真，以达到天人合一的境界。

　　综上所述，在中国传统文化语境中，建筑与人从来就是合二为一的整体，它始终贯穿着人与自然和谐共生的基本追求，所以，研究建筑文化及其所体现的精神境界绝不能把二者分离开来。中国古代建筑，不管是都城宫殿、宗教及坛庙建筑还是村落民宅，都深受中国传统文化的影响，都体现着中华民族追求天人合一、和谐共生的精神境界。更加深入、系统和细致地探讨和研究这些通过建筑设计、建造、布局、布置等方面具体体现出来的宜居乐生的个体基本生存境界、追求整体的等级森严的社会境界、向往人与自然和谐相处的天人合一理想境界，对于更加全面地认识和把握中国文化的基本精神、体认中国文化所蕴含的精神境界，显然是具有不可或缺的理论意义和现实价值的。

主要参考文献

[1] 霍桂桓：《文化哲学论要》，中国社会科学出版社2011年版。

[2] 马克思、恩格斯：《德意志意识形态》（节选本），人民出版社2003年版。

[3] 杨天宇：《礼记译注》（上、下），上海古籍出版社1997年版。

[4] 张觉：《荀子译注》，上海古籍出版社1996年版。

[5] 冯天瑜等：《中国文化史》，上海人民出版社1996年版。

[6] 袁庭栋译注：《易经》，巴蜀书社2004年版。

[7] 梁思成：《中国建筑史》，中国建筑工业出版社2005年版。

[8] 郭沫若：《十批判书·孔墨的批判》，人民出版社1982年版。

[9] 戴胜编：《礼记》卷八，时代文艺出版社。

[10] "万有文库"版本《管子》，商务印书馆1936年版，第二册。

［11］李宝玉：《发展与和谐》，中原农民出版社 2005 年版。

［12］梁思成：《我国伟大的建筑传统与遗产》，《文物参考资料》1951 年第 2 卷第 5 期。

［13］彭晋媛：《礼—中国传统建筑的伦理内涵》，《华侨大学学报》（哲学社会科学版），2003 年第 1 期。

［14］李嘉华：《礼乐合一、情理并重、天人不二》，四川建筑第 19 卷 2 期 1999 年第 5 期。

［15］张锦秋：《中国传统建筑设计理念及今用》，《城市发展研究》1997 年第 4 期。

［16］梁变凤：《中国古代建筑的哲学思想》，《自然辩证法研究》第 26 卷第 12 期，2010 年 12 月。

［17］李玲：《中国古代建筑和谐理念研究》，山东大学博士论文，2011 年。

［18］刘玉立：《中国民居建筑与传统文化关系探微》，《学术交流》1999 年第 2 期。

天地境界与生态化生存

郭忠义　侯亚楠[*]

一　天地境界：人类走出生存困境的形而上思考

张岱年先生指出，"人生论是中国哲学之中心部分"[①]，"中国哲人的文章与谈论，常常第一句讲宇宙，第二句便讲人生"[②]。"究天人之际"是数千年中国哲学一以贯之主题，探寻人生意义和境界、揭示人在宇宙中的地位及作用，成为中国哲学的一大特色。

这种主题又是在"合知行"、"一天人"的天人一体化语境中展开。一方面，人法地、地法天，天地是人之为人的存在论根基；另一方面，天地自然又成为与人相类的生机勃勃的生命本体，尽人之心、知人知性，即可知天。

《周易》以生生精神把人的存在纳入自然宇宙的生命系统之中，指出"天以大生"，"地以广生"，"天地之大德曰生"[③]。在《周易》看来，人为天地自然所生，因而，人与天地自然"同声相应，同声相求"[④]。人源

---

[*] 郭忠义，辽宁大学哲学与公共管理学院；侯亚楠，鞍山师范学院、思想政治理论课教学科研部。

本文系2014年辽宁省教育厅人文社会科学研究一般项目（W2014178）《马克思人的发展阶段理论与生态公民培育研究》；省社科联2014年度辽宁经济社会发展重点课题（2014lslktzdian—01）《中国梦的生态维度与"生态人"的培育研究》的研究成果。

[①] 张岱年：《中国哲学大纲》，江苏教育出版社2005年版，第171页，第171页，第8页，第8页，第7页。

[②] 张岱年：《中国哲学大纲》，江苏教育出版社2005年版，第171页，第171页，第8页，第8页，第7页。

[③] 《周易正义》，北京大学出版社1999年版。

[④] 《周易正义》，北京大学出版社1999年版。

于自然，是自然的一部分。因而，人必须尊重自然，顺应自然，遵循自然规律，而不可违背自然规律为所欲为。同时，作为与天地并立的三才四大之一的人，又不同于一般的物，他能够"裁成天地之道，辅相万物之宜"①，赞天地之化育，调节宇宙自然生态的良性循环。

《淮南子》提出"天一，地二，人三"的观点，认为"天之与人有以相通也"②。《吕氏春秋》亦言："人之与天地也同，万物之形虽异，其情一体也。""天地万物一人之身也，此之谓大同"③。《春秋繁露》更谓："天地人，万物之本也。天生之，地养之，人成之。……三者相为手足，合以成体，不可一无也。"④

北宋二程于董仲舒更进一步，主张天人不二。程颢说，"天人本无二，不必言合"⑤。程颐说，"道未始有天人之别，但在天则为天道，在人则为人道"⑥。

由上可见，天人合一是中国哲学的根本观念，自觉达到天人合一之境界是人生之最高理想。如果说西方哲学剖判主客，视宇宙为外在对象，中国哲学则认为宇宙本根与人之心性相通，研究宇宙就是研究人本身。

与中国哲学不同，西方哲学的开山之一柏拉图就首开古希腊"天人相分"的二元论哲学传统。在他那里，"实在与现象，理念与感觉对象，理智与感官直觉，灵魂与身体。这些对立都是联系着的：在每一组对立中，前者都优越于后者，无论在实在性方面还是在美好性方面。苦行式的道德便是这种二元论的自然结果。基督教一部分采用了这种学说"⑦，强化了天国与人间的分立和人与自然的对立。基督教认为，上帝创造了世界万事万物，也创造了作为宇宙精华、万物灵长的人类。《圣经·创世纪》中宣称，在上帝所有创造物中，他最喜欢人类，地球上的所有动物都是用

---

① 《周易正义》，北京大学出版社1999年版。
② 《淮南子译注》，吉林文史出版社1990年版。
③ 《吕氏春秋译注》，吉林文史出版社1993年版。
④ 《春秋繁义证》，中华书局1992年版。
⑤ 张岱年：《中国哲学大纲》，江苏教育出版社2005年版，第171页，第171页，第8页，第8页，第7页。
⑥ 张岱年：《中国哲学大纲》，江苏教育出版社2005年版，第171页，第171页，第8页，第8页，第7页。
⑦ 罗素：《西方哲学史》（上），商务印书馆1963年版，第178页。

来供你驱使，为你服务的。这意味着人是大自然的主人，大自然就是基于实现人类的利益而存在。人作为世界的绝对中心绝对地统治、支配大自然。后来，人们借助于实验科学和技术理性，实现了上帝的旨意，实现了对自然界的奴役和征服，又强化了对理性万能、理性至上的信仰。进化论则演绎出人性永远进步、历史永远向上的社会进步信念和科学主义人生观。坚信随着理性和技术的进步，人类终将在征服自然的体验中，进入一种完善完满的人生境界。

工业化带来的生态环境危机使人们在这种"进步"迷梦中惊醒，重新审视西方文明关于人与自然关系文化定位的历史局限，重新思考哲学与人生境界的崭新关系，成为哲学的时代诉求。而中国古老的天人合一观念，也将焕发出新的时代魅力。

冯友兰先生的人生境界论，是哲学与人生关系的现代思考，是中国哲学对现代性后果的思想回应。冯先生按照对人的行为的"觉解"，把人生境界分为自然境界、功利境界、道德境界、天地境界四种。所谓自然境界是人按照人的本能与社会风俗习惯的行为。功利境界的人则是为了自己，但其后果则可能是利他的，虽然后果是利他的，但其动机总是利己的，他着重于看动机。道德境界的人知道自己是社会的成员，为社会利益而行动，按道德命令办事。天地境界的人则不仅认识到社会，而且认识到他自己是宇宙的成员，他的行为是为了宇宙的利益。冯友兰说："一个人可能了解到超乎社会整体之上，还有一个更大的整体，即宇宙。他不仅是社会的一员，同时还是宇宙的一员；他是社会组织的公民，同时还是孟子所说的'天民'。有这种觉解，他就为宇宙的利益而做各种事。他了解他所做的事的意义，自觉地正在做他所做的事。这种觉解为他构成了最高的人生境界，就是我所说的天地境界。"[①] 他以为自然境界与功利境界是自然的赐予，即离不开自然的生活，道德境界和天地境界则是精神的创造，即人的行为不依赖于自然而超越于自然。冯先生的人生境界说提倡现实的人超越自我，从自然境界提升到天地境界，使理解的对象与自觉的人统一。达到了"天地境界"，人生问题也就得到了解决。

冯先生的人生四境界说汲取传统人生哲学之精粹，实现了形而下现实

---

① 冯友兰：《人生的境界》，《思维与智慧》，2007 年第 12 期。

与形而上理想的具体统一,实现了传统人生哲学向现代人生哲学的转向。因为,它已经不是传统哲学人生观的简单重述,而是凝结着对西方现代化后果的反思。

"形而上学作为一种特定的历史性的精神类型,总是在世俗社会的转型和精神的历史迁移之中,面对着自身的某种精神资源和伴随着现实的社会条件来实现自身的演进。"① 新理学的四境界说就秉承了这一特点,承认人的生存方式的共时性下人生境界的层次性,在人的精神生命与宇宙生命相融中实现人的形而上人生追求。同时,在历史的生产方式交叠中,展现不同的人生境界。它以宏大的历史感,反思西方工业化、市场化之历史并将人生境界与社会历史发展进程相对应。可以认为,自然境界是前工业社会的伦理样态,功利境界和道德境界则反映了工业化、市场化社会的伦理准则,天地境界则是后工业化社会的理想追求。这种人生境界说的表述方法不仅与马克思哲学精神不谋而合,而且,他的天地境界说,更是与马克思在《1844年经济学哲学手稿》中的"生态人"和"生态化生存"观念旨趣相同。

二 生态人:天地境界的马克思哲学视域

21世纪是生态的世纪,生态文明是当代世界精神文明一大主流。正如著名的后现代主义思想家托马斯·伯里所预言的那样,我们已经进入了"一个追求生态文明的'生态时代'"②。什么样的文明塑造什么样的人,什么样的人建设什么样的文明。因此,克服工业文明的历史局限,追求人与生态环境的平衡,强调人的生态化成为现今时代的人格追求。

人的本质是对人的终极追问,也是人的自我意识的最高境界。马克思超越传统哲学关于"人的本质"问题的抽象思辨,将理论的焦点定位于"现实的个人"。人是一切社会关系的总和。"生态人"不是凭空产生,而是人与自然、人与社会之间关系发展的必然结果,是人的本质的历史性完

---

① 陆杰荣等著:《形而上学研究的几个问题》,中国社会科学出版社2012年版,第2页(代自序)。

② 格里芬:《后现代精神》,中央编译出版社1998年版,第81页。

成，也就是马克思所说"人与自然完成了的本质的统一"。按照马克思《1844年经济学哲学手稿》中辩证法的历史尺度，"人与自然完成了的本质的统一"，必然包含着由"自然人"到"主体人"再到"生态人"的这一人的发展的宏观进程。与"自然主义"相对应的是"自然人"，与"人道主义"相对应的是"主体人"，与"自然主义和人道主义的统一"相对应的就是"生态人"。

"生态人"是体现人与自然新型关系的当代人格的现实形式，是体现人的本质的多样性展开的未来向度，是人的原始生态属性在高级社会发展阶段的自我再认。自然已经不是作为主体人征服和改造的客体，而是主客体分化后的重新回归，"是自然界的真正复活"。人与自然已经成为唇齿相依、形神一体的共生性关系。自然即人，人即自然，自然是人体的一部分，关爱自然就是博爱的自爱，破坏自然就是无意识的自残或自杀。生态人不是大地之子衣锦还乡后的炫耀，而是迷失的浪子带着罪感回归大地之母的拥抱。就如马克思所说，自然对人来说成为人，人则成为了真正的自然。

20世纪的中国哲学是中西哲学交流的过程。冯友兰的新理学是本世纪中叶这种交流的产物。它克服了全盘西化的片面性，也初步找出了中国哲学可以与西方哲学参照的理论路径。这就使新理学成为理学的解释者，也给予西方哲学家以了解中国哲学的桥梁。因此，在中西哲学会通交融的语境中，马克思《1844年经济学哲学手稿》中所描摹的"生态人"理念与冯先生的"天地境界"说有着异曲同工之妙，二者蕴含着相同的普遍本体与人生的终极意义，主要体现在如下三点：

第一，中心思想相同，即人与自然的和谐。与近代哲学从主客二分角度探讨人与自然关系的基本理路不同，马克思在《手稿》中是以人与自然的一体化为前提，考察人与自然之间的关系问题。于是"生态人"意蕴也就悄然而生。所谓生态人就是人与自然生态一体化的人，自然界是人无机的身体，人是自然界有机的灵魂，自然界对人而言也成为人。要义就是马克思所说："自然界，就它自身不是人的身体而言，是人的无机的身体。人靠自然界生活。这就是说，自然界是人为了不致死亡而必须与之处于持续不断的交互作用过程的、人的身体。所谓人的肉体生活和精神生活同自然界相联系，不外是说自然界同自身相联系，因为人是自然界的一部分。"① "天地境界"是属于形上学范畴，形上学所研究的主要范畴也是人与自然。处于天地境界的人，"其行为是'事天'底"，他除了对"社会的全"的觉解之外，还有对"宇宙的全"的觉解。"他已知天，所以他知人不但是社会的全的一部分，并且是宇宙的全的一部分。"② 就是说，作为宇宙的一员，我们所要做的是让全体生命都蓬勃发展，人与宇宙统一。"我"作为个体已经融化到整个宇宙间的"大我"之中去了。个体的"我"必须要去帮助所有生物圈内全体生命都实现他们的潜能，那么这个世界就是一个完美和谐的世界。

第二，价值取向相同，都是超功利的。"生态人"的价值观与传统的人类中心主义价值观不同，它特别重视人与自然关系的和谐，重视自然的内在价值。在强调人的价值与自然价值和谐平衡的基础上，否认人是自然之王，承认人是自然之子。人要享用自然，就要呵护自然，按照自然节律与自然构成一个和谐的整体。人与自然的和谐是人的本质和生命需要。人与自然关系的平衡与和谐，不仅是自然解放的前提，而且也是全人类最终得到解放的基础。天地境界亦然，它不仅具有明显的无私的超功利主义色彩，而且具有超自我、超民族、超国家的宇宙"大我"情怀。它一方面承认了自然境界和功利境界在社会人群中存在的合理性和广泛性，同时又以理性的态度说明，利益虽是人生之基本需求，但却不是最高价值。人应该有超乎利之上的更高追求，不应忘记人之所以为人的尊严和崇高。他主张以道义为指导去处理复杂的利益关系，要求人们不可一味利己，必须兼顾他人和群体的利益，以公为重。此种价值取向是合理和有益的。

第三，人类的理想目标和逻辑终点相同。共产主义是人与自然关系的理想状态。共产主义"作为完成了的自然主义，等于人道主义，而作为完成了的人道主义，等于自然主义，它是人和自然界之间、人和人之间的矛盾的真正解决"③。就人而言，"它是人向自身、也就是向社会的即合乎

---

① 《马克思恩格斯文集》第1卷，人民出版社2009年版，第161页，第185页，第185页，第502页，第193页。

② 冯友兰：《冯友兰学术论著自选集》，北京师范学院出版社1992年版，第227页。

③ 《马克思恩格斯文集》第1卷，人民出版社2009年版，第161页，第185页，第185页，第502页，第193页。

人性的人的复归"①。由此可见，生态人是经过了异化和克服异化的历史过程的自然主义和人道主义的统一，是人道精神面对自然的历史敞开，是自然主义向人本身的历史性回归。生态人不是自然主义的自然人，也不是人道主义的主体人，而是自然主义与人道主义统一的"生态人"。天地境界是冯先生人生哲学的最高境界。对于天地境界中的人，冯友兰称为"天民"，他是无我的，又是有我的，他的行为虽然仍是日常人所作之事，因其有最高的觉解，所以能顺理而行，不思而得，不勉而中。他认为，只有进入天地境界，才能真正地拥有"圣人气象"，才能实现人生最高的追求，找到"安身立命"之地。

三 生态化生存：天地境界的实践形式

以"合知行"为特征的中国哲学与马克思哲学具有实践本质的相通性。"中国哲学在本质上是知行合一的。思想学说与生活实践，融成一片。"② 马克思则指出，"哲学家们只是用不同的方式解释世界，问题在于改变世界。"③ 可见，哲学理论离不开实践，要以生活实践为基础，为归宿。冯友兰先生说，"人必须行动。人的境界，即在人的行动中"④。一个人有什么样的人生境界决定了他在现实社会中会怎样生活，怎样实践。因此，"生态化生存"正是"天地境界"的实践重心和必然逻辑归宿。

人的生存方式是指人与人、人与自然的交往方式，是人类为实现自己的生存与发展的生产方式与生活方式的总和。由于"只有在社会中，人的自然的存在对他来说才是人的合乎人性的存在，并且自然界对他来说才成为人"，所以，标志人与自然关系的存在形式，本身就是社会化生存方式。那么，从自然人到主体人再到生态人，就是表现人与自然关系的三大人格状态，其社会性实现形式就是"自然化生存"、"主体化生存"和

---

① 张岱年：《中国哲学大纲》，江苏教育出版社2005年版，第171页，第171页，第8页，第8页，第7页。

② 《马克思恩格斯文集》第1卷，人民出版社2009年版，第161页，第185页，第185页，第502页，第193页。

③ 同上。

④ 冯友兰：《三松堂全集》第4卷，河南人民出版社2001年版，第509页。

"生态化生存"。

马克思指出,"在人类历史中即在人类社会的形成过程中生成的自然界,是人的现实的自然界;因此,通过工业——尽管以异化的形式——形成的自然界,是真正的、人本学的自然界"①。那么,这人与自然相关的三大生存范式的现实形态就是经济学意义上的生产方式,即前工业化生产方式、工业化生产方式和后工业化生产方式。它的变迁是"一切社会变迁和政治变革的终极原因"②,也是人本学的自然界变化的最终根源。

"自然人"生存范式即自然化生存,从原始社会到以农牧社会为主要生产方式的封建社会都属于这一生存样态。本质特征是人与自然处于原始统一状态尚未有主体性觉醒,人以屈从于自然为代价实现与自然的原始和谐,自然界的面貌尚未真正面向人类而呈现。例如,"新墨西哥的印第安人拒绝使用钢犁,因为它会伤害母亲(大地)的胸脯。这些印第安人在春天耕作时,从马身上摘下马掌,免得伤害怀孕的大地。"③ 从博尔歇所举的较晚近的例子昭示了人与世界的原初关联无可避免地蒙罩着神性与类人性的色彩。人的异化的本质——神成为人的主人。自然以本身节律规定着人的生命节律,以社会性的神的形式实现着对人的统治。

"主体人"的生存范式即"主体化生存",它是与工业化的生产方式相对应的。因此,是以异化的"机械化生存"的方式实现的。作为工业文明先导的以牛顿力学为基础的近代科学,提供了一种机械化的宇宙观,并在近代先哲那里变成一种辩证的时代精神,一方面宣布了人是宇宙精华万物灵长的自由"主体"地位;一方面又宣布"人是机器"的被动客体品格。霍布斯认为人不过是一架时钟,"心脏……不过是发条,神经不过是游丝,关节不过是齿轮。"④ 大写的"人"借助于科技理性和机器征服自然万象,借助于市场和资本上帝般配置和攫取一切自然资源,俨然成为自然界的主宰,沉醉于征服者对自然的胜利并膨胀着自己的无限欲望。同

---

① 《马克思恩格斯文集》第1卷,人民出版社2009年版,第161页,第185页,第185页,第502页,第193页。

② 《马克思恩格斯文集》第3卷,人民出版社2009年版,第547页。

③ H.V博尔歇:《印第安人、悲惨的美国人》,转引自许小委《存在论视域中的人与自然》,《吉首大学学报》,2008年第7期。

④ [英]霍布斯:《利维坦》,黎思复、黎廷弼译,商务印书馆1985年版,第1页。

时，具体的个人又不断地异化、物化、单面化为被动的存在，宣告着主体之死。马克思的劳动异化理论说明人的劳动本质的异化，即人的自由本质的丧失。卢卡奇的物化理论说明劳动异化在资本主义生产条件下的物化本质，人的物质化、机械化成为资本统治下的必然现实。阿多诺和霍克海默更是一针见血地指出，一方面，机器和掌握机器的社会集团绝对地支配了其他人群，一方面，"社会对自然的暴力达到了前所未有的程度。"① 人的身体成了"为社会机构、经济机构以及科学机构服务所造就的生产系统，"② 生产系统又"通过理性化的劳动方式，消除人的本质"。人的"主体化生存"状态，"从自然中想学到的就是如何利用自然，以便全面地统治自然和他者，"③ 欲在征服自然中确立人的主体地位，最后却"抹除了其自我意识的一切痕迹"④。人们"每一种彻底粉碎自然奴役的尝试都只会在打破自然的过程中，更深地陷入到自然的束缚之中。"⑤ 正如恩格斯早就告诫的那样，"我们不要过分陶醉于我们人类对自然界的胜利"⑥。20世纪的历史和生态环境危机使我们既不能拒绝主体化生存而向传统的自然化生存方式倒退，又不能回避主体化生存所导致的危机与困境，必须追求一种既能够充分实现主体化生存的积极价值同时又尽可能避免其负面价值的人与自然和谐共处的新型生存方式。这种新的生存方式，我们称之为生态化生存，其境界层级就是"天地境界"。

所谓生态化生存，就是超越以机械论的自然观为基础的世界观，视与人一体化的自然为灵动的有机的生命本体和终极性存在，视生命的意义和价值为终极价值，以自然界的生态美好尺度为人的生命美好尺度，实现人与自然的真正和解和共生性统一。在人与自然的关系上，人既不是自然界的"奴仆"，也不是自然界的"主人"，而是与自然同生共体。自然即人，人即自然，自然是人的一部分，是人无机的身体，人是自然有机的灵魂。

---

① [德] 马克斯·霍克海默、西奥多·阿道尔诺：《启蒙辩证法》，渠敬东、曹卫东译，上海人民出版社2006年版，第4页（前言1944/1947）、第29页、第2页、第2页、第9页。
② 同上。
③ 同上。
④ 同上。
⑤ 同上。
⑥ 《马克思恩格斯文集》第9卷，人民出版社2009年版，第559页。

人与自然是完成了的本质的统一。

生态化生存就是对主体化生存的积极扬弃，就是人的主体性本质的完成后在更高的历史阶段上向自然化生存的历史回归。人与自然的两极对立关系已经变为一损俱损、一荣俱荣的同体关系；人类社会的存在发展必须主动积极地顺应自然的生命节律，与自然界共生共荣，相依为命，共同发展。

马克思早就指出，人类社会发展中异化和克服异化走的是同一条道路，"生态化生存"就是当代社会克服主体化生存之机械化、物化弊端的现实路径。中国是处于社会主义初级阶段的"发展中大国"的现实，决定了当下国人"自然人""主体人"和"生态人"的三重人格和三种生存样态的交叠。难免的人格冲突所造成的内在焦虑与行为方式的冲突，呼唤着中华民族古老的天人合一的生存文明的现代再生。中国政府作出履行《21世纪议程》的庄严承诺，意味着中华民族对"天地境界"的美好憧憬；科学发展观的提出则标志着我国提出了"生态化生存"的伟大纲领。党的五位一体的社会主义现代化总体布局，一定意义上说，就是要克服我们片面的"主体化生存"的人格缺陷。

总之，天地境界勾勒出的乃是一幅由知天、事天、乐天而至"同天"的人生终极理想愿景，其精华是"天人合一"，力求宇宙间的和谐。天地境界只有在生态化生存的语境中才能得以理解和实现。它深刻地揭示了人与自然的内在价值，虽然是"最哲学的形而上学"，但为现代人指出一条如何实现从形下物质世界到形上精神世界的超越之路。

显与隐：老子之"道"的"有"与"无"

王雅[*]

"道"是老子哲学的核心范畴，老子整个哲学体系都是从"道"出发，围绕"道"而展开。但对"道"究竟是什么，由于老子自身表述的多义与含混，不同时代的不同诠释者作出了各不相同的解释，从庄子、韩非到河上公、王弼，从东洋汉学家到当代西方哲学家，老子之"道"成为古今中外诠释学的经典问题。其实，在老子恍兮惚兮、扑朔迷离的论述中，对"道"还是给出了相对明晰的说法的，"道"是形下世界的本原，它以"有"和"无"来显露与隐藏自己。"有"和"无"是老子哲学中重要的哲学范畴，是"道"的属性与表现形式。

一 从《老子》第一章的句读看"道"和"有"、"无"的词性

西方诠释学理论认为："文字、意义和精神是解释的三要素"，对于每一个需要解释的段落，必须首先弄清其文字在陈述什么；如何在陈述；陈述句具有什么意义；在文本中具有什么意味性；文字由之流射出的并力求返回到其中的整体的观念或精神是什么。[①] 在中国哲学中这三要素同样起着重要的作用，中国漫长的经学历史，其实也就是中国诠释学的历史，所谓的训诂、考据、词章之学和义理之学，或汉学与宋学，今文经学与古

---

[*] 王雅，女，辽宁大学哲学与公共管理学院教授，博士生导师。主要研究方向：中国哲学与中国文化。

辽宁省社科规划项目：《中国特色社会主义共同理想的中国哲学基础》，项目号：L10BZX011。

① 洪汉鼎主编：《理解与解释》，东方出版社2001年版，第12页。

文经学，都程度不同地遵循着句读、词章、义理的进路诠释着前人的观念，阐发着自己的思想。在对老子的研究中也是如此。关于《老子》第一章的句读历来是研究老子思想的关键。

对"道可道非常道名可名非常名无名天地之始有名万物之母故常无欲以观其妙常有欲以观其徼此两者同出而异名同谓之玄玄之又玄众妙之门"，历史上有以下几种句读形式：王弼本是"道可道，非常道。名可名，非常名。无名天地之始。有名万物之母。故常无欲，以观其妙。常有欲，以观其徼。此两者同出而异名，同谓之玄，玄之又玄，众妙之门。"帛书本为"道，可道也，非恒道也。名，可名也，非恒名也。无名，万物之始也。有名，万物之母也。故恒无欲也，以观其眇；恒有欲也，以观其所曒。两者同出，异名同谓，玄之又玄，众眇之门。"① 河上公本为"道可道，非常道。名可名，非常名。无名，天地之始；有名，万物之母。故常无欲，以观其妙。常有欲，以观其徼。此两者，同出而异名。同谓之玄。玄之又玄，众妙之门"。② 从河上公、王弼以来，历代研读老子者大多都以"无名"、"有名"；"常无欲"、"常有欲"为读。

通观老子全书，我们认为老子第一章的句读为"道可道，非常道。名可名，非常名。无，名天地之始。有，名万物之母。故常无，欲以观其妙。常有，欲以观其徼。此两者同，出而异名③，同谓之玄，玄之又玄，众妙之门。"应更符合老子的思想。这也是宋人司马光、王安石、苏辙、白玉蟾，明人释德清，近人梁启超、高亨等皆以"无"、"有"；"常无"、"常有"为读之所本。

是以"无名"、"有名"；"常无欲"、"常有欲"为读，还是以"无"、"有"；"常无"、"常有"为读，绝不是简单的文字游戏，而是直接关系到老子哲学的概念，关系到对老子思想的理解。如果以"无名"、"有

---

① 许抗生著：《帛书老子注释与研究》（增订本），浙江人民出版社1982年版。
② 王卡点校：《老子道德经河上公章句》，中华书局1993年版。
③ 历来注家多作一句读。陈景元、吴澄、释德清读作"此两者同，出而异名"。陈、吴、德清句读不但在义理上、逻辑上皆通，意思是"常无"、"常有"是指一个东西，是同一个东西的不同名字。这个东西就是道。以"同""名"为读，也合乎韵律。"同"入东部，"名"入耕部，两者为近邻韵，可以押韵。如作一句读，则和前两句、后句都不押韵。参见古棣、周英著《老子通》，吉林人民出版社。

名"；"常无欲"、"常有欲"为读，说明"在老子思想体系中还没有一个明确的'无'的哲学概念。"① 老子中的80余次"无"字，"绝大部分是形容词或副词，仅有一两处用作名词，一处即'天下万物生于有，(有)生于无'。这里的'无'明显是名词，而且是用于宇宙论的'无'，……另一处可能的例子是'三十辐，共一毂，当其无，有车之用……'这里是通行本的断句，如果这样断句，这里的'无'就是名词。问题在于'当其无'后面的'有'可从上连读，成为'当其无有'，这样这里的'无'就不是名词了。"即使是"'有之以为利，无之以为用'中的'无'也不是典型的名词用法。"② 日人金古治亦言，"《老子》中"无"字的表现方式大部分关于甚么行为、功用、存在等概念，"是形容词和副词的用法，是"作为对诸多'有'的否定之'无'。""因此，《老子》并没有特别具有'无'的思想这一种见解，我想应该是正确的。"③

事实上，在老子哲学中，不仅有明确的"道"的概念，而且有明确的"无"和"有"的概念，这在《老子》第一章中表达得非常清楚，"道可道，非常道；名可名，非常名。"第一个"道"字、"名"字和第三个"道"字、"名"字是名词，第二个"道"字、"名"字是动词。"无，名天地之始，有，名万物之母。"即"无"是天地创始者之名，"有"是万物产生者之名。"无"和"有"都是指的"道"，是构成"道"或说表现"道"的两种属性或形式，所以下文有"此两者同，出而异名；同谓之玄，玄之又玄，众妙之门。""玄"即是"道"。第六章的"玄牝之门，是谓天地根。"王弼注曰："玄牝之所由也，本其所由，与极同体，故谓之天地之根也。欲言存邪，则不见其形，欲言无邪，万物以之生。"清晰地描述出"道"的显与隐的品性与存在方式，"常无"，才能体悟"道"创生天地之始；（王弼注："妙者，微之极也，万物始于微而后成，始于无而后生。"）"常有"，才能体悟"道"的归终，（王弼注："徼，归终也。"）即第四十章的"反者道之动"之意。

---

① 刘笑敢：《经典诠释与体系建构——中国哲学诠释传统的成熟与特点刍议》，《中国哲学史》2002年1期。

② 同上。

③ [日]金古治：《"无"的思想之展开——从老子到王弼》，载《道家文化研究》第一辑，上海古籍出版社1992年6月。

综观第一章，老子不仅明确把"道""有""无""常无""常有"作为名词使用，而且作为哲学概念来使用，并规定了"道"与"无"、"有"的关系。"道"有可以用名言概念言说的具体的之道与不可以用名言概念言说的恒常之道之别。作为本原的"道"，是先天先地、无形无状、周流万物、变动不拘的形而上的、本原的、抽象的范畴，老子用"无"来概括"道"的这一属性，用无形、无象、无名、无欲等来描述"道"迁流生化的动态。"但作为形而上的'道'，虽无形，无以名之，并非不存在等于虚无，如同数学上的零（依冯友兰先生说）。即是说，'道'作为本原，具有实体的意义，所以又称其为'有物混成'，'无状之状'，'无物之象'或'道之为物，惟恍惟惚'。凡此又表示，'道'作为本原，乃实体概念，非虚无概念。"① 老子用"有"来概括"道"的这种实体性，用有物、有状、有象、有名、有欲来描述"道"生成衣养万物的形迹。"道"是"无"与"有"的合一。"道""无""有"都具有形而上的性质，这是老子哲学的形上基质。

二 形而上的"道"、"无"、"有"

"道"最初的含义是道路的意思，金文中所见的"道"字从首从行，表示人行路上，意为"道路"。"《易经》道字四见，都是在这个原初的意义上使用的。《诗经》引申为道理和方法，《左传》、《国语》把道分为天道与人道，以涵盖自然与社会，这较之道路之道，不仅是一种抽象的概括，而且是内涵的扩展或丰富。"②

在这样的文化背景下，老子从人道的变化和天道的自然无为而又无所不为中发现："道"可以有形而上与形而下之分、抽象与具体之别，即"可言说的生灭之道与不可言说的恒常之道。"据此，他把恒常之道作为一个哲学概念提出，开宗明义地阐明"道"的形而上品格。

他先言"道可道，非常道"，从负的方面对"道"的形而上性质作出规定。可以言说的"道"，不是他的恒常不变的形上之道，他的形上之

---

① 朱伯崑：《老庄哲学中有无范畴的再检讨》，《道家文化研究》第十四辑。
② 张立文等：《道》中国人民大学出版社1989年版，5页。

"道"是不可以用语言来言说的,"道"的这种不可言说、超言绝象、惟恍惟乎,"无论用符号还是比喻都不可能彻底地翻译出来。正因为它们是含糊暧昧的,充满了半露半隐的意义,最后还是不可穷尽的。"[1] 老子用"视之不见"、"听之不闻"、"博之不得"、"无状之状,无物之象。是谓惚恍。"(《老子·十四章》)"寂兮寥兮,独立而不改,周行而不怠。"(《老子·二十五章》)来描摹"道",努力使人了解他的形而上的"道"。

可能老子自己也认识到这种言说难以表述此形而上之道,所以,在二十五章中,他不得已引入形而下的"物"作对照来强为之说,从正的方面指出他的形上之"道"是先于具体形下世界的、整全的、万物本原的"道"。"有物混成,先天地生。寂兮寥兮,独立而不改,周行而不怠,可以为天下母。吾不知其名,字之曰道,强为之名曰大。"从先天地生,恒常不变,周流不息的先在性和变动性来说明"道"的形而上性和本原性。所谓的"有物混成,先天地生",庄子发挥为"夫道,有情有信,无为无形;可传而不可受,可得而不可见;自本自根,未有天地,自古以固存。神鬼神帝,生天生地;在太极之先而不为高,在六极之下而不为有,长于上古而不为老。"(《庄子·大宗师》)深刻而周延诠释出"道"虽无形无象,却具有实体性。这种实体性的"道"的本根虽然具有可以成为具体实在万物的功能,但它的存在方式只能是"无"。因为"有先天地生者物耶?物物者非物。物出,不得先物也,犹其有物也。犹其有物也,无已。"(《庄子·知北游》)就是说,先于"物"的存在只能是非物,是无,是道。第二十一章进一步描述"道"之于为物,迁流变化、周行显现,亦有亦无、即象而超象的特质。"孔德之容,惟道是从。道之为物,惟恍惟惚。惚兮恍兮,其中有象,恍兮惚兮,其中有物。窈兮冥兮,其中有精。其中甚真,其中有信。自古及今,其名不去。以阅众甫。吾何以知众甫之状哉,以此。"按王弼的解释,"孔,空也。惟以空为德,然后乃能动作从道。""恍惚无形",不系(滞)于具体的形象,从古至今,形上之"道"恒常存在,人可以即物("有")把握"道"的存在和意义——象、物、精、真、信。"以上之所云也,言吾何以知万物之始于无哉,以

---

[1] [瑞士] 荣格:《集体无意识的象征》,《心理学与文学》,冯川、苏克译,三联书店1987年版,第90页。

此知之也。"① 从这个意义上说，"道"就是"有"与"无"的统一。

从有形万物推溯其未形之前，"夫物云云，各复归其根。"（《老子·十六章》）这个"根"就是"道"、是"无"，这也就是四十章所云的"天下万物生于有，有生于无"的根据。在这个意义上，"道"也是一种"无"，或者说"无"具有形而上的"道"的属性。为什么作为本原、本根的"道"以"无"为其属性呢？老子的理由是："道"既生成万物，是万物之祖，又周流万物，所以"道"自身不应是万物中的任何一物，否则，它作为本原就会有所偏向，不能成为一切有形有名之物的共同祖先。这是老子形而上学原则的基本立场。② 对"道"这种"无"的属性，成中英先生理解得非常深刻："它（道）没有任何定性，道家用'无'来表示这一点，道不但是根本真相，也是没有根本者；'无'正是万物变化、创生的无穷的源泉。"③ 因此，老子用"无"说明"道"的形而上学的性质，用无名、无形、无欲、无为描述"道"周流生化、动态不拘的特性。王弼对四十一章"大音希声，大象无形"的解释确切地道出了老子的这一哲学内涵。王弼释"大音希声"："听之不闻名曰希，不可得闻之音也。有声则有分，有分则不宫而商矣。分则不能统众，故有声者，非大音也。"这与庄子用"有成与亏，故昭氏之鼓琴也，无成与亏，故昭氏之不鼓琴也"来说明"道不可有，有不可无。道之为名，所假而言"（《庄子·齐物论》），道之全体大用"非言非默"的意思相同。他接着释"大象无形"："有形则有分，有分者，不温则炎，不炎则寒。""凡此诸善，皆是道之所成也。在象则为大象，而大象无形。在音则为大音，而大音希声。物以之成，而不见其成形，故隐而无名也。贷之，非唯供其乏而已，一贷之，则足以永终其德。故曰：善贷也成之，……无物而不济其形，故曰善成。"④ 这就是老子的"道隐无名，夫唯道，善贷且成。"（《老子·四十一章》）"道"生成万物而不滞于物，"衣养万物而不为

---

① 王弼注语，见《诸子集成·老子道德经》。
② 参见朱伯崑《老庄哲学中有无范畴的再检讨》，载《道家文化研究》第十四辑，三联书店1998年7月。
③ 成中英：《世纪之交的抉择——论中西哲学的会通与融合》，知识出版社1991年版，第180页。
④ 王弼注：《老子道德经》，《诸子集成》本。

主。"(《老子·三十四章》)它以"无"来隐藏自己。

但几乎是同时，它又以"有"来显现自己，以"有"来寄寓自己，以"有"表现它的实体性。所谓的"其中有象"、"其中有物"、"其中有真"、"其中有信"的"其中"就是"道中"，"道中"有物、象，或物、象中有"道"。这一意义上"道"也可以说是"有"，与"无"对应着的"有"，与"道"和"无"同样具有形而上的"有"。这样的"有"是综合万物之形名的抽象的、一般意义上的"有"概念，是第一章"名万物之母"的"有"。这样的"有"也可以说是"无"所从来的依据，正如在说明"道"之"无"时引入形而下的物一样，"'有'之概念既立，则推而求'有'之所自来，遂而立'无'；何谓'无'？乃简别于'有'而立。依照埃利亚学派，'存在'即实有（按巴门尼底斯言'存在'，用希文，此字乃第三身指称词，义为'它是'，既指称'它是'，必然有一个实有的存在，英文则用 being），为绝对之一、为无限、为无始终，故无与之简别之相对；然而依照老子，'有'非绝对之一、为有限、为有生灭，'有之概念一成立，相对的'无'的概念即同时诞生，二者同样为实在，如果仅仅认'有'而摈弃'无'，或以'有'为实而以'无'为虚，则落入主观偏颇，有失公正，即违于理性了。"[①] 对老子哲学极为推崇的海德格尔亦言："自从提出有的问题，关于'无'的问题也就相伴而生了。它不是连带的副产品，而应以同样的广度、深度和源初性被提出。而且追问'无'，应当被视为是追问有的标志。"[②] 这样的"有""无"并不矛盾。"因为溯'有'之所从出，确实出自'无'，"而"由观察万物而立'有'，然后推求'有'所从生而得'无'之相对，然后再驾乎'有''无'之上，泯除二者的对立而入于'道'"。正是老子第一章"二者（有、无）同，出而异名"和第二章的"有无相生"所明确表达的思想。

老子在形而上的层面上把"道"看作是"有"与"无"的合一，在生成形而下的器世界（"形而上者谓之道，形而下者谓之器"）的过程中，"道"更是通过"有""无"来显露和隐藏自己。

---

① 高怀民：《中国先秦与希腊哲学之比较》，台北中央文物供应社1983年版，第80页；转引自叶舒宪《老子的文化解读》，湖北人民出版社1994年5月，第422页。
② 海德格尔：《形上学导论》，商务印书馆1996年版。

三 "道生一"与"天下万物生于有，有生于无"

"道"由隐到显，从"无"到"有"的迁流转化，老子有"道生一，一生二，二生三，三生万物。"(《老子·四十一章》)和"天下万物生于有，有生于无。"(《老子·四十章》)两种表述，再加上第一章的"无，名天地之始；有名万物之母"其他章中"一""有""无"的多义用法，留给后世无数思辨。

王弼认为："万物万形，其归一也。何由致一，由于无也。由无乃一，一可谓无已。谓之一，岂得无言乎？有言有一，非二，如何有一有二，遂生乎三。从无之有，数尽乎斯。过此以往，非道之流。故万物之生，吾知其主，虽有万形，冲气一焉。"[①] 把"一"解作"无"。朱谦之《老子校释》："道生一，一者气也。"高亨广引博证释"道生一"句云"一二三者，举虚数以代实物也。一者，天地未分之元素，《说文》所谓'惟初太始，道立于一，造分天地，化成万物'者也。《庄子·天下篇》述老聃之术曰：'主之以太一。'太一即此一也。《易·系辞》上：'易有太极，是生两仪，两仪生四象，四象生八卦。'太极亦即此一也。二者天地也。三者阴气、阳气、和气也。《礼记·礼运》：'礼必本于太一，分而为天地，转而为阴阳。'《吕氏春秋·大乐篇》：'太一出两仪，两仪出阴阳。'皆'一生二，二生三'之意。阴也，阳也，和也，即此所谓三也。"[②] 也有学者干脆把"道生一"章看作是后人羼入的，根本不是老子原文。如马叙伦在《老子核诂》中指出："寻此二十五字虽已见于《淮南·道应训》引，然《淮南》未明称是老庄语。且老子首章建义极明，今言道生一、一生二，二生三，所谓一者或可释为现象之全体，然而老子所谓一即道。今言道生一，已与老子义谬。二或可称为有无，然亦与'无名天地之始，有名万物之母'者戾。三更何指，况万物复由三生乎？疑乃后人据《淮南》羼入。说道支离，无墒信念，则是汉人说也。"综观各家的观点，对这一章的理解与解释的关键是对"一"的认识。历代注

[①] 王弼：《老子道德经注》，《诸子集成》本。
[②] 高亨：《老子正诂》，古籍出版社 1956 年版。

家或把"一"释为"无",释为"道",或释为"太一"、"太极",或释为"气",释为"天地未分的总体"①。而比较通行的观点是把"一"释为"气"。

这样一来,老子的"道生一,一生二,二生三,三生万物",就成了一种"道"生气,气生万物的宇宙生成图式。王明先生解释说:"有那么一个精神性的实体(道)最初产生元气,再由元气产生阴阳二气,阴阳二气和合产生冲气。阴气、阳气、冲气三气变化而为天、地、人三才,三才具备,就共生芸芸万物了。"②

这一观点看似圆通,其实颇多牵强。因为所有关于"一"为"元气"的解释都是注家的推测,其根据基本上都是晚于老子的《说文》、《淮南子》、《吕氏春秋》、《礼记》等,即使是在这些文献中也没有直接把"一"解为"元气"或"气"的。老子思想本身在表述上虽然多有含混暧昧的地方,但对重要的概念和范畴老子还是有明确论证的,如"道""德""有""无"。而"气"字在老子中出现三次,十章的"专气致柔",五十五章的"心使气曰强"和四十二章的"冲气以为和",其中十章和五十五章的"气"都是具体讲养身、养生的,不具有生二、生三、生万物的功能,不是作为一种与"道"生成万物相关的概念或范畴提出的。

至于四十二章紧接"道生一……三生万物"之后的"万物负阴而抱阳,冲气以为和"的"冲气",虽然可以解为阴阳交合之气,也可以从万物负阴抱阳而生,溯推其所从生之源头当含有阴阳二气,由此溯源到"道生一"之"一"为"气"或阴阳未分的"元气"。但不免有过度诠释之嫌。

如果我们不只纠缠于"道生一"之"一",而是联系老子其他章中的"一",可以看到老子对"一"是有明确的概念性规定的,十四章云:"视之不见,名曰夷;听之不闻,名曰希;搏之不得,名曰微。此三者不可致诘,故混而为一。一者,其上不皦,其下不昧。绳绳不可名,复归于无物。是谓无状之状,无象之象,是谓惚恍。"(《老子·十四章》)通行本

---

① 张岱年:《释"天"、"道"、"气"、"理"、"则"》,《中国哲学范畴集》,人民出版社1985年版,第102页。

② 王明:《道家和道教思想研究·论老聃》,中国社会科学出版社1984年版,第16页。

没有"一者"二字，帛书甲、乙本和傅奕本皆有，有"一者"二字，语义更连贯清晰，应从帛书本。这段话中的"其"是指"一"，"上""下"不是空间的上下，而是时间的先后，犹如上古、下世之上下。"其上不皦"是说"一"之前不明，"其下不昧"是说"一"之后不暗；"一"之前是"道"，之后是万物。"绳绳"犹"'芸芸'，谓道生万物，纷纷不绝也。""复归于无物"即"'复归其根'，谓万物虽杂然兴长，然归根到底，仍无不衰老以至于尽也。"①

---

① 蒋锡昌：《老子校诂》，商务印书馆1937年版。

法兰克福学派的科学技术观及其理论困境

何林　刘畅[*]

"二战"后，科学技术的迅猛发展带来了物质层面的普遍繁荣和社会的巨大进步。"科学技术是第一生产力"已成为不争的事实。但科学技术的极大成功，在深刻地改变社会与人类生活同时，却也加深了异化现象。现代科技并未像人们所期待那样，为人们带来空前自由与全面发展，技术正在成为统治人的物质力量，进而强化了工业社会对人统治，并加剧了西方资本主义社会的一系列矛盾。法兰克福学派作为西方马克思主义之中影响最大的学派，之所以能够产生如此大的影响，一个主要原因就在于他们提出的批判理论，而对科学技术的批判就是其中的一个重要主题。他们看到了科学技术发展的悖论，并从当代科学技术在实际运用中所产生的各种负效应、这些负效应产生的深层根源，以及对科学技术人道化道路的探索等几个方面展开了对当代科学技术的分析和批判。

法兰克福学派的代表作家的科学技术观的形成，是一个逻辑与历史相统一的过程，从霍克海默、阿多诺，经过马尔库塞，到哈贝马斯，对科学技术的批判体现了不同的特点。霍克海默和阿多诺首先提出科学技术是意识形态这一论点，并在科学技术与人类文明的关系层次上展开对科学技术的批判，强调科学技术的负面效应；马尔库塞对他们的观点加以完善，他认为科学技术的负面效应主要来自于技术的资本主义使用，并认为如果改变使用科学技术的社会组织方式，它就可以发挥消除人类劳动异化的功

---

[*] 何林，1966年生，辽宁大学哲学与公共管理学院教授；刘畅，辽宁大学哲学与公共管理学院硕士研究生。

辽宁省社会科学规划基金重点项目 L11AZX002。

能；而哈贝马斯则强调现代科学技术作为隐性意识形态，为资本主义统治合法性提供了基础。

一 法兰克福学派对科技异化现象的分析

法兰克福学派的科学技术批判，指向的是当代科学技术在实际运用中所产生的各种负面效应。青年卢卡奇在《历史和阶级意识》一书中就已经涉及科学技术的社会效应问题，他认为，当"自然科学的认识理想被运用于自然时，它只是促进科学的进步。但是当它被运用于社会时，它就会成为资产阶级的思想武器。"① 在这里，卢卡奇已经看到了科学技术与政治统治之间的内在关系。法兰克福学派沿着卢卡奇的思想传统，对科学技术与政治统治之间的关系问题进行了全面的研究。他们认为，在当代发达工业社会科学技术发展出现了一系列新特点，如技术的科学化倾向、实践的技术化倾向以及社会的技术化倾向等，而最突出的特点是技术的政治化倾向，即科学技术的发展不仅使资本主义愈加有效地对自然进行统治，而且使技术理性渗透到社会的总体结构和社会生活的各个方面，甚至渗透到私人领域，成为资本主义社会对人实行全面奴役和统治的基础。

他们认为科学技术的进步和运用，创造了一个富裕的当代工业社会，它使生产力水平获得了极大的提高，带来了巨大的物质财富，也使人们的物质生活水平迅速提高。但在科技发达的西方国家中，人并没有因此走向自由和解放，反而陷入更加全面的控制和奴役之中。他们认为，在发达工业社会中科学技术的过度扩张导致了一系列负面的实践后果。首先，科学技术的大规模运用，成为为征服和控制自然的手段，造成了人和自然关系的异化，造成了当代资本主义社会中人和自然的关系紧张，导致生态环境的恶化和人遭物役。其次，技术的规则渗透到文化领域，使得文化失去了其源自私人领域的自主性和多样性，文化的人文意义和价值丧失。再次，技术理性渗透到人们的社会生活中，使得人失去了其独特性和丰富的个性，人的精神的内在向度被削弱了，失去了对社会系统压制的内在反抗性。最后，人们开始用控制自然的方法来管理社会，使得对自然的控制成

---

① ［匈］卢卡奇：《历史与阶级意识》，商务印书馆1996年版，第59页。

为人对人统治的手段，社会完全成了技术化的统治。法兰克福学派对科学技术的批判，特别强调了科技负效应的最后一个方面。在他们看来，在当今社会，科学技术已经不再是一个中立概念，而是已异化为政治统治的有效手段。这表明统治的原则已发生了改变，原本的那种基于暴力的统治让位给一种借助科学技术手段的更隐蔽的统治，即科学技术已经成为一种新的控制形式。

  法兰克福学派的早期代表霍克海默和阿多诺就已明确提出科学技术就是意识形态的观点，并从否定性方面阐述了其社会功能。早在20世纪30年代，霍克海默就曾指出，"不仅形而上学，而且还有它所批评的科学，皆为意识形态的东西；后者之所以也复如是，是因为它保留着一种阻碍它发现社会危机真正原因的形式。"[①] 在《理性之蚀》及《启蒙辩证法》等著作中，霍克海默与阿多诺认为，在当代资本主义社会中，随着科学技术的发展，人对自然的控制能力大大增强了。而人对人的统治是以人对自然的统治为基础的。他们提出的一个基本论断是"技术的合理性就是统治的合理性"，因为人运用理性工具不断征服自然，以技术的进步和效率的提高作为合理性行为的准则，展现了人对自然的统治欲。而随着科学技术的发展，出产工具越来越复杂、精密，反过来导致对人的奴役和控制能力的增强，人日益成为机器统治的对象，因而科学技术的发展导致了人对人的统治。"随着支配自然界威力的增长，社会制度支配人的权力也猛烈增长。"[②] 这种人对自然的统治和人对人的统治产生的技术合理性，又与政治统治结下不解之缘。他们看到，技术越发展，人就越从属于资本主义生产体系，技术越进步，资本对人的控制和压抑就越全面，科学技术成了有助于资本主义统治的有效的意识形态力量。因此，对发达工业文明来说，科学技术具有明确的政治意向，起着意识形态的作用，遏制了社会质变。可见，霍克海默与阿多诺首先提出了把科学技术看作是一种意识形态的理论，这为法兰克福学派后来者的相关观点奠定了理论基础，但他们并没有回答为什么科学技术能够作为一种意识形态而出现的问题。

---

① ［德］霍克海默：《批判理论》，李小兵等译，重庆出版社1989年版，第5页、第130页、第133—134页。
② ［德］霍克海默、阿多诺：《启蒙辩证法》，洪佩郁、蔺月峰译，重庆出版社1993年版，第34页、第113页、第77页、第81页、第84页。

这一工作是由马尔库塞来完成的,他在综合了韦伯、霍克海默和阿多诺对科学技术批判观点的基础上,对科学技术是如何执行意识形态职能作了较为详尽的分析。在他的《单向度的人》和《反革命和造反》等著作中,马尔库塞不仅明确提出发达工业社会的科学技术已经成为一种新的控制形式的论点,而且对此作了具体的分析和论证。他把对科学技术的合理性的剖析与统治联系起来,指出了表面上与价值无涉的科学技术与资本主义统治联系在一起的原因。即科学技术使得"国家政府和国家意愿,显而易见的剥削根源,消失在客观合理性的外表后面……技术的面纱掩盖了不平等和奴役的再生产。以技术进步作为手段,人附属于机器这种意义上的不自由,在多种自由的舒适生活中得到了巩固和加强。"[①] 马尔库塞认为在发达工业社会的生产和社会生活中,技术已经成为理解一切的关键,并成为统治的基础。他断言,"社会控制的现行形式在新的意义上是技术的形式"[②]。这种新的统治形式的一个特征就是,科学技术作为一种无形的力量支配着人们的思想和意识,甚至控制了人的心理和本能结构。"在此过程中,反对现状的思想能够深植于其中的'内心'向度被削弱了。"[③] 人丧失了自主意识,丧失了对资本社会的批判和否定能力,忘记了对自由和解放的追求。在马尔库塞看来,技术成为统治的新形式也就意味着技术的异化。科技越发展,人就越陷入被奴役的地位而不能自拔。

哈贝马斯关于科学技术的政治效应的观点与霍克海默、马尔库塞等人是一脉相承的,他同样将科学技术看作政治统治的工具,并进一步发展了马尔库塞的思想,明确提出"科学技术即意识形态"的观点。但他认为,并非在任何社会中科学技术都是意识形态,只有到了晚期资本主义社会中,科学技术才成为第一生产力,并且成为意识形态的新形式。在《作为"意识形态"的技术与科学》、《科学化的政治和公共领域》、《科技进步的实践后果》等论著中,他反思了科学技术发展对晚期资本主义社会产生的重大影响,同时深刻批判了技术化统治的社会现实。哈贝马斯一方

---

① [美]马尔库塞:《单向度的人》,刘继译,上海译文出版社 1989 年版,第 31 页、第 10 页、第 11 页、第 7 页、第 6—7 页、第 211 页、第 214 页、第 216 页。
② [德] H. 贡尼, R. 林古特:《霍克海默传》,任立译,商务印书馆 1999 年版,第 86 页。
③ [德]哈贝马斯:《作为"意识形态"的技术与科学》,李黎、郭官义译,学林出版社 1999 年版,第 64 页、第 92 页。

面充分肯定了科学技术的发展给人类社会带来的巨大进步，另一方面又看到了技术的扩张和技术理性的膨胀所导致的实践后果，特别是在晚期资本主义，科学技术成为第一位的生产力，不仅变成经济发展的绝对力量，而且使技术的规则渗透到整个社会的政治、文化和思想等各个领域，并产生同质化效果，使社会完全按照技术化的模式来运行。同时，由于国家对经济生活的干预，经济问题就变成了政治问题，它通过把政治问题变为技术问题，实现了大众的非政治化。这样，科学技术作为隐性意识形态，就为统治合法性提供了基础，国家也成了技术至上、高度集权的行政机器。这表明，科学技术作为第一生产力实现了人对自然的统治，作为意识形态又实现了人对人的统治。它潜移默化地发生作用，既有效地维护了现行政治统治的合法性，又成功地压制了人们寻求自由解放的愿望与前景。科学技术的进步没有如人们所期望的那样，导致一个合理化的人类社会，而是导向了一个"合理的极权社会"。

可以说，法兰克福学派对科学技术异化现象的批判，实质上是对以科学技术为文化精神的，以各种各样的方式对社会文明进程现代工业文明的批判，是对社会文明进程中科学技术意识形态功能的批判。

二 法兰克福学派对科学技术负效应的根源的分析

为什么科学技术进步及工业文明发展没有使人类进入真正的人性完善状态，反而深深地陷入异化之中呢？法兰克福学派对科学技术在西方发达工业社会所发生的功能异化进行了反思，并探讨了科学技术异化产生的原因。但在科技异化的根源的探讨上，各成员之间观点也不尽一致。

霍克海默和阿多诺直接继承了韦伯对理性的批判，把科技异化的根源归结为工具理性或技术理性的扩张。技术理性批判是早期法兰克福学派整个社会批判理论的基础和出发点，学派各成员在对技术理性及其弊端的批判上具有高度的一致性，这集中体现在他们的《启蒙辩证法》、《理性之蚀》等一系列的著作中。他们并不否认技术理性具有推动了科学技术和工业文明的发展的历史进步性，但他们同时指出，工业文明的发展是以人的异化为代价的。他们从理论层面对技术理性的本质和弊端进行了分析。对他们来说，技术理性指的是建立在形式逻辑和纯粹数学方法的基础上的、围绕有目的的合理行为所形成的一整套文化价值。它包含了人对自然的对象化和量化处理、有效性思维、组织系统与有序化等基本理念,现代科学技术就是奠基于这些基本理念之上并得到发展的。霍克海默在对技术理性和批判理性进行区分时指出,批判理性关注的是人与社会的命运、人的自由与解放及其实现方式等问题,它强调的是对现实的批判和超越。而技术理性关注的则是手段与目的之间的协调,它是以根据自然科学的方法和思维模式、以定量化和形式化作为标准来衡量人类的一切知识的,它将事实与价值截然分开,强调事实而否定价值。在技术理性的逻辑中,人和万物都是实现效益最大化的工具。当理性成了工具,"它的行动的价值,即它在控制人和自然方面的作用成了唯一的准则"①,作为一种肯定性的思维方式,它排除了否定性和批判性,其实质是维护统治的合理性。这也是技术理性之所以导致科技异化的原因。他们指出,虽然理性的工具化使得人类认识自然、控制自然的能力大大提高了,但技术理性的过度膨胀导致了人们把科学技术理解为社会生活的核心,而不是一种特殊的人类活动。这不仅加强了毁灭自然的力量,技术自身也逐渐沦为压制人、统治人的工具,导致了个性压抑和人性的丧失。同时,由于社会发展的逻辑被归结为技术进步的逻辑,唯科学主义的科学拜物教得以产生和流行,技术也因此成为论证极权统治合法性的工具。因此,"今天,技术上的合理性,就是统治上的合理性本身。它具有自身异化的社会的强制性质。"②

马尔库塞认为,不同社会制度对科学技术的使用会产生不同的后果,因为"技术本身不能独立于对它的使用。……一个社会用以组织其成员生活的方式,涉及到在由物质文化和精神文化的固有水平所决定的种种历史替代性选择之间进行一种初始选择的问题。这种选择本身是占支配地位的利益发生作用的结果。"③ 科学技术作为一种历史与社会的设计,其负面效应主要来自于技术的资本主义使用。他指出,在发达工业社会中,"生产和分配的技术装备由于日益增加的自动化因素,不是作为脱离其社会影响和政治影响单纯工具的总和,而是作为一个系统来发挥作用的。这

---

① [美]戴维·哈维:《正义、自然和差异地理学》,胡大平译,上海人民出版社2010年版,第154—155页。

② 同上。

③ 同上书,第154—155页。

个系统不仅先验地决定着装备的产品,而且决定着为产品服务和扩大产品的实施过程。在这一社会中,生产装备趋向于变成极权性的。"① 它使社会失去了对立面的约束,成为单向度的社会,使人失去了否定和批判精神,成为单向度的人。"对现存制度来说,技术成了社会控制和社会团结的新的、更有效的、更令人愉快的形式。"② 因此,"作为一个技术世界,发达工业社会是一个政治的世界"③ 他认为如果改变科学技术的资本主义使用方式和目的,改变科学技术的存在形式,就有可能避免科技异化,为人类的自由和解放创造物质条件。

早期哈贝马斯提出了与法兰克福学派第一代思想家不同的理解,他提出科学技术本身就是导致科技异化的根源。他指出,科学技术的扩张之所以导致负面的实践效果,主要就是由于科学技术是按照目的理性的模式来运行的,它所追求的目标是目的合理性。在晚期资本主义社会,随着科学技术成了第一位的生产力,科技进步所体现的内在规律性,俨然成了整个社会系统都必须遵循的规律性。"人作为被创造者,如果能够把目的理性活动的结构反映在社会系统的层面上,那么人也能够同他的技术设备结为一体。按照这种观点,迄今为止由另外一种行为类型所体现的社会制度框架,似乎被目的理性活动的子系统吸收了。"④ 目的理性活动逐渐兼并了交往理性活动,它迫使社会的文化生活从以语言为中介的相互作用的联系转向目的理性活动,这样,目的合理化成为一切行为的唯一标准。结果导致晚期资本主义社会制度框架的合法性直接同社会的劳动系统联系在一起,社会变成了一台计算精密、按照既定程序运转并能实现预定目标的机器。在哈贝马斯看来,科学技术虽然在当代西方具有意识形态职能,但传统意识形态着重于通过上层建筑自上而下地对政治统治进行辩护,对人们进行思想上的压抑和欺骗,而科学技术执行意识形态职能的方式则是非政治性的。因此,他反对把技术进步等同于奴役的增强。在哈贝马斯实现了交往行动理论的转向后,他不再直接批判科学技术,而是根据交往行动理

---

① [美]戴维·哈维:《正义、自然和差异地理学》,胡大平译,上海人民出版社 2010 年版,第 154—155 页。
② 同上。
③ 同上。
④ 同上。

论，把社会理解为系统和生活世界双层结构模型。他认为系统是按照目的论行动的规则和模式来运行的，而生活世界则是交往行动的实践的境域，并强调，晚期资本主义的问题，不能单纯从经济或技术层面来理解，而应该从系统和生活世界的辩证互动关系来加以思考。

三 法兰克福学派寻求科学技术人道化的努力

法兰克福学派的思想家，对科技异化的看法虽有不同，但出发点与宗旨却是高度一致的，即以人的主体地位的确立为核心，以人的自由和解放为最终目标。针对现代科技的异化现实及其带来的诸多弊端，法兰克福学派并不主张抛弃科学技术，而是从各自的理论视角提出了关于科学技术人道化的思考。霍克海默和阿多诺试图通过价值理性的弘扬来摆脱技术理性片面发展导致的弊端，马尔库塞寄希望于从审美乌托邦寻找摆脱科技异化的可能性，而哈贝马斯则致力于在生产系统之外的交往合理化的实现中探索出一条技术人道化的道路。

霍克海默和阿多诺在《批判理论》、《启蒙的辩证法》和《理性之蚀》等著作中认为，由于科学与价值的分裂，出现了技术理性的单向度的发展，并进而导致了科技的非人道化。因此，他们的批判研究的主要任务就是通过弘扬价值理性以重新捕获人类意义和目标。霍克海默认为，理性具有双重性，它既可能包含人们自由的生活的观念并表现真正的普遍性的观念，同时"也形成了促进世界符合维持自我生存目的的思维。"① 对这种思维来说，"理性是考虑和计划的机关，对于目的来说，它是中性的。"② 前一种理性属于价值理性或批判理性，而后者则属于技术理性。当理性完全变成了对目的的追求时，生存的目的就成了一切目的，人变成了物，思想也因变成了机器而丧失了对意义的追求。这虽然有利于直接的生活，"但是却成了完全与思想相敌对的原则。在这种敌对的形式下，感

---

① [美]戴维·哈维:《正义、自然和差异地理学》，胡大平译，上海人民出版社 2010 年版，第 154—155 页。
② 同上。

情,以及最终所有人们的表达,包括一般文化,都失去了对思想的责任。"① 联系、意义、生活、情感等也因之被贬为形而上学而加以抛弃,这是导致理性支配人、理性和统治权相一致的根本原因。在霍克海默看来,"同时保持科学和形而上学的意识形态就是十分必要的"②。因为形而上学涉及的是人的真正的实存,对于个人来说,"形而上学赋予他的实存以意义,说明他在这个社会中的命运只是暂时现象。形而上学断定,通过个人的内心决定,通过形而上的人格自由,现象世界才有价值。"③ 与经验主义只坚持存在的东西、坚持事实的保证而拒绝主体概念不同,霍克海默坚持主体与客体的区分,强调认识中主观因素的作用,并致力于恢复形而上学的思维方式。他强调弘扬人的主体性和批判精神、恢复价值理性,并试图以此作为对抗科技异化的手段。

马尔库塞对马克思关于生产力的发展是人类废除异化劳动的前提的思想进行了发挥,认为"技术作为工具的领域,既可以加快人的衰弱,又可以增长人的力量。"④ 科学技术能够为人类消除异化和获得解放提供条件。他指出,要摆脱科技异化,实现科学技术的人道化并不意味着需要倒退到前技术状态,而是应以不同的方式利用科技文明的成果,将科学技术从为剥削服务的破坏性中解放出来,以达到人和自然的解放。因此,他主张对科学技术进行合理地使用,以此寻找一种替代性科学技术的可能性。他认为,在一个全新的社会、政治、人道和美学的条件下,一种替代性的、新型的科学技术是可能的。他把科学技术发展的方向寄希望于科技与艺术的综合上,主张以艺术创造去矫正和完善异化了的科学技术。因为他认为艺术具有批判功能,艺术与科学技术的结合,将形成一种以审美为标准的新的技术结构,他设想"技术文明在艺术和技术之间建立了一种特殊关系"⑤ 之后的情形:"在和平的技术中,美学范畴将参与到这种地步,

---

① [美]戴维·哈维:《正义、自然和差异地理学》,胡大平译,上海人民出版社2010年版,第154—155页。
② 同上。
③ 同上。
④ 同上。
⑤ 同上。

即从自由发挥才能的观点出发来建造生产机器。"① 它与那种在纯粹技术合理性基础上对物体所做的建造不同，是以丰富的想象力对物体进行的把握，其中的审美因素将包容物体的功能性。马尔库塞强调了艺术在技术统治时代的价值，认为随着这种新科技的出现，将会冲破现存技术的统治，使自然和人获得解放。

哈贝马斯从人类社会交往与日常生活世界方面，为技术的人道化提出了自己的思考。他反对完全否定启蒙理性，认为其中内含着某些自由的潜能及对日常行为和交往合理性的支撑。他也不赞成对科学技术采取单纯的批判态度，强调虽然目的理性的过度扩张，使本来属于文化传统和政治实践的领域受到技术系统的入侵，导致了反思的枯竭、交往行为的扭曲和政治与文化间内在联系的割裂，但这些社会文化问题仅仅依靠科学技术的改进是无法解决的。他认为科学技术的进步总是在一定的制度框架内实现的，因此关于科学技术人道化的探讨不能仅局限于对技术手段的思考，还应对制度框架内的技术系统进行分析。因为科学技术不仅是工具和手段，更是目的理性活动的规则系统，它作为目的理性活动的子系统的构成要素，是一个完整的社会框架所必需的。也就是说，技术所导致的问题已经超出了技术范畴本身，涉及文化、政治、经济和价值观念等各个方面，对这些问题的解决不能仅仅依靠技术进步，还必须通过对科学技术的不断反思，将它与社会生活实践联系起来进行考察。他强调技术活动具有实现交往合理化的潜能，技术知识可能通过适当的方法转化为生活世界的实践意识。早期哈贝马斯通过劳动和相互作用的区分来为新的合理化理论奠基，这时他还是着重于认识论的探讨。转向交往行动理论之后，他摒弃了前期的认识论批判，试图系统重建一种以交往行动理论为基石的合理化理论。他将科学技术放在系统与生活世界的视域中，力图在技术进步和社会生活实践之间建立一种辩证互动的民主对话机制。他指出，"我们提出的问题是技术和民主的关系问题，即如何把人们所掌握的技术力量，反过来使用于从事生产的和进行交谈的公民的共识。"② 在他看来，科学、技术与民

---

① [美]戴维·哈维：《正义、自然和差异地理学》，胡大平译，上海人民出版社 2010 年版，第 154—155 页。
② 同上。

主都是某种形式的言语活动,只不过科学局限于理论性,而民主则强调实践性。技术是与交往活动不同的目的理性活动,但它作为一种社会行为同样具有实践的意义,它们都属于日常的交往范围,也都要通过以语言为中介的相互作用达成共识。因此,对哈贝马斯来说,如何实现科技人道化的问题也就是如何能够把技术上可使用的知识转化为社会生活世界的实践意识的问题。他认为科学技术可以纳入到交往实践的境域中,通过言语行为实践,扬弃片面的目的合理化,实现交往合理化。也只有从制度上保证普遍公开的对话和讨论,以把技术知识同人们的意愿和实践统一起来,才能使技术知识转化为社会生活世界的实践意识。他试图以公众舆论为基础建立起一种科学与政治、公众间的民主对话机制,认为只有凭借公众舆论这个中介,使科学技术转化为社会中公民的政治实践意识,科学技术的人道化才可能得以发生。

四 法兰克福学派科学技术观的理论困境

法兰克福学派的思想家以当代发达的资本主义社会为背景,从社会批判理论的视角,对科学技术对当代资本主义社会中的自然、人们的思维方式和生活方式,以及社会的统治方式等方面所造成的各种异化现象,进行了全方位的反思与批判。他们特别指出了科学技术在西方发达工业社会的消极政治效应问题,把科学技术的异化同政治统治联系起来,提出了科学技术即意识形态的观点,这对于我们全面把握当代科学技术与政治的关系,充分展示科学技术的正面政治影响,具有重要的参考价值。同时,他们并不满足于对现代科学技术消极社会功能和政治效应现象的列举,也没有局限于对科学技术本身的否定,而是从人类理性的深处去挖掘科技异化的根源。他们从哲学理论层面揭示技术理性的本质与社会功能,并提出了科学技术的功能维度与其社会意义之间的关联问题,在努力克服科技异化与技术理性的弊端以及走向科学技术人道化道路等方面作出了有益的探索。他们的科学技术观为我们提供了一种关于科学技术的本质及其与社会间关系的崭新思考,这一思考不但为我们重新认识和分析当代科学技术发展条件下的发达资本主义社会发展的新特点和新趋向提供了一个新视角,而且对于我们反思工业文明、克服技术理性的膨胀以及重建人类未来文明具有重要启发意义。

法兰克福学派是以理论批判来面对资本主义科技异化的现实,并寻求科技人道化的道路的,作为一种批判话语,他们的探讨主要集中于意识形态和文化领域。但是,这种对现代科学技术的文化批判有其理论意义,也有其自身难以解决的问题。

首先,法兰克福学派对科学技术的批判大都立足于抽象的理性概念,把科学技术看作技术理性的表现形式。他们反对科技异化的一个重要原因,就在于科学技术功能的发挥使技术理性在理性中获得了压倒性的优势。他们的理性观念是根据德国传统哲学特别是康德哲学理解的意义来使用的,在他们看来,理性不应限制我们心灵生活的多样性,技术理性的进步只有在价值理性的引导下才可能是真正的进步。霍克海默等人挑战技术理性的霸权,希望通过寻求一种替代性理性来克服技术理性过度膨胀导致的弊端,但无论是价值理性的弘扬还是交往理性的合理化都仍然是一种主体性哲学观。这种主体哲学虽然包含了对人类的价值、意义和目的等问题的关注,但在他们那里自然与社会还是以二分对立的形态出现的。他们把自然视为僵死存在,使人作为主体与自然界相对立,片面地高扬了人的主体性和价值性。如哈维所说,"虽然法兰克福学派提出'人与自然'之间的分离问题,并试图通过内部关系辩证法重新将两边整合在一起,但他们不过是证实而非破坏了'人/自然'这个简单的二分法。……现代科学、技术和我们日常实践一直都在突破这种二分法。"[①] 法兰克福学派的这种辩证形式论最终妨碍了他们的历史唯物主义分析的力量。由于没有跳出当代西方哲学二元对立的思维模式,他们还不能完全理解以实践为核心的马克思主义的辩证思维,没有看到人在通过实践改造世界的同时也在实现人自身的价值,并且人的全面发展必须依赖由包括科学技术在内的生产力发展为之提供强大的物质保证。历史和实践都表明,仅仅通过主体性的充分延展,无法从根本上解决科学技术的负面效应问题。对他们来说,要想完善现代性的建构,还需要重新审视自然与理性之间的关系。

其次,法兰克福学派对科学技术的批判,实质上是对科技异化的批

[①] [美]戴维·哈维:《正义、自然和差异地理学》,胡大平译,上海人民出版社2010年版,第154—155页。

判。由于科学技术在西方发达工业社会中的负面效应,特别是负面政治效应,导致法兰克福学派认为科学技术不再具有解放的、革命的力量,而是成为一种意识形态,成为资本主义统治的帮凶和人类解放的桎梏。因此,他们提出重建一种全新的科学技术的观念。问题在于科学技术与科技异化并不能等同,他们的科学技术批判在某种程度上混淆了科学技术与科学技术的资本主义使用的界限。根据马克思的历史辩证法,科学技术只是一种方法论意义上的工具或手段,它本身在本质上是一种不自主的、中性的、着眼于物质目标的理性活动,没有好坏、善恶、对错之分,有此区分的只是其使用者以及该使用者将其用作何种目的。因此,科学技术的超历史、超地域、超人群的普遍有益或有害性是很难成立的。任何科学技术总是要通过一定社会的、处于一定社会关系之中的、在一定社会制度下的人去应用的,无论是资本主义国家还是社会主义国家都可以利用同一项科学技术发展生产。科技异化的根源不在科学技术本身,它是科学技术的资本主义利用方式所造成的,并且只是科学技术发展的资本主义历史阶段的一种表现。虽然马尔库塞指出了科技异化的根源是科学技术的资本主义使用,但他对科技人道化的探索却仍然是从对科学技术自身的改变入手,而没能触及资本主义制度问题。可以说,法兰克福学派实际上是用对科学技术的批判来代替了对资本主义政治经济制度的批判。他们没有看到,只有通过社会变革,科技异化现象才能根本消除。而忽视了这一点,也就脱离了马克思的历史辩证法。

再次,对作为意识形态的科学技术的批判是法兰克福学派科学技术批判的一个重要内容。他们断言,在发达工业社会,科学技术就是一种意识形态,是一种统治的工具。这一判断是他们理论中影响最大、也是存在诸多模糊之处的命题。一方面,他们是把意识形态的本质特征描述为虚假性或非真实性,给意识形态冠以否定人的自由与全面发展的罪名而排斥意识形态。这在一定意义上片面地理解了马克思的意识形态概念。文化研究学者威廉斯曾指出,意识形态这个概念在马克思和恩格斯那里大致有两方面的意思,一方面,它作为统治阶级思想观念的意识形态,实际上是"制度化的思想体系",是一种伪思想与虚假意识;另一方面,它也是一定阶级的信仰系统,作为对特定社会关系特别是生产关系的系统反映,意识形态是人类文化发展的载体和人类精神生产的平台。从这个意义上说,意识形态是人与人交往的基本中介和公共领域，也是一种人们无法与之分离的精神力量。由于对意识形态的片面理解，法兰克福学派对科学技术的批判同样是片面的。另一方面，法兰克福学派基于科学技术与意识形态在特定社会历史条件下功能上的一致性，把二者等同起来的做法，同样有失偏颇。科学技术与意识形态这两个概念之间存在明显的界限，科学技术属于现实生产力范畴，它是人对自然界认识、利用与改造的产物，其任务在于揭示客观事物的本来面目并对之进行系统的改造。而意识形态则属于观念上层建筑，是人们关于社会的观念形态的理论化和系统化，是为人类的思想和行动定向的价值体系。法兰克福学派混淆了二者在性质和内容上的差异，也夸大了科学技术在当代资本主义社会中发挥作用的范围。

法兰克福学派理论家对科学技术的批判具有片面性，尽管他们设想了一个充满希望的科技人道化的理想未来，但对这一未来的实现几乎没提出什么切实可行的观点，他们的批判是一种带有浓厚悲观色彩的浪漫主义文化批判。我们知道，科学技术塑造了一个人类经验和行动的共同架构，这种塑造不是发生在观念层面，而是体现在具体的实践活动中，这意味着科技人道化的探索不能仅仅停留在理论观念层面。此外，既然资本主义制度要对科技异化与技术理性的弊端负责，要探讨科技人道化的道路就必须从社会制度的变革这个大背景入手。马克思的科技批判理论之所以没有陷入空想，就在于他从对资本主义的经济分析出发，把批判的根基和理想实现建立在人类实践活动的历史发展基础上。

"中国梦"的文化价值*
——学习习近平讲话精神的感受
孟庆艳

"中国梦"作为凝聚着中国文化元素的思想品牌，它一经提出就具有了文化符号的象征意义，具有统摄人性生成功能和塑造中国文化的作用。当"中国梦"作为文化符号的表现功能时，它充分体现了文化符号的全面适用性，打开通向世界之门，让"中国梦"走向世界；它充分体现了文化符号的差异性，区分各种关系，塑筑民族文化的个性；它充分体现了文化符号的易变性，赋予人一种更新的能力，实现"中国梦"的价值。在此过程中，"中国梦"表征了它的文化价值所在，振奋中国精神，凝聚中国力量，认同中国道路，感受中国形象。让世界向我走来，重振国威。

一 "中国梦"的提出

"中国梦"作为凝聚着中国文化元素的思想品牌，是中华民族悠久文化和马克思主义先进文化相结合的产物。在这里，中国文化元素包容的内容很广泛，大凡是在中华民族融合、演化与发展过程中逐渐形成的、由中国人创造、传承、反映中国人文精神和民俗心理、具有中国特质的文化成果，都是中国元素，包括有形的物质符号和无形的精神内容，即物质文化元素和精神文化元素。如思想意识、道德观念、价值体系、民俗事象、生活习惯、宗教信仰、建筑、艺术、科技、法律、伦理等。中国传统文化都

---

* 马克思主义指导地位的时代内涵和现实意义（L12AKS003），辽宁省社会科学规划基金重点项目呈现之一。

是中国文化元素,但中国文化元素不全等于中国传统文化,还包括中国现代文化。在此意义上,"中国梦"既承载着中国传统文化中积极向上、生生不息的要素,如厚德载物、自强不息、爱国主义、集体主义的文化传统,同时,"中国梦"又承载着以改革创新为核心的时代精神。

习近平同志系列讲话精神,表达了"中国梦"的思想。2012年11月29日,习近平同志带领新一届中央领导集体参观中国国家博物馆"复兴之路"展览现场时指出:"我以为,实现中华民族伟大复兴,就是中华民族近代以来最伟大的梦想。这个梦想,凝聚了几代中国人的夙愿,体现了中华民族和中国人民的整体利益,是每一个中华儿女的共同期盼。"①

2013年3月17日,习近平同志在十二届全国人大一次会议闭幕会上进一步指出:"实现中华民族伟大复兴的中国梦,就是要实现国家富强、民族振兴、人民幸福,既深深体现了今天中国人的理想,也深深反映了我们先人们不懈追求进步的光荣传统。"②

2013年5月4日,"在同各界优秀青年代表座谈时的讲话"中,习近平指出:"——中国梦是历史的、现实的,也是未来的。中国梦凝结着无数仁人志士的不懈努力,承载着全体中华儿女的共同向往,昭示着国家富强、民族振兴、人民幸福的美好前景。——中国梦是国家的、民族的,也是每一个中国人的。国家好、民族好,大家才会好。只有每个人都为美好梦想而奋斗,才能汇聚起实现中国梦的磅礴力量。"③

"中国梦"作为人类的文化表述形式,将内在于个人意识中的意义世界转化为集体意识中的客观的意义世界,成为集体拥有的精神符号世界。这样,"中国梦"的文化价值依集体的地位而确立,同时,"中国梦"的文化价值依习惯和普遍同意而存在。而这种价值的获得是从众多的关系价值中分离出来的,对此,"中国梦"具有特定的文化意义。

尽管"中国梦"思想具有多个维度,但我想仅从以下三个维度加以理

---

① 习近平总书记深情阐述:《中国梦》,《人民日报》2012年11月30日。
② 《习近平在第十二届全国人民代表大会第一次会议上的讲话》,《人民日报》2013年3月18日。
③ 习近平在同各界优秀青年代表座谈时的讲话,2013年5月6日,资料来源:人民网—人民日报。

解和展开：

第一，从空间维度上看，综观"中国梦"在一个总体化的体系中指定这个对象的位置并规定他在体系中的地位。从世界范围而言，"中国梦"是宣言书，它表达了中国人的夙愿，体现了中华民族和中国人民的整体利益。"我们要实现的中国梦，不仅造福中国人民，而且造福各国人民。"① "中国人是讲爱国主义的，同时我们也是具有国际视野和国际胸怀的。随着国力不断增强，中国将在力所能及的范围内承担更多国际责任和义务，为人类和平与发展的崇高事业作出更大贡献。"② "中国发展壮大，带给世界的是更多机遇而不是什么威胁。我们要实现的中国梦，不仅造福中国人民，而且造福各国人民。"③

第二，从时间维度上看，"中国梦"指向时间的第三维——未来之维，"中国梦"是对中国未来的一个指向，是中国人的梦想。一般而言，我们常常关注时间的两个维度，即现在与过去的关联，然而，对人类生活结构似乎更为重要更足以表现其特征的方面是未来之维。在我们的时间意识中，未来是一个不可或缺的因素。正如恩斯特·卡西尔在引用威廉·斯坦恩的观点所说的那样："观念生活的整个早期发展的特点就在于，这些观念似乎并不全是对过去某些事件的回忆，而是对未来的期望——即使仅仅是指向一个直接的当下的未来。在这里我们从一开始就遇见了一个一般的发展法则：意识所抓住的与其说是对过去的关联，不如说是对未来的关联。"④在我们以后的生活中，这种倾向变得显著。在此意义上，"思考着未来，生活在未来，这乃是人的本性的一个必要部分。"⑤ "中国梦是历史的、现实的，也是未来的。中国梦凝结着无数仁人志士的不懈努力，承载着全体中华儿女的共同向往。"⑥

---

① 习近平：顺应时代前进潮流促进世界和平发展——在莫斯科国际关系学院的演讲（摘录）(2013年3月23日)。
② 习近平接受金砖国家媒体联合采访2013年3月20日。资料来源：人民网—人民日报。
③ 习近平：顺应时代前进潮流 促进世界和平发展——在莫斯科国际关系学院的演讲(2013年3月23日，莫斯科) 2013年3月25日 09：59，资料来源：人民网—人民日报。
④ 恩斯特·卡西尔：《人论》，上海译文出版社1985年版，第67—68页。
⑤ 恩斯特·卡西尔：《人论》，上海译文出版社1985年版，第68页。
⑥ 习近平在同各界优秀青年代表座谈时的讲话，2013年5月6日，资料来源：人民网—人民日报。

第三，从文化价值维度看，"中国梦"是中华民族近代以来最伟大的梦想，其价值维度就是优化自己的生命存在所追求的意义，是对不同主体的理想的生存状态所做出的肯定（或否定）。通过人化的实践活动，"中国梦"呈现出一个对象性的存在，在此意义上，"中国梦是国家的、民族的，也是每一个中国人的。国家好、民族好，大家才会好。只有每个人都为美好梦想而奋斗，才能汇聚起实现中国梦的磅礴力量。"① 这样，"中国梦"从不同的价值主体的层面，肯定中国人对未来理想充满信心。十八大报告中提出的"三个自信"，即坚定中国特色社会主义的道路自信、理论自信、制度自信，指明了实现"中国梦"的根本保证。以人的生存方式为中介把握"中国梦"的价值指向。正如习近平总书记郑重地指出的那样，"中国梦是民族的梦，也是每个中国人的梦。""中国梦归根到底是人民的梦，必须紧紧依靠人民来实现，必须不断为人民造福。"② "中国梦"则推崇"国家好，民族好，大家才会好"，弘扬了伟大的爱国主义精神，体现了全国人民的根本利益，彰显了社会主义集体主义文化传统，表征了"修身齐家治国平天下"的民族精神。

二 中国梦的文化符号表现功能

"中国梦"的文化符号表现是通过"表达什么"和"如何表达的"这两个功能来实现的，它使中国人与世界各国人民的关系联系起来。在此意义下，"中国梦"向世界各民族人民表达中国人的梦想，同时表达"中国梦"的民族文化个性、文化创造性、文化包容性和文化象征性。

1."中国梦"的民族文化个性。培育中华民族的文化个性，实现民族传统文化向现代文化的转化，构建中华民族的精神家园，促进世界文化的健康和谐发展。在现当代整个世界转型过程中培育中华民族的民族认同和文化身份意识，提高了民族文化的自觉精神。那么如何培育中华民族的文化个性，从个体的人做起，就是要修身齐家治国平天下。《礼记·大

---

① 习近平在同各界优秀青年代表座谈时的讲话，2013年5月6日，资料来源：人民网—人民日报。
② 习近平：《在第十二届全国人民代表大会第一次会议上的讲话》，《人民日报》2013-03-17。

学》中说:"古之欲明明德于天下者,先治其国;欲治其国者,先齐其家;欲齐其家者,先修其身;欲修其身者,先正其心;欲正其心者,先诚其意;欲诚其意者,先致其知,致知在格物。物格而后知至,知至而后意诚,意诚而后心正,心正而后身修,身修而后家齐,家齐而后国治,国治而后天下平。"意思是古代那些要想在天下弘扬光明正大品德的人,先要治理好自己的国家;要想治理好自己的国家,先要管理好自己的家庭和家族;要想管理好自己的家庭和家族,先要修养自身的品性;要想修养自身的品性,先要端正自己的思想;要端正自己的思想,先要使自己的意念真诚;要想使自己的意念真诚,先要使自己获得知识,获得知识的途径在于认知研究万事万物。通过对万事万物的认识研究,才能获得知识;获得知识后,意念才能真诚;意念真诚后,心思才能端正;心思端正后,才能修养品性;品性修养后,才能管理好家庭家族;家庭家族管理好了,才能治理好国家;治理好国家后天下才能太平。[①] 尽管在社会身份上存在多种多样的差别,而任何个人都以特定文化的同一性方式存在于共同体之中。中华民族就是一个共同体,文化整体,作为一个共同体在文化交流、对话与交往中以文化个性为基础和前提,文化个性是交流与沟通的意义所在。

2. "中国梦"的文化创造性。"中国梦"作为凝结着中国文化元素的符号,它演化生命形式,塑造人性,创造文明。文化作为人类的生命生成方式,其根本意义在于生命生成的超越性、自由性,在于生命生成的自觉性,在于创造,在于构建民族的精神家园。这种文化创造活动在于服务于人的生活、提升人的生活质量、优化人的生命存在。实践是人成为人的根源,文化则统摄着人的存在和人的生成。如马克斯·韦伯所说:"每一个人首先为文化所塑造,然后他也许会成为一个文化的塑造者。"[②] 我们应努力通过创造性提高民族的文化软实力。文化软实力是一个国家或地区文化的吸引力、凝聚力和影响力,是满足人民群众多样化、多层次、多方面精神需求的重要基础,是综合国力竞争的重要因素,所以国家文化软实力的增强,对提高"中国梦"在全世界范围内

[①] 参见http://baike.so.com/doc/1538860.html。
[②] 马克斯·韦伯:《新教伦理与资本主义精神》,于晓、陈维纲译,三联书店1987年版,第5页。

的吸引力,加快"中国梦"的实现进程有重要的战略意义。提高我国文化软实力,要增强我国核心价值观、中国道路和中国经验、国民素质和国家形象等的国际竞争力,赢得广泛的国际认同,占领世界文化高地,为人类文明发展作出更大的贡献。

3. "中国梦"的文化包容性。文化的包容性就是兼收并蓄和求同存异。"中国梦"是和平、发展、合作、共赢的梦,在此条件下,我们中国人与其他各国人民进行文化交往的过程中,就要求同存异。正如习近平所言:"中国人自古就主张和而不同。我们希望,国与国之间、不同文明之间能够平等交流、相互借鉴、共同进步,各国人民都能够共享世界经济科技发展的成果,各国人民的意愿都能够得到尊重,各国能够齐心协力推动建设持久和平、共同繁荣的和谐世界。"[1] 中国走的是一条与其他各民族、各国家互利互惠的道路,追求与各民族、各国家共同分享发展机遇,而决不以掠夺侵占其他民族或国家的利益为手段。"无论是从政策宣示,还是从外交实践上,中国都始终坚持在实现自身发展的同时,帮助和带动其他国家特别是发展中国家与周边国家的发展,与世界各国共同分享发展机遇,在合作共赢、共同发展中实现各国和全世界的梦想。"[2] "坚持开放包容,为促进共同发展提供广阔空间。'海纳百川,有容乃大。'我们应该尊重各国自主选择社会制度和发展道路的权利,消除疑虑和隔阂,把世界多样性和各国差异性转化为发展活力和动力。我们要秉持开放精神,积极借鉴其他地区发展经验,共享发展资源,推进区域合作。"[3]

4. "中国梦"的文化象征性。"象征性是人类内心世界的一种期待,是人类心灵最显著的、最真实的外化,是一个被人格化的表现,蕴涵着强大的超越性精神力量,人们的思想、愿望等精神性的东西都凝结到标志符号上。从对象化与自我实现的角度看,标志符号象征性成了人的精神对应物,它的主要意义在于创造某种人格理想或精神境界。一旦某些事物或图形成为象征角色时,它们就具有了超凡的魔力,并且深深地影响着人们的

---

[1] 习近平:《接受金砖国家媒体联合采访》,2013 年 03 月 20 日 09:27,资料来源:人民网—人民日报。
[2] 钟声:《让中国梦惠及世界》,《人民日报》,2013-08-26。
[3] 习近平:共同创造亚洲和世界的美好未来——在博鳌亚洲论坛 2013 年年会上的主旨演讲,资料来源:2013 年 4 月 8 日人民网—人民日报。

精神及行为方式。"[1] 实现文明复兴，建设和谐世界是中国向世界传递的理念，中国在日新月异的发展中将把世界的机遇转变成中国的机遇，把中国的机遇转变为世界的机遇，在追梦的过程中展现出中华文明的独特魅力[2]。"中国梦"是全体中国人民的期待，既是民族的文化期待，又是每一个人的文化期待。这也是"中国梦"的文化符号的解释学的最大意义。

三 "中国梦"的文化价值

"中国梦"向世界表达了中华民族伟大复兴之理念，它体现着中华民族的文化个性、创造性和包容性，特别是在和平、发展、合作、共赢的时代主题中，我们试着理解"中国梦"的文化价值，主要从以下四个方面加以理解：

1. 振奋中国精神。中国精神就是"民族魂"，是思想的开拓者。民族精神和时代精神是中国精神的两翼，立足于中国人民生活实践现实，中国精神，就是以爱国主义为核心的民族精神和以改革创新为核心的时代精神。为了获得创造，精神总是否定从前的价值，从而创建新的价值，这是一个不断生成的过程。然而，当我们在追逐时尚的同时，却丢失历史长期积累和蕴含着的许多珍贵遗产；商品化和市场化越来越深刻地打破原有的宁静、和谐、质朴与纯真，我们越来越浅薄和势利，越来越浮躁和焦虑，越来越索然无味；在努力实现现代化的同时，我们不可避免地与传统断裂，并形成了价值空场，找不到文化的根基和家园，成了精神的放逐者。

在此条件下，我们要秉承民族文化传统，振奋中国精神，构筑中华民族的精神家园。立足本民族优良文化传统，如强调"己所不欲、勿施于人"、"和而不同"的生活原则和思想原则，"天人合一"的宇宙观等思想，以开放包容的胸襟，构建社会主义核心价值。一个民族精神的强大才是真正的强大，对于每一个人而言，精神的需求是第一位的。正如别尔嘉耶夫所言："人身上存有精神的元素，它不依附于世界，也不由世界所决

---

[1] 姚丹丹：《论标志设计的象征性表现〈现代装饰〉（理论）》，2012年12月15日，第148页。

[2] 《和世界共发展，与世界同分享》，《人民日报》，2013 - 03 - 26（04）。

定。人的获救并非如人们常说的那样,是自然、理性或社会的需求,而是精神的需求。"①对此,"中国梦"在化作中国精神的过程中,会让我们的民族更强大,会让每个中国人更出彩。

2. 凝聚中国力量。中国力量就是中国各族人民大团结的力量。中国精神为"中国梦"凝心聚力。以爱国主义为核心的民族精神是我们民族几千年来生生不息、薪火相传的血脉,是长期形成的团结的力量。有了这样的民族精神,我们就能传承优秀民族文化基因,将中华民族凝聚在一起。以改革创新为核心的时代精神是我们的时代步伐,有了这样的时代精神,我们就能扩大视野,借鉴吸收世界各个国家一切对我有利的部分,兼收并蓄、与时俱进地发展自己,形成巨大的力量。这些力量凝聚一起,直接关系到"中国梦"的实现。

人民是历史的创造者,人民群众是中国力量的体现者。"实现中国梦,必须凝聚中国力量。空谈误国,实干兴邦。我们要用13亿中国人的智慧和力量,一代又一代中国人不懈努力,把我们的国家建设好,把我们的民族发展好。"② 在强调人民群众的主体力量的同时,每一个个人的历史主体的作用也不是可忽视的,充分肯定个人在历史发展中的作用。正如习近平同志所指出的:"实现中国梦,创造全体人民更加美好的生活,任重道远,需要我们每一个人继续付出辛勤劳动和艰苦努力。"③

3. 认同中国道路。"实现中国梦,必须坚持中国特色社会主义道路。我们已经在这条道路上走了90多年,历史证明,这是一条符合中国国情、富民强国的正确道路,我们将坚定不移地沿着这条道路走下去。"④ 道路选择正确,民族复兴、国家发展就会步入坦途,人民就会幸福和安康;道路选择错误,民族复兴、国家发展就会遭受挫折,人民也会痛苦和受难。当今中国之所以能够取得举世瞩目的成就,正是由于我们在改革开放30

---

① 汪建钊编选:《别尔嘉耶夫集》,上海远东出版社2004年版,第249页。
② 习近平接受拉美三国媒体联合书面采访2013年6月1日08:30,资料来源:人民网—人民日报。
③ 习近平:《在第十二届全国人民代表大会第一次会议上讲话》,《光明日报》,2013-03-18。
④ 习近平接受拉美三国媒体联合书面采访2013年6月1日08:30,资料来源:人民网—人民日报。

多年的伟大实践中,在中华人民共和国成立60多年的持续探索中,在对近代以来170多年中华民族发展历程的深刻总结中,在对中华民族5000多年悠久文明的传承中,走出了一条中国特色社会主义道路。这条道路来之不易,必须珍惜,必须坚持走下去。

4. 感受中国形象。这将是一道亮丽的社会景观。当中国实现了中华民族伟大复兴的时候,中国形象就是一个民族的大写的整体性人格境界。感受中国形象,首先在新的历史时期,让人们感受"中国梦"的本质。"中国梦的本质是国家富强、民族振兴、人民幸福。我们的奋斗目标是,到2020年国内生产总值和城乡居民人均收入在2010年基础上翻一番,全面建成小康社会。到本世纪中叶,建成富强民主文明和谐的社会主义现代化国家,实现中华民族伟大复兴的中国梦。"[①]

其次,在和平、发展、合作、共赢的条件下,让世界感受中国的担当。"实现中国梦,必须坚持和平发展。我们将始终不渝走和平发展道路,始终不渝奉行互利共赢的开放战略,不仅致力于中国自身发展,也强调对世界的责任和贡献;不仅造福中国人民,而且造福世界人民。实现中国梦给世界带来的是和平,不是动荡;是机遇,不是威胁。"[②]

最后,在达成世界不同文化之间的文化共识的条件下,让世界感受中国的综合文化实力。促进文化不同形式之间的开放、交流、对话与沟通,寻求更多的合作方式,尽力实现不同文化形式之间的跨文化理解。正如汪丁丁教授等在《人类合作秩序的起源与演化》一文中认为,竞争关系,是经济学原理的核心概念,体现了社会中的"可替代性关系"。合作关系则体现了社会中的"互补性"关系。互补性导致合作,合作导致社会化,社会化导致今天气象万千的共生性世界。在文化认同的条件下,让世界向我走来。

[①] 习近平接受拉美三国媒体联合书面采访2013年6月1日08:30,资料来源:人民网—人民日报。
[②] 同上。

人的有限性存在与文化形而上学

张宗艳[*]

人作为有限者存在,这是一个本体论上不证自明的事实。但人的有限性存在意味着超越性已经切入,即无限的存在之维已经敞开。因此有限者同时承担着"有限"和"无限"的区别与联系的统一。通常来讲,作为生命存在的有限个体与无限关联的直接方式是生物学意义上的繁衍,种族的存在靠个体的繁衍从而达到类的普遍性。然而,这种方式是有缺陷的,因为无论个体繁衍到什么程度,都无法超出有限的个体性,因此无限永远在有限之外与之对立。只有当生命进化到人时,才能真正实现有限和无限的统一。德国文化哲学家卡西尔把人称为制造符号的动物,符号系统即文化系统,神话、宗教、艺术、科学等人类文化形态构成了人的活动,在这个意义上,可以说人是文化的存在。作为与人的生存需要和生命活动联系在一起的概念,文化是人超越自然生命的有限性实现认识世界和理解自我的最有效方式,承载着人对无限和永恒的憧憬和追求。如果把文化样态与人的认识联系起来看的话,历史上主要有三种文化形式担当了人对永恒和无限追求的重任,即艺术、宗教和哲学。艺术以感性事物的具体形象来直观自己和体验世界;宗教以超越性的表象思维来显示自己和想象世界;哲学以概念化的理性形式来表达自己和把握世界。艺术需要最大限度地调动人的感觉系统来诉诸人的无限精神世界;哲学恰恰需要摆脱感性的限制而获得理性的、普遍性认识;宗教则在艺术和哲学中间,借助于感觉系统和理性概念共同来观照无限。纵观人类文化的历史,可以说艺术最美好的时

---

[*] 张宗艳,1976年生于辽宁沈阳,哲学博士,辽宁大学哲学与公共管理学院副教授,110031。

光是在古希腊文明时期，宗教最美好的时光是在中世纪，哲学最美好的时光是在近代尤其是德国古典哲学时代。① 因此，本文主要结合西方文化从艺术生活到宗教生活再到理性生活的精神状态转换的历史轨迹，阐明人的有限性与形而上学精神的内在关联。当然，这是一种相对的区分，因为在人类历史演进的过程中还存在着文化形式的交叉、过渡甚至缠绕和渗透的情况。

一

艺术在人类生存路途中以审美方式观照形而上学精神。它之所以能够承载和寄托人生最高意义的向往，关键在于"艺术以感性表现至高的东西，以此使之接近自然的现象方式，使之接近感官和感觉。"② 即至高的东西不需要通过逻辑推理便直接显示在感性形式里，在感性形式中，人们摆脱客体对象的束缚和制约，通过情感体验来反观自身和把握无限，达到有限和无限的直接统一，实现一种和谐完美的人生境界。这种境界表现出艺术形而上学的两大特点：客观性和自由性。③

艺术是一种表现客观性的活动，它通过艺术作品来表现某种精神性。艺术作品是人对现实的反映，它虽然具有物态化的特征，但在整个艺术活动中却实现了创作主体和客体、审美主体和客体之间的和谐统一。艺术活动无论多么复杂多样，都可以概括为两种基本形式，外部活动和内部活动。外部活动即感性的、外在的物质生活，具有一定的时空性，可以直接被感识；内部活动即心理的、内在的精神生活，超越一定的时空，可以间接地被体验。如果把外部活动过程叫做"再现"，把内部活动叫作"表现"的话，那么整个艺术活动就是再现和表现的统一，是主体通过再现一定的感性形象来表现自己的感情、感觉或精神等内心感受。因为主体永远都是通过自己的生命活动来观照和表达自己，他对世界的观照和他对自

---

① 基金项目辽宁省社会科学规划基金一般项目（L12DZX012）
鉴于现代西方哲学总体上是以反形而上学或拒斥形而上学的面貌出现，所以本文主要结合传统哲学对这一问题进行阐明。
② 黑格尔：《美学》第1卷，朱光潜译，商务印书馆1979年版，第11页。
③ 王天成：《思辨形而上学的艺术品性》，《社会科学辑刊》2011年第2期，第5—10页。

己本质的认知是一致的。因此,艺术作品表面看来是感性形象,实则象征着某种精神性的东西,是内在性和超越性的统一。比如古希腊时代早期的神话故事中,和谐有序的概念反映出原始人自然的主客同一观念,神话中的精灵代表了人们对神秘和奇异的恐惧和无奈,造型艺术、祭祀活动以及音乐舞蹈等表现了希腊人对井然有序、恒常稳定的宇宙和生活的膜拜。显然,早期希腊人以最原始的方式触及到了主体和客体,内在性和外在性的矛盾,但是他们却以最直观的方式发现和表现自己,实现了二者的统一。

艺术是一种表达自由性的活动。艺术的使命是用感性形象去再现真实以表现自己。人在宇宙中的存在是不自由的,宇宙无限、永恒,人生短暂、有限,而人又总是不能甘心和满足,总是不能安于守旧和停顿,总是在不息地追求和设法改变自己的处境和生活的世界。为了缓解这一理想和现实的矛盾,使人从矛盾中解脱出来,人们寄托给了艺术。在艺术作品中,人的情感、意志和观念等被升华为理想,以个体的激情创造引发人类的普遍性情感共鸣,获得某种超越性的追求,实现对生命意义的张扬和对生命之境的关注。当然,如果按照黑格尔的自由意识发展来看,艺术发展的早期形态中,这种自由性还没有完全表现出来的。"最初的、直接的(艺术)创造里,他的作品和他的自我意识的活动之间的分离还没有得到重新结合。"[①] 当艺术形式不断发展,自我意识不断觉醒,感性的形式和崇高的境界才真正结合起来。比如在庙宇和神像等实体性艺术形式中,人通过具体器物的象征意义来表达自身存在的时间性和空间性,自由意识还不够明确,用实体性事物作为形式也是有限的,内容和形式之间还存在着分裂。到古典型艺术阶段,以雕刻为例,内容已经表现了人的自由精神,艺术作品形式是人的形象,二者形成了自由而完美的协调。当然这种人体形象也是有限的,不足以表达无限的精神。只有到了浪漫型艺术阶段,自由的心灵生活内容和感性的形式才真正统一起来。比如在绘画、诗和音乐等流动的艺术形象中,现实的特殊的东西被否定,内心深处的绝对普遍的生命激流被唤起,失落于现实烦扰之中的心灵空间被升腾,于是,物我合一,人和世界实现了沟通和交融,意识和无意识实现了贯通,个人无限的情智领域得到开辟,由此获得了一切存在的可能性。

[①] 黑格尔:《精神现象学》下卷,贺麟、王玖兴译,商务印书馆1979年版,第201页。

二

宗教是艺术和哲学中间的环节，它以介于感性和理性中间的表象形式承载形而上的精神追求。这就意味着宗教中的神作为形上对象的感性成分逐渐减少，理性成分逐渐增加，它不再是客观性的显现，而是主体内部的东西，在文化形而上学层面是生命意志的彼岸化行为或行动。但是对于彼岸世界我们无法直观到，而超越性追求又要求实现普遍自我的承诺，于是表象成为把握彼岸观念性存在的最好方式。这显示了宗教作为表象意识样式的独特性：感性形象和理性思维的统一，而统一的过程是在信仰中完成的。

无论什么形态的宗教，信仰是其最基本的前提，人们因信而断定世界背后存在着超自然的神秘力量，因而才有各种非理性的宗教情感、体验以及具体的宗教礼仪等实践活动。在宗教活动中，建立在感性经验基础上的形象思维占主导地位。在不同类型的宗教系统中，人格神的存在首先构成信仰的前提，神或者以先知的身份讲述着人类古老的历史，或者以神迹的方式帮助人们躲避灾难，或者用自己的身体展现诸种圣德懿性，总之都是用人类的经验来证明神圣形象的存在。随着宗教的不断发展，神圣意义被寄托在教堂或寺庙等宗教场所和实践活动中，宗教场所象征着天国和神圣，成为宇宙秩序的赋予者和生活意义的源泉。显然，这是一种从经验出发不断接近抽象的力量和原则，是表象性思维方式的结果。表象具有间接性和概括性，概括性程度不同，可能使它更接近于感性形象，也可能更接近概念，早期自然宗教或者世界宗教发展初期感性形象比较鲜明，之后随着发展，神的形象更多地具有了观念的特征。在兼具感性形象和理性概念的神的观念中，实现了形象和意义的统一，原来的人格神不过是一个被无限放大了的个人，通过他的意志、情感和欲望表现他超越于人性的人格，不过是一个具有全部人的理想价值和人所能想象的能力的人格存在。而宗教场所和宗教实践活动不过是因为人不满足此岸的人生，但又无法摆脱现实性的束缚来实现对理想性的憧憬和通达彼岸的无限所采取的超越性形式。

除了借助于感性形象实现超越性的追求，宗教信仰并不否定理性思维对彼岸世界的理解。按照查尔斯·泰勒的分析，宗教有三个维度：第一是对上帝的表象,第二是信仰者盼望给予克服的与上帝处于分离状态的强有力的感受,第三是崇拜。[1] 其中上帝的表象是信仰的前提,与上帝合一是信仰的目标,崇拜是实现目标的方式。通常把握一个对象的方式有三种:一是通过语言符号,二是通过思想观念,三是直接辨认。[2] 如果把握的对象是上帝,那么第三种就具体化为信仰,第二种是理解,第一种是论辩或证明。而事实上,三种方式缺一不可,因为只有已经信仰上帝的人才能有关于上帝的观念,因此必然通过观念来理解上帝。而观念作为共相又是语言表达的对象,所以必须通过论辩或证明的语言形式来进行理解观念。在这个意义上,可以说崇拜是在信仰的前提下通过语言实现对上帝观念的理解。因此,信仰和理性并不是对立的关系,恰恰相反,信仰寻求理性。信仰首先是认识上帝的最初阶段,它指向内心进入主观意识或主观活动,但这种活动具有足够的外在性。在主观世界中,内在再现神的意义,然而不管再现的是真实的意义还是象征的意义,人和神的关系都是一种模糊的、有限的个人理智的关系,因为神的表象的形象性是个不清晰的中介,总有空白或者神秘的东西无法通过形象显现出来,并不能完全表达信仰的最终含义,通过这个途径只能部分地满足崇拜的要求。当然,人们不会满足于初步的信仰,相反会由于信仰而产生越来越清晰地洞见上帝的愿望和动力,实现这一愿望的途径便是殚精竭虑地理解,逐渐达到和神合一的最高境界。神不论被命名为上帝、真主还是佛陀,都在不断地和历史地界说着人类的生存境遇,隐藏或开显着理解人类生存的意义界域,因为在宗教语言中,能指和所指没有明确的界限,神可能消融于有限世界,有限世界也可能直接指示出无限。显然,这种理解并不是完全出于某种冷静的、枯燥的逻辑必然性,或者一定要通过逻辑推理证明神圣性的存在与否,而是一种出自对上帝的热爱,伴随着崇敬与虔诚等感情因素。比如基督教中关于上帝的"三位一体",上帝是有三个人格的实体,即用具有形象性的"人格"和理性概念"实体"说明上帝的本性,强调人与上帝的相似性,通过语言和思想弥合人神之间不可逾越的察觉,从而使有限的、不完善的人

---

[1] 查尔斯·泰勒:《黑格尔》,张国清、朱进东译,译林出版社2002年版,第740页。
[2] 根据安瑟尔谟在《独白》区分一个外部对象的三种方式。参见赵敦华《基督教哲学1500年》,北京人民出版社1994年版,第221页。

通达无限完善的上帝。可见,理解的起点和终点都是信仰,是一个不断把信仰由盲目推向洞见神秘的过程。

三

哲学同艺术和宗教一样寄托着人们对无限的最高追求。它和艺术、宗教有着共同的形上对象,但是哲学不是用感性也不是用想象或表象,而是用理性概念反思的方式把艺术中不可言说的、宗教中不够清晰的人类的超越性精神表达出来。传统西方哲学的发展可以说是用概念把握形而上学对象的曲折历程,从古希腊开始,直到德国古典哲学的黑格尔才真正实现概念对"无限"的把握。当然,哲学认识中并非没有表象、象征和图像的形式,相反,理性概念包含着或携带着这样那样的表象和图像。我们采用一种"强标准"的区分方式主要为了说明文化样态表达形而上学观念的不同维度。

从某种意义来说,哲学就是形而上学。如果从逻辑和语义角度来追问的话,形上是相对形下而言的。形上世界是"人的理想追求、信念确立,以及从终极关怀层面上对其内在需求的表达"[①],这一领域是同理性联系在一起的。把西方哲学引向形而上和重理性道路的哲学家当首推苏格拉底和柏拉图。苏格拉底一生致力于追问伦理道德的本质。本质不是感性认识能够达到的,必须通过理性思维才能求得。柏拉图在此基础上将这种方法扩大到宇宙万物,区分出变动不居的、不可靠的可感世界和永恒不变的、可靠的理念世界,理念是可感世界的基础和最终原因,通向理念的唯一方法就是超越感觉而单凭理性思维的辩证法。之后,亚里士多德将理念发展为实体,最高的实体是善,是神,它们同样是不能通过感觉达到的。他开创了演绎法,用一个范畴或概念来表达最高实体,在范畴的推理证明中寻求最高实体的确定性。最高实体的绝对化直接导致了上帝、神的观念出现,西方一神论宗教观念就是这种思维方式的产物。这种思维方式的直接后果就是导致了两个世界的断裂,尽管柏拉图用模仿或分有、亚里士多德用逻辑概念,但都没有使二者内在联系起来。

---

① 陆杰荣:《形而上学与境界》,中国社会科学出版社2006年版,第32页。

近代哲学并没有意识到无限的形上世界已经越来越抽象和玄远，仍旧在竭尽所能地寻求通达它的可能性。他们转换视角，不再直接从形上对象入手，而是从主体入手。以笛卡儿为代表的唯理论者对此功劳最大。笛卡儿首先使思维实体的我从物质肉体中剥离出来作为独立的存在，确立起理性主体。理性主体通过逻辑推理，把作为天赋观念的上帝开发出来，实现对最高实体的认识。显然，最高实体仍旧是高高在上的，形而上学仍旧呈现为二元论模式。斯宾诺莎对此表示不满，他试图把最高实体拉回到有限世界。斯宾诺莎认为，自然万物和实体并不是对立的两极，实体作为自然的原因并不是在自然之外，而是在自然之内。人作为自然因果链条的一环，只要运用理智认识到自然的必然性，就能达到对实体的把握，就能获得精神的和道德的最高境界。之后莱布尼兹用单子解释宇宙的最高存在，用单子的知觉功能表象世界。虽然唯理论者观点各有不同，但从实质意义上并没有脱离西方哲学的内在逻辑。这种逻辑延续到德国古典哲学，康德通过考察理性，得出形而上学是人类理性的天然倾向，人类理性总是按其本性自然地要求达到永恒无限的东西。同样，形而上的最高存在或最高实体也是理性的必然产物。"我们的理性，像生了自己的珍爱的子女一样，生了形而上学。"[①] 然而，理性所追求的这些东西是超时空和超经验的，不可能对它们有所直观和表象，人类理性自身无法认识它们，一旦去认识必然出现幻相，陷入矛盾。解决的方法就是放入实践理性领域，在实践活动中，通过理性向社会颁布法律设定了理念的存在。而如何把握理念？则需诉诸道德，道德的最高主宰必然导致宗教，这种宗教是以实践理性为根据的纯粹信仰。

黑格尔仍旧主张要用理性概念实现对永恒的反思性把握，他把哲学形而上学发挥到极致。黑格尔与传统哲学的区别之一在于把最高存在看作流动的、变化发展的精神，并不是永恒不变的绝对物；区别之二在于黑格尔并不认为形上世界和形下世界是并列的或者对立的关系。在他看来，就像无限不在有限之外，也不在有限之内，而是对有限的超越一样，形而上也不是在形而下之外或之内，而是对形而下的超越。如何超越？通过概念的矛盾运动来实现。因为概念是事物的本质或本性，其自我否定的运动发展

---

① 康德：《未来形而上学导论》，庞景仁译，商务印书馆1982年版，第142页。

过程是理性思维运演的规律,也是事物运动发展的规律。因此,"一切真实的事物,就它们之为真理而言,即是理念,换言之,一切真实事物之所以为真的,即仅由于理念的力量。"① 在这个意义上,有限和无限实现了统一,形而上实现了对形而下的超越。它与艺术之感、宗教之悟一道,共同构成了人类生存洪流中永不衰竭的创造性和超越性的源泉。当然,反过来讲,也正是这种源泉才构成人类生存中不可或缺的存在性向度,实现人的存在性的敞开,开启人类生存的可能性境域。

---

① 黑格尔:《小逻辑》,贺麟译,商务印书馆1980年版,第80页。

中国传统文化及黄老哲学的文化观及其与自由主义的一致性

姜永刚

司马迁在史记中写道:"世之学老子者则绌儒学,儒学亦绌老子。道不同不相为谋,岂谓是邪?李耳无为自化,清静自正。"① 司马迁所言老子之学,也即道家,也称黄老之学②,是在文献上包括《黄帝四经》、《六韬》、《管子》、《道德经》、《庄子》、《文子》等典籍,在学理上主张循道贵德、清静自正、无为自化的重身贵生、行道自然、长生久持、逍遥自由生存状态的中国传统学派。可见在中国历史上,黄老之学不但在主旨上是确定的,在形式上也有着明确的文献所指。

黄帝四经开篇写道: "道生法。法者,引得失以绳,而明曲直者也⋯⋯能自引以绳,然后见知天下而不惑矣。"③ 在道德经中老子认为:"道生之,德畜之。"④ 在《庄子·逍遥游》中描述藐姑射山之神人"肌肤若冰雪,绰约若处子,不食五谷,吸风饮露⋯⋯其神凝,使物不疵疠而年谷熟"⑤。在《论六家要旨》中太史公司马谈说道:"道家使人精神专一,动合无形,赡足万物。其为术也,因阴阳之大顺,采儒墨之善,撮名法之要,与时迁移,应物变化,立俗施事,无所不宜,指约而易操,事少而功多。"⑥ 从各典章中的论述可见人非生而知之成之,而需要化而成之。

---

① 司马迁:《史记第三册·老子韩非子列传》,北方文艺出版社2007年版,第530页。
② 曾传辉编:《黄帝四经今译道德经今译》,中国社会科学出版社1996年版,第1页。
③ 曾传辉编:《黄帝四经今译道德经今译》,中国社会科学出版社1996年版,第45页。
④ 老聃:《帛书甲本·老子究竟说什么》,郭世铭,红旗出版社2006年版,第272页。
⑤ 庄子:《庄子今注今译》,陈鼓应注译,商务印书馆2007年版,第7页。
⑥ 司马迁:《史记第四册·老子韩非子列传》,北方文艺出版社2007年版,第1003页。

因此无论是"见知天下而不惑"、"万物自化"还是"故九万里则风斯在下矣……背负青天而莫之夭阏者"①都说明黄老之学是某种"化"之学——使人化成为某类人的观念、学问和途径。

一 中国传统文化的内涵

文化并不是一个不证自明浅显易懂的概念，欲探明其来源与明确其所指都是非常困难的。"文"与"化"接合可见于《易经》之《象辞传》贲卦："刚柔交错，天文也。文明以止，人文也。观乎天文，以察时变。观乎人，文以化成天下。"② 贲的本义为修饰，象征文饰③。因此象辞所指的文化应该是用外在的文饰修饰之类的东西化人以致成就天下。当然，象辞的文与化都有着特殊的所指。

《尚书序》开篇写道："古者伏羲氏之王天下也，始画八卦，造书契，以代结绳之政，由是文籍生焉。"④ 而《系辞传》记载包牺氏（伏羲）"仰则观象于天，俯则观法于地，观鸟兽之文与地之宜，近取诸身，远取诸物，于是始作八卦"⑤。所以在《系辞传》中认为"物相杂故曰文"。⑥ 可见文的本意是世界的描摹。因此许慎在《说文解字》中把文解释为"错画也"，意思是"对事物形象进行整体素描，笔画交错，相联相络，不可解构"。故《〈说文〉序》定义道："依类象形，故谓之文"。

化古字从"匕"，是"儿"（人）字变形，是女子躬身之形，表示女的、小的，有生养之意，变化之意。甲骨文象二人相倒背之形，一正一反，以示变化。《系辞传》写道："天尊地卑，乾坤定矣……在天成象，在地成形，变化见矣"⑦。这里变化二字是有区别的。《系辞传》虞注认为"在阳称变，在阴称化"。荀注认为"春夏为变，秋冬为化，坤化为物"。

---

① 《庄子今注今译》，陈鼓应注译，商务印书馆2007年版，第28页。
② 杨杰编：《象辞传·易经·四书五经第二册》，北方文艺出版社2007年版，第395页。
③ 杨杰编：《上经·易经·四书五经第二册》，北方文艺出版社2007年版，第364页。
④ 杨杰编：《尚书·四书五经第二册》，北方文艺出版社2007年版，第465页。
⑤ 杨杰编：《系辞传·易经·四书五经第二册》，北方文艺出版社2007年版，第446页。
⑥ 同上书，第452页。
⑦ 同上书，第438页。

而《周礼·柞氏》中注认为化"犹生也"。从化的"匕"部的生、长之意到"化"字字形,指生长过程中一个向另一个变化之意。可见化是某种潜隐状态的、内在性的生长长成。

字面上的"文化"一词并不是自古就有的,而是由文与化逐渐演变而成的。其在演变的过程中存在道化、德化、教化、文质相应等内涵。道化可见于《道德经》的"道恒无名,侯王若能守之,万物将自化"[①]。德化可见于《大学》的以德为本以财为末的"是故君子先慎乎德",而后才能有"絜矩之道"而"民法之"从而达到齐家治国平天下的大学之道[②]。教化可见于《中庸》"修道之谓教,"以"达天德者"至"笃恭而天下平"而非取声色化民之末[③]。文与质相应可见于《论语》"质胜文则野,文胜质则史,文质彬彬,然后君子"[④] 强调文质相应的君子文为之道。而文与化本身的并联使用除见于《易传·贲卦·象传》观人文化天下之外,则见于西汉以后"文"与"化"方合成的整词,如"圣人之治天下也,先文德而后武力。凡武之兴,为不服也。文化不改,然后加诛"(《说苑·指武》)以及"文化内辑,武功外悠"(《文选·补之诗》)。

从文与化的演变以及文化的使用来看,文化有着驳杂的含义。大的方面来说,文化有动词和名词两种词性。动词词性是文化的本来含义,如道化、德化、教化,文为所包含的化民育人的意思,即以某种道、理、文、学教化修养人性与社会,从而改变人及社会。这个层面的文化含义是简单的。在现代观念看来,文化的这一动词性的内涵好像并不存在,而变成一种单纯性的名词存在,即文化的化字在联合起来后逐渐失去了它的所指,整个词组由并列关系变成了偏正关系,"文化"的内涵也逐渐被"文"字取代,文化实际上成了古"文"字的符号,亦即化民的素材而非化的过程了。在这种变化之后,文化的含义就复杂起来了,具有天道、人伦、知识、文献、文采、修养等含义。

以文作为文化内涵的名词性文化首先就是指天道。既包括黄老之学的

---

① 老聃:《帛书甲本·老子究竟说什么》,郭世铭,红旗出版社2006年版,第276页。
② 曾参:《大学·四书五经第一册》,杨杰编,北方文艺出版社2007年版,第3—10页。
③ 子思:《中庸·四书五经第一册》,杨杰编,北方文艺出版社2007年版,第15—32页。
④ 孔丘:《论语·四书五经第一册》,杨杰编,北方文艺出版社2007年版,第72页。

法于自然的"因天之生也以养生,谓之文"①的道文,也包括《易经·系辞传》的"河出图,洛出书,圣人则之"②之天文,也即宇宙运行的规律。名词性的文化还指人伦即"人文",指人类伦理和社会规律,即社会生活中人与人之间纵横交织的关系,如君臣、父子、夫妇、兄弟、朋友,也具有纹理表象。诸如子思认为人各有其位,而各守其位是谓中庸之道:"君子素其位而行,不愿乎其外"③。也如孔丘的"君子务本,本立而道生。孝悌也者,其为仁之本与"④所论证的人类等级关系,其是用孝悌推演社会秩序与礼仪。所以此种文化观强调观察人之文,使人明了人之伦理规律——文明,以达到行为止其所当止。作为知识的名词性文化可见于《大学》欲诚其意之"格物致知"以及《论语》的"朝闻道夕死可矣"⑤的物与道的学问。名词性的文化作为文本文献则包括语言文字内的各种象征符号及其具体化的文物典籍、礼乐制度。《尚书·序》的"由是文籍生焉"和《论语》的"文王既没,文不在兹乎"⑥以及"行有余力则以学文"⑦都是说明作为文本的、供后人学习的文化。文化作为文饰文采的含义来自文的本意,也即事物的外观——"见乃谓之象"⑧。此含义可见于《易经》描述圣人"立象以尽意,设卦以尽情伪"的成卦过程的描述——"是故夫象,圣人有以见天下之赜,而拟诸其形容,象其物宜是故谓之象"⑨。从此描述中可见文乃物之外显,被圣人取象并被本质与现象二元观念分离而演变为独立于物的文饰文采。《春秋》记叙了孔子强调文采对表达内容传递的重要性,表明了文之文采含义:"仲尼曰……言以足志,文以足言。不言,谁知其志?言之无文,行而不远。……非文辞不为功。慎辞也!"⑩作为修养的文化含义可能更强调化字的含义,也即以"文"

---

① 曾传辉编:《黄帝四经今译道德经今译》,中国社会科学出版社1996年版,第50页。
② 杨杰编:《系辞传·易经·四书五经第二册》,北方文艺出版社2007年版,第444页。
③ 子思:《中庸·四书五经第一册》,杨杰编,北方文艺出版社2007年版,第20页。
④ 孔丘:《论语·四书五经第一册》,杨杰编,北方文艺出版社2007年版,第37页。
⑤ 同上书,第56页。
⑥ 同上书,第90页。
⑦ 同上书,第38页。
⑧ 杨杰编:《系辞传·易经·四书五经第二册》,北方文艺出版社2007年版,第444页。
⑨ 杨杰编:《系辞传·易经·四书五经第二册》,北方文艺出版社2007年版,第445页。
⑩ 孔丘:《春秋·四书五经第四册》,杨杰编,北方文艺出版社2007年版,第922页。

化成人或者人"文"化。作为修养的文化含义中所指的"未化之人"或指天造地设的自然，或指"质朴"、"野蛮"，或指人性偏离自然质朴，这是儒道的差异。但二者最终的旨趣都要人成为文质统一的君子、至人、圣人，尽管其内涵不尽相同。这个层面的文化强调在人的最高境界文和人是同一的。如在《论语》中言及文与质的同一性："文犹质也，质犹文也。虎豹之鞟，犹犬羊之鞟。"[1]《大学》也从"诚其意"慎其独的角度强调文质的同一性："此谓诚于中，形于外……富润屋，德润身，心广体胖。"《中庸》则从为天下之九经强调修身与治天下的同一性："好学近乎知，力行近乎仁，知耻近乎勇，知斯三者，则知所以修身……则知所以治天下国家矣。"[2] 可见，从文化与修身的关系来看，文化不是独立于肉身之外的道理典籍，而是人本身生成或者要去生成的途径和结果。

从文化演变的历史来看，文化指代的是天地最深的道理、最普遍的规律、最经典的典籍以及做人最高的境界。《道德经》认为作为道的文化一切法之："人法地，地法天，天法道。"而《易经》作为天之文也是包含着最普遍的规律："《易》与天地准，故能弥纶天地之道。仰以观于天文，俯以察于地理，是故知幽明之故……死生之说……鬼神之情状。"[3] 从孔丘对《诗》、《韶》、尧的评价以及其学习的对象来看，传统的文化是指称最经典的典籍。如"《诗》三百，一言以蔽之，曰'思无邪'"[4]，又如"《韶》尽美亦又尽善也"[5]，也如"大哉尧之为君……焕乎！其有文章"[6]。还如孔丘之学的评价："'仲尼焉学？'子贡曰'文武之道'"[7]。可见，古代之学并不是随意的，而是流传的经典才是学习的对象。而文化作为修身的最高境界可从古人对道德、行为和气质的价值判断中指认出来。诸如"克明峻德"[8] 与"盖曰文王之所以为文也，纯亦不已"[9] 以及"吾

---

[1] 孔丘：《论语·四书五经第一册》，杨杰编，北方文艺出版社2007年版，第113页。
[2] 子思：《中庸·四书五经第一册》，杨杰编，北方文艺出版社2007年版，第23页。
[3] 杨杰编：《系辞传·易经·四书五经第二册》，北方文艺出版社2007年版，第440页。
[4] 孔丘：《论语·四书五经第一册》，杨杰编，北方文艺出版社2007年版，第41页。
[5] 同上书，第54页。
[6] 同上书，第88页。
[7] 同上书，第164页。
[8] 杨杰编：《尧典尚书·四书五经第三册》，北方文艺出版社2007年版，第467页。
[9] 子思：《中庸·四书五经第一册》，杨杰编，北方文艺出版社2007年版，第28页。

善养吾浩然之气"①，等等。

我们所习以为常的文化在发展过程中尽管意指杂多，现已成为一个内涵丰富、外延宽广的多维概念，但是其作为人类学问的最深代表以及人身修养的最高典范等方面意蕴是很难有反对意见的。

二 黄老哲学的文化观及其实质

黄老哲学的文化观更强调文化之"化"的意指，并且是一种道化而不是文化。这和儒家的文化有着本质的区别。产生这种区别的根源在于二者的出发点不同。黄老之学的出发点在自然之道，要求人们尊道贵德，不能妄加人为教化。如"道恒无名。朴唯小，而天下弗敢臣。侯王若能守之，万物将自宾"②。而儒家的出发点在现实人类社会，认为孝悌是根本，因此需要在人类社会推而广之，从而达道。如《中庸》为政之道的人伦根本："亲亲之杀，尊贤之等，礼所生也"③以及"君子之道，造端乎夫妇，及其至也，察乎天地"④。儒家的文化观显然并不认为人类社会都被道所统摄，因此需要为政者知"道"以修身达道达德，进而治人治天下国家⑤。但是儒家的这个"道"并非黄老之无名之道，而是人道（孝悌）及其推演（君臣），这其实已经是外在的人类制定的典章制度的"文"之"化"而非内在的自然的生息规律的"道自化"了。可见，如果把黄老之学也看作一种文化，那么其有着自身独特的内涵。

1. 黄老之学的道与德的关系及其作为文化的缘由

黄老之学的道与德具有内在关联但属于不同的对象。其道是生养万物的自然之道，既是生物之母也是成物之规律。《道德经》论道为："有物混成，先天地生。寂兮廖兮，独立而不改，周行而不殆可以为天下母。吾

---

① 孟轲：《孟子·四书五经第一册》，杨杰编，北方文艺出版社2007年版，第199页。
② 老聃：《帛书甲本·老子究竟说什么》，郭世铭，红旗出版社2006年版，第277页。
③ 子思：《中庸·四书五经第一册》，杨杰编，北方文艺出版社2007年版，第23页。
④ 同上书，第19页。
⑤ 同上书，第23页。

未知其名也，强字之曰道"①，并阐述其颐养万物之作用为："道生之、畜之、长之、遂之、亭之、毒之、养之、复之"②。老子认为道的生养万物形之成之而不持有不主宰，这就是道幽深的德（现语道德）："生而弗有也，为而弗恃也，长而弗宰也，此谓之玄德"③。因此，黄老之学的德并不是与道不同的一种人类的品性，而是使万物能够尊道行道的道本身的禀性。道与德是不分的，道是德之体，德是道之用，道行便是德，德存才为道。文子认为德来自道："夫道者德元也"④，管子认为德就是得道，是道停留之处，是道的体现，我们看不见的利而无害的颐养万物之母是道，而我们看到物由道而得就是道的"德"，即道使万物有得，因而是玄德——不德之德。《管子》曰："故德者道之舍，物得以生生，知得以职道之精。故德者，得也；得也者，其谓所得以然也。以无为之谓道，舍之之谓德。故道之与德无间，故言之者不别也。间之理者，谓其所以舍也。"⑤ 王弼也有同样的解释："德者，得也。常得而无丧，利而无害，故以德为名焉。何以得德？由乎道也。"⑥ 可见若脱离于"道"，则这个"德者"，显然是不可能孤立存在的。

　　正是道与德存在体与用的这种关系，才有可能进行道化。道化其实就是自身得道（个人修德）以及道化天下（圣德为政）。老聃的《道德经》就是阐明道与德的本质，从而告诫人贵身重生，教导人尊道做人做事以及要求圣人尊道贵德以正天下。诸如老聃言道对天下和侯王的作用："昔之得一者，天得一以请，地得一以宁，神得一以灵，侯王得一而以为天下正。"⑦ 因此《道德经》中作为道化自然的主张也是文化的一种。

　　《道德经》由来众说纷纭，但其作为一种以道化人的文化是可以从各种文献中得到印证的。《史记》记载了其为修道德之学："老子修道德，

---

① 老聃：《帛书甲本·老子究竟说什么》，郭世铭，红旗出版社 2006 年版，第 276 页。
② 同上书，第 272 页。
③ 同上书，第 272 页。
④ 赵雅丽：《〈文子〉思想及竹简〈文子〉复原研究》，北京燕山出版社 2005 年版，第 142 页。
⑤ 管仲：《管子》，华夏出版社 2000 年版，第 231 页。
⑥ 王弼：《王弼注〈老子〉·老子究竟说什么》，郭世铭，红旗出版社 2006 年版，第 254 页。
⑦ 老聃：《帛书甲本·老子究竟说什么》，郭世铭，红旗出版社 2006 年版，第 271 页。

其学以自隐无名为务……关令尹喜曰：'子将隐矣'强为我著书。"于是老子乃著书上下篇，言道德之意五千余言而去，莫知其所终。① 这种修身之学也可见孔子适周问礼于老子的回答："吾闻之，良贾深藏若虚，君子盛德容貌若愚。去子之骄气与多欲，态色与淫志，是皆无益于子之身。吾所以告子，若是而已。"② 革除时弊尊道贵德的思想也直接见于《道德经》本身的叙述："使我介然有知，行于大道，唯施是畏，大道甚夷，民甚好径。朝甚除，田甚芜，仓甚虚；服文采，带利剑，厌饮食，货财有余，是谓盗夸，非道也哉！"③ 可见老子是见到民好径官盗夸的非道行为才坚定了行大道的思想的。姜尚的《六韬》也说明了道化的现实性必要性："天下有民，仁圣牧之……故天下治仁圣藏，天下乱仁圣昌，至道其然也"④。这里的牧并非管理，而是源自放养牲畜之"养禽兽之长也"的生之畜之行道贵德之意。无能子则直接阐述圣人之过来强调道化的必要性："嗟乎！自然而虫之，不自然而人之。疆立宫室饮食以诱其欲，疆分贵贱尊卑以激其争，疆为仁义礼乐以倾其真，疆行刑法征伐以残其生，俾逐其末而忘其本，纷其情而伐其命，迷迷相死，古今不复，为之圣人者之过也"⑤。可见，黄老学派正是看到了民贵宠辱重于贵身，圣王尚贤现欲致使天下纷争——"上下不安其生，累世不休"⑥——才提出道化的思想的。

2. 黄老哲学中道与德的实质

黄老哲学的道与德有着独特而明确的内涵，这在《黄帝四经》、《金人铭》、《六韬》、《管子》以及后来的老庄列文等道家诸人的著作中都有或直接或间接的阐明，只是晦涩难懂罢了。黄老之学的道是宇宙的起源与生成、运转的动力和变化的规律，如《黄帝四经》所言："鸟得而飞，鱼

---

① 萧枫主编：《司马迁·史记第三册》，北方文艺出版社2007年版，第530页。
② 萧枫主编：《司马迁·史记第三册》，北方文艺出版社2007年版，第529页。
③ 老聃：《帛书甲本·老子究竟说什么》，郭世铭，红旗出版社2006年版，第272页。
④ 姜子牙，六韬新译：《银雀山汉墓竹简校本》，宋开霞邵鸿徐勇注译，天津古籍出版社2003年版，第46—47页。
⑤ 无能子：《无能子校注》，王明校注，中华书局1981年版，第3页。
⑥ 姜子牙，六韬新译：《银雀山汉墓竹简校本》，宋开霞邵鸿徐勇注译，天津古籍出版社2003年版，第70页。

得而游,兽得而走,万物得之以生,百事得之以成"①。《六韬》曰"能生利者道也"②。《管子》曰"道也者……万物皆以得"③。《道德经》则说:"天之道利而不害"④。正是道的生生、生利以及给予万物化生往复之规律,才有黄老之学主张道化的合法性和可能性。

尽管黄老哲学的道无所不在无所不能,但是却是不可见不可闻的,只能从其运其用中体会和把握其特征和规律。《黄帝四经》称道为:"人皆以之,莫知其名。人皆用之,莫见其形。一者,其号也,虚其舍也,无为其素也,和其用也。"⑤

道的一个特点是生养万物而不为主。道作为宇宙的主宰生养万物却不可道不可名,搏之不得视之不见听之不闻,具有隐而无名而利而不矜的特点。《道德经》言道:"道泛呵其可左右也,成功遂事而弗名有也,万物归焉而弗为主"⑥。道的第二个特点是无为之为。道行的方式是让万物自为,因而是无为之为,也就是"道法自然"⑦之意。《庄子齐物论》云:"道行之而成,物谓之而然……已而不知其然谓之道"⑧。徐灵府解释为:"自然,盖道之绝称,不知而然,亦非不然,万物皆然,不得不然,然而自然,非有能然,无所因寄,故曰自然也。"⑨ 老聃认为道之无为就像水柔弱处下却善利万物,因此懂得道无为之有为:"天下之至柔,驰骋于天下之至坚。无有入于无间,吾是以知无为之有益也。"⑩ 道的第三个特点是无心无知损有余而补不足。老聃认为天道不仁以万物为刍狗:"天地相合,以将甘露,民莫之令而自均。"⑪ 抱朴子则道"天道无为,任物自然,

---

① 曾传辉编:《黄帝四经今译道德经今译》,中国社会科学出版社1996年版,第117页。
② 姜子牙,六韬新译:《银雀山汉墓竹简校本》,宋开霞邵鸿徐勇注译,天津古籍出版社2003年版,第24页。
③ 管仲:《管子》,华夏出版社2000年版,第232页。
④ 老聃:《帛书甲本·老子究竟说什么》,郭世铭,红旗出版社2006年版,第272页。
⑤ 曾传辉编:《黄帝四经今译道德经今译》,中国社会科学出版社1996年版,第117页。
⑥ 老聃:《帛书甲本·老子究竟说什么》,郭世铭,红旗出版社2006年版,第277页。
⑦ 老聃:《帛书甲本·老子究竟说什么》,郭世铭,红旗出版社2006年版,第276页。
⑧ 庄周:《庄子今注今译上册》,陈鼓应注译,商务印书馆2012年版,第75-76页。
⑨ 赵雅丽:《〈文子〉思想及竹简〈文子〉复原研究》,北京燕山出版社2005年版,第279页。
⑩ 老聃:《帛书甲本·老子究竟说什么》,郭世铭,红旗出版社2006年版,第271页。
⑪ 老聃:《老子究竟说什么》,郭世铭,红旗出版社2006年版,第253页。

无亲无疏，无彼无此也。"① 管仲也说："如天如地何私何亲"；"天不变其常，地不易其则，春夏秋冬不更其节，古今一也"；"风雨无乡，而怨怒不及也"②；"天不为一物枉其时……天行其所行而万物被其利……是故万物均"③。道不仅无私无亲善利万物，而且因此损有余而补不足。老子曰："天之道，其犹张弓欤？高者抑之，下者举之，有余者损之，不足者补之，天之道损有余而补不足"④。更有甚者，天之道损有余补不足就像水的性质，用之不竭。老子曰："道冲而用之或不盈，渊兮，似万物之宗"；"天地之间，其犹橐籥乎？虚而不屈，动而愈出。"⑤ 道的第四个特点是知足知止知常，微妙玄达，长生久持。道并不是无知无欲，而是知足知止知常，因此法于自然而天长地久。道的长久在于它的无私，生万物而不自生，并且生而不有，功成身退。以不终朝之飘风不终日的骤雨行知足知止知常无名之自然。以"明道若昧，进道若退，夷道若纇"的表象却深知"万物之奥"，以"大成若缺，其用不弊，大盈若冲，其用不穷"的微妙玄达"善贷且善成"⑥。

虽然道善于生物与成物，但是却不主宰万物，这就是道深沉的德。因为其不名其德，功成而不有，因此是不德之德，所以老子曰："上德不德，是以有德。"因此道之本质就是微妙玄达地生物成物之利，万物由道而生而皆曰自然。德的本质就是道的生物成物之用，使物有所得而不名，故道有玄德。二者同出异名，有道必有德，有德必有道。

3. 黄老哲学的道化文化观

黄老哲学的文化观其实就是立足道与德的个人的修养以及社会运转的道化实践。葛洪认为："夫道者，内以治身，外以为国"⑦，可见道化包括个人修为中"尊道而行成就至人"以及"圣人尊道贵德以正天下"两个

---

① 葛洪：《抱朴子内篇》，蓝天出版社，第57页。
② 管仲：《管子》，华夏出版社2000年版，第5页。
③ 管仲：《管子》，华夏出版社2000年版，第239页。
④ 老聃：《老子究竟说什么》，郭世铭，红旗出版社2006年版，第232页。
⑤ 同上书，第243页。
⑥ 同上书，第245页。
⑦ 葛洪：《抱朴子内篇》，蓝天出版社，第76页。

范畴。

　　个人的道化是指行道而达于至人状态。黄老哲学强调个人的道化并不是无知无欲、出世隐居、不食人间烟火地退回到茹毛饮血刀耕火耨的原始时代，而是去掉繁文缛节与功名利禄对身体生命的限制残害，消除音、色、味、知对感觉智慧的毁坏与遮蔽，达到回复本真完整、出神入化、长生久恃、境界深远的生命形式。这种生命形式的首要原则就是保证生命的完整性，也就是未经雕凿的"朴"的状态。《道德经》强调民要返朴归真如"吾将镇之以无名之朴"①，并描述了老聃自身"朴"的状态："众人熙熙，如享太牢，如春登台。我独泊兮，其未兆如婴儿之未孩。儽儽兮若无所归。众人皆有余，而我独若遗。我愚人之心也哉！沌沌兮！俗人昭昭，我独昏昏，俗人察察我独闷闷。澹兮其若海，飂兮若无止。众人皆有以，而我独顽似鄙。我独异于人，而贵食母。"②。老聃认为"朴散则为器"而要求归本返朴即回归"大器晚成，大音希声，大象无形。"等以供养人一生的道为贵（贵食母）的修为。《庄子》也明确地指出了"朴"的价值，如"五石之瓠"与无用之"樗"，并批评人心的无视朴无用之用的茅塞不通："有五石之瓠，何不虑以为大樽，而浮于江湖，而忧其瓠落无所容"③ 以及"今子有大树，患其无用，何不树之于无何有之乡……不夭斤斧，物无害者，无所可用，安所困苦哉！"④。在老庄的眼中，人只有似道一样混而为一才是生命的本色。因此老子说："是故不欲禄禄如玉，硌硌若石。"⑤

　　老聃曰："天下有始，以为天下母。既得其母，以知其子；复守其母，没身不殆"⑥。可见老聃认为返朴的生命是与道相合而不受伤害，因为人之所行是天长地久的无私的道行。如"含德之厚，比于赤子。蜂虿虺蛇弗螫，猛兽不据，攫鸟不搏。骨弱筋柔而握固，未知牝牡之合而全

---

① 老聃：《老子究竟说什么》，郭世铭，红旗出版社2006年版，第254页。
② 同上书，第248页。
③ 庄周：《庄子今注今译上册》，陈鼓应注译，商务印书馆2012年版，第34页。
④ 同上书，第37—38页。
⑤ 老聃：《帛书甲本·老子究竟说什么》，郭世铭，红旗出版社2006年版，第271页。
⑥ 同上书，第272页。

作，精之至也。终日号而不嗄，和之至也"①。故道是天下都以之为贵的求有罪以免的万物之宝。同样，守弱持愚的质朴并不是愚鲁呆笨而处于一种适应万物的逍遥状态："古之善为士者，微妙玄通，深不可识"，而能做到"善行无辙迹……善数不用筹策，善闭无关楗而不可开，善结无绳约而不可解"②。庄周也以藐姑射之山之神人寓言描述了为道者质朴无伤的至人状态："之人也，物莫之伤，大浸稽天而不溺，大旱金石流土山焦而不热"③。在老庄看来，回归于朴是没身不殆的天之道。故老聃曰："知和曰常，知常曰明，益生曰祥，心使气曰强。"

黄老之学返真归朴不是简单的延续生命愚昧无为的手段，而是追求比世俗功名更高的生命样态："之人也，之德也，将磅礴万物以为一，世蕲乎乱，孰弊弊焉以天下为事……是其尘垢秕糠，将犹陶铸尧舜者也，孰肯分分然以物为事"④。此种境界是一种大智若愚、世事洞明天下希及的至大境界。老聃描述这种境界为："不行而知，不见而名，弗为而成"，并因"终不为大故能成其大"⑤。庄周也用寓言的形式表达了修道成其大的状态："鲲之大，不知其几千里也，化而为鸟，其名曰鹏，鹏之背，不知其几千里也。怒而飞，其翼若垂天之云"⑥。劳碌于世俗名利的人不知道居然会有这种境界，因此老子说："吾言甚易知，甚易行，天下莫能知，莫能行"。庄周也用蜩与学鸠讥笑鹏翼以"抟扶摇羊角而上者九万里，绝云气，负青天"⑦ 而南飞来比喻人的境界的不同，而这种"乘天地之正，而御六气之辩，以游于无穷者"⑧ 是普通人所不能知道的。这都是因为修道之人境界至高，超出世人之知而无人能知能识，故庄子感慨道："其唯形骸有聋盲哉，夫知亦有之"⑨。因此老子说"是以圣人被褐怀玉"，而庄周也说："至人无己，神人无功，圣人无名"。这就是黄老哲学人道化的

---

① 老聃：《帛书甲本·老子究竟说什么》，郭世铭，红旗出版社2006年版，第272页。
② 同上书，第251页。
③ 庄周：《庄子今注今译上册》，陈鼓应注译，商务印书馆2012年版，第29页。
④ 同上书，第29页。
⑤ 老聃：《帛书甲本·老子究竟说什么》，郭世铭，红旗出版社2006年版，第273页。
⑥ 庄周：《庄子今注今译上册》，陈鼓应注译，商务印书馆2012年版，第6页。
⑦ 同上书，第17页。
⑧ 同上书，第20页。
⑨ 同上书，第28页。

追求。

　　黄老哲学道化天下是指圣人尊道贵德而天下自化。黄老哲学的道化天下并不是王推行道学而化民，而是圣人守道而为官长与民自化两个相互关联的环节。如果王有为则为无道而无法正天下。

　　道化天下的第一个方面在于圣人无为。老子认为道具有能让万物有所得的玄德就在于道法自然："夫莫之命而常自然"，因道不自生故能天长地久而用之不穷，因此圣人如欲化成天下也必须依道无知无欲无为。老聃说："为者败之，执者失之。是以圣人无为，故无败；无执故无失。民之从事常恒于几成而败之。慎终若始，则无败事。是以圣人欲不欲，不贵难得之货。学不学，復众人之所过。以辅万物之自然，而不敢为。"①《道德经》认为无为之有益大亦，可使民不争，使民不为盗，使民心不乱。如果圣王有为则轻诺必寡信，多易必多难，所以要无事取天下。老聃曰："天下多忌讳，而民彌贫；民多利器，国家滋昏，人多伎巧，奇物滋起；法令滋彰，盗贼多有"②。庄周也以"日凿一窍，七日而浑沌死"③ 的寓言喻有为之政致人民于死地。

　　道化天下的第二个方面在于民自化。黄老哲学认为如果统治者能够尊道而无为，则民会自化。老聃认为天道无亲，恒与善人。因此圣人如能不失德则"我无为而民自化，我好静而民自正，我无事而民自富，我无欲而民自朴"。④ 老聃认为天下不是可以控制的，只能因之而不可为之，为之必败。他说："天下神器也，非可为者也，为者败之，执者失之"。《庄子·徐无鬼》中黄帝问小童为天下之道也表达了无为而民自化的思想："夫为天下者，亦奚以异乎牧马者哉？亦去其害马者而已矣！"⑤ 牧马不需要教导马怎样吃草，只要没有害马者，马自会照料自己。同样民自化的思想也可见于《六韬》。文王多次问如何取天下，姜尚以"天下非一人之天

---

① 老聃：《帛书甲本·老子究竟说什么》，郭世铭，红旗出版社2006年版，第273页。
② 同上书，第272页。
③ 庄周：《庄子今注今译上册》，陈鼓应注译，商务印书馆2012年版，第265页。
④ 老聃：《帛书甲本·老子究竟说什么》，郭世铭，红旗出版社2006年版，第272页。
⑤ 庄周：《庄子今注今译下册》，陈鼓应注译，商务印书馆2012年版，第732页。

下，乃天下人之天下也"①而否定文王的欲取天下之有为。无能子表达了姜尚的同天下之利而非擅天下之利的民自化的化天下思想。"'西伯曰：天地无为也，日月星辰运于昼夜，雨露霜雪零于秋冬，江河流而不息，草木生而不止，故无为故能无滞，若滞于有为，则不能无为矣'。吕望闻之，知西伯实于忧民，不利于得殷天下。于是乎卒与之兴周焉。"② 王弼解释《道德经》天地不仁说："天地任自然，无为无造，万物自相治理。"③ 可见民自化是黄老哲学道化的根本观点。

三 黄老哲学文化观与自由主义的一致性

黄老之学以道为立言的基础，认为世界万物包括人类都是由道而生而长，因此都天然包有道的秉性——无为而尊者天道也。而人世间由于——有为而累者人道也④——而需要返璞归真进行道化。而道化的方式一个是个体自身闻道勤行之；二是为国者为无为而使民自化自富自朴。可见黄老哲学的文化是源于道而达于道的自然生化之文化。自由主义是意识形态范式的一种主要类型，它强调人的自主与国家不予干涉的思想与黄老哲学的文化观有着内在的一致性。

首先，自由主义国家权力范畴的观点等同于无为的思想。密尔定义的自由不是自由意志，而是社会权力的界限："这里所要探讨的乃是公民自由，或曰社会自由，即社会能够正当地施之于个人的权力的性质和界限。"⑤ 自由主义观念中的国家权力并不是可以凌驾于个人之上的，而是源自于人民的授予，因此和个人权利没有冲突，属于个人权利中具有公共属性的部分。"任何人的行为，他对社会负有责任的部分只能是那些与他

---

① 姜子牙，六韬新译：《银雀山汉墓竹简校本》，宋开霞邵鸿徐勇注译，天津古籍出版社2003年版，第23页。
② 无能子：《无能子校注》，王明校注，中华书局1981年版，第16页。
③ 王弼：《王弼注老·老子究竟说什么》，郭世铭，红旗出版社2006年版，第243页。
④ 庄周：《庄子今注今译上册》，陈鼓应注译，商务印书馆2012年版，第342页。
⑤ [英]约翰·斯图亚特·密尔：《论自由》，于庆生译，中国法制出版社2009年版，第1页。

人相关涉的行为。"① 只不过这一部分权利由个人委托政府职能部门代为处理，政府并无超越授权而肆意妄为的合法性。"在仅仅关涉他自身的部分中，她的独立性是绝对正当的。"② 因此公权力以不可自为而为，属于无为之为。

公权力合法的暴力部分也同样源于人民的让渡，而不是超越人民授权的对人民的限制、规范和伤害。而且这种让渡只是人民把保护自己不受伤害的权力委托政府代为执行，因此政府的合法暴力只限于对人民的保护。密尔对此有直接的阐述："权力能够违背文明共同体任何成员的意志而对他进行正当干涉的唯一目的，便在于防止他对其他人的伤害。"③ 自由主义这种"容忍的悖论"的干涉原则与黄帝牧马在于去除害马者的治国思想以及《六韬》中"执斧必伐"的杀人安人思想完全一致。

其次，自由主义个人自我发展的观点相当于修道的思想。自由主义强调个人福祉的自我认知性以及自我决定性，其他人没有能力与权力了解和干涉别人对利益和福祉的看法："对于他自己，对于他自己的身心，个人便是最高统治者。"④ 因此自由主义强调自身决定的重要性："只要一个人拥有任何一定数量的一般感受和经验，那么他自己安排他的存在方式便是最佳的，这不是因为它本身是最佳的，而是因为那是他自己的方式。"⑤ 这和黄老哲学人自化民自富人自朴的思想是一致的。自由主义尽管不干涉个人选择生活方式的自由，但是还是对善有所追求，也就是不强迫自由但是对何谓更好的生命形式和生活方式有明确的要求。密尔论证了人类个性发展与良好人类的一致性与必然性："上文已经说明，个性与发展是一回事，并且只有个性之培养才产生，或者才能产生出发展良好的人类"⑥。但是密尔认为现实的社会人们已经失去了创造力，逐渐变得平庸，人们个性丧失。他说："遍及世界的事物的一般趋势却是把平庸性变成人们中占

---

① ［英］约翰·斯图亚特·密尔：《论自由》，于庆生译，中国法制出版社2009年版，第14页。
② 同上。
③ 同上。
④ 同上。
⑤ 同上书，第103页。
⑥ 同上书，第97页。

优势的权力。……现在，个人消失在大众中了。"① 正和老聃的观点一样，"下士闻道'大笑之'弗笑不足以为道"②，密尔也认为人们不具有发现更好生活的能力，他谈论天才超越普通人的价值时谈到了这一点："创造力是一种无创造力的意识难以感觉到其用处的事物。"③ 因此密尔强调个人自由以对抗社会惯性的专制，而达到改进社会的目的。密尔认为只有自由才能保证进步："进步之唯一可靠的恒久来源便是自由，因为通过自由，有多少个个人便有多少个独立的进步核心。"④ 这种消极自由下的积极自由同黄老之学返璞归真后的更高境界的追求是完全一致的。是一种绝圣弃智民利百倍，绝仁去义民复孝慈的现代表达。

中国传统的文化观表明了人需要文教以达到一种更高的人生境界的观点，而黄老之学的道化文化观采取的路径是圣王无为而民则会返璞归真而行化为更高的至人境界。自由主义则把政府的权限限制为保护的界限之内而同黄老哲学的无为思想具有一种内在的一致性，此也证明了中西哲学在根本问题上的同一性。

---

① [英]约翰·斯图亚特·密尔：《论自由》，于庆生译，中国法制出版社，第 100 页。
② 老聃：《帛书甲本·老子究竟说什么》，郭世铭，红旗出版社 2006 年版，第 271 页。
③ [英]约翰·斯图亚特·密尔：《论自由》，于庆生译，中国法制出版社 2009 年版，第 100 页。
④ 同上书，第 107 页。

论文化哲学的三种回归路径

郭玲玲[*]

文化哲学始于 18 世纪的意大利历史学家维科和德国哲学家赫尔德,他们认为文化是人的创造物,文化的进步乃是历史的规律。19 世纪先后出现过进化论学派、功能主义学派、结构主义学派等,极大地推动了文化哲学的发展。20 世纪以来,文化问题成为现代哲学研究的中心问题之一,文化哲学成为学术界的主流思想。关于文化哲学的界定纷繁复杂、尚无定论。不同学家学派的研究者分别从各自不同的切入点入手对文化哲学进行论证和概括。例如在《百科全书》中,文化被定义为:一种特殊的艺术,这种艺术教导人们去开发和完善人类精神的每一部分。或者文化又被定义为:文化就是人化,即人类通过思考所造成的一切。具体讲,文化是人类存续发展中对外在物质世界和自身精神世界的不断作用及其引起的变化。概括起来,文化既可以指一种社会现象,代表人们的世界观、价值观、道德标准等。又可以指一种历史现象,是社会历史长期创造形成的积淀物。文化既可以分为物质文化,如种植技术、手工艺技术、工业技术等;又可以分成精神文化,如文学、绘画、哲学、音乐等。众多的定义和研究对象虽然使文化哲学彰显出其巨大的生命力,但也使得其内在的实质变得更加晦涩不清、难以把握。因此,必须从本然的意义上对文化哲学重新加以梳理和分析,使其本真的含义凸显出来。

复旦大学的李成蹊教授曾在《论人是文化哲学的本质和核心》中把文化划分为三个层次:文化的表层结构是经过人们创造和改造过的生活用品,如服饰、建筑、食品、器具等的总和;文化的中层结构是人们的行为

---

[*] 郭玲玲,辽宁大学哲学与公共管理学院。

方式的总和，也就是社会关系的总和，如意识形态、道德规范、阶级关系、社会心理等；文化的深层结构是人们哲学思想的总和，如思维方式、价值观念、社会政治观、宇宙观、世界观、哲学信仰等。文化表层结构显而易见，容易变动；文化中层结构潜移默化，易于模仿；文化深层结构具有较大的相对稳定性，变动较难，它是文化的核心和基础。而我们所说的文化哲学正是在面向第一、二层次基础上的第三层次。因此，我们可以把文化哲学概括成从哲学角度研究文化的本质、特征及其发展规律的学科。它从人的生存问题出发，运用哲学的思维方式去思考现实文化，是一种通过对文化活动和文化现象进行严格的批判反思和学术定位而展开研究和论述的新的哲学形态。笔者认为文化哲学的真正意蕴在于它所实现的三种回归：即从抽象的人向现实的人的回归、从理念世界向生活世界的回归、从科学精神向人文精神的回归。

一 从抽象的人向现实的人的回归

如果有人问，在文化哲学中是否有一个贯穿始终的永恒主题存在呢？我可以很肯定地告诉他，这个主题是存在的，而且这个主题就是"人"。受到本体论哲学的影响，人们一直都在追问"人的本质是什么"，幻想给"人"下一个确定的、明确的定义。但是在整个哲学史中人们却发现，尽管人们在这方面做出了很多的研究，但不同哲学流派和不同哲学家对于人和人的本性的看法却并不相同。原因只有一个，那就是根本没有抽象的、本体的人性，而只有在不同历史阶段对于人的不同理解。

传统哲学把人视为一种现成的存在对象加以理解，认为对人的理解是可以脱离关于人的种种现象，而用理性等概念的方式去加以把握的。现实的人在传统哲学这里只充当了一个被静观的对象而已。海德格尔认为这种对人的理解方式是把人当做"现成存在和摆在那里这种意义上加以领会的。"[1] 这种对人的理解具有对象性、知识性、本体性三种特点。所谓对象性指的是把人当做外在的对象来予以把握，而我们对于对象的最好的把握就是回答"它是什么"中"什么"的问题，也就是把人当做物一样来

---

[1] [德] 马丁·海德格尔：《存在与时间》，陈嘉映译，三联书店 1987 年版，第 60 页。

看待和定义。舍勒认为，这种理解方式实际上是把"人对本质及其价值视为一种自然事实的经验延伸。"① 当形成一个"人是什么"的定义时，对人的理解就进入第二个特征，即知识性之中。只有把"人是什么"确立为某种知识，才能让人的本性明确起来，也才能更好地让人把握。这种知识性的确立就是对人的抽象性的明显表征。而人之所以要对人进行知识性的概括，原因在于本体论思想对人类思考问题和解决问题方式的影响。关于人的本性知识的获得并非是表层的、现象性的，而是深层的和本质性的，必须运用知性逻辑的方法方能获得。而且"人是什么"的问题是区分人和其他生物的关键之所在，是人之为人的根本特征，是对人的理解方面的最高指向。因此，对人的理解的对象性、知识性和本体性这三个特征既是相互贯通，又是互为基础的，共同为传统哲学中对人的理解这一问题服务。而和究竟把人理解为何种存在，或为自然存在、或为神学存在、亦或为理性存在是没有任何关系的。换句话说，这是对人的存在一种理解方式上的一致，而非理解内容的相同。

之所以把文化哲学的主题也归结为人，是出于两个方面的考虑。第一个方面：文化是人的存在方式。对于这一方面的理解，我们可以看到人是文化的主体，人也是文化的创造者，他不仅生成着文化，而且时刻都在文化中生活，在他的第二自然中生活。哲学人类学家蓝德曼曾说："没有自然的人，甚至最早的人也是生存于文化之中。"② 可见人和文化之间的关系是极其圆融的，这种圆融也是人和其他生物之间的本质差别。恩格斯明确指出："最初的、从动物界分离出来的人，在一切本质方面是和动物本身一样不自由的；但是文化上的每一个进步，都是迈向自由的一步。"③ 可见，这种差别不在于两者之间的生存目的，而在于两者之间的生存方式。生物是按照生命的本能样态来生存的，这种本能样态决定了生物"数千年如一日"的生存方式。而人则是按照文化的样态来生存的，用卡西尔的话来说：人即为符号化的动物。这种符号化的思维和符号化的行为是人类生活中最富有代表性的特征。人类文化的全部发展都依赖于这些条

---

① [德] 马克斯·舍勒：《人在宇宙中的地位》，王维达编译，贵州人民出版社1989年版，第6页。
② [德] M. 蓝德曼：《哲学人类学》，彭富春译，工人出版社1988年版，第261页。
③ 《马克思恩格斯选集》第三卷，人民出版社1995年版，第456页。

件。通过符号世界展现出一个属于人的意义世界。

第二个方面：人是一种文化存在，这种存在表现在个人时空的有限性和作为文化创造物的无限性。首先，个人的生命时间是有限的，但作为类的生命是无限的。人作为有限的存在者可以通过文化的创造冲破有限存在的藩篱、延续自身的意义和价值，向未来世界进行敞开，进而获得无限的生命意义。这通常表现在人类文化的积淀和继承方面。其次，人类的生存空间也是有限的，所以"作为一个整体的人类文化，可以被称之为人不断自我解放的历程。语言、艺术、宗教、科学，是这一历程中的不同阶段。在所有这些阶段中，人都发现并且证实了一种新的力量——建设一个人自己的世界、一个'理想'世界的力量。"① 可见，人类作为文化的存在能够超越现实世界的界限，在理想的世界中为自己找到安身立命之根本。这种理想世界是通过文化价值在现实世界的基础上所进行的意义绽放，是人之为人的根本特性。再次，人与人之间的交往也受到时间和空间的限制，但是人能够以自己的创造物——文化为媒介进行超越时空的交往活动，扩大人类交往的活动范围，促进人和人之间的互动。

可见，文化哲学利用人和文化之间的关系重新解读了传统哲学中关于人的问题及如何理解人的问题。文化哲学摆脱了依靠知性逻辑和对象化的知识论态度对人进行理解，认为对人的理解必须和人的生活方式联系在一起，同他的生产方式联系在一起，同他的文化存在方式联系在一起，将人从现成的存在者转向生成的生存者，将其看作是一种历史性的特殊存在者。当人从传统哲学的物性思维方式中解脱出来，以一种符合自身本性的方式实现了人的自我把握时，人就获得其独立地位和真实意义。

二 从理念世界向生活世界的回归

蓝德曼指出，"文化创造比我们迄今为止所相信的有更加广阔和更加深刻的内涵。人类生活的基础不是自然安排，而是文化形成的形式和习惯"②。人的生活世界必然包含着文化的繁衍和发展，而文化就是生活世

---

① [德]恩斯特·卡西尔：《人论》，甘阳译，上海译文出版社1985年版，第288页。
② [德] M. 蓝德曼：《哲学人类学》，彭富春译，工人出版社1988年版，第260页。

界的当代表征形式。在这个意义上我们可以说,生活世界就是文化哲学所面向的人的世界。

西方传统哲学首先试图通过理念构建一个先验的观念世界,并用以和人类的现实生活相类比,进而对现实生活进行指导。后来在繁荣的经验科学的带动下,西方思想界追求一种通过经验归纳和逻辑分析而形成的科学世界,并以科学世界作为人类追求的终极目标和唯一确定性、真理性的存在。面对这种情况,文化哲学以回归生活世界的方式恢复了世界的本然样态,它不再是以抽象思辨的形式将观念世界或科学世界凌驾于现实生活世界之上,它将在人的现实生活中以文化的方式为现实的人建构起合理的生活空间,也为哲学注入时代的生命力。

生活世界并非等同于和理念世界、观念世界相对的现实世界,它指的是由感性所构成的感性世界,是每个人所能体验到的原发性的意义世界。生活世界也并非等同于非反思的日常生活世界。它指的是反驳近代自然科学对人们所处的世界的抽象化。胡塞尔曾说:"生活"一词不可取其生理学的含义,而是指有目的的生活,它表明精神的创造性——在最广泛的意义说,它在历史之中创造文化。正是这种生活构成了种种精神科学的主题。[①]

衣俊卿把人类社会结构划分为三个层面:"(1)处于金字塔最基础的层面的是由衣食住行、饮食男女、婚丧嫁娶等日常消费活动、日常交往活动和日常观念活动构成的日常生活领域。它曾是人类社会的原生态,是非日常生活世界得以生成并赖以存在的基础。"[②]"(2)中间层面是政治、经济、技术操作、经营管理、公共事务、社会化大生产等非日常的社会活动领域。由于这一领域直接涉及到社会的体制、规范等,所以有人称之为'制度化领域'。(3)由科学、艺术和哲学等构成的非日常的、自觉的人类精神和知识领域。因为这一领域所揭示的是关于人这一自觉的和对象化的类存在物的知识,因此可称之为自觉的类本质活动领域。"[③]可见,第一层次是日常生活世界,第二、三层则是非日常生活世界。日常生活世界

---

① [德] E. 胡塞尔:《现象学和哲学的危机》,国际文化出版公司1988年版,第135页。
② 衣俊卿:《现代化与日常生活批判》,黑龙江教育出版社1994年版,第20页。
③ 衣俊卿:《理性向生活世界的回归》,《中国社会科学》,1994年第2期。

是自在的、自发的，非日常生活世界是自觉的、自由的。文化哲学正是属于非日常生活世界当中，它具有自觉的特征，并最终指向人的自由和解放。

尼采认为世界上只有两种伟大的哲学观。"a，生成、发展；b，生命价值观（但首先必须克服德国悲观主义的可怜形式）。——这两者被我以决定性的方式糅合在一起。一切都在生成，在永恒地回归。"① 恩格斯也曾说："世界从本质上是某种从混沌中产生出来的东西，是某种发展起来的东西，某种逐渐生成的东西。"② 生活世界是生成的，它是自然与文化、肉体与灵魂浑然一体的丰富世界。这种生成在深层次的意义上表明文化哲学也是不确定的，是始终处于变化当中的，就连它所追求的最终价值也是根据历史阶段的不同而不断发展变化的。所以，文化哲学是动态的、是始终在路上的。

生活世界的主体是生成的人。"生活世界既是一个实体的世界，又是一个关系的世界，在这个世界中人的地位是至高无上的，人是能动的主体，人不依赖于自然、社会、他人，或者某些外在力量。"③ 在生活世界中，现实的人构成了生活世界的发展主体。人把握世界的方式是直观的、原始体验的。而且每个人都是目的，而不能成为其他人的手段。这种生存方式正是作为文化哲学中的人所拥有的。在这种开放的形式下，生活世界就是一个主体间共有的文化世界。

生活世界的实践基础是一个发展过程。"整个所谓世界历史不外是人通过人的劳动而诞生的过程，是自然界对人来说的生成过程。"④ 生活世界的实践基础就是人的感性活动，是通过人的实践活动所创立的属于人的生活世界。文化哲学所面对的生活世界是人生活于其中的，与自然、社会发生各种关系和联系的，对人有意义的，与人内在同一的现实感性世界。它是人与自然、社会、自身的和谐共生，是物质生活与精神生活、日常生

---

① 赵修义、童世骏：《马克思恩格斯同时代的西方哲学家》，华东师范大学出版社1996年版，第154页。
② 恩格斯：《自然辩证法》，人民出版社1984年版，第10页。
③ 郭元祥：《生活与教育——回归生活世界的基础教育论纲》，华中师范大学出版社2002年版，第113页。
④ 《马克思恩格斯文集》1卷，人民出版社2009年版，第196页。

活与非日常生活的和谐统一。

三　从科学精神向人文精神的回归

之所以称文化哲学实现了由科学精神到人文精神的回归，并不是意味着在现实的生活中我们要对科学精神采取完全否定的态度，而把人文精神供奉进神坛。在现实的生活中这两种精神是缺一不可的，是互为补充和影响的。之所以这样说的意义在于，文化哲学恢复了在近代理性主义哲学那里被遮蔽掉的具有自觉性、价值性的人文精神，并用人文精神构建了自身合理的意义指向。

科学精神与人文精神属于同源异体的两种精神。它们都诞生在文艺复兴时期，所批判的对象都是当时的神权和王权的极端统治。在那个时代，人被淹没在神、王的统治之下。人的所有本质特征都要到在人之外的上帝那里去寻找。人对于上帝来说只是他的一个创造物而已，上帝赋予了人所有的非人特征。而且人的主体性和创造性在中世纪时期彻底被抹杀了，人对于上帝只能敬仰和服从，任何的主体意识和实践活动若非在上帝的指引下都被看成是恶的。在这种情况下，科学精神和人文精神诞生了。

所谓科学精神是指人们运用思维才智，借助于清晰的概念和正确的逻辑推理，依靠观察、实验、分析、比较、综合等规范系统的方法，认识理解和把握宇宙、自然、人类社会和人自身的科学意识和态度。它不盲目地迷信，不相信权威和经典，把对世界的认识建立在求证的基础之上。这种精神对于神权统治的愚昧教条无疑是一个致命的打击。

所谓人文精神是一种普遍的人类自我关怀和价值追求，表现为对人的尊严、价值、命运的维护、追求和关切，对人类遗留下来的各种精神文化现象的高度珍视，对一种全面发展的理想人格的肯定和塑造。它是一种关注人生真谛和人类命运的理性态度，包括对人的个性和主体精神的高扬，对自由、平等的渴望，对理想、信仰和自我实现的执着，对生命、死亡和生存意义的探索等。

在文艺复兴时期兴起的人文精神承继了其在西方文化中的发展传统，是对中世纪基督教神学桎梏的超越。故此时的人文精神主要是停留在外在比照之后的补救，而不是人文精神本身所指向的自觉自立。这也为后来科学精神对人文精神的侵入埋下了伏笔。毫无疑问的是，科学精神和人文精神的崛起使得基督教神学逐渐走下神坛，但取而代之其"坛主"地位的却是科学精神。科学精神在随后的发展中，受到近代理性主义哲学和本体论哲学的影响，企图把科学原则凌驾于一切精神之上，用科学原则解释一切和评价一切：符合科学的就是好的，不符合科学的就是不好的，使科学成为人们评价一切的最高尺度，成为在基督教神学的之后的独霸世界的意识形态。这样，就使人文精神失去了立足之地，只能在狭小的地盘中苟延残喘。

但"人作为一种超越性的存在，表明人不仅是一个世俗的、理性的存在物，而且是一个理想的存在物。他总是不满足于现实的有限性而追求无限，不满足于功利而追求崇高，不停止于现实而指向虚幻，不满足于理性而诉诸非理性。人类的后一种精神指向，就是人文的指向。"① 而文化哲学的深层机理正同人文精神的指向不谋而合。所以文化哲学的兴起和发展就是由科学精神向人文精神的复归，它关注的不是"如何做"的问题，而是"是否值得做"和"应当做"的价值问题。因此，文化哲学不以外部事物为尺度，而以人为中心；文化哲学追求的不是理性的知识，而是非理性的直觉；文化哲学注重的不是理性知识的获得和积累，而是非知识的意向；文化哲学崇尚的是不实际的效益，而是超越世俗的浪漫情怀；文化哲学不是追求真实和真理，而是崇高和美好。这一切正是文化哲学由科学精神向人文精神回归的最好的佐证。

所以，通过对文化哲学的三种回归路径的分析，不仅使文化哲学以生动的形象跃然于纸上，而且也为当代哲学的变革带来了新的契机。它从现实的人出发，去审视和研究人的现实生活世界和文化世界，从而探求人类的生存价值和生活意义，彰显出文化实践背后的人文精神指向。

---

① 刘福森：《西方文明的危机与发展伦理学——发展的合理性研究》，江西教育出版社2005年版，第189页。

浅析传统文化视域下审美境界的构成与实现

王鑫[*]

"境界"一词，和艺术、审美与人的生存密切关联，特别是在中国的文化语境之下，天人之间的关系、人人之间的关系、心物之间的观照，无不呈现出"境界"之于生活世界、艺术世界和理想世界的意义。

一

中国古代文献中关于境界的说法，可追溯到《战国策·秦策》："楚使者景鲤在秦，从秦王与魏王会于境。"此"境"指疆域或疆土。班昭在《东政府》中有"至长垣之境界"，许慎的《说文解字》定义，"竟，乐曲尽为竟。"又说，"界，境也。"境界原初之意就包含了时间和空间的双重内容，"境"为心之域，"界"为边界，"境界"就是心自由驰骋的领域。佛教中也有"境界"一词，如《俱合诵疏》："心之所游履攀援者，故称为境。"《成唯释论》："觉通如来，尽佛境界。"境是心所能及的最远的地方，也是人的觉解、觉悟的程度和成佛所达到的境地。从词源学上来理解境界，在中国传统文化和诗学当中，"境"、"意境"、"境界"的原初之意和演绎转换之意包含以下几个方面：

首先，"境界"既包括时间也包括空间，具有历史和结构的双重辖定。所谓历史，指无论是诗词境界（艺术的境界）还是道德境界的高低

---

[*] 王鑫，女，辽宁抚顺人，辽宁大学哲学与公共管理学院副教授，文学博士。研究方向：美学理论 审美文化研究、媒介文化研究与媒介批评。

本文为辽宁大学青年科研基金项目2012LDQN22《关于中国当代审美文化诗性维度缺位问题的理论探究和实践考察》阶段性成果。

上下远近受到文化、历史语境和社会语境的影响；所谓构成，境界是分层次的。从人生上来讲，冯友兰把境界分了四个层次，宗白华分了五个层次；从艺术创作来讲，王夫之把意境分为"有形、未形、无形"三个层次，宗白华也把艺术的创构分为"感相摹写"、"活跃生命传达"以及"最高灵境启示"三个层次；王国维认为古今成大事业、大学问者也需经历三重境界："昨夜西风凋碧树，独上高楼，望尽天涯路"，"衣带渐宽终不悔，为伊消得人憔悴"，"众里寻他千百度，蓦然回首，那人却在灯火阑珊处"。这是境界的构成性。

其次，境界是中国传统艺术创作的理想和标准。"境界"包含着中国传统文化中独有的审美旨趣和艺术追求，是人与事、心与物、情与景、有限与无限、体验和幽思、生活和理想在艺术世界中的绽放，并且是艺术创作和品评的最高指向。唐代的诗人在意象的基础上将佛家的"境"引入诗歌创作中，作为诗歌创作追求的理想和评价的标准。比如王昌龄在《诗格》中曾提出诗有三境，即"物境"、"情境"、"意境"，皎然在《诗式》中也提到"取境之时，须至难，至险，始见奇句"；司空图《二十四诗品》的《实境》中，指其特征"情性所至，妙不自寻。遇之自天，冷然稀音"。郭熙在《林泉高致》中"境界已熟，心手相应，方始纵横中度，左右逢源"。而至王夫之，多运用"境"、"境界"、"佳境"、"圣境"等评价诗歌，其"境"之规定，有三个基本的方面，"境以人显，心物交感"、"当境而作，推崇即景会心"、"人生境遇的写照"，其境界之内涵包括情景交融、超以象外、飞动之美以及虚实相生等特点。[①] 到晚清王国维，"境界"成为对诗词的评价的最高格，"词以境界为最上"，"境界有大小之分，但无优劣之别。词人者，不失赤子之心者也"。（《人间词话》）中国传统一脉相承的对于"境界"的追求，也形成了中国传统艺术独有的言近旨远、景近情深、思境相携的审美旨趣和艺术理想。

最后，"境界"的人生之意味。王夫之在《相宗络索》等著作中所说的境、实境、外境、内境、性境和境界等都是就佛教而言的，意境一词超越了对于诗词的艺术评价进入到人生的层面，他在《读四书大全说》等哲学著作中所说的"境"、"境界"通常是就其一般意义而言的，即人生

---

① 崔海峰：《王夫之诗学范畴论》，中国社会科学出版社2006年版，第111页。

之处境、境遇、如当境、现境、穷境、顺逆之两境和神化之境等。① 至王夫之，"境界"已经超出了诗词的艺术之境进入到了人生世界，勾连艺术之境和人生境界的则是"兴"，并引导人走向生活的高境界。"能兴者谓之豪杰。兴者，性之生乎气者也。拖沓委顺，当世之然而然，不然而不然，终日劳而不能度越于禄位田宅妻子之中，数米计薪，日以挫其气，仰视天而不知其高，俯视地而不知其厚，虽觉如梦，虽视如盲，虽勤动其四体而心不灵，惟不兴故也。"（《俟解》）能"兴"者，心中有气象，能超越日常生活的局限，以"追光摄影之笔，写通天尽人之怀"，成为"豪杰"；而不能"兴"者，眼界狭隘，只知在日常生活中求蝇头小利。"兴"成为人生境界高低区分的标志。

唯此，境界从时空之域进入审美之趣和人生之怀。审美之境是艺术之境与人生之境在自由和超越层面上的相会，审美之境如果不涉及艺术就会显得平庸，审美之境不涉及人生也会单薄。

二

审美之境包括"心"与"物"之间的宛转与徘徊，"人"在"世"间的逗留和介入以及"情"与"景"之间的互掺和交融。"心"是人的精神、情感、思想和体验，体现出人对世界和万物予以观照的可能，其深度、广度均与"心"相关，"心"也就是那一点"灵明"，以此能观照万物；"物"就是"万物"，"体有万殊，物无一量"，这是不可穷尽的世界，也是"心"能够感受、体会、冥想和幽思的对象。

从心物的关系上来理解审美之境界，可包含三重：

一重是"心不纳物，物不显心"，体现为"心物之隔"，心为心，物为物，心与物之间各自为是，物不能照心，心不能映物，两者之间尚未建立起关联。人们的日常生活状态，通常就是这一种，日常生活的单调、重复和周而复始，使人们游走于生活中而不见世界，这也是海德格尔称为"平均状态"，以"非自立非本真的状态而存在"；

二重是"与物宛转"、"与心徘徊"（刘勰语），心物之间有了交流，

---

① 崔海峰：《王夫之诗学范畴论》，中国社会科学出版社2006年版，第109页。

物能照心，心可显物，心物交流，相契相和，王国维说，"诗人必有轻视外物之意，故能以奴仆命风月；又必有重视外物之意，故能与花鸟共忧乐"（《人间词话》）。刘勰在《文心雕龙·物色》中说："献岁发春，悦豫之情畅；滔滔孟夏，郁陶之心凝。天高气清，阴沉之志远；霰雪无垠，矜肃之虑深。""物色之动，心亦摇焉。"物被心所照、所观、所赏、所思，心被外物所感、所动、所启，心与物之间的关系得以构成，"世界开始建立"。

三重是"物我两忘，天人合一"，这是心物关系的最上层之境，心物关系不是一种制约和束缚，也不是一种驾驭和观照，恰恰是"心物两忘"，庄子讲"善游者数能，忘水也"，这是物我两忘，天人合一，无论是轮扁斫轮，还是吕梁丈夫蹈水，人与物之间不再是限制、约束和驾驭的关系，而是自由自恰的关系，实现了"人心明"，"物性显"，人与物都是一种自适的状态。如果用海德格尔的解释，心之澄明宛如一束光照进林中空地，去除遮蔽。张世英说，"澄明之境"是万事万物的"存在"聚焦点，这个点是空灵的，但又集中了天地万物的最广博、最丰富的内涵和意义，它是真实的……一般人都是有体会的本性和能力，但过多或较多沉沦于功利追求而很少能进入这万物一体的澄明之境，唯有诗人能吟唱这个最宽广、最丰富的高远境界。[①] 这种境界非一般想象可及，必须是将整个人与诗，与生命和世界最深沉的相遇之后，既能沉浸其中又能超拔于外，既可以识其表象又能深悟其本真，既有情感之体验又有智慧之思得，可遇而不可求之。而"可遇"之机，必定是百转千回，心向往之，身心俱疲而后豁然开朗。境界人人可以有之，只是高低远近大小深浅明晦不同而已。正如审美体验，人人可有，需要"惊异"之始，见出与日常生活之异，进而体验"与之徘徊"，理想、想象、情感交相互动，或醒然或动容或沉浸或赞叹，如果能更进一层，感受到宛如一束光照在林中空地，进入澄明之境，使心物如其所是。

审美之境，心贵真，求朴，重一念之本心，心系物却不占有物，与物之间进行自由自在的舞蹈，心摆脱物的束缚和牵绊，不再受制于物，心物

[①] 张世英：《进入澄明之境——海德格尔与王阳明比较研究》，《学术月刊》1997年第1期，第14页。

之间的关系是物使心的灿然之实现,心对物不构成索取和欲求。心物之间是一种彼此映现,彼此相惜,彼此使对方自由的绽放。造化与内心相和,入微可得情致幽思之妙,宏阔可达天地万象。"天地之际,新故之迹,荣落之观,流止之几,欣厌之色,形于吾身以外者,化也;生于吾身之内者,心也;相值而相取,一俯一仰之际,几与为通,而浮然兴矣。"(诗广传,卷二)审美之境,是心自由的驰骋,也是物活泼泼闪亮亮地成为"它自己",在审美的时空内,双方都是自由的实现,也是因为双方的自由自在,如其所是才可称之为审美之境。审美之境是通融于生活世界和理想世界、物理世界和艺术世界的,"超越具体的、有限的情景、人事或意象,显示无限的时间和空间,从而对宇宙人生活的一种富于哲学意味的感悟和体会"。[①] 康德美学中"无功利性"、"无目的性","一种想象力的自由和愉快","不是对对象的欲求和占有而获得的快感"等美学思想以及朱光潜先生关于"功用(求善)、科学(求真)、情感(求美)"三种对待松树的不同态度,要想获得审美体验,进入审美之境,需要摒弃功利性的欲求和实用性的想法,完全对对象的形式以及与对象之间构成"氛围"的交流,在交流过程中,整个身心完全超越于俗世之外,万物并不构成对"心"的困扰和阻挠,在赏玩、体验、心与物游中使"物"呈现自身,也使心获得"澄明"。"明心见性"这个词特别好,我认为中国传统的对"审美体验"的解释就是通过"澄怀味象"以达到"明心见性",使心物得以自现,这也是为什么中国美学经验直接可以与"境界"关联,而西方美学恐怕只有康德和海德格尔更接近我们所言的"境界"。

三

基于"心"与"物"的关系,审美之境界亦可分三个层次。

最高层次的境界可描述为庄子所言"乘物游心"。《庄子》一书关于"吕梁丈夫蹈水""轮扁斫轮""梓庆削木为鐻""庖丁解牛"等叙事,是"以天合天,天人合一"的精神的自由驰行无拘无束,并且以对"天"的顺意而为,亦即"自然而然"。庄周梦蝶,"不知周之梦为胡蝶与,胡

[①] 崔海峰:《王夫之诗学范畴论》,中国社会科学文献出版社2006年版,第123页。

蝶之梦为周与?"已达至精神自由之化境,不再有天人之间的分歧和罅隙,天有道人亦可为,天人合一。庄子构想出来的"境"已达到"审美之境"之至高,后世对审美之境的解释和体验无出其右。

往下一层,可为"气之动物,物之感人,故心旌摇荡"(钟嵘《诗品》),物感人,人亦感物,陆机的"悲落叶于劲秋,喜柔条于芳春"(《文赋》)皆属于此。心物之间不是毫无间隙,非浑然一体,而是需要一种介入的状态。人在物感之下,心亦属物,故心物宛转,与心徘徊。王国维在《人间词话》中以"有我之境"与"无我之境"来划分,"天人合一"为无我之境,其实非"无我",而是物中"含我"而不显;"气物感人"为有我之境,而大多数情况下,人多在一种"有我之境",外物动心动容,心才起舞蹁跹,这需要一个启动的过程,也需要启动的介质,故才开启审美之境。

审美之境的初级,可为"画工"之境(李贽《杂说》)。通常是在一种培养熏陶之下,能够有意识的跳脱出日常生活之刻板和局限,有意寻求一种可为之的审美生活,专注于营造和设计,在一种"氛围"和"情调"之中,享受愉快。

至境为天启,次之为物启,初境为人启。至境需要"涤除玄鉴,复归于婴儿",保持"最初一念本心",通过"心斋"、"坐忘"而摒弃或沉淀是非功利之心,进入到无欲无求的"舍我"状态,才有可能达于西方海德格尔所说的"澄明"之境;次者需要"澄怀味象",需要"神与物游"的自由想象和对外在世界的"惊异"之感;最后者则尽在"耳目之美",实现的是"悦耳悦目",是经由蓄意而达至愉快。生活中表层所见"美"的形式,只关乎视觉的愉悦,精心修饰于一种感官的快适,并仅停驻于此成了一种"漂亮主义"。这里人和世界是一种"使用"的关系,而不是一种"相遇"的关系,这些器物上的美化意在营造氛围,渲染感觉,人会在这样的一种情绪和感觉中获得愉快,把这种境界与平常所谓的漂亮、美丽、娱乐意义之下的美相提并论,显然是降低了提高境界的意义。[①]

宗白华在《艺境》一书中,按照人与世界接触的因关系的不同,把

---

① 张世英:《哲学导论》,北京大学出版社2002年版,第61页。

境界分成五个层次,第一个层次是功利境界,主于利;第二个层次是伦理境界,主于爱;第三个层次是政治境界,主于权;第四个层次是学术境界,主于真;第五个境界是宗教境界,主于爱。但是宗白华特别强调的是介乎于后二者中间,"以宇宙人生的具体为对象,赏玩他的色相、秩序、节奏、和谐,借以窥见自我的最深心灵的反映;化实景为虚境,创形象为象征,是人类最高的心灵具体化、肉身化,这就是'艺术境界',主于美"。① 宗白华所言的"艺术境界",心物仍属二分,以心观物,以物观心,心物互照过程中将其具体化和艺术化,与本文所言的审美之境的第二层近似。

冯友兰把人生分为高低不同的四种境界,自然境界、功利境界、道德境界和天地境界,这四重境界的区分的根本就是对于人生"觉解"的不同,之所以有这几种的不同,关键是对"意义"的觉解,觉解的程度不同,体现出的境界自然不同,冯友兰对于"境界"的理解是在人生层面,其中天地境界最与审美境界的内在精神相通。张世英认为"美之极至在于高远的人生境界"②,在"'审美境界'中,人不再只是出于道德义务的强制而行事,不再只是为了'应该'而行事,人完全处于一种与世界万物融合为一的自然而然的境界之中,'自然而然'是老子的'道法自然'的'自然',不同于'应然而然'"③,这张世英讲审美境界的极致是万物一体、天人合一、彼此通融无碍的高远境界与冯友兰的"天地境界"意义最为切近。

四

境界不同,每一重的实现都需要"修"和"行",也就是"心"的历练和"做"的承受。因此,"境界"的获得、实现与提升是一种积极的主体建构的过程,这种建构包括万物归于寂灭的"心"的放空状态,这也是一种主动的自我归隐和潜藏。苏轼云:"静能聊群动,空故纳万境",

---

① 宗白华:《艺境》,安徽教育出版社2000年版,第2页。
② 张世英:《美在自由——中欧美学思想比较研究》,人民出版社2012年版,第273页。
③ 同上,第295页。

这种"空静"之状态，与老子的"致虚极，守静笃，万物并作，吾以观其复"异曲同工。

如何抵达审美之境？

第一，入乎生活之内又出乎其外。

生活比实践更具有感性与理性兼容的意义，也更具有生存论的意义。"生活世界"不同于日常世界，日常世界更多周而复始单调贫乏，"生活世界"是将生活过成一种"活泼泼的感觉"，在生活世界的流动和变化之中，人与生活共舞，任何一种生命感觉都被生活赋予，并且这些生命感觉经由"心灵"的提纯而具有意义，或者说是对世界的去蔽，让大地和天空得以在人的脚下和头顶，这是青原惟信所说的"见山还是山，见水还是水"，但此之山而非彼之山，此之水而非彼之水，生活之于个体，不是个体沉沦于生活，而是个体在对生活的沉淀过程中，一层一层剥离对世界的遮蔽，使生活的存在之物得以敞开。"在敞开中，敞开性的澄明和建立同属于一起。"中国人的生命理想和追求，无论是儒、释、道，都在对生活的深沉介入之后又能跳脱于生活之外，将道德世界、信仰世界和审美世界通融为一体，比如范仲淹的《岳阳楼记》中"先天下之忧而忧，后天下之乐而乐"，既是生命个体的人生理想和道德追求，也是生命个体的价值选择和精神信念，这些经由艺术的建构得以在审美世界里彰显。陶渊明追求生命个体的自由，不为"五斗米折腰"，辛苦劳作之后依然能"采菊东篱下，悠然见南山"的自由和超拔，同样是价值选择、生命信仰和审美世界的把手言欢。

第二，"见吾"与"忘吾"。

这是"我"与外在世界的圆融与和谐。这里的"我"是一个心灵性的、精神性的，甚至可以忽略外在世界对身体有形的禁锢和束缚，建立一个世界，人在这个世界里的拥有一套自我与外在世界共生的信念，这个信念强大到可以抵御外在世界对"我"的损耗和伤害。克尔凯郭尔说："我是一个孤立的枞树，独自的自我封闭着，指向天空却不投下一丝阴影，只有斑鸠在我的枝上筑巢。这是一个自给自足的世界，并且在形而上超越与形而上生活的层面上构成了统一。""寻找一个对我而言是真理的真理，寻找一个我愿意为它而活，为它而死的理念。"因此，这也可以视为对自由的诠释。外在的环境，无论是文化、社会和自然都在完成一个人成为

"自己"的塑造，摆脱不了它的形迹，但是，一个人的自我意识越充分，被塑造和规训的可能就越小，一个人的自我意识越贫乏，外在的形迹在其自身上保存的就越多。"看见自己"是见出我形，万物皆著我的色彩；"看见自己"仍旧是一个"心物二分"的过程，世界成了一种"心"的投射。为物所喜，为物所悲，是一种悲天悯人的情怀，这就是"看见自己"。"不以物喜，不以己悲"是一种超脱拔世的理想，这就是"忘记自己"。青原惟信讲，"见山是山，见水是水"、"见山不是山，见水不是水"，"见山还是山，见水还是水"，"见"虽同，实不同。前两"见"，仍旧是心物二分，"有我"所在，见山即山，也就是见物即物；见山非山，也就是"见"心不见"物"；唯有第三重即心即物，见物见心，心物合一。"物我交融"与"心物合一"，这正是"万物一体"的境界。"忘我"即"无己"，"'无己'是无杂念，无逻辑，但却有空明的心境，它的实现不是靠耳听，也不是用心听，而是用气——具有空灵明觉的虚心去观照……它可以广纳为道所贯穿的一切对象存在"[①]，"忘身"是"堕肢体，黜聪明，离形去知，同于大通"，经由"心斋"而达于"坐忘"，实际上就是摆脱物对心的控制，擦除物我之间的界限，使心不被功利和实用所牵制。"忘我"、"忘身"、"忘世"，或许就是一种现象学的"悬置"，使世界（天地）与人都如其所是地呈现，"看见自己"是走进一个世界，"忘记自己"是建立一个世界。

第三，求逍遥而不任性。

从美学角度来讲，自由是美学追求的境界，在庄子那里，就是"逍遥而游"。宗白华先生曾说，审美之境是一个"活泼泼的自由之境"，这个自由之境是一个"意象世界"。"意象世界"是"心物和谐"、"天人合一"的世界，物摆脱了其附加的内容呈现物的"自性"，人摆脱生存欲望和道德名望的牵绊而呈现"心性"，在意象世界里人可自行往来，乘物游心。这个意象世界不是生活世界的点缀和补充，而是生活世界的一部分，因此，这样的一个"意象世界"并不是少数人的专利，也并不是只有在艺术世界中才可以拥有，使人进入生活世界并能够超越生活世界的局限有了更丰富的体验感受。在生活世界中能"看见自己"，可以抵御外在世界

[①] 王向峰：《老庄美学通论》，人民教育出版社1999年版，第69页。

对自己的折损,同时又能"忘我",进入与天合一,与宇宙同一的境界。但这种自由并不意味着不再有世界的束缚也不再有任何外在的规约,这是用意象世界的自由平衡日常生活的局限给生命个体带来的失衡。审美之境为最高精神境界,即实现了人的自由之追求。笔者认同张世英先生的"自由的理论依据",即"超越了主客关系,就会从欲念、利害以及整个认识领域里逻辑因果必然性的束缚下获得解放和自由"。[①]

不放任自由,就是要摈弃片面的自由,所谓片面的自由也就是以为不受制约和束缚的自由。黑格尔讲"自由是精神的最高定性",自由在于不以自己的对立面为外在的,从而也就是不以"他"为限制自己的。自由不是不受限制,而是不以限制为限制,孔子讲"从心所欲不逾矩","矩"就是一种限制,但是"心"亦可达自由;所谓"带着镣铐舞蹈","镣铐"自然是一种束缚和限制,相对于舞者而言必定是不自由的,但是这种不自由同样可以创造另外一个舞蹈世界,区分的关键就是在主体本身,实际上也就是"心"如何待"物"的问题。"吕梁丈夫蹈水",水对人的身体来讲是一种限制,但是主体能做到"物我两忘",超越了主客二分而进入"天人合一",从而得到自由。审美境界是中国传统文化涵濡而生用以表达人世关系的理想方式,对审美境界之理解、构成和实现见诸心物之间的关系,心与物之间不是简单的主客二分,而是物我相忘、思与境偕、神与物游。因此,达于审美之境,需要有对逍遥与自由的充分理解,才能实现心物两忘;创造一个自由的"意象世界",才可以乘物游心 。

---

① 张世英:《美在自由——中欧美学思想比较研究》,人民出版社2012年版,第23页。

哲学视域中的文化与境界

牛小侠[*]

人类总是不断地追求着和建构着自身的生活意义和价值，这是一个从古至今永恒的话题，从苏格拉底开始就在追求什么样的生活是值得过的。个体即人因自身的需要和境界不同而在诉求着不同的文化方式，哲人以爱智慧这一崇高的境界塑造了诸如本体论、认识论的文化世界，诗人和艺人以激情浪漫的情怀塑造了艺术文化世界，宗教信仰者以虔诚姿态诉说着一个神圣的宗教文化世界，等等。文化样式表明了人的独特的生活方式和生活境界，或者说文化和境界是人类的特有的生活方式，这种特有的生活方式不仅体现在人以不同的文化样式和生活境界传承和延续着人类的存在。而且还体现在只有人才能意识到自身的文化和境界的存在。卡西尔以文化的方式把人与动物区别开来，在此意义上，把人界定为文化的动物，文化是人特有的本质属性。

一 文化是人类特有的生活方式

既然人是文化的动物，那么首先需要澄清的是何谓文化。从宏观来说，文化是指人类的物质生活和精神生活的总和，在一般意义上，"我们用'文化'这个名称来标识人类精神活动和创造活动的发生领域"[①]。人类活动总是带有某种精神性的活动，因此，人的世界就是人的文化世界，

---

[*] 牛小侠，吉林师范大学，马克思主义中国化研究中心，吉林四平，136000。

[①] 马丁·海德格尔：《演讲与论文集》，孙周兴译，生活·读书·新知三联书店2005年版，第38页。

在此意义上，人类生活的基础不是自然而然的自然界，而是基于不同民族、不同时代文化形成的形式和习惯，比如饮食文化、休闲文化、节日文化等，这些文化是一个民族和国家最基本的文化样式。除了最基础的文化样式外，人类还能创造更高形式的文化，此文化是人们理论层面的文化，它包括哲学、宗教、艺术、道德、法律等。比如文化哲学，它"不同于一般的人类学、文化学和社会学，它思考文化的重点不是具体的文化现象，而是在比较大的历史尺度上，通过作为历史地凝结成的主导性的文化模式的历史变迁，而形成关于历史演进和历史进步内涵的深刻的文化哲学理论视野"①。基于习惯和理论层面的文化内涵，人类学家泰勒把文化界定如下："文化或文明，就其广泛的人种志的意义来看，乃是一个复杂的整体，它包括知识、信仰、艺术、道德、法律、习俗以及人作为一个社会成员所获得的任何其他能力和习性。"② 泰勒把文化视为一个社会人的整体系统，文化承载着民族精神和时代精神；同时作为民族精神和时代精神的文化又是通过一个个社会成员人格内涵或内在素养实现出来。在此意义上，社会文化塑造了个人文化，同时个人文化实现了社会文化的功能和价值，一定社会文化的人在新的历史条件和时代背景下又会创造一个新的文化，这就是文化的民族性、时代性与其历史性、永久性的统一。此统一体现了文化的传承和弘扬，没有文化传统和弘扬的社会、民族、国家则就失去了发展的方向和动力。

文化的民族性、时代性和社会性表明了文化的差异性，不同的民族和社会有不同的文化样式和时代内涵。追其根源在于不同民族和时代条件下人的差异性和历史价值诉求的不同，有什么样的人就有什么样的文化样式。在其现实性来说，人的存在方式决定了文化的存在方式，人的实践方式决定了文化的存在样式。从人的存在样式来说，文化可以划分为传统文化和现代文化两个不同的历史阶段，自然经济基础上人的依附性阶段对应的是奴隶社会和封建社会的文化，商品经济基础上人对物的依赖性的人的独立性阶段则对应着现代社会文化。传统文化向现代文化转型既是社会经

---

① 衣俊卿：《文化哲学——理论理性和实践理性交汇处的文化批判》，云南人民出版社2005年版，第157页。

② 转引张世英《境界与文化》，《学术月刊》2007年第3期，第14页。

济类型转变的使然。也是人的存在方式或实践方式转型的使然。在此转型过程中牵涉到文化变迁问题，就总体价值取向而言，文化变迁在一定意义上是适应当时经济的需要和人自身发展的需要的，同时也是优秀文化传承和发展的历史。比如优秀的中国儒家文化，勉励人虚心学习的"学而时习之"，"三人行，必有我师焉；择其善者而从之，其不善者而改之"（《论语·述而》），"好仁不好学，其弊也愚；好知不好学，其弊也荡；好信不好学，其弊也贼；好直不好学，其弊也绞；好勇不好学，其弊也乱；好刚不好学，其弊也狂"（《论语·阳货》）。发人深思的"富而好礼"的思想，"富与贵，是人之所欲也；不以其道得之，不处也。贫与贱，是人之所恶也；不以其道得之，不去也"（《论语·里仁》）。让人敬畏的苦乐观，"君子食无求饱，居无求安，敏于事而慎于言，就有道而正焉，可谓好学也已"（《论语·学而》）。值得现代中国人传承的"孝道"，"今日孝者，是谓能养。至于犬马，皆能有养；不敬，何以别乎"（《论语·为政》）。让世人推崇的德治思想，"为政以德，譬如北辰，居其所而众星共之。道之以政，齐之以刑，民免而无耻；道之以德，齐之以礼，有耻且格"（《论语·为政》）。等等，这些优秀的中国传统文化需要发扬光大，因为"儒家的思想文化塑造了中华民族博大宽容的气质，培育了自强不息的精神，打造了不畏强暴的胆识，造就了勤劳勇敢的性格，形成了朴实无华的作风，已成为中华民族凝聚力量、繁衍的源泉"[①]。当然在传统文化中还有诸如"女子无才便是德"等糟粕的文化需要剔除，现代文化追求人类解放，尤其是妇女的解放，因为"妇女解放的程度是衡量普遍解放的天然尺度"[②]。现代文化的建构必须汲取优秀的传统文化和外国文化，在结合现实社会和国家需要基础上形成具有时代特征的民族文化和世界文化，在当代国际全球化视野下，民族文化本身就是一种世界文化，世界文化也是某一种民族文化的呈现，在当代没有仅仅是世界文化而不是民族文化的文化，同样也没有仅仅是民族文化而不是世界文化的文化，文化的碰撞、冲突、融合本身就表明了文化的民族性和世界性的交融。

无论是民族文化还是世界文化都是现实人的文化。文化的传播、传承

[①] 赵家治：《〈论语〉的人生智慧》，吉林文史出版社2011年版，第2页。
[②] 《马克思恩格斯选集》（第3卷），人民出版社1995年版，第727页。

表明了人及人类社会的传承和发展，在其实质上就是人类社会的传承和发展。由于社会是人构成的，是属于人的社会，那么，社会文化也应需要每个个体的传承和创新。虽然一般把文化界定为社会文化，但每个个体人的内在素养又体现出了整个民族和社会的特征，没有凌驾于个人之上的社会文化，社会文化总是每个个体认可和构成的文化。有人说"意识形态"这一社会文化具有强有力的控制性或约束性，因为每个人从出生到死亡这一人生过程中都是以这种或那种方式不断进行意识形态的社会化过程，从表面上看这种文化好似高于每个个人，但如果从社会价值认同感来说，某一种社会或民族的"意识形态"应当是符合该社会或民族的利益和价值需求的，否则每个个人会以不同的方式推翻不符合需要或腐朽的文化，因此，人类社会"意识形态"的更替在一定意义上就是社会文化的转型、变迁和创新的过程。在既定的社会文化背景下，每个人更能体现出该社会文化韵味，在此意义上，一个社会的文化就是生活在该社会中现实人的文化。如果一个人偏离了其生活的社会文化，就有可能受到该社会伦理道德文化的批判或被社会所边缘化，一个人社会化的过程更大程度上是社会文化的社会化过程。人的文化的社会化主要途径在当代社会更多地体现在"教育"过程中，通过教育进行知识的传授和文化的传播，也可以说人类的教育过程也是人类文化的传播和发展过程。

就人与物相互区别而言，文化是人类特有的生活方式，也是人与动物相区别的标志，人类的民族性、时代性和社会性表明了作为人类特有生活方式——文化的民族性、时代性和社会性。虽然人类文化形态和类型存在差异性和多样性，但这种差异性和多样性也源于民族、时代和社会的差异性和多样性，人类文化的丰富多彩展示了人类社会生活的丰富多彩。总而言之，文化是人类特有的生活方式，它展示了人类社会多样性和人类社会发展的可能性以及人类社会总体的价值诉求。

二 文化塑造着人类的生活境界

文化的差异性和多样性，不仅展示了人类生活的丰富多彩，同时也塑造着生活在其中的个体的生活境界。"如果说境界一词只是指个人的精神境界，那么文化则是指一种社会、一个民族的精神境界。一种社会、一个民族的文化是由它所属的成员的个人境界构成的,离开了个人的精神境界,所谓社会文化、民族文化,是空无内容的。"① 在此,张先生从哲学境界的人与整体之间关系视域来考察文化和境界的内在关联,而且认为境界是在特定社会文化背景下不断生成的。其实不论从个体层面还是社会层面而言,文化都存在两个相互作用的层面之中,没有只有文化的社会而没有文化的个人,同样没有只有文化的个人而没有文化的社会。就个人文化的形成机制而言,社会的文化塑造着个人的文化,因个人生活环境、天资和努力程度的不同,塑造的文化层次也是有所差异的,从精神层面来说,一个人的文化素养决定着至少影响着其生活境界,人的境界虽然需要一定的物质作为支撑,但物质并不完全决定人的生活境界。孔子的学生颜回"一箪食,一瓢饮,在陋巷。人不堪其忧,回也不改其乐"(《论语·雍也》)。因此宁愿说文化对人的生活境界的影响甚于物质对人的生活境界的影响,并不意味着"文化决定论",因为文化并不是独立社会和个人之上的某种"存在",而是本身就是属于社会及其个人的,它作为人类特有的生活方式以隐性或显性的方式呈现出人的生活境界,它对个人的塑造更多体现在对人的精神生活和价值体系的引导。在此意义上,社会道德伦理这一文化样式对人的生活境界塑造起着主要作用。社会的动荡虽然主要是由经济利益冲突所致,但其中不可忽视的一个重要的文化因素在于"礼坏乐崩",即没有具有凝聚力的文化价值的塑造和引导,因为文化总是具有某种人文精神的诉求。

　　文化作为人类特有的精神生活离不开其物质载体,否则这种精神生活就变得扑朔迷离了。文化的物质载体主要表现在人的衣食着装行为举止以及言语之中,比如现代西方哲学家倡导"人应诗意地栖居在大地上",这种倡导并不是要回归到传统社会"作诗绘画的田园式的生活中之中",而且在科学技术迅速发展的时代使人过上高尚精神境界的生活,确切地说使人过上属人的文化生活,而不是沉沦在科学技术"单向度"的生活中。其实,当人类追求何种生活更有价值和意义之时,就是在寻求和认同某种文化生活,在此文化生活中又会产生某种类型的生活境界,在此意义上,没有文化就没有境界,文化塑造着人的生活境界。就文化的发展类型来

---

① 张世英:《境界与文化》,《学术月刊》2007年第3期,第15页。

说，文化主要分为物质文化（物质文明）、政治文化（政治文明）和精神文化（精神文明），在这些文化类型的塑造之下，人类的境界也相应分为自然境界、求实境界、道德境界和天地合一的审美境界。自然境界主要表现在人的男女之事以及衣食住行，即自然之欲，这是人与动物相通的地方，它属于人的物质生活层面的文化，也是人最低级的生活境界。随着人的思维意识的增强，人不仅能够把自我和自然、自我和他物区别开来，而且开始思索和探索自然界生存和发展的根基，这彰显了文化哲学样式的朦胧产生，从文化自觉与不自觉来划分哲学的话，"传统哲学往往是特定文化模式的不自觉的显现，而现代哲学常常是特定文化精神的自觉地升华"[1]。哲学作为一种文化模式的自觉外显，它本身不仅是一种文化存在样式，而且它也是一种生活境界，这种生活境界以不同的文化样式呈现出来，比如古代本体论的文化样态和近代认识论的文化样态等等，人类这种特有的哲学文化样态在近代科学兴起时才结束它在人类史上的主导地位。

科学这一文化存在样态在近代得到长足的发展，弗兰克林·培根的"知识就是力量"开启了近代科学技术的发展历程。如果说古代是哲学这一生活境界占据文化主导地位的话，那么，近代科学精神则是人类第二层次的境界，即求实境界，这种境界表达了科学文化在人类历史中的推动作用。人可以为了科学文化不断地奉献自己，甚至牺牲自己的生命，这种科学文化塑造了人类的求实生活境界，在人类历史上数不胜数的伟大科学家为了科学求实、探索真理不畏权贵和宗教迫害的精神是人类求实生活境界的最好例证，这种精神表征了人类求实的生活境界。在人类发展的历史长河中不仅科学秉承了这种求实的精神，哲学家也一直在秉承着这一精神，尤其是在科学批判的基础上产生了推动科学不断发展的精神，比如康德以科学的方式打破了科学形而上学的思维方式，树立了自然界的历史观，恩格斯也对此进行了中肯的评价："康德在这个完全适合于形而上学思维方式的观念上打开了第一个缺口，而且用的是很科学的方法，以致他所使用的大多数论据，直到现在还有效。"[2] 同时他也为科学形而上学奠定基础，

---

[1] 衣俊卿：《文化哲学——理论理性和实践理性交汇处的文化批判》，云南人民出版社2005年版，第20页。

[2] 《马克思恩格斯选集》第3卷，人民出版社1995年版，第397页。

就形而上学现实性取向言，它为现实生活世界寻求一个崇高的根基或基础，就其价值指向而言，它为人类寻求安身立命之本的生活境界，尤其是"西方形而上学乃是西方精神文化的命运所在，任何一种思想体系及方式的确立都以不同的形式同西方形而上学的命运与逻辑发生着或显或隐的关联"①。形而上学乃是西方文化诉求最高的生活境界。它是"思想中的时代"，这种思想更能彰显那个时代人的生活境界，当这种形而上学的生活境界演变成一种脱离世俗生活界同时又是人无法把握或琢磨的"存在"时，此境界则会沦为一种类似宗教般甚至是宗教的生活境界之中，这种生活境界在现实生活的映衬下只能是"理性狂妄"的使然，马克思哲学就对这种类似宗教般的形而上学进行了深刻的批判和反叛，同时又塑造了哲学这一文化样式作为思想力量的批判性和变革性。

人类对科学的反思和批判本身就涉及人类的第三个层次的生活境界——道德境界，道德境界是指人在社会文化生活中对社会人伦的认知和体悟，并能按照这种人伦规范自觉地约束自己。从社会人文素养来说，人类的道德境界在一定程度上彰显了社会文化的风气和素养，由于每个民族和国家文化的历史渊源和社会发展的进度不同，道德境界突显的程度也是有差异的。中西方文化相比，中国文化的精神基础是伦理，特别是儒家的伦理，这种伦理道德境界获得的主要途径是通过"修养"的方式得到的，西方文化的德性主要是通过"知识"的方式得到的，如苏格拉底说"知识即是美德"。其实，知识和修养的区别在中国传统文化就有之，"从理论上说，增进人对于客观上各个具体事物的知识是一回事，提高人在主观上的精神境界又是一回事。二者虽有相通之处，但基本上是两回事。《老子》说：'为学日益；为道日损。'他所说的就是增进知识和提高精神境界的分别。'为学'说的是增进知识；'为道'说的是提高人的精神境界"②。"为道"是为了获得某种高尚的伦理道德境界；'为学'是为获得某种基本生活技能或技巧。张载的"德性之知"作为一种道德境界的获得也是通过修养方式得到的，"这种精神境界并不是生来就有的，而是用一种哲学方法修养得来的，用后来道学家所用的名词，就是'功夫'，这

---

① 陆杰荣：《形而上学与境界》，中国社会科学出版社2006年版，第16页。
② 冯友兰：《中国哲学史新编》（下），人民出版社1999年版，第199页。

种功夫的内容就是'大其心'"①。即"大其心则能体天下之物"。对道德境界的体悟和领会本身就过渡到审美境界，审美境界的最高境界就是"天地合一"，这一境界从古至今的人类都在孜孜以求着，因此也是人类最高的生活境界。古代西方文化以本体论的方式来把握和体会这种境界，亚里士多德认为这种境界是思想能把握到的，体现了思想的自由；近代以认识论的方式来把握和认知人与天地统一，康德一生中敬畏两种存在：头顶上灿烂的星空和内心中的道德律，为了实现两者之间的统一而进入了审美境界，黑格尔以本体论和认识论统一为基础实现了审美的逻辑统一，他在《精神哲学》中阐释了绝对精神的最高境界就是回归到其自身，表现形式是艺术、宗教和哲学。当审美境界以某种神秘主义方式实现时，这种境界易于走向宗教的审美意识，这在中西方文化样式中已得到体现。

纵观文化存在方式及其类型以及与人类生活境界的关联，可以看出有什么样的文化就有什么样的生活境界，文化类型塑造着某种类型的生活境界，比如，中国儒道文化塑造了中国人追求自我修养式的伦理道德境界，西方科学文化塑造了西方追求科学精神的求实境界。

三 境界表征着人类的文化诉求

人类的生活境界并不是一种"玄学"或空想，它在一定程度上表征了人类的某种文化价值诉求，文化价值的生成源于当时社会经济发展的使然。在自然经济的条件下，田园式诗意性生活使人有空闲时间追求境界，此境界是自然境界和道德境界融合为一体的境界，此境界彰显了那个时代人类以物质文化和闲暇文化作为追求的价值取向，因为在自然经济条件下物质相对匮乏的时代，人类的境界也只能停留在自然境界及其决定的伦理道德层面上，由于生活节奏的闲暇和社会物质条件的限制，人类文化价值只能寻求"悠然自得"的田园式生活或诗意性生活，比如中国的"唐诗宋词"表达了那个时代人类的生活境界，此生活境界也表征了那个时代人们渴望物质富足和生活自在。比如刘禹锡《陋室铭》："山不在高，有仙则名。水不在深，有龙则灵。斯是陋室，惟吾德馨。苔痕上阶绿，草色

---

① 冯友兰：《中国哲学史新编》（下），人民出版社1999年版，第157页。

入帘青。谈笑有鸿儒,往来无白丁。可以调素琴,阅金经。无丝竹之乱耳,无案牍之劳形。南阳诸葛庐,西蜀子云亭。孔子云:'何陋之有?'"物质艰辛和追求高尚的道德境界形成了鲜明的对比,作诗表达了当时人们以高尚的道德境界战胜物质贫乏的文化价值取向,呈现了人们苦乐交融的生活图景,表征那个时代人们积极向上、勇于战胜苦难的文化精神。

随着社会生产方式的变革和经济类型的变迁,传统以追求道德境界作为社会文化价值的取向逐渐被工业社会以求实精神为主导的工业文化价值所取代,悠闲自在的淳朴的自然文化逐渐被紧张的以追求效率作为价值取向的科学文化所取代,工业文化呈现为对工业文明的追求,以科学技术知识作为标志的现在文化逐渐打破了原有的封建的宗法人伦文化和田园诗般的自然境界。以市场经济作为基础的企业文化成为人类关注的焦点,科学求实境界彰显了工业文化"求利"的价值诉求,尤其是企业的广告文化成为人们消费的招牌,鲍德里亚的社会消费文化揭示了在求实境界基础之上的社会消费审美文化的兴起。科学求实境界推动了社会物质的富足,同时伴随着社会消费审美境界的产生,这种审美境界更多地体现在符号文化的认同上。如果说自然境界是为了适应人们物质文化的满足,那么求实境界则是为了适应物质富足条件人类精神(更多地体现在心理的满足)需要的满足,其中审美文化发挥着重要的作用。

无可否认,以求实境界为主导同时伴随着审美境界产生的工业文化确实推动了人类的进步和发展,工业文明同时伴随着工业的弊端——比如环境的污染——引起全球人的关注,要求人类重新审视工业文化视域中的科学技术。海德格尔对科学进行了沉思并对技术进行了追问,重新对现代作为工具性规定的技术进行了反思:"对于技术的正确的工具性规定还没有向我们显明技术的本质。为了获得技术之本质,或者至少是达到技术之本质的近处,我们必须通过正确的东西来寻找真实的东西。"[①] 他从词源学上解释技术的本质在于其"解蔽"方式,然而这种解蔽在现代技术中乃是一种"促逼":"此种促逼向自然提出蛮横要求,要求自然提供本身能够被开采和

[①] 马丁·海德格尔:《演讲与论文集》,孙周兴译,生活·读书·新知三联书店2005年版,第5页。

贮藏的能量。"[①] 技术不仅是一种合乎目的的手段，它作为一种解蔽方式，本身就向人类展示对某物的关照和守护："农民的所作所为并不是促逼耕地。在播种时，它把种子交给生长之力，并且守护着种子的发育。"[②] 科学不仅仅是一种文化活动，它和艺术一样"乃是一切存在之物借以向我们呈现出来的一种方式，而且是一种决定性的方式"[③]。海德格尔通过对科学技术的沉思，揭示了科学技术的审美意蕴或审美境界。马尔库塞对工业社会文化进行了深刻批判，人在科学技术时代已变成一种没有批判性、超越性的"单向度"的人，从思想根源上在于人的单向度的思维方式。其实，这种单向度源于人的"功利性"一维的文化价值追求。人是一个多向度的存在，每个个人的"单向度"造成现当代人类文化的单向度，为了科学技术不择手段，甚至为了科学技术以牺牲道德境界作为代价，这也会滋生出一种虚假的审美境界，因为真实的审美境界作为人类的最高境界应是多种要素的整合和提升，它不仅仅停留在吃穿住的外在审美之中，更不是仅仅停留在消费文化的审美中，它彰显人的内在文化素养或修养。

现当代在求实境界占统治地位的时代，道德境界似乎失去原有的内在魅力，人类的道德底线频频被冲破，这就要求当代社会重建人类的道德境界以弘扬当代人类文化的时代内涵，"国无德不兴，人无德不立"，为了增强当代中国文化的道德内涵，有人重新回到中国的传统文化，兴起"国学"，这种文化价值追求当然是值得肯定的，但这不是唯一的途径，除了汲取中国优秀的传统文化还应借鉴西方优秀文化为我所用，形成具有中国特色的社会主义核心价值观：富强、民主、文明、和谐；自由、平等、公正、法治；爱国、敬业、诚信、友善。在当代社会意义上，求实境界和道德境界并举的文化样式是一种健康的积极向上的文化。总而言之，人类境界彰显了人类文化的某种价值追求，同时某种文化也在不断地塑造着符合自身需求的生活境界，两者相得益彰才是健康的文明的社会。

---

① 马丁·海德格尔：《演讲与论文集》，孙周兴译，生活·读书·新知三联书店2005年版，第12页。
② 同上书，第13页。
③ 同上书，第39页。

艺术审美谱系中人性的面向与回归
——一种基于审美、文化与境界的反思

刘 聪[*]

植根于美学的艺术在当今社会中越来越多地与文化相连，与此相伴而生的是，审美的研究范式呈现出了从艺术哲学向文化哲学的转变。可以说，摆脱了西方传统认知模式拘束的"美的艺术"，已逐渐由一种审美的中介成长为了一种艺术的和解力量，并且对社会生活进行着批判与建构。构筑一个诗意的人文栖居之所，不仅需要艺术与现实的融合，更需要完整而自由的人性追求以及超越的旨趣。因此，对艺术与审美的谱系以及人性"提升"的进程予以勾勒，对文化的审美层次与精神的超越境界予以阐释，在视域转换后的哲学反思中就具有了重要的意义。

一 从对真理的模仿到对道德—善的象征：美的艺术之功能的提升

艺术之功能的提升与真理观的转变是具有内在关联的。弗兰克（Manfred Frank）在研究德国早期浪漫主义美学的开篇即探讨了这种真理性依据由自然向道德、由客观存在向主观设定的转向。按其观点来看，从古希腊到十八世纪，艺术最初被排除在哲学对真理的探索外，正如诗人在柏拉图的理想国中遭受着被驱逐的命运；直至康德，审美与艺术才开始脱离"模

---

[*] 刘聪（1980— ），女，河北省安国市人，哲学博士，沈阳师范大学马克思主义学院讲师，研究方向为西方美学、哲学基础理论。本文为2013年度教育部人文社会科学研究青年基金项目"马克思哲学的浪漫精神及其当代价值"（13YJC720023）、2013年度辽宁省社会科学规划基金项目（L13DZX019）的阶段性成果。

仿"的窠臼而被赋予"象征"真理的新生。康德在浪漫主义者身上留下了印记,如果说审美能力在康德的批判哲学中还只是对道德—善的象征,那么到德国早期浪漫主义盛行之时,诗的艺术已开始被浪漫主义者作为启示和发现真理的主要途径了。在德国早期浪漫主义理论中,诗居于一个与哲学比肩的位置,作为完美、永恒的艺术体现,其与哲学是融汇的,并共同趋向于自由与无限。因此,不同于西方传统形而上学所寄予理性的厚望,在浪漫主义者这里,哲学对真理的趋求是通过艺术对自由的渴念来完成的。

在西方思想的核心传统中,真理性问题研究的重心发生过从本体向主体的倾移,即从一种针对"存在"之存在的追问,转向了对"自由"之价值的探寻。传统形而上学的真理观所关注的是"事实"的问题,"真理"具有先在性,求索真理即是要求观念与事实的绝对符合,任何一种对于真理的阐释只能在"模仿"与"比喻"中达到对真实存在的"相似性"再现。这一传统真理观在康德的批判哲学中发生了转变,康德"将关于人类理性活动的起源和实际发展的问题与关于人类理性活动的价值问题完全分开",他开始"从考虑理性本身出发而不从理解事物出发"去解决形而上学的传统追问。[①]这位柯尼斯堡的哥白尼将人的认识能力进行了"自然领域"与"道德领域"的划分,并对两个领域有关真理性概念的依据进行了颠覆性的重置。康德认为,人的认识能力和欲求能力所意欲符合的永远是由主观行为先验建构起来的世界影像,即某种"先天普遍原则",所以真理性在认识领域表现为知识与知识对象的符合,在道德领域则转变为意志对自由的趋向,并且"反思"与"创造"要远远超越"规定"与"推理",实践理性要高于理论理性。因此,实践的"善"优于科学的"真"、"自由"高于"自然"成为了真理性问题的关键。这一观念为艺术表现真理提供了新的象征内容。

在判断力批判中,康德指出了审美与道德的关系,即"美是道德—善的象征"[②]。康德认为,首先,"对自然的美怀有一种直接的兴趣任何时候都是一个善良灵魂的特征"[③],都是趋向于道德—善之思想境界的证明,

---

① 文德尔班:《哲学史教程》下卷,罗达仁译,商务印书馆1993年版,第731页。
② 康德:《判断力批判》,邓晓芒译,杨祖陶校,人民出版社2002年版,第200页。
③ 同上书,第141页。

因此，鉴赏作为一种可以对道德理念加以感性化评判与感受性倾慕的能力，应被视为促使"感性魅力"过渡到"道德兴趣"的预备；其次，审美判断与道德判断具有同样的标准范围与普遍有效性，审美判断的主观原则表现为对每个人都普遍有效的认同，判断力"自己为自己提供法则，正如同理性就欲求能力而言所做的那样"是自律的，而非他律的①。最后，道德观念唯有借助于美的经验才得以感性的显现，经验美在知觉中获得的合目的的、无利害的愉悦不仅唤起了人类对道德自由的意识，而且这恰恰也是审美主体对道德自由的深切体验。可以说，康德赋予了纯粹审美前所未有的地位，但不可否认的是，"康德所说的审美判断和审美价值的分析范围主要是在完成他整个哲学体系的意义上存在的"②，并不是作为某种可以独立存在的力量为现实世界提供诊断。

美象征"道德—善"的观点随后迎来的是艺术哲学鼎盛却短暂的辉煌，康德提及的审美教育、天才、创造力等在狂飙突进运动与德国早期浪漫主义思潮中几乎被推崇到了极致，这成为受席勒、谢林，以及施莱格尔的沙龙所倾心的热门话题。席勒对康德的改进在于其扩展了审美对道德价值的体现，在他看来，艺术经验在政治领域与社会领域的美育本质即是对道德价值的实践，因而，若想"在经验中解决政治问题，就必须通过审美教育的途径，因为正是通过美，人们才可以达到自由"③。在康德、席勒、费希特哲学的共同影响下，谢林将艺术推到了其先验唯心论体系中那个具有绝对客观性的顶端，相对于以"理智直观"为标志的哲学来说，以"美感直观"为标志的艺术是作为"哲学的唯一真实而又永恒的工具和证书"而存在的，唯有它能使无意识事物与有意识事物的原始同一性问题得以客观呈现。因此，对于哲学家来说，艺术是最崇高的，它不仅为哲学家打开了"至圣所"，它还"按照人的本来面貌引导全部的人……认识最崇高的事物"④。可以说，谢林对浪漫主义的社会—政治纲领和美学纲领做了系统而概括的提前表述，正是沿此道

---

① 康德：《判断力批判》，邓晓芒译，杨祖陶校，人民出版社2002年版，第201页。
② 舍勒肯斯：《美学与道德》，王柯平等译，四川人民出版社2010年版，第96页。
③ 席勒：《美育书简》，徐恒醇译，中国文联出版公司1984年版，第39页。
④ 谢林：《先验唯心论体系》，梁志学、石泉译，商务印书馆1976年版，第310、313页。

路，德国早期浪漫派将艺术看作科学的诗，并提出了浪漫诗在艺术中的最高地位，它无限而自由地"翱翔"于理想与现实之间，"能够替史诗充当一面映照周围整个世界的镜子，一幅时代的画卷"[①]。诗人是完整人性的体现，他对世界的浪漫化最终体现为艺术家创造力在社会生活内的嫁接，进而复兴德国的文化与政治。由此，从传统观念的抑制中得以提升的艺术，不再只是意味着由天才挥洒出的创造力，它更加可以是一种诗化世界的力量。

二 从审美的中介到艺术的和解力量：
审美在道德范围内的延伸

从艺术游离于真理性问题之外，到美对"道德—善"能够予以象征，再到美的艺术被作为一种和解力量趋入现实，审美愈来愈扩展了其在道德领域内的延伸。正是康德最先为此提供了契机。人们往往对康德挖掘的"鸿沟"念兹在兹，然而，当他为人类诸种心灵能力划定疆界的同时，其最终目的决非刻意造就自然领域与道德领域、认识能力与欲求能力之间不可逾越的深渊。深嵌于其宏大的哲学计划之中的审美判断力，它所独有的愈合力，在认识与道德产生断裂的最初时刻便被康德寄予了的厚望。康德认为，相对于理论哲学与实践哲学来说，审美判断力的批判"是一切哲学的入门"[②]。"作为把哲学的这两部分结合为一个整体的手段"[③]，审美可以被视为一种中介，"使得从自然概念的领地向自由概念的领地的过渡成为可能"[④]。这一过渡就发生在由鉴赏引发的审美愉悦中，既在那无关利害关系的想象力的自由游戏中，亦在那艺术使共通感于经验层面得以体现、传达的道德启示中。因此，在康德看来，首先，审美能力就其自身而言未必是道德的，但却为道德观念提供了感觉说明。其次，艺术虽"不能充当一种忠实于道德的善、甚至倾向于道

[①] 施勒格尔：《浪漫派风格——施勒格尔批评文集》，李伯杰译，华夏出版社2005年版，第71页。

[②] 同上书，第30页。

[③] 同上书，第10页。

[④] 同上书，第32页。

德的善的思想境界的证据"①，但却在任何时候都表明了善良灵魂拥有道德情感时所应蕴含的素质。在此情境中，才能理解为何说康德最早开启了审美与道德领域的连接。

席勒对于美与艺术的探讨建基于康德的各项原则，更将康德的道德领域延伸至了政治与社会的范围。席勒认为，一个达到成熟的民族必定会产生由"自然的国家"转变为"道德的国家"的意图，这个"政治领域的一切改善都应该来自性格的高尚化"。而使人性臻于完美，即打开这一"纯洁的源泉"的工具就是美的艺术。② 这是因为，人性具有物质与精神的双重维度，美作为"活的形象"也"向人暗示出绝对形式性和绝对实在性的双重法则"③，当"人同美一起游戏"的时候，内在于人性中的感性冲动与形式冲动就会得到联合，据此实在与形式、偶然性与必然性、受动与自由得到了统一，从而人性的概念得以完整，那"更具有人性的名字"才成为"最自由和崇高的存在"。④ 如此看来，在康德那里作为象征着"道德—善"的美在席勒这里意味着一种促成"道德的国家"产生的手段。若是通过美可以达到自由，那么通过审美教育，就可以解决经验世界中的政治问题。

在对艺术的力量予以确证的征途上，耶拿浪漫派是席勒最为忠实的信徒。面对法国大革命之后现代公民社会呈现出的自我主义与功利主义，这些年轻的浪漫主义者笃信，"德国人的民族之神不是赫尔曼和沃丹，而是艺术和科学"⑤，只有艺术才能恢复人的信念，使人与自然重新统一起来。所以，只要认识到艺术的力量，并使其通过想象力创造出一个完整的世界，那么德国的宗教、科学和政治学就会迎来一场伟大的复兴。德国早期浪漫主义者一度奉艺术和美为圭臬，这不仅仅体现在其诗化哲学的理论观点之中，更加体现在

---

① 施勒格尔：《浪漫派风格——施勒格尔批评文集》，李伯杰译，华夏出版社 2005 年版，第 141 页。
② [德] 席勒：《美育书简》，徐恒醇译，中国文联出版公司 1984 年版，第 61 页。
③ 同上书，第 90 页。
④ 同上书，第 91 页。
⑤ [德] 施勒格尔：《浪漫派风格——施勒格尔批评文集》，李伯杰，华夏出版社 2005 年版，第 120 页。

其对于现实政治的改良夙愿之中。从诺瓦利斯对艺术家国王的歌颂[①]，到弗·施莱格尔投身政治寻找应对欧洲衰落的良策[②]，早期的浪漫主义者比启蒙者更加提倡进步与自由，"唯美主义就是他们实现启蒙运动的理想、解决它所面临的显著问题的手段"[③]。因此，浪漫主义者认为，一个理想的共和国，即黄金时代的实现必然要经历有文化教养的个体对现实毫不妥协的批判，而公共教育的核心正是审美教育，理想的人性的内核正是艺术。

与此同时，稍领先于耶拿浪漫派之前，聚集于图宾根的荷尔德林、谢林与黑格尔早在《德意志唯心主义最早的系统纲领》中便提出了与德国早期浪漫派相似的理想，即对将艺术作为一种面向未来的和解力量抱有一线希望。在《纲领》中，理性被看作"是一种审美行为"，"三剑客"曾谋划认为"真和善唯有在美中才会结为姊妹"，由此定论"灵的哲学是一种审美哲学"，而哲学家也与诗人一样应该具有感性的审美力。[④] 然而，这一指认并未持续多久，黑格尔便失去了对审美乌托邦的信任，这项看起来更像是德国早期浪漫派的事业，让黑格尔警觉地收回了脚步。不同于荷尔德林与谢林，青年黑格尔构思并启用了主体性的征服力量。他更期望通过绝对理念及主体性原则自身，将哲学总汇为一种一体化的力量，从而克服分裂。

综观从康德伊始至黑格尔体系之前艺术在德国古典哲学中地位的移升轨迹，可以发现，由于康德审美判断力的中介作用只是具有主观性与抽象性，艺术的传达功能只有在社交活动的情感交流中才能涉及现实，因此无论是审美鉴赏还是艺术教化，在康德哲学体系内均没有实现在道德经验上的真正立足。在康德看来，自由领域以理性能力为先在条件，审美经验只

---

① 诺瓦利斯在《信仰与爱——国王与王后》中提到"一个繁荣的国家也许是一件艺术品，比公园更壮观"，"真正的王侯是艺术家中的艺术家：艺术家的首领"等观点。详见《夜颂中的革命和宗教——诺瓦利斯选集卷一》，林克译，华夏出版社2007年版，第109、120页。

② 弗·施莱格尔于1807年改宗天主教并投身政治；于1809年开始谋职于奥地利皇家军队委员会；1813年被梅特涅任命为奥匈帝国驻法兰克福公使馆参赞，被教皇授予基督勋章；1815年被封为贵族。曾创办军队的《奥地利观察家报》，起草德意志邦联宪法草案，撰写政治参作品。后政途波折，于1818年解职后重归德国文化界。详见《浪漫派风格——施勒格尔批评文集》，李伯杰译，华夏出版社2005年版，第8页。

③ [美] 詹姆斯·施密特：《启蒙运动与现代性——18世纪与20世纪的对话》，徐向东等译，上海人民出版社2005年版，第331页。

④ [法] 菲利普·拉库-拉巴尔特，让-吕克·南希：《文学的绝对——德国浪漫派文学理论》，张小鲁、李伯杰、李双志译，译林出版社2012年版，第17页。

能处于"启示"与"预备"阶段,它仍然没有进入道德价值的世界。而席勒指责康德并未在审美判断力的中介道路上走得足够远,将美的艺术引入政治与社会的范围。《纲领》撰写者期待一种敉平碎片化世界的力量。弗·施莱格尔更是责怪康德哲学的"半成品性质",直接将艺术作为复兴德国的主要手段。正是在席勒、耶拿浪漫派①,甚至是撰写《德意志唯心主义最早的系统纲领》的无名作者②这里,审美的艺术才开始逐渐被尊崇为一种面向现实的和解力量。

三 从艺术哲学到文化哲学:现代性困境下的艺术与现实

艺术愈是在道德领域内延伸,便愈是与政治和社会广泛相联,其与现实的远近疏离关系便更复杂多样。启蒙运动之后,艺术投向这个拼图式世界的眼光发生了由批判向包容的转向,这也可透视出审美范式由艺术哲学向文化哲学的嬗变。从康德的审美判断力到浪漫派的诗化哲学,他们只是在艺术对现实的批判疏远中站在了艺术哲学的阵营。而在现代西方形而上学的演进路径中,文化哲学因其重大的地位性变化而日渐成为了统领性哲学。与建基于思辨哲学之上的艺术哲学相比,文化哲学反对思辨,更使审美与文化相互渗透勾连。这样看来,艺术哲学尚且以艺术与现实的紧张对立为要旨,而只有从批判启蒙辩证法的时刻开始,艺术与现实相容并立席于文化哲学的地域才成为了一个可能。

---

① 德国浪漫派一般被分为早期(1790—1801)、中期(1801—1815)与晚期(1820—1850)三个历史时期,德国早期浪漫派以诺瓦利斯、施莱格尔兄弟、蒂克为主要代表,谢林与施莱尔马赫、瓦肯罗德也在这个圈子当中,因常在奥·施莱格尔在耶拿的家中聚会自由讨论哲学、诗歌、政治和宗教等问题,又被称为耶拿浪漫派。荷尔德林只是处于这个圈子的边缘,但某些观点却与耶拿浪漫派有着惊人的相似。

② 1917年,弗朗茨·罗森茨威格(Franz Rosenzweig)从黑格尔的手稿中发现了几页匿名的、尚未完成的文本,后人标题为《德意志唯心主义最早的系统纲领》,这份手稿的作者引发了多方猜测。从写作的风格来看,罗氏认为出自深受荷尔德林影响的谢林之手(谢林于1795年在斯图加特遇荷氏,又于1796年春写作此文)。也有观点认为,此文出自短期聚集于法兰克福的荷尔德林、谢林及黑格尔的共同观念,如哈贝马斯在《现代性的哲学话语》中所言。这一文本曾不为人所熟知,却在后来广受争议。《纲领》提出,在教会信仰没落的时代应由理念审美化造就一种理性的神话,使艺术哲学成为新的宗教,从而实现众灵普遍的自由。

在欧洲的整个浪漫主义历史时期，艺术被赋予成一种带有批判性的、否定性的力量。可以说，自文艺复兴运动伊始，哲学与艺术便产生了某种密切的关联，到被誉为"批判的世纪"的启蒙时代，这种关联就更为突出地表现在思想领域。不论是席勒的审美教育，还是耶拿浪漫派的诗化理论，抑或是《纲领》撰写者的艺术宗教，艺术的问题总是在被当作哲学的问题引向对精神与现实的追问，针对的始终是由启蒙运动引发的现代性危机。席勒与浪漫派对十八世纪晚期社会有着明确的指责。面对一种"国家与教会、法律与习俗都分裂开来，享受与劳动脱节、手段与目的脱节、努力和报酬脱节"[①] 的碎片化景象，席勒认为，"现时代远没有为我们提供作为国家道德改善必要条件的那种人性形式，为我们展示出来的却正是它的反面"[②]。甚至，弗·施莱格尔将散文化世界中的断片的人反讽为"道德中的经济学家"，这些"正人君子看待品评人和人生的态度，似乎是在谈论最优良的兽种或货物的买进卖出"，"他们除了需要之外什么也不理睬，除了功利之外对什么都没有乐趣。他们走到哪里，哪里的一切就变得浅薄"[③]。在席勒、谢林与浪漫派的眼中，"自然的国家"相对于"道德的国家"或者"现代公民社会"相对于"理想共和国"是片面的、分离的，是艺术与审美教育所要改变并超越的时代困境。所以，"艺术必须摆脱现实，并以加倍的勇气越出需要"，艺术"只能从精神的必然性而不能从物质的欲求领受指示"。[④] 当他们遵循着审美信条将艺术对立于社会的同时，所确立下来的是某种以天才为代表的精英统治，而艺术哲学便成为这种精英标准的表征。他们更希望通过审美教育来达到这种高雅，"从意识形态上将自己与大众，与市场分离开来"。[⑤] 而在现代，法兰克福学派对这种艺术的否定性力量有着更好的继承。面对启蒙运动造成的人类社会危机，阿多诺在进行文化产业批判的同时还期求培养一种可以使人类实现自身救赎的真理意志，这一真理性内容唯有在"自律性的艺术"中

[①] [德] 席勒：《美育书简》，徐恒醇译，中国文联出版公司1984年版，第51页。
[②] 同上书，第56页。
[③] [德] 施勒格尔：《浪漫派风格——施勒格尔批评文集》，李伯杰译，华夏出版社2005年版，第97页。
[④] [德] 席勒：《美育书简》，徐恒醇译，中国文联出版公司1984年版，第37页。
[⑤] [德] 彼得·比格尔：《先锋派艺术》，高建平译，商务印书馆2002年版，第5页。

才有呈现。不同于与现实相妥协的大众艺术，自律性艺术与现实社会并不相容，而事实上，正是与世界不相容的属性确证着自律性艺术的真实性和真理性。所以，艺术的真理性只有通过否定性才会成为可能。仍然以艺术哲学为前提的审美现代性理论主张艺术不仅拥有自律性，更应能继续对社会持有批判。

然而，在由现代性转向后现代的语境中，精英文化与大众文化、高雅艺术与大众艺术的界碑却在日渐消失，艺术也正在失去它特有的批判性。后现代主义是晚期资本主义的文化逻辑，这些后现代主义者们"在他们的创作过程中，早就把生活中无数卑微的细碎一一混进他们切身所处的文化经验里，使那破碎的生活片段成为后现代文化的基本材料，成为后现代经验不可分割的部分"①。作为现代性的"第五副面孔"，后现代主义敉平了艺术与现实的紧张对立，将艺术哲学与当代文化融为一体，因而"文化哲学"便作为新的哲学理论基点而更加普泛化地对艺术与审美予以支撑。正如阿列西·埃尔耶维奇所言，"在后现代时期，随着艺术日益被纳入保持中立的商业文化的范围，它已失去了批判的潜质和揭示真理的功能"，"作为艺术哲学存在的现代美学最终让位于作为文化哲学存在的后现代美学"了。② 不同于艺术哲学对天才创造力与精英权威的捍卫，文化哲学强调的是对"各种文化范畴中的本体性的理解，是把文化作为个体生存和社会运行的基本方式"，对"人的生存和历史的运行提出更为深刻的解释"。③ 如此说来，人在生活世界中所体现出来的精神与活动本身便成为一种文化的存在，而艺术与现实的距离的消失意味着的是艺术与文化更加富有成效的关联。当这种关联愈加密切，艺术也就愈来愈受到商品生产的规范并在社会文化中产生角色的转变；当愈来愈多的非艺术被纳入了艺术与审美的领域，艺术那疏离大众文化、批判社会现实、弥合分裂异化的功能也就愈加失去效力。艺术的这种向非批判性艺术与商业文化的聚

---

① ［美］詹明信：《晚期资本主义的文化逻辑》，陈清侨等译，生活·读书·新知三联书店1998年版，第348页。

② 阿列西·埃尔耶维奇：《美学：艺术哲学还是文化哲学》，《郑州大学学报》（哲学社会科学版），2003年第2期，第40—46页。

③ 衣俊卿：《文化哲学——理论理性和实践理性交汇处的文化批判》，云南人民出版社2005年版，第13页。

合,在波普艺术、大地艺术等真实的艺术形式中有着最为典型的显现。一方面,日常生活为艺术提供了经验来源并呈现出审美化的趋向,艺术为跨文化的多样性交流提供了沟通的媒介,这使艺术与现实达成了某种程度上的和解;另一方面,艺术作为一种文化符号是审美文化的集中体现,这一文化的审美层面,具有超实用功利的本质,其批判的是传统的主体性、普遍性、同一性与理性权威对个体性、差异性、感性生命力的压制,"最终把对传统思想文化的批判归结为人的审美生活——自由生活的彻底实现"[①]。因此,如利奥塔提出作品只有先成为后现代的才会具有现代性的观点所认为,后现代文化景观中的艺术惯于借助技术设施等灵活方式对"过去"进行重构,这不是"艺术的终结",却是"艺术和解力"新的萌生。

四 从道德的境界到审美的境界:人性的面向与回归

从现代到后现代艺术史的变迁可以得知,艺术和解力的旨趣发生了某种程度上的倾移,一种对碎片化社会的外在批判开始转向于一种对完整人性的内在趋求。与通过道德意识复苏政治领域的改善相比,由审美意识造就的理想人性对于自由王国的实现具有了更为切近的意义。也就是说,审美的境界超越道德的境界更寓示着精神上的完满。这一转向不仅在文化哲学对人的精神的塑造中得到了集中体现,而且从西方传统美学的演进逻辑中还可以找到更为深远的理论渊源。

综观有关艺术与自由的纷纭众述,审美教育往往被视为人性趋向于道德的一种途径,道德意识高于审美意识也是无可争议的主题。这样的先在关系早在柏拉图的《蒂迈欧篇》中就有所论及,但其显然不如柏拉图在《理想国》中对诗人等艺术家的排斥广为人知。柏拉图曾提出,音乐是与道德直接相关的艺术形式,艺术可以用来协调人与世界的关系,所以审美有利于道德教育。在康德的审美判断力批判中,这一观点有了更为明确的说明。康德将人的心灵的全部能力划分为认识能力与欲求能力,其相应地占有自然概念的领地和自由概念的领地,并分别遵循"技术上实践的"

[①] 张世英:《境界与文化——成人之道》,人民出版社2007年版,第249页。

原则与"道德上实践的"原则。而在人身上体现出的终极目的便是遵循道德法则的主体最终使自身成为自由的存在。他认为，对"艺术的美"怀有兴趣是拥有"善良灵魂的特征"，是达到"道德的善的思想境界"的标志。[1] 在康德这里，道德领域要高于自然领域，但因审美判断作为中介尚未形成自己的地盘，所以，审美鉴赏只能是由自然向自由过渡的桥梁，而不会对道德领域进行僭越。

从席勒开始，这种预设发生了反转，审美的国度被预设为了人性最高的境界。席勒指出，在"力量的国度"与"伦理的国度"中，人的活动与意志均受到了限制与束缚，只有在由审美的创造冲动建立起的第三个王国（审美的国度）中，人身上一切关系的枷锁才可以被卸除。因为，"力量的国度只能通过自然去驯服自然的方式，使社会成为可能。伦理的国度只能通过使个人的意志服从公共意志的方式，使社会（在道德上）成为必要"，只有审美的国度是"通过自由去给予自由"、"通过个体的本性去实现整体的意志"，从而使社会成为了现实。[2] 因此，需要将真理与美灌输入普通人性的深处，唯独使感性本性与理性本性得以协调的第三种性格才能保障道德原则的持久，而美的艺术就是打开这一"不受一切政治腐化污染保持纯洁的源泉"的工具[3]，"只有审美的心境才产生自由"[4]。同样，青年时期的谢林也将艺术看作宇宙精神的完善形态，将艺术世界置于宇宙的顶点。他质疑道德世界秩序是否可以作为实现自由目标的条件[5]，并把有意识的与无意识的、精神与自然、主观与客观得以统一的"第三幂次"地位赋予艺术，使艺术成为了最高的自由与必然性范畴的绝对综合。如同席勒，弗·施莱格尔也认为完满的人性来源于"充溢的文化教养"，它只能在"最高的诗中"才能被找到，所以与谢林的艺术世界相似，耶拿浪漫派视诗化王国为人类精神的最高境界。并且，这一构拟在海德格尔的存在主义哲学中亦有所承继，他援引荷尔德林的诗句，将人的

---

[1] [德]康德：《判断力批判》，邓晓芒译，杨祖陶校，人民出版社2002年版，第140、141页。
[2] [德]席勒：《美育书简》，徐恒醇译，中国文联出版公司1984年版，第145页。
[3] 同上书，第61页。
[4] 同上书，第132页。
[5] [德]谢林：《先验唯心论体系》，梁志学，石泉译，商务印书馆1976年版，第277页。

"诗意栖居"规定为"天"、"地"、"人"、"神"四重合一的世界。这种诗意诉求为后现代主义的审美生活提供了摹本,在艺术的总体价值不断得到充盈的今天,审美意识已不再因期求构拟一个纯粹审美的世界而与现实截然对立。为了实现真实的"诗意栖居",它反而引发了日常生活的审美化趋势,这导致了艺术的内在价值不再单纯意味着纯粹的审美价值,道德价值也已身附其中。所以,审美意识蕴含了更多包括道德意识在内的精神要素,审美的境界因为有了道德的前提,才呈现出最为理想的自由,才可导引人性实现真正完满的回归。

作为人的精神活动的体现方式,"境界"所指向的始终是一种超越功利强制、趋向心灵自由的人性的内在状态,是"从人的角度对人与对象、人与生活、人与人关系进行自我意识反思"的修为,"是人的一种精神天地、世界或宇宙"。[①] 可见,人生在世,人对世界的不同把握形成了不同的精神境界,而境界的高低定位着人的层次品性的差异。冯友兰先生将境界分为"自然境界"、"功利境界"、"道德境界"与"天地境界"[②],张世英先生将境界分为"欲求的境界"、"求实的境界"、"道德的境界"与"审美的境界",[③] 从两者对境界范围的多样化确立中不难发现,不论是"天地境界"还是"审美的境界",均被视为一种存在于道德境界之上的"在世结构",其在本质上是超越的。审美的境界"包摄道德而又超越道德、高于道德",人居于其内必然合乎道德,并"完全处于一种人与世界融合为一的自然而然的境界之中"[④]。因此,通过审美修养而达到的审美个性才是真正完整的人性,通过审美生活而实现的审美人生才是真正自由的人生,同时,这种"完整"与"自由"的个体精神境界深受其所处文化环境的影响。因此,审美境界在心灵与现实中的双重实现对人文文化就有了更高的期求。

---

① 陆杰荣:《哲学境界》,吉林教育出版社1998年版,第47、48页。
② 冯友兰:《觉解人生》,浙江人民出版社1996年版,第44、45页。
③ 张世英:《境界与文化——成人之道》,人民出版社2007年版,第279、280页。
④ 同上书,第280页。

境界与形而上学

——从王船山的角度看君子境界的形成及其作用

赵炎[*]

"境界"这个词最初的意思是指土地的疆界、界限。因为其界限的意思，后来也指境况或情景的不同，再引申为指事物所达到的程度或表现的情况，而这其中就可以指人的修养所达到的不同状态。这个用法最初应该源自佛教典籍的翻译，《无量寿经》卷上："比丘白佛，斯义弘深，非我境界。"近代以来，最著名的就是冯友兰先生在其《新原人》中区分的四种人生境界，"自然境界"、"功利境界"、"道德境界"和"天地境界"。

本文主要关注与儒家君子之德性有关的境界（在某种意义上相当于冯先生的道德境界和天地境界），并以王船山的思想为依据，进一步追问这种境界的形成及其作用，以此展现君子修己工夫之不可略，与其在天地间的使命与担当。

一　君子境界的形成：性日生日成

1. 性与天道

君子境界是对人所达到的状态的描述，人之为人首先在于性，境界之源头，即从性衍生而来。性源自天，《中庸》言"天命之谓性"。朱子以天为理，船山则认为天首先呈现为气，"在天者，和气絪缊于太虚"（《正蒙注》367）。气有阴阳，大化流行，而生成天地万物；此气化之理即是道，故《易·系辞上》言"一阴一阳之谓道"，船山言"天即道为用，以

---

[*] 赵炎，辽宁大学，哲学与公共管理学院。

生万物"(《正蒙注》25)。

由此,对生人而言,天即气即理,"天之命人物也,以理以气"(《大全说》726)。而人之性,则直承天之理而来,"天之所以生我者为命,生我之理为性。"(《训义下》822)"在天为道,命于人为性。"(《正蒙注》114)故船山也赞同程子"性即理"的说法,"凡言理者有二:一则天地万物已然之条理,一则健顺五常、天以命人而人受为性之至理。"(《大全说》716)

"天命之谓性",则性与天道本相因而一贯,"惟性中固有之理,与天所敦化川流之道初无异致。"(《训义上》413)但是二者却又不可不别,因为人之性已经拘限于气质之中了。

2. 性的肉身化:气质之性

船山认为,《易·系辞上》"一阴一阳之谓道,继之者善也,成之者性也"所言的成性,即是成于人的气质为性,"在人受之于气质也谓之性"(《大全说》863),"'成之者性也',言质也。既成乎质,而性斯凝也。质中之命谓之性,此句紧切。"(《大全说》862)

在天,理气本是不可分的一体;在人,性与气质也是不可分的一体,"理一气,气一理,人之性也。"(《大全说》1056)由此,不离气质而别有性,故船山也直接称此性为"气质之性","所谓'气质之性'者,犹言气质中之性也。质是人之形质,范围著者生理在内。"(《大全说》857)"性即理也,即此气质之理"(《大全说》863)。

船山认为,"气质中之性"的这个"中",并非如两个现成物事那样,一个可以在另一个之中,如水在杯子中一样,"盖使气禀若杯、性若水,则判然两物而不相知。"(《大全说》961)由此也并非先有一个气质,然后又有一个性往来于其间,如人"寓于"一个旅馆一样(《大全说》863)。实际上,"气之妙者,斯即为理"(《大全说》716),"气当得如此便是理"(《大全说》1052),而非"于气之外别有一理,以游行于气中"(《大全说》1076)。由此,人与人之间气质不同,则性亦有别,"质以函气,故一人有一人之生;气以函理,一人有一人之性也。"(《大全说》857—858)

但同时,人人之性又皆源自天道之理一,故船山认为,人之性确切地说应该是一本万殊,"反之于命而一本,凝之为性而万殊"(《大全说》457)。

3. 性道的超越性与虚而待实性

这样,人之性道与天道,理虽同,气却异。在天之气贯通天地万物,在人的性道却拘于一己的形质;虽然"我与人物莫不性诸道,命诸天,无异理也"(《正蒙注》126),但互相之间却因形之相隔而不能贯通,"道散于万事,各有其理,而或不相贯通"(《训义上》260),"夫天生人而统一于生生之理,形骸判而各有其意、各有其欲,不相通则交相悖害,非生理也。而执之曰己,其自蔽而伤物者多矣。"(《训义上》681)

由此,己与万物都只为天道之一曲,都需要与对方相合一而获得整全,都需要因对方而成其为自身,"天下之物,皆天命所流行,太和所屈伸之化,既有形而又各成其阴阳刚柔之体,故一而异。惟其本一,故能合;惟其异,故必相须以成而有合。"(《正蒙注》365)

船山认为,此"相须以合"的主导权,却是在人。人与物判然有别,人之性禀有了天道之理一,并可率之而为道,物则不然,"'率性之谓道',则专乎人而不兼乎物矣。物不可谓无性,而不可谓有道。道者人物之辨,所谓人之所以异于禽兽也。"(《正蒙注》112)我们通常所说的物之道,实际上乃是人用物之道,"若牛之耕、马之乘,乃人所以用物之道。不成者牛马当得如此拖犁带鞍!……则物之有道,固人应事接物之道而已。是故道者,专以人而言也。"(《大全说》460)这里,真正能承天而有道的,乃是人。

人之性道虽然局限于一己之形质,却同时具有天道之理一,但同时又因气质之局限,而与天道本身虚实有别。如果我们把"纯粹"的道或理称为虚,把天地万物称为实,如张载所言,"与天同原谓之虚,须事实故谓之实"。那么,天道就是实有万物,而性道则仅仅是虚有其理一(仅仅实有一己之气质)。天命之谓性,并非天道就是己性,而是天道虚而在己为性。也正因为此,在己之性道实际上就不容已地要趋向于的他者之实,如张载所言,"天地之道无非以至虚为实,人须于虚中求出实"。

道本身的特点绝不能满足于虚而在己,道并不是现成的东西,可以拿来放在己这里,也可以拿去放到物那里,道本就是贯通天人物我之际的一种流行,"道为合外内之道"(《训义上》197),"以心循理,而天地民物固然之用、当然之则各得焉,则谓之道。"(《训义上》377)道本就是贯通己与万物之间的道路与通道,"道者,天之大用所流行其必繇之路也。"(《大全说》529—530)在己的性道之理本就应该是会通万物之理,"性以健顺为体,本太虚和同而化之理也"(《正蒙注》116),而仁的一个重要意义也正在于贯通,程子的"手足痿痹为不仁",孔子的仁者"爱人",都是此贯通的具体呈现,"仁者,吾心存去之几,而天下感通之理也。"(《训义上》684)

由此,先天在己的性道之虚,就不容已地趋向着再次合于天道、趋向着得道,消除己物之间因形质而有的隔阂,而让天人物我之间的道路再次贯通无阻,如张载所言,"太虚无形,气之本体;其聚其散,变化之客形尔。至静无感,性之渊源;有识有知,物交之客感尔。客感客形与无感无形,惟尽性者一之"。由此,性道之虚就呈现出一种不自足性,一种虚而待实性。人不能仅仅停留在先天之性的虚理,而是必须趋向着尽性尽道以贯通万物而为一。故船山也称此道为当然待尽之道,"乃道者,天所固然,而人所当然者也。"(《训义上》207)"'道'者,责人以所当尽者也。"(《礼记章句》1325)这种当然,这种虚对实的指向和需求,我们就称之为道的超越性。我们说,性道本身先天就具有一种超越性,它在具于己的同时也超出己而趋向着天地万物,趋向着在他者之中充实自身、实现自身,贯通天人物我而实得于天道。这种趋向的成型状态,即是孔子所言的"志于道"。

如果天道不先天虚而在人,则人无从以达天;如果天道先天即已实实具于人,则人不须努力即可参赞天地。此虚实之际,由虚以向实,由性以达天,即是人之成能所在,即是人在天地间的位置。"天命之谓性",是天给了人一个需要靠自身的努力去实现的使命;"率性之谓道",是天给人指明了一条道路、一个方向。这种超越性自身就带有一种去实现自身的不容己的冲动,这也就是人生的目的和意义所在。

4. 己物之互动:性的日生日成

己之虚与物之实都是不自足者,都只能在对方那里补足自身的阙失,由此二者之间就呈现一种互动与互成,需要"相须以成而有合","乃知我之待于物，一如物之待于我；物之有我，一如我之有物。"（《经义》672）物需要因己之性道而治而处，己之性道则需要因物而行而尽，"道所以治物，而物皆以行吾道。……圣人以道处物，而即物以尽道。"（《训义上》444）否则，如张载所言，"流俗滞于物以为实，逐于动而不反；异端虚则丧实，静则废动，皆违性而失其神也。"（《正蒙注》367）君子不能滞于物之实而忘虚，故须"以道处物"，不能执其道之虚以丧实，故须"即物以尽道"。性道的虚而待实，"虚中求出实"，既是实得天道于己，同时也是实得天道于天地万物。

物需要因己而成。船山认为，物之理本就是人所用之之理，"'物之性'，物之理也；其理，人所用之之理"（《笺解》147）。这就是"以道处物"，"吾之有性，受之于天而为万物资始之理者也"（《训义上》209），"夫君子所修之道，即性所必率之道；而斯道也，以膺事物而为事物当然之则。"（《训义上》105）若人不以其性道用之，则如《中庸》所言"不诚无物"。

同时，为了更好地成物，人更需要成己，需要即物以充实先天在己的性道之虚，以尽道成性。《中庸》言"天命之谓性"，船山认为，命不仅仅在人初生时有，生后也时时都有，则性并非"一受成侀"而"不受损益"（《引义》301），而是日生日成，"人日受命于天，则日受性于命"（《大全说》852），"生初有天命，向后日日皆有天命；天命之谓性，则亦日日成之为性"（《大全说》405）。

性总是气质之性，气质带来了性的拘限，同时也构成了性的生成，"气日生，故性亦日生。生者，气中之理。"（《大全说》860）气质之生，就在于与外物的相交相感，"取其精以养形，凝乎形而以成性者在是矣"（《引义》349）。而生后日降之天命，就降于此形物交感之际；天并非虚无缥缈高高在上，万物本身就是天道的一种自身呈现，"此在天之天道，亦未当遗乎人物而别有其体。"（《大全说》529）故人之生成其性，乃是即物而生成，"继善以后，人以有其生，因器以为成性"（《外传》1012），"凡触于事，兴于物，开通于前言往行者，皆天理流行之实，以日生其性者也。"（《大全说》565）故天命日降，形物日感，性也日生而日成，"形日以养，气日以滋，理日以成。方生而受之，一日生而一日受之，受之者有所自授，岂非天哉？故天日命于人，而人日受命于天。故曰

性者生也，日生而日成之也。"（《引义》300）

船山认为，性道的这种即物而充实，可比于《诗经·周颂·载芟》中对百谷播种与生长的描述，"播厥百谷，实函斯活"。船山言，

> 实，充也；函，量也。充其量，斯活矣。故曰："实函斯活。"君子有取于此，以似仁焉。函之中，仁也，仁则活之理赅而存焉，仁则活之体赅而存焉，仁则活之用赅而存焉；然而必于实矣。……大哉！实之以效仁之功乎！（《诗广传》500—501）

> 函之可实也，数之固有也。实之者，不怙其固有也。而不观于百谷乎？向者藏于函，而胡以不实也？今兹犹是处于函中，而胡以实邪？春气苏之，甘泉渍之，暄风鼓之，和日蒸之，与水相得，与气相迎，而后实于其函。夫君子之于仁，亦繇是而已矣。昔者函于心，可以实而未实也；今兹犹是函于心，而胡以实也？学以聚之，思以通之，智以达之，礼以荣之，集义以昌其气，居敬以保其神，备物以通其理，天下皆仁而吾心皆天下矣。夫然后实于其函，而活弗待于崇朝也。实者，诚也，"诚之者，人之道也。"择而守，学焉而不旷，尽其实有而不歉者，诚之者也。然则天其可怙乎哉！（《诗广传》501）

百谷之种子，可比于人性之仁；种子尚未萌发结实的状态，可比于先天在己性道之虚，虚有一个空的规模和范围，故可称为量，"仁之所函，心之本量也，而量不必充。"（《经义》646）种子先天所函，乃天数之固有，仁之量亦是天命所授，"初生而受性之量，日生而受性之真。"（《思问录》413）但是，"天能使函而不能使实"（《诗广传》501），若恃其先天之固有，则虚而不实，如种子之藏，无缘于萌发，也就仅仅是个种子而已。故必须后天的"春气苏之，甘泉渍之"，"与水相得，与气相迎"（《诗广传》501），种子才能生长发育而成熟结实。人之仁亦然。先天的性道之量仅仅是"性之藏"，仅仅是个种子，虽函万理，却虚而未实，如果完全倚靠天之所命而怙其固有，则"我体不立，则谷之仁犹空之仁，我之仁犹空之仁，荡然不成乎我，而亦无以成乎仁矣。"（《诗广传》501）故必有后天人为之努力，人道之"诚之"功夫，即物以充实此性道之量，然后实于其函，仁为实仁，方可达到"善之致"，方可谓之"活"。反之，

二者不相贯通则谓之死，"物自为物，己自为己，各静止其域而不相摄，乃至君臣、父子、兄弟、夫妇，各自为体而无能相动，则死是已。"（《内传》228—229）

谷种之所成所实，乃是成熟与结实；人之性道的充实，孟子也称为仁之熟，孟子曰"五谷者，种之美者也；苟为不熟，不如荑稗。夫仁，亦在乎熟之而已矣"，"乃五谷有其种之美，而成乎其美者，在天泽之资，地力之培，人功之治；三者得而后五谷乃熟，熟而后五谷之美不同于凡草者以著。……以此想夫仁，而仁可知矣。……抑在乎求仁者之自强不息，以力存夫天理者，犹五谷之必尽其滋培也；力遏夫人欲者，犹五谷之薙其丰草也。……在乎熟之而已矣。"（《训义下》748—749）在这个过程中，性之理一虽然一直未变，但熟不熟却有天壤之别。

5. 心能尽性与良知良能的局限

在己物之互动中，己占有主导的地位。但在己这里，仅仅靠性道自身却又是不够的，船山认为，性和道直接源自天，则和天一样无为，"性本于天而无为"（《大全说》946），故孔子曰，"人能弘道，非道弘人"，"夫道也者，路也，人率路以行，路不足以有行也。"（《引义》324）

人之能行道者，即在于心，"仁义者，道也。所以行仁义者惟其心"（《训义下》878）。"性者天道，心者人道。……弘道者，资心以效其能。"（《正蒙注》124）由此，性心之间就呈现为一种体用关系，"性为天所命之体，心为天所授之用"（《大全说》552—553）；心之用，即是在此虚实之际、会通天人物我的所在。

道的初行，乃是一种"本能"的自然之发，这就是赤子之心和孟子所言爱亲敬兄的良知良能。船山认为，君子之行道，仅仅靠不学不虑、人人皆有的这种良心是远远不够的，

> 既曰"赤子之心即'性善'之善"，……乃又云"有诸己之谓信，已能不失赤子之心，未便是大人"，岂不自相矛盾？此又不然。虽曰"性善"，性却不能尽善之致，善亦不能尽性之藏。"可欲之谓善"，早已与性相应矣。"不失"，未便到尽处。（《大全说》1017）

孟子言人，有善、信、美、大、圣、神诸状态，船山认为，"可欲之谓善"即已能不失赤子之心，大人当然更是如此，但是反过来，仅仅不失赤子之心，却不能即为大人。"孟子曰：'大人者，不失其赤子之心者也'，非谓恃其赤子之心而为大人也"（《诗广传》409），"孟子亦止道'性善'，却不得以笃实、光辉、化、不可知全摄入先天之性中。"（《大全说》1017）这里的关键在于，同样是"性善"，却有充实程度的不同，赤子虽然"妄不相涉"，但却也"真有未全"（《大全说》1017）；仅仅是"初生而受性之量"的自然之发，远远未能"日生而受性之真"以成其性。此亦即前所谓熟与不熟之别。由此，圣人与赤子、君子与众人之别，不在不失其良知良能，而在于能够尽性，"性者，众人之所同也。而以此为性因以尽之者，君子所独也。"（《大全说》1130）故"大人不失其赤子之心，而非孤守其恻隐、羞恶、恭敬自然之觉，必扩而充之以尽其致。"（《正蒙注》117）

进一步，君子明明德以治国平天下，仅仅靠匹夫匹妇的良知良能更是远远不够，"如但以保赤子之慈，而即可许之明明德，则凡今之妇姬，十九而明其明德矣。"（《大全说》431）"圣贤之道，理一分殊，断不以乳媪推干就湿、哺乳嚼粒之恩为天地之大德。"（《大全说》431）故"君德之与民俗，直是万仞壁立，分疆画界。比而同之，乱天下之道也。"（《大全说》431）

6. 习与性成

性日生日成，故有初生之性，也必有生后之性，船山分别称之为"先天之性"与"后天之性"。后天仅仅靠良知良能不够，而是必须有人道"诚之"的工夫扩充以"尽其致"，此亦即《尚书》所言的"习与性成"，"先天之性天成之，后天之性习成之"（《大全说》962）。先天之性自然发为良知良能，乃是天之几，后天之性则有人的主动选择与积极参与，乃是人之几，"有在人之几，有在天之几。成之者性，天之几也；初生之造，生后之积，俱有之也。取精用物而性与成焉，人之几也；初生所无，少壮日增也。"（《引义》302）故船山言"性者天道，习者人道"（《俟解》494），"天之生人也同，而人之习以成性者异。"（《训义上》541）此即孔子所谓"性相近也，习相远也"。

性道需要即物而尽，习当然是习于外，"习者，亦以外物为习也，习于外而生于中，故曰'习与性成'。"（《大全说》962）"习因于众尚，而心在于渐移。善不善之成，非一人之力"（《训义下》378）。此外物之首要者，即是风俗和教化。《诗大序》言"美教化，移风俗。"《易·贲·彖传》言人文化成、人文教化，"观乎天文以察时变，观乎人文以化成天下"。这就是我们通常所说的文化。

众人良知良能之善，若处善习之中，则如孔子所言，"里仁为美"；若处恶习之中，则可因恶习而成恶性，于是"淫于众人之淫习，舍己而化之"（《思问录》418），"己十九而非己也。天下善人恒少，不善人恒多；诐而淫，邪而遁，私欲私意，不出于颎而迭为日新。喜其新而惊为非常之美，惊喜移情而遂据为己之畛域，故曰'习与性成'。"（《思问录》418）

众人须文化以远恶习而成善性，君子更须由文化以成德性之境界，所谓由教以入道，"贤人之修道，……则由圣教启其实，修道在教矣，故谓贤人由教而入者也。"（《训义上》188）"循名以学，率教以习，而后渐得其条理。"（《大全说》851）但这里已不是被动的化成，而是主动的学之习，"统此一善耳，其始也，因乎性之所近，而实之以学，……其既也，习之已熟，而成乎其性。"（《训义下》938）——反之，成性成德之圣人境界，即是人文化成与教化之核心所在，"于圣人为道，而于天下为教也"（《大全说》539），故《中庸》言"唯天下至诚为能化"。

这里，仅仅保持其本性之善是远远不够的，积恶习可以成更大的恶，积善习同样可以成"更大的"善；学不仅仅在防恶俗之弊，更在于成"更高的"性，"是以君子自强不息，日乾夕惕，而择之守之，以养性也。于是有生以后，日生之性益善而无有恶焉。"（《引义》301）而这里的习，也不仅仅道问学于名教，同时也是尊德性于己之本有与所得，此即孔子所谓"文质彬彬，然后君子"。

7. 成德与境界：日新之谓盛德

习与性成，离不开心之用，而性之成，即是成于心，即是有得于心而为德，"行道而有得于心之谓'德'"（《大全说》649），"以德之成性者言之，……性以为德，而德即其性"（《大全说》565）。故孔子言"志于道,据于德",先天性道的虚而向实的趋向,因志于道而开端,而其所得,即是成于心为德,"量虚而以德为实"(《引义》385),"志道笃,则德成于心。……德为道之实。"(《大全说》699)

德即是得道,"行而有得于道而有德"(《外传》821),"治器者则谓之道,道得则谓之德。"(《外传》1028)性道之虚需要即物而充实,则德同时即是得物之实,即是得物之理而为德,即是以物实道而有得此道于心,"德者,行道而有得于心之谓。有得于心者,必其有得于事理者也。……是知日新而益盛者,皆德也。"(《大全说》778)有得于事理者,即是有得于事物中日降的天命之理,天命日降,物感日新,则性日生日成、德日新日盛,"事事之积渐而德之成以盛"(《训义上》143),"一事有一事之理,一物有一物之理,格致诚正以尽其理,则终身为之,日有所进,而其德新矣。"(《笺解》111)

人与人之间,良知良能虽同,最终所得所成之德却大不相同。"学者之为学,以成德也"(《训义上》465),"有君子之学,而后有君子之德"(《训义上》848)。众人良知良能的"不犯、不乱"乃是"德之浅者",君子之"为仁"则是"德之大者","要则孝弟皆以尽性言,而浅者则因其性之所近而得合,深者则有以尽夫性而无所缺耳。"(《大全说》588)进一步,君子与圣人亦高低之不同,"在至诚之圣人有所以为圣,在诚之之君子有所以为君子,则体此道而得之于心者,非徒恃道也,盖存乎德矣。在天地与圣人,无思无为而德自存焉,以为众善之主,则曰大德;在君子择善以致知,固执以存心,而德之至者皆致焉,以为天理之藏,则曰至德。"(《训义上》207)

由此,人与人之间,以所成之德性而别,"我者,德之主"(《诗广传》448);"德者,实得之于己之谓也"(《训义上》702)。此成德之不同,即呈现为境界之高低,德性即是境界之为境界的根源所在。君子为学为习,以日成其德性,即形成为日新日进中的不同境界。

二 君子境界的作用:境界的形而上学

1. 形而上学:本体论与神学

"形而上学"一词最初源自后人对亚里士多德一些文本集合的命名。

它的内容实际上包含两个部分，本体论和神学。亚里士多德将事物的本原或原因归结为两个，形式和质料。形式因中最重要的就是"是"或"存在"，研究"作为是的是（being as being）"的学问，就称为本体论。在"是"的多重含义中，最核心的含义就是本体或实体（ousia），亚里士多德在这里把第一实体规定为"是其所是"，又称为形式或本质。

本体论不仅讨论了"作为是的是"，而且讨论了具体事物的"是什么"。在此之后，亚里士多德继续讨论"为什么"或"为了什么"的问题，即追问"是什么"本身的原因，也就是原因的原因，一直到最后的原因，这就是"第一推动"，作为"无质料的纯形式"的神。它同时也是万物追求的理想和目的，即善。这就是神学。

本体论涉及人与具体事物的本体，神学则涉及到人物最终共同的本体。实际上，神学也不可避免地要涉及神"是什么"的问题，由此广义上也可看作是一种本体论。这到笛卡儿那里，就变成了三种实体，上帝、心灵和物质。

在船山这里，与亚里士多德的神相对应的概念就是天道。神是至善，天道当然也是至善，《易·系辞上》言"一阴一阳之谓道，继之者善也，成之者性也"。在古希腊那里，善同时也意味着一种秩序，"宇宙万物并不是乱七八糟的一团，而是秩序井然，安排合理的。……这样的宇宙秩序，在人们看来，就是善的（好的）、美的。"[①] 这在天道更是如此，天道本就是气化之条理。相应地，对船山而言，人"是什么"，就表现为德性，因人而异为不同的境界；物"是什么"，则和古希腊一样，都称为物之理。

2. 形而上学与伦理学：静观与实践

那么，人如何与神、与物发生关联？亚里士多德于此区分出哲学智慧与实践智慧，与此相对应的学问就是形而上学和伦理学。

亚里士多德认为，神的本质是理性或努斯，它同时也是人的本质，这就是哲学智慧（思辨活动）。在神那里，理性与其所思辨的东西——善，

---

① 汪子嵩、范明生、陈村富、姚源：《希腊哲学史1》，人民出版社1988年版，第920—921页。

是一致的；在人这里，善则是人的理性思辨活动所趋向的目的。哲学（philosophy）就是爱智慧，也就是爱思辨及其所朝向的神。

哲学智慧趋向于没有质料的纯形式的神，实践智慧则与他人他物打交道，离不开质料，而更多关涉到人的生成和运动。亚里士多德认为，只有哲学智慧才是人的本质所在，哲学智慧要高于实践智慧，"人的最高幸福只有在思辨活动中才能实现。……因此只有哲学家的生活才是最幸福的"。① "实践智慧低于哲学智慧，它只考虑人的事务，而哲学智慧却要考虑高于人的永恒的神圣的东西。"②

这里，理论活动和实践活动出现了分离，这是一种本质与生成的分离，静观与实践的分离。在亚里士多德这里，天高高在上，有限的人并不能参与天的创生，而只能以静观的方式对神进行认知，《形而上学》的第一句话就是，"人在本性上是求知的"。追求真理和爱智慧，这本身就意味着更多的非参与性、单向的旁观性，"当［有人问到毕达哥拉斯］他是什么人时，他说他是'一个哲学家'。他将生活和大竞技场作比，在那里，有些人是来争夺奖赏的，有些人是带了货物来出卖的，而最好的人乃是沉思的观众；……只有哲学家才寻求真理。"这里，人最重要的活动乃是静观和沉思。——至于苏格拉底的"美德即知识"，则将本离不开实践智慧的美德也归给了静观。

近代以来，黑格尔批评康德想不下水而学会游泳，但黑格尔自己也是如此，"哲学就像密涅瓦的猫头鹰，要等到黄昏到来，才会起飞"，这里依旧是静观的反思。只有马克思的实践才带来了第一次真正的颠覆，"哲学家们只是用不同的方式解释世界，但问题在于改变世界"。

3. 境界的形而上学：成己成物与参赞天地

在船山这里，性日生而日成，人的本质不是静观这个世界，而是同时就在这个世界的实践中生成着、完善着自身。这里，没有孤立的人或人的本质，人并不能脱离开他人他物而直接面对天，人的本质就在他者中，就在与他者的交感中生成着自身。这里，人的实践能动性占有主导的地位，

---

① 汪子嵩、范明生、陈村富、姚源：《希腊哲学史1》，人民出版社1988年版，第1032页。
② 汪子嵩、范明生、陈村富、姚源：《希腊哲学史1》人民出版社1988年版，第1042页。

人的哲学智慧和实践智慧是一体的，人的本质和人的生成是一体的，伦理学就是有关人的本体之学，就是人的形而上学。

进一步，人之德性并非静观之知，而是介入其中。人既由天道物理所滋养，因天因物而成己成德，同时也在成物合天，积极参与到宇宙的大化中去。德性之境界，既是成己之标识，更是成物之所在，"德之盛者，发见于物，而物皆其德之象"。（《礼记章句》592）"君子者，德成于己，而以应天下，无有不极其善者也。"（《训义上》847）此即《中庸》所谓"诚者非自成己而已也，所以成物也"。

天之命物，实际上即是天假人以命物，圣人"至诚之德，与天通理，其体同也，其用亦同也"。（《训义上》199）故人同时即是万物的本原，"圣人继天理物"（《大全说》449）而为万物立命，"此乃天以至尊至贵之德，诞命于我，以理万事，以治万物；我受之而能保之，则为群生之所托命"。（《训义下》742）"圣人所以体物不遗，与鬼神合其吉凶，能至人物之命也。"（《正蒙注》125）故"万物之命自我立矣"。（《正蒙注》125—126）

这里，天也并非高高在上，而是就在天地万物中、就在人物的相交相感中呈现着自身。由此，成己成物即是合天，"通物之理，则合天之道"。（《训义上》632）由此，"天地之化""唯人显之"（《大全说》704），"道有其秩叙，而人始成其为人；人有其知能，而道始显其为道"。（《训义上》857）人即是天道不可或缺的一个环节，故《中庸》言圣人可以与天地并而为参，"唯天下至诚，为能尽其性；能尽其性，……能尽人之性，……能尽物之性，则可以赞天地之化育，……则可以与天地参矣"。这样，人在天地间就占有一个独特的枢纽地位，人就是"天地之心"，"然则天地之灵，以人而灵也"（《经义》693），"天地之生，以人为始，故其吊灵而聚美，首物以克家，明聪睿哲，流动以人物之藏，而显天地之妙用，人实任之；人者，天地之心也"。（《外传》882）人即是天之为天的枢纽所在，"参三才而成位乎其中，己即天也"（《训义下》854）。

由此，"圣人通天载而达物性"（《正蒙注》73），成己成物而参赞天地，人之所以为人、物之所以为物、天之所以为天，三者之本体或本质，皆以人之德性或境界（及其实践养成）为枢纽。这里，伦理学与形而上学（本体论/神学）本是不可分之一体：天就在万物的生生中呈现自身，以成人之德性；而人继天理物，为万物立命，直接可以参与天道之流行、参赞天地之化育。正是在这种意义上，我们可以借用牟宗三先生的一个说法"道德的形（而）上学"。

牟先生区分了"道德底形上学"和"道德的形上学"。前者是说道德的先验本性，也就是道德如何可能；后者则是"由道德的进路来接近形上学"，"这为定然地真实的性体心体不只是人的性，不只是成就严整而纯正的道德行为，而且直透至其形而上的宇宙论的意义，而为天地之性，而为宇宙万物底实体本体，为寂感真几、生化之理"。简言之，这里不是道德的本原，而是作为本原的道德，道德直接参与构成了本原、本体。

这里，伦理学即是形而上学，作为天、人、物的本体都不是一成不变的本质，都同时在人之实践中生成着自身，因天因物而成己，同时也由己而成物成天，而己之德性之境界，同时又是这一切的枢纽所在，故我们也可以仿照牟先生的说法，称为"境界的形而上学"。境界不仅仅是内圣，更是外王，更是参赞天地，而为一种本原之存在。

哲学境界及其道说方式

刘立东[*]

哲学探问人类生存的意义，哲学境界使人生存于有意义的生命场域中；反之，人的生存（即人生）在此生命境域中理解并体验的人生自然之道理就是哲学境界（即人间）。哲学境界是人生存于天地之间并时时处处体征天道流行的存在境遇——海德格尔说"此在（亲近存在的特殊存在者即人）存在着"，黑格尔说"人时刻领会着圆圈式教养之真理"。"存在着"的"真理"作为变动不居的哲学境界向我们人敞开着，循环往复，无始无终；哲学境界也由于其变动不居、随机而动，时刻现身为某种神秘之境域，所以长期以来隐蔽幕后[①]。

就人之特殊性而言，中西都认其为"思想"。人生存于天地间，由于人心中葆有思的"灵明"，对生存之境域才能有所"觉解"并汇聚"思想"。但历史上对"何谓思想"并无定论，自然科学是人类思考得来的，但海德格尔却言"自然科学从未思"、黑格尔说"知性是片面之思"；艺术宗教也是人思想产生的，但康德认为二者都是主观规范而非客观真理。西方哲学长时间把感性、情感、意志、直觉、体验等看作"真理性思想"之外的东西，于表现人之特殊性无益。故而哲学境界历来被视为"理性

---

[*] 辽宁大学哲学与公共管理学院

[①] 对于这种"神秘"性，中西哲学家很早都有察觉，如赫拉克利特和中国老庄。至19世纪和20世纪，黑格尔的思辨逻辑在知性思维笼罩的世界中显得"神秘"，海德格尔的基础存在论在人本主义笼罩的世界中显得"神秘"，而中国哲学的知情意一体论在西方哲学整体笼罩的全球化中显得"神秘"。冯友兰先生1927年在《燕京学报》第一期中用"中国哲学之神秘主义"为题表述"万物一体之哲学境界"（《三松堂全集》第11卷108页）。"神秘"表明实现哲学境界的难处，庄子曾把这玄之又玄的道境称作"玄德"（《庄子·天地》）。

境界"或"理境",即足以体现真理之本质的纯思境界,"沉思"成为了自亚里士多德以来"人之幸福"的最终法门,这一直到黑格尔"大全哲学"(即"哲学全书")才臻于完善或"终结"。这个传统曾被海德格尔视为"存在—神—逻辑"的存在神论,从境界论角度看,此哲学境界即"理性形而上学之境界"并足以承载"世界之物境"、"灵魂之心境"和"上帝之神境"。这种哲学境界到康德那里被主观化或弱化为"思想之领地":现象之境界(成知)和本体之境界(成德),理性形而上学境界虽如之阙如,但后者作为人生之规范在成知成德之领地中起着范导作用。

在此所谓"哲学境界"是思想境界和境界思想的一体化。它既是立足于"思"之上的"思想境界",因为"思想"作为纯粹之思想,它为思想而思想("为知识而知识"),哲学以此达到"思想以自身为目的"的沉思之境界。但它更是立足于"境界"之上的"境界思想",因为"思想"虽然依然是思想,但它不是感性—知性—理性分而思之的思想,而是设身处地于"人生""境界"(即"人间")边缘域的"之间化思想"或"情境化思想"(海德格尔语),是一以贯之的"大全"(冯友兰语)、"全体"(黑格尔语)或"生活世界"(胡塞尔语)思想。对哲学境界的思想道说因此有极为特殊的要求,如果用黑格尔的哲学方法说,即分析与综合、手段与目的、殊相与共相、部分与整体、相对与绝对等"对生"之言说,借此促进人生"圆圈式教养",如果用海德格尔的现象学方法说,即存在存在着、世界世界着等情境化"言说"。中国传统儒道哲学都坚持阴阳互生的双遣道说法表征哲学境界中的"生生之易"。

"哲学境界及其道说方式"由此迫使我们寻思:A:何为境界?何为哲学境界?B:如果哲学境界体现着特殊的思想,那么它体现着怎样的思维方式?在其"形式指引"下的哲学境界如何实现?C:作为"思想",哲学境界要求怎样的道说方式?

一

从"哲学"角度思考"境界"谓之"哲学境界";从"境界"角度思考"哲学"谓之"境界哲学"。后者较宽泛,容易和"世界观哲学"混淆,如果把哲学史上的各种哲学视为对某种"境界"的揭示,那么不同哲学就给出不同境界,把"境界"简单地对应于"世界观",那么境界哲学无异于世界观哲学。黑格尔、海德格尔等都不以世界观哲学为"真哲学",在前者看来,"哲学史—哲学"有统一关系,在后者看来,世界观哲学无异于"遗忘存在本身"。所以为了避免世界观哲学,这里用"哲学境界"一词。但无论是哲学境界还是境界哲学,二者毫无疑问都具有"世界观品格"(陆杰荣语),只是哲学境界更突出"哲学"。

1. 在阐明"哲学境界"之前,必须明确"何为境界"。

何为境界?由于境界不是某种存在者可被对象化,所以"何为境界"与"何为物"、"何为人"等"何为某种存在者"的追问迥然有别。境界先是意味着某个"场景",具有空间性,它一开始是"在天地之间"的某种"摆置性"或"在场性",并提供出各种"事""物";逻辑地讲,"何为境界"具有前思(Vordenken)的优先地位。但境界还不能径直地认其为"时空",如康德《纯粹理性批判》那样视为"主体的先天感性形式",境界提供出事物的在场,但它绝不局限于主体的"我性"或"我之境界"。对境界的思考一开始恰恰涉及"事况"与"物境",人对此境界的思考多会冷眼旁观、客观考察,而后又摆脱反思深入到"心境"和"理境",最终才会心物两忘,天人一体。西方哲学历来把这种对境界的思考看成科学的、真理的,由此而来的哲学境界长期作为"在场性形而上学"附庸于"知识境界","人"及其"人生"也作为在场着的"事物"被省察和思考,除了人可以"思其自身之思"(即反思)这一特性之外,它和万事万物没有根本差别。海德格尔曾批评哲学的"人类学倾向",哲学境界也不能径直就是"人学形而上学"(蒙培元先生语)。这种对境界的思考似是而非,它的所谓"境界"恰恰不是境界,因为"境界"严格说来并不在场。

境界"不在场"即它不是空间化了的"存在者"——境界不能被对象化但却提供出对象,不能被大小有限化却能有高低层次,不能被科学量化却又并非不可捉摸和神秘虚幻。单从汉语古文字学角度看,境界的"境"由"竟"加上注意符"土"分化而来,《说文》讲"乐曲尽为竟,从音从人","土,地之吐,生物者也,二,象地之下地之中,物出形也",所以"境"引申为土地之边界或疆域,指示大地终结处;"界"古作"畍","畍，竟也"，"介，畫也，从八从人，人各有介"，"畫，界也，象田四，界聿所以畫之"，"田，陳也，樹穀曰田，象四口十，阡陌之制也"；所以"境界"和时空相关，指示着"大地之边缘域"，大地承载并生养万物（地势坤且厚德载物），"境界"自在地处于大地之中并每时每处作为超越性的"边缘化境域"存在着。直观地讲，境界直接和自然之"江河山川"、田间"道路"相关联，因为它们指引出"边缘性境域"；思辨地讲，境界作为"边缘域"意味着"之间"，这才是境界的根本特征。唯有"之间"才能"其中"。道家讲"道一场"即因为"道"并非在场化的实体或对象，而是境界的"之间"而"在其中"，如"道之为物，惟恍惟惚。惚兮恍兮，其中有象；恍兮惚兮，其中有物"（《老子》21 章），"恍惚"即"之间"的境界化言语。从边缘域之"道路"思考"道"的"之间"，这也曾是海德格尔揭示出的哲思进路。

境界似乎本是针对人之外的天地或时空而言，所以和"宇宙"、"世界"等同。从"道路"角度看，境界和"农田"、"土地"相关，而"界"不得不有"人"的"介入"；人的介入或对大地的"人为"（伪）"划分"才使大地显现为田地和阡陌之道路，所以"界"是人在参与天地生成万物（天德曰生、地德曰成）的过程中实现出来的，这种参与即"劳作"或"践行"，在此之中，人成为人。这个思路从康德把时空作为人心必然表象之先天直观形式时开启，经黑格尔的精神世界、马克思的实践哲学与海德格尔的此在存在论得以深化。所以，境界发轫于人的劳作，故而本就是"人的境界"或"人间"。在"境界"的意义上思考"宇宙"和"世界"，它们必然不是科学技术意义上的"对象"或"存在者"的"集合"，而是指天地保藏"其中"的至广至大致久之"境界"，恰如庄子所谓"藏天下于天下"。

在此意义上，"人"生存"在天地境界之中"，它"参赞天地之化育"。从境界论看，人绝非主体之"我"，"人"在存在论上优先于"我"。"人，天地之性最贵者也"，古文大篆或籀文取象于"臂胫之形"，海德格尔也先把"人"视为存在性语词，是对天地最贵者的称谓——只不过这个"最贵"指"最优先地接近存在"。凡谈论境界者，必须先把"人"视为天地之一员来看，非如此不足以追问"人在天地之间"的境界问题。西方近代主体形而上学把"人"视为"我"，而"我"先是主体性、本质性或认识性语词，是对思想者自我意识之称谓，其结果就是人与自然、自由与必然的两撅，境界成了"领地"，丧失了互通有无的边缘性"道路"。黑格尔和马克思都明了这一点："人"与"我"断然有别。从人在大地上劳作看，境界既可"有我"也可"无我"，如王国维先生谈诗词之境界，"有我之境，以我观物，故物皆著我之色彩；无我之境，以物观物，故不知何者为我，何者为物"（《人间词话》卷上3）。但无论是"有我境界"还是"无我境界"，它们都揭示着"人在天地之间"（人间）。

故而，境界作为"之间"之"边缘域"，深层地揭示着"人在天地之间"的处境。境界是"存在性—思想境界"，它指引着"人生"足以泰然任之、道法自然的人间乐土。

2. 由此才能思及"哲学境界"

哲学境界是用哲学的方式思入境界，质言之，哲学境界无他，天地境界也。黑格尔视其为"绝对精神之全体大用"，后期海德格尔从"自然而然"、"艺术本源"、"大道无言"（其"默秘学"犹如庄子所谓"天籁"）角度视其为"本有"（Ereignis），"天地境界"在冯友兰先生《新原人》中又是"圣人境界"。哲学境界就是足以使人"自觉"境界作为之间"并"乐于""生存天地之间"的存在境界，在此之中，人与天地同体；如明道先生在《定性书》中所谓"心普万物而无心"、"情顺万事而无情"，这种"君子之学"力求实现天地境界，它也是"廓然而大公、物来而顺应"的本有之境。

天地境界作为哲学境界把境界的"之间性"、"边缘性"、"人在天地之间"的境域性发挥到了极致。严格讲来，冯友兰先生的自然—功利—道德三境界还只是哲学境界的前阶，它们都可归入境界哲学或世界观哲学，但非哲学境界——道德境界若在道家意义上看即哲学境界。哲学境界是一切境界的典范，是人类精神的终极归宿——如黑格尔的绝对精神、海德格尔"最后之神"的降临之人间境、马克思的"共产主义"等。哲学境界表征的是人的身心体征天地造化的至美至真至善境界，它不是虚无缥缈的"梦想"，而是人不如此不足以成为人和"做"人，人不在哲学境界中就容易置自身于"非人"的境地。

"境界"内在地要求哲学境界可以同时具有"无我之境界"和"有我之境界"、可以同时是"形而上之境界"和"形而下之境界",用中国哲学的话说就是"合内外、同天人",即内在超越,如孔子"下学而上达"、老子"学道益损"之教。哲学境界中的人生人间就意味着民生民间、先天后天,套用庄子言,"哲学之境(人间造化),以道观万物,故天地人同体共生"。哲学境界不以有我无我为足,从境界的边缘化角度看,哲学境界恰恰需要有无互为表里和涵泳摩荡,有我与无我在"以道观"时各得其时、各居其所,人在此哲学境界中也不思而得、不勉而中——即《中庸》所谓"诚"、老子所谓"德道"。

哲学境界在西方近代哲学中是以"自我超越"的方式表现出来的,但由于它立足于"普遍主体"而非"境界",所以哲学境界被以讹传讹地归结到"我对天地的征服"——主体之人被绝对化或神化("上帝之死"),主体及其自我意识成为了哲学境界的根据,"我们共同杀死了上帝"(尼采语),"人"被抽象为"我",而"我"肆无忌惮、不知畏惧,孔子所谓"畏天命、畏大人、畏圣人之言"荡然无存矣。在自我超越意义上的"劳作"使人成为"劳动者",并随时陷入被自己的制作产品所挟持的"异化"境地,"劳作"成了"妄为","人"成了"非人"(不仁),对此,马克思的批判最为尖锐有力。从境界角度讲,人的劳作绝非唯我是从地裁割天地,构建科技认知"座架"(海德格尔语)并使自身成为异化僵死的"骷髅"(黑格尔语),而应是在大地之境中感验天道的时机自然。在大地中劳作的人时刻感受天道流行,在中国传统的农业社会中,二十四节气下的劳作时日滋长着文化节日,"天何言哉,四时行焉,百物生焉"。工业化浪潮使此哲学境界不断消弭,由于其缺失的严重性,当今哲学对哲学境界的关注也越加急迫,海德格尔要求"人生"之"决断","在决断的光亮与道路上……基于进入 Seyn 至大寂静的'此一在'之抑制状态,实现对'本有'真理的守护之使命"(《哲学论稿》45 节)。真实的人生必须做出"决断"(中国讲"立志"),而这个决断的"基础"就在于从"此"之"在"的境界化中自然而然地敞开自身,人由此置身于天地境界中,"为天地立心"并持守着"天道"真理。

哲学境界作为"天地境界"因此是"成人葆真之境界",所以是"天人境界"。在此意义上才有"天命之谓性"(《中庸》)、"尽心知性则知天"(《孟子·尽心上》),才有庄子所谓"天地与我并生、万物与我为一"(《庄子·大宗师》)。哲学境界因此是艺术化的人间境界,并同时包含着神性的超越维度——黑格尔在"绝对精神"中给予的精神境界其实也是结合"艺术的创造性直观"和"神性的显现"(manifestieren)为一体的哲学境界。

二

哲学境界作为生命智慧故而是天人一体之学;它作为思想是一种特殊的存在性的境界之思;它要求思想时时处处持守"天地之间"的实际化境域。

1. 哲学境界中的思维方式不是静观性的、抽象性的"反思",而是在实际情境中与时偕行、随境迁移的"时中"之思。这种类似现象学的思维方式有人称为"热思"(张祥龙语),以与冷静的反思相对峙;它不设定某种至高无上的思想实体,而是力求在思行一体之境域中成就快乐祥和的人生状态,其思想内容是变动的,其思想形式是情境化的。西方哲学素来作为"理论"的面目和人照面,这一点直到马克思视之为"实践"之后才有所改观。哲学探求真实人生、塑造完满人间,刨去作为"著作"的哲学思想的"书写"不论,它的目的毕竟是为了生命之筹划。在此意义上,哲学境界中的"思想"也就是"思想境界",因为"境"本就是人用心识得的存—在[①]。这种思是当下即是、"自身证成"的(黑格尔语)。

哲学境界要求其思想需要摆脱"知性范畴"的思维方式。这在黑格尔那里表现为对传统哲学范畴的改造活动,并提升到"概念"层面。概念严格说来都是"情境化"的语词,它指引出哲学境界的层次,人在概

[①] 海德格尔在《什么是思想》中说:"(科学思维中)出现了某种令人不安的东西。在各类科学中向来不可回避的东西,如自然、人类、历史、语言,它们作为不可回避之物……却成了不可接近的了","科学不曾思想"。(《演讲与论文集》,第61页)"沉思(sinan/sinnen)意味着比对某物的单纯意识更多的东西……它更丰富,是对值得追问的东西的泰然任之(Galassenheit)"(同上书,第64页)。这种思想其实就是"境界之思";境界恰恰是日用而不知的东西,作为思想,它是庄子所谓"人相忘于道术"的"道术"。

念之思中就成就着自身或给自身的存在给予着"证明"。"这种哲学概念就思维着自身的理念……它是那种在具体内容中即是在其现实性中得到证明的普遍性"(《哲学全书》574)。孔子教人成"仁",同样都是在具体内容(情境)中实践仁,仁不是实体性的东西,有着情境化的运思处境,这种特殊的思想活动"即永恒的自在自为地存在着的理念,永恒地作为绝对精神实现着自己、产生着自己并享受着自己"(同上577),这才是孔子所谓的"为己之学","我欲仁,斯仁至矣",或孟子所说的"外物皆备于我,反身而诚,乐莫大焉"(《孟子·尽心上》)。

哲学境界的特殊思维方式是"成人之教",和西方传统哲学力求概念的明晰、完备、严格、必然推理等思想方式形成鲜明对比,它先天地拒斥"逻辑中心主义"。境界之思要求"尽心";黑格尔曾把"心"视为"精灵"(Geist,精神),并率先详细思考了心的各种现象,考察心识(意识)的各种经验方式成为西方人"尽心"的主要渠道。作为"境界"之思,为己之学的尽心方式杜绝单纯的沉思默想;在此意义上,"思想思想"的反思方式就进展到"在思想中行、在行中思考"的境界之思,它要求在劳作践行中入境、化境。境界之思使"人成为人",其思想不是外在于人的法则或律令,而是须臾不离于境界的热心思虑和亲仁万物。

2. 哲学境界是极自然而又极困难的"事业"。说它"自然",犹如庄子所谓"(鱼)相忘于江湖"一般,哲学境界作为人生天然之境域,"人相忘于道术";说它"困难",恰恰因为其自然而然所以为人所不察,人心旁骛于非自然的东西而不自拔,"终身役役"而"茶然疲役"。哲学境界的这等难易之吊诡恰如黑格尔所谓"逻辑",逻辑作为人心思维之机制,日用而不察,刚想对其有所反思,却又陷入知性之偏执。"如何实现哲学境界"在中国讲得最多,即"修养论"、"工夫论";修养工夫要求思行一体、知行合一,用熊十力先生的话说即"体用一源"。基本途径略分两条:渐进式和顿悟式,前者如朱熹"格物致知"之教,今日格一物、明日格一物,及其豁然贯通,哲学境界就实现出来了,后者推崇"当下即是"之教,一旦知"道"则可一通百通,如王阳明和禅宗。在中西哲学史上,两者并行不悖、殊途而同归。哲学境界是人心不断敞开("大其心")的过程,时刻拓展人类精神世界的深度。人在日用常行中创造哲学境界,也在体验哲学境界中修养身心,并与天地万物打成一片。哲学境界的实现不是仅仅理论性言说可以做到的，它被时间之幕包裹着，需要人的长期修行和践履。思行一体得益于哲学境界的"境由心生"、"境中化物"和"心—理同构"的内在机制，"思"思得"道—理"、"情—理"、"意／义—理"，"行"行得"通情达理"、"礼尚往来"、"天经地义"。

A："境由心生"。儒学中常以"人心惟危，道心惟微，惟精惟一，允执厥中"为秘传心法，目的是使人心在精一之中达及天道，实现不勉而中的诚实之境，如孔颜授受中的克己复礼和下学上达；境由心生，哲学境界的生成对人心有更精更深的要求。西方最典型的就是黑格尔哲学，它给出了"世界的逻辑结构"，不同的"世界"在境由心生的意义上敞开出来，哲学境界在"世界精神"的"精神世界"中得以实现。哲学境界虽然要求人心的精、一、中、极，但其起始处却需要"切身体验"，这是孔子"亲亲"之教的关键。西方自苏格拉底以降，也要人反求诸己，从身心切要处下功夫，反对驰心于外物。古圣先贤自古以来教人都从"心"上起念用力，如黑格尔《精神现象学》是西方"心学史纲"，徐复观要"心通九境"等。心生之"境"不是为了满足一己私欲，其"境相"也不是单纯的经验性观念（如西方经验论）。《荀子·非相》中说"圣人者，以己度者也（即孔子所谓'古之学者为己'之'己'），故以人度人，以情度情，以类度类，以说度功，以道观尽，古今一度也"。这种"境相"意味着人生之"真实"（陆杰荣语），以区别于逻辑中心主义下的"共相"；黑格尔曾试图用思辨逻辑的方法给出这种"真实之境"并"以道（即自在自为之精神）观万物"，使"心—灵"（Geist）生出哲学境界，甚至同样坚信：人遵循精神自在自为的"道路"可以"达及天地"，实现满街皆为圣人（圣子）的自由境界，所以其哲学境界蕴涵着思辨神学。

B："境中化物"。哲学境界作为人心劳作和精神跃迁，更需由此心神和顺当下之事物，这种对待方式被黑格尔称为"和解"，它既是向哲学境界的复归（"观复"）、也是使当下之境向哲学境界的指向（"在道—路上"）。这个过程就是"境中化物"，"何为物"的答案在境界论中即"境中所化者"，相对"境由心生"回答"何为心"即"境中能化者"。"境由心生"间接地表明王阳明《传习录》中"心外无物"的"物"不在人心外，日常所谓"待人接物"的"接物"即"化物"，《大学》"格物致知"之"格"无论是训为"至"（朱熹）还是"正"（王阳明），其目的都是为了实现哲学境界中的"化物"。"境中化物"的"物化"本是庄子"齐物"用语,但恰当地表明了哲学境界的和解性。"庄周梦蝶、蝶梦庄周"的人生境界中心—物不二谓之物化,是人心接物的方式,黑格尔曾称之为主观精神与客观精神的精神自在自为同一性。西方自近代认识论以来,多以主—客二分为宗、心境与物境两撅为准,哲学境界始坠入境界哲学或世界观哲学。中国没有自然科学,概因其哲学境界始终坚持心物不二,客观对待之知识心不彰,"心即宇宙"(象山语)之道德心境即著。"物化"即"人心化物",马克思称"人化自然",这个"化"不是科学化,万物皆为我所"用",按照中国五行观看,万物各有所本,唯有人备俱五行,所以人要生存需要采万物以备己用。但这个"用"不离"体",人化自然绝非人"制裁"、"裁割"、"掠夺"自然,在此意义上,哲学境界在人生物化(心物不二)的境域里依然以"三才之道"(《易经》)为本,颇合当代生态哲学者。

C:"心—理之境"。"心普万物而无心、情顺万物而无情",这种有无成变的哲学境界即"廓然而大公、物来而顺应"(《定性书》),心神与事物的一体化就是"心统众理"的心—理之境了。这是哲学境界的思想之结晶。哲学境界在心物统一的基础上才有"真实"的"道—理",此道理彰显为"心—理之境"。熊十力先生在《新唯识论》境论中"明心篇"称为"哲学的心理学"[①]。身心与万物相对待而有心境理境,若王阳明所谓"心即理"。中国之"理"不是逻辑概念之理,而是"道"、"情"、"心"、"礼"的"理"(礼者理也),"理"不外于心—情—意,哲学境界故而是心境、情境和意境,三者不相分。在西方,黑格尔以思辨逻辑的方法把"艺术—宗教—哲学"的知情意统一的心—理之境称作"绝对精神"、"世界精神"。哲学创化着人间精神的"世界",营造着人心泰然栖居其中的心理境界,在此境界中"冲漠无朕、万象森然"(程颐语),它作为"洁净空阔的世界"(朱熹语)让人通情达理。心—理之境是人异于禽兽的关键处,它使人生时刻"思""入""道""境"成为可能,冯友

[①] "哲学的新理学,其进修以默识法为主,亦辅之以思维术。默识法者,反求吾内部生活中,而体认夫炯然恒有主在,恻然时有感来。有感而有所系,有主而不可违,此非吾所固有之仁心欤?识得此心,非可曰只守之而勿失也,要在事物上磨炼。随事随物,知明处当,以扩充吾之仁,是乃孔门教仁之学。"熊十力《新唯识论·境论·明心篇·通义》

兰先生称此为"人生之觉解","觉解"至于中和天道则为天地境界或哲学境界。心—理境界是即内即外（内在超越性）的"全体之知"，哲学境界作为成己成物的合内外之思想"无内无外"，黑格尔称之为"绝/无对之全体"，王阳明称之为"一节之知即全体之知，全体之知即一节之知：总是一个全体"（《传习录》下）。即内在即超越在黑格尔那里表现为"圆圈式教养"，在《大学》"八条目"（格物—致知—诚意—正心—修身—齐家—治国—平天下）中表现为"有机统一体"。

3. 哲学境界的全面实现就是"人—间"（民生/间）。哲学境界反对极端的原子个人主义，同样反对极端的群体主义，因为这里的"人"本就是"大人"，这里的人间本就是民间，所以中国"人民"相连，推行"王道"——"王，天下所归往也。董仲舒曰：古之造文者，三画而连其中谓之王，三者天地人也，而参通之者王也。孔子曰：一贯三为王"（《说文》）。从哲学境界角度看，人生在天地自然之间成就人的第一自然，生在祖宗伦常之社会之中成就人的第二自然，黑格尔也是在这个意义上衍生出他的"精神哲学"。"境由心生"的境是"人—间"之境，"境中之物化"的物是"人—物"（他人），"心—理之境"是"道（德）—理"和"伦—理"之境。由于心物不二，所以人—人不分，这种不分率先寄托于"血缘亲情"，血缘从"家"开始即"你中有我、我中有你"，所以"人间"重在认祖归宗、饮水思源。这是建立于哲学境界下的"人间世"或"民族国家之人群之生"。

按高清海先生对马克思哲学的理解，"人"本就是"类的存在者"。黑格尔的"时代精神"，中国的"文化生命"、族群生命延续的"道统"等概莫能外。在中国，"我"、"吾"、"予"、"己"之外的他人就径直称为"人"，而自身也是"人"；黑格尔分析"我"得益于自我意识的"双重性"，而"人"即"双重性"的境界化表现，它既指单个人自身也指他人，换句话说，一切对"人"的思考都是即我即他人、即内即外、即个体即族类。哲学境界即是个人之精神境界也是民族之全体境界，整个国家建制也须一以贯之而无有割裂。中国自古以来没有甚至不需要立足于"我"之上的"认识论革命"，它并不是无认识论检验的无效本体论，而本就是超越于各种"论"、"主义"之上的"境界论"。

哲学境界提供出绝对精神在场化的"居所"，它在艺术和宗教性的完满之后真实实现出来，它不是歌德所谓的僵死之理智，而是活泛之生命本身。哲学境界的实现就是"懂得生活"，孔子所以"罕言"性与天道旨在"知生"（未知生焉知死），哲学境界即"人间"，其实现之途即"人生"。

三

哲学境界作为形而上下须臾不相离之境界，指示出了存在的本真境、"真现实"境（太虚大师《真现实论》中语）、"天人之境"（冯友兰语）或"有无之境"（陈来语）。无论是 Sein、道、真现实、有无，哲学境界是"人"得天地之性、立天地之心、并在有无古今中开显理想化境域的深层筹划。境界性宇宙（四方上下曰宇、往来古今曰宙）恰如现象学的 Horizon（场域），它使哲思放置入"在……之中"的"之间"的"罅隙"（RiB）并求得"时中"（《中庸》），"中"不仅是不勉而中，不思而得，更指人从心所欲地融入道境之中。但何种道说方式能够"切中"哲学境界呢？

1. 哲学境界与语言。哲学境界固然可以深入到践行、艺术、诗歌、历史诸方面，但它作为哲学思想需要"知言"，并力求其言语（"思""辨"）能文以载道，哲学家也在立德立功之后"立言"以持守道统。语言虽在西方哲学中日益占据重要地位，但在中国哲学中，语言在触及"境界"时往往会"罕言"、"谨言"、"忘言"甚至"无言"。如老子"道法自然"而"行不言之教"（《老子》二章），孔子"予欲无言"（《论语·阳货》）而推崇"默而知之"（《论语·述而》），因为哲学境界作为天地境界是要求人在践履中体悟天道，"天机"是不可"泄露"的。"天何言哉！四时行焉，百物生焉。天何言哉！"表明人对天地的谦卑与敬畏，所以试图用"人的"语言道说天地境界是莽撞而自大的，就如《圣经·创世纪》的"巴比塔"。

但人们总是尝试着言说哲学境界，既然"人的语言"无力于哲学境界的道说，所以很多哲学家用"天籁"等"天地的言说"（即"道说"）彰显哲学境界。如海德格尔曾说"无言之教"才是真实的"言说"（Sagen）或"道说"，"此中有真意，欲辨已忘言"。也有用人的语言表达哲学境界的，如语言的思辨内涵在黑格尔哲学中就表现为"与'与'（mit

作斗争"，目的在于通过人类语言的"概念论"凝练并打通知性思维的壁垒，而海德格尔哲学则直接从"语言自行言说"的现象学境域中追溯"语言的语言"（诗），这都是一种言说哲学境界的思之努力。

冯友兰先生对哲学境界进行了"思辨"，并分出"知天、事天、乐天、同天"四层次①，同天就是与天地同体，儒家称作"仁"、"诚"。若用"语言"向人们揭示哲学境界，"同天境界，却是不可了解的。佛家的最高境界，是证真如的境界……真如是非有相，非无相，非非有相，非非无相，是不可思议的……所谓'言语路绝，心行道断'"②。同天境界因此是神秘主义的，它似乎不可思议、不可言说，而哲学境界也似乎成了"言外之境"了。但事实上，恰恰是这种"不可言说之言说"指引出哲学境界的"疆域"，此种"不言""忘言"之教透视着"直觉"、"体验"的境界论之漩涡。冯友兰从新理学角度提醒人们，哲学境界虽然"不可言说"，但必须率先说尽一切可言说者才能知道不可言说之境界——这一点康德在《纯粹理性批判》中早早涉及到了，只不过此"语言"是"范畴逻辑"（逻辑作为 logos 即言说），而说尽了范畴逻辑可说的现象界（知识领地），那么本体界（道德领域）就"显现"出来了。后来牟宗三由此阐发"良知坎陷"之大义，其实和"语言的界限"（世界—境界的界限）密切相关。但对哲学境界的言说，并不需要说尽一切之后显现不可说之境界，因为它有着不同于形式逻辑（可符号化）及范畴逻辑（内容逻辑或事质逻辑）的另一种道说方式。

凡所谓"无声之声"、"不言之言"都是典型的哲学境界语言，如《老子》"道可道，非常道（也）；名可名，非常名（也）"是论道境；又

---

① 在《新原人》中，冯友兰先生把哲学境界称作"天地境界"或"圣人境界"，而"天"他理解为"宇宙或大全"。天地境界的人首先是"知天"，人把自己看作天地宇宙之一员即"天民"，"只有知天的人，对于他与宇宙的关系及其对宇宙的责任，有充分的觉解"（《三松堂全集》四卷，第565页）；天民根据天地宇宙而居有其位，得其"天爵"，他不仅尽人伦，更要尽天伦，即所谓"事天"，如"赞天地之化育"，人在事天之中不仅"穷人之理、尽人之性"，"在天地境界中的人事天赞化，则是所以穷世界之理、尽世界之性"（同上书，第567页）；人在事天中体验到天地一体之仁，于事事物物中"观其自得意"便胸次悠悠"乐天"；而"同天"就是知天—事天—乐天的最高造诣，"在天地境界中的人……不但觉解其为大全之一部分，而且自同于大全。如庄子说'天地者，万物之所一也'"（同上书，第569页）。

② 《三松堂全集》四卷，第571页。

如明道先生"心普万物而无心"、"情顺万事而无情"是论仁境。"故知止其所不知,至矣。孰知不言之辩,不道之道?若有能知,此之谓天府"(《庄子·齐物》)。这种言说方式,按照郭象的说法,称其为"双谴道说法"。

2. 哲学境界的双谴道说法。但凡著书立文以阐明哲学境界的,都是人的语言,"天籁"也是用人的话语类比天地之音。人用语言去阐释它,无外乎三种基本方式:①"直接言说":它是正面地言说哲学境界,多被视为"正的方法"或"积极的、肯定的方法"(positive method),它试图直接揭示出哲学境界的特征与内容。②"间接言说"是反面地言说哲学境界,多被视为"负的方法"或"消极的、否定的方法"(negative method),它表现出了对直接地揭示哲学境界的不信任,转而间接烘托出哲学境界。正负方法曾被冯友兰先生视为哲学的两种方法,早在黑格尔与谢林时就以构建"positive philosophy"(肯定哲学)为己任,其目的就是从正面言说高深的哲学思想。整体而言,黑格尔以思辨逻辑的方法给出了这种肯定—否定双重哲学视域的整体建构(自然哲学—精神哲学),这种方法俗称为"辩证法",但它不失为哲学境界的一种"logos"言说方式。③凡能结合正负两种方法于一体的言说方式即双谴道说法,思辨逻辑是其逻辑化的表现。它也有其非—逻辑样态,如中国传统哲学中凡所谓哲学境界的道说都是非逻辑的,西方海德格尔的哲学境界道说方式也是非逻辑的(默秘学),但都是双谴道说法。只不过逻辑化的更侧重直接言说,非逻辑化的更侧重间接言说,作为双谴道说法则一。

"双谴"是郭象对《庄子·齐物论》中"今且有言于此,不知其与是类乎?其与是不类乎?类与不类,相与为类,则与彼无以异矣"这句话的诠释,即"谴之又谴以至于无谴,然后无谴无不谴,而是非自去矣"(《庄子注》)。谴之又谴消弭一切是非,并实现"相与为类"的通融无碍的至思境界,黑格尔"正—反—合"的圆圈式教养给出一种双谴之"境域",所以他常说"概念"本身就负载"时空"在内,概念作为境界性概念故而先天是"对成性",是三位一体的。"合体"是谴之又谴(否定之否定)的生成之境域,恰如孔子"执其两端而扣焉",哲学境界作为"之间"性思想,必然是既是又不是、既不是又是、既不是而不是,又既是又是的。禅宗常有"见山是山、见山不是山、见山还是山"等禅语,都是通过双谴道说法把直觉、体验的要素突出出来——因为语言在逻辑中心主义中容易遮蔽直觉因素——在哲学境界中，言说以双谴方法给出天地境界或道境，所以是对"道"之"言说"或道说。

双谴道说法时刻体现着"语言的界限"，所以也时刻把捉着哲学境界。它在有无成变中既"建构"（construction）又"解构"（disconstruction）。这种言说方法不仅使人"知言"（"言，直言曰言"），更要求人有极高的直觉能力，不然直接给外人谈论哲学境界就会陷入迷乱，如辩证法曾沦为"变戏法"。孔子"罕言性与天道"不是他不能而是不愿，所以退而求其次更多地讲"直言"、"讷言"，反对"巧言"。双谴道说法需要思想者有极高的思辨能力，但其目的其实却很简单：即让人通过此言说复归"本有"之"天道自然"。

3. 哲学境界与诗教。用双谴道说去辨名缕析"哲学境界"需要极强的思辨能力，这一点黑格尔很看重；另一种通过语言道说哲学境界的方式是"诗"，这一点海德格尔很看重。在哲学境界作为"之间"力求实现"真实人生"的意义上，前者属于渐进派，后者属于顿悟派，黑—海之差别犹如程朱—陆王之差别，但其目的都是为了实现"真现实"的哲学境界。老庄哲学的境界性很强，其书写方式都是"诗"性的，西方传统哲学的残篇多为诗教。"道隐于小成，言隐于荣华"（《庄子·齐物论》），这种"诗"的语言在哲学境界意义上就是存在的"家"（海德格尔），它提示出人类真实的"精神家园"。这种真实被孔子视为"思无邪"，而"诗"不仅反映着"民意"、"民风"（民族性哲学境界），而且正民心、诚民意。哲学境界不仅在诗教中得到言说，而且这种言说本身也成就着哲学境界。孔子说"诗可以兴，可以观，可以群，可以怨。迩之事父，远之事君，多识鸟兽草木之名"（《论语·阳货》）；从哲学境界角度讲，"不学诗，无以言"（《论语·季氏》）就指诗是言说哲学境界的一种方式，它使人"温柔敦厚"。

统而言之，哲学境界作为"之间"化之思—行境域，使人生在时空之中成就真实生命，这种生命在实践与精神的劳作中完满和丰沛，作为哲学之"思想"，它又要求特殊的道说方式。哲学境界及其道说方式作为成人之"事业"日益成为时代精神的使命与"思之任务"。

西方哲人眼中的"现实"

贺长余[*]

西方最早论说"现实"的哲学家,可溯至亚里士多德。他用两个不同的希腊词"εαεργεια"(埃奈季亚)和"εντελεχεια"(隐得来希)来表达"现实"。前者译为"正在动作",后者译为"实现目的"。依照亚里士多德的论述,"现实"具体含义有两层:一是实实在在的质料即潜在的"现实";二是赋予质料以形式、目的,使之成为"现实"的活动。例如形象各异的蜡块,蜡质本身便是可触摸的实在质料,具体形象则需要通过操作将形式赋予质料即成。这种关于"现实"的双重理解,开启了后世哲人探考"现实"的睿智历程。

一 感知的"现实"

传统本体论哲学和神学,远离彼岸,徒具形式的架构,不仅使人们对其独断的结论产生质疑,更是让其失掉了真理的资格。近代哲人开始扬弃与传统相关的原则和态度,将视角转向"自我"以及与"自我"相关的认知。近代哲人提出的任务和口号即探求"真理"。

以笛卡儿为代表的哲学家认为,"真理"乃是先天存在于人们头脑中的理智观念,是天赋的。为了获得真实可靠的"真理",笛卡儿首先对一切对象进行普遍怀疑,最终得出一条坚实原则:"我思"是确凿无疑的存在。由此原则推引出,凡属真实的存在,必须在"我思"中得到清晰确切的认知,"我思"是先天的,"真理"也是先天的。

---

[*] 贺长余,中共辽宁省委党校哲学教研部。

以洛克为代表的哲学家则认为,"真理"乃是人们后天经验总结所形成的实在观念。人们从个别知觉中抽象出普遍经验共相,也就是说,个别知觉是第一位的,经验共相是后起的,"真理"也是后天形成的,这种"真理"才称之为"现实"的"真理",才是真实。

于是,"现实"成了与"理智"相对立的概念。在洛克看来,"现实"只不过是些可感知的,简单或复杂的经验,是些如亚里士多德所论及的可观感的实际存在。这种实际存在不同于冥想玄思的构造,即便是严谨的逻辑推演,也要以此为前提。法国哲人拉美特里和爱尔维修,承继洛克上述论点,曾明确指出,抽象的思想,只不过是关于对象的知觉的应用,是感觉的变相。一切观念包括道德在内,只有被理解为感觉和物质性的时候,才有意义,才能够成为"现实"。

英国哲人贝克莱,更加彻底地提出:"存在即被感知",认为所有被人们理解和称为"现实"存在着的东西,其实都是被人们所感知的东西。这些可感知的东西,或者是从外部感官印象发生的,或者是从内心的知觉活动产生的,再或者是借助于记忆和想象把前两种观念分离改组所构成。各种各样的感觉结合起来,就是我们所说的"现实"对象。

可见,贝克莱与洛克、拉美特里、爱尔维修一样,从感知层面出发,将"现实"归结为可摸得到、看得见的经验存在。但这种理解并不尽人意。另一位经验派代表休谟提出了他的疑虑:既然整个现实世界都是我们所感知的经验世界,都是一些感觉的复合,那么在我们感知之外的世界是否现实存在着?若现实世界无法脱离感知而存在,那么真理何求?我们可否完全信赖变化莫测的感知抑或屈服于远离真实的震慑?

二 先验的"现实"

居住于哥尼斯堡的哲人康德,听闻休谟的疑虑,立即从之前的独断论迷梦中惊醒。在折服于休谟锐利慧眼的同时,更加担忧于形而上学岌岌可危的处境。休谟的怀疑足可将之前的形而上学瞬间摧垮。为了挽救形而上学,开辟科学形而上学道路,康德创立先验哲学,赋予"现实"先验内涵。

康德认为形而上学之所以陷于困境,源于人类没有真正做到理性的批判和反思。向来人们都以为，认识必须依照经验，通过概念、范畴后天的构成，获取知识。此路已证明难以行得通。不妨试试，反向行之，能否奏效？人们的认识能力、形式、手段是先于经验而存在，认识与经验之间具有先验固有的关联，经验必须要完全符合人们的认识。这一哲学史上的"哥白尼革命"，使人成为自然的立法者，成为"真理"的立法者，成为"现实"的立法者。

康德认为，人的认识能力分为感性、知性、理性三种。感性所认知的是"物自体"刺激感官形成的印象。这些印象是"被给予"的杂乱粗糙的材料。此类材料经过先天感性形式——空间和时间的排列整合之后，成为规整的表象。但表象并非知识，它需要进行再一次的加工，需要先验运作，才能够形成具有稳定性的知识。

在深入探究人的知性机能形成知识的过程中，康德将一般的判断内容抽离掉，结果抽演出四个纲目，共十二个先验范畴。"现实"只是第四个纲目即模态判断中的一个范畴。模态判断，顾名思义，只对判断的状态进行描述，不参与判断的内容。其包括三种形式："或然判断是我们把肯定或者否定都作为可能的（随意的）来接受的判断。实然判断是当肯定或者否定被看做是现实的（真实的）时的判断。在必然判断中我们把他们视为必然的。"① 按照康德的解释，或然性命题就是"表达出逻辑的可能性（而不是客观的可能性）。"实然命题说的是"逻辑上的现实或真理。例如在一个假言的理性推论中，前件在大前提中出现为或然的，在小前提中出现为实然的。而且表明这个命题已经按照知性的规律而与知性结合着了。"必然命题则是"把实然命题思考为由这些知性规律本身所规定的，因而是先天断定的，并以这种方式表达逻辑的必然性。"② 具体的说，或然判断则指符合逻辑规则，但毫无实在的判断。实然判断是指逻辑上成为可能，且具有现实内容的判断。必然判断则是逻辑上成为必然，且实际中也必然如此的判断。在这里，"现实"是人们认识机能进行实然判断时，所采用的一个先验范畴形式。它按照一般经验性思维的公设原理，即

---

① [德]伊曼努尔·康德：《纯粹理性批判》，邓晓芒译，杨祖陶校，人民出版社2004年版，第68、68、197页。

② 同上。

"凡是与经验的（感觉的）质料条件相关联的，就是现实的"[①] 与判断密切相涉。

此时，"现实"不再如同近代哲人所理解的那样，仅仅是感知层面的后天经验存在。"现实"有了超越感知之上的先验内涵，有了鲜明提升。这不仅要归功于哲人艰辛的努力和探求，也要归功于理性觉醒的勇敢与魄力。"现实"与此前相比虽有超越，可仍然没有摆脱与经验世界相关联的命运，只是关联的方式由后天转为先天，由被动转为主动。主动的关照、拿捏经验世界，形成"先验"知识，而关于对象本身的追问，却只能静默于幽深的"物自体"界。

三 思辨的"现实"

先验哲学仍旧无法通达事物本身。德国另一位哲人黑格尔认为，古老且顽固的知性思维，是康德哲学陷于险境的根本因由。知性思维喜好确切明晰的规定，擅长划定界限。其实，康德一开始就已经清晰划定可知可经验的"现象"界与不可知的"物自体"界，并指出真理只能存在于"现象"界，人类一旦越界探求，便会产生悖谬。黑格尔无法信服康德先验哲学的论断，若真理只是关于"现象"的真理，真理还将称之为真理吗？

显然，知性思维难以洞悉真理，黑格尔果断地采用历史思维，来审视和认知世界。黑格尔认为，传统的知性思维往往将世界二分为意识世界和对象世界，妄图创造两个实体世界。但实际上，这两个实体都只是"绝对精神"或"神"这一实体的两种不同属性，是"绝对精神"或"神"这一实体在精神的历史中，通过思辨的方式，展开自身的两种不同样态而已，二者表面上二分，实则一体。黑格尔所理解的"现实"，也是绝对实体在精神历史中展现自身的一个阶段，是思辨的"现实"。

知性思维开始于规定与界限，又终于此。历史思维与之不同，它起始便要求具有一种历史的态度，一种海纳百川的心胸，其后是知性思维的缜密与耐心，终了于若网在纲，有条不紊的敦实与气派。黑格尔通过精神历

[①] ［德］伊曼努尔·康德：《纯粹理性批判》，邓晓芒译，杨祖陶校，人民出版社 2004 年版，第 68、68、197 页。

史的演绎,讲述了"现实"思辨内涵。

黑格尔同样借用前人的逻辑范畴,指出精神在形成"现实"的最初阶段,称之为"可能性"。"可能性"很抽象、很大气,"是一种自身反映,它被规定为与现实事物的具体统一性相反的,抽象的非本质的本质性。"① 面对着这一"单纯抽象的可能性",便可说,一切都是可能的;抽象思想可以给予这种同一性形式以任何内容。也可说,"一切事物都同样是不可能的。"② 因为,当我们提及一切都是"可能的",同时也意味着一切有可能"不可能"。可见,"可能性"包含"不可能性"。当"可能性"渐次展开时,"不可能性"也一并展开。此刻,二者有了明显的差异和区分。展开了的"可能性"成为了具有内在规定性的"必然性",展开了的"不可能性"却成为与"必然性"相差甚远的,"存在的根据不在自己本身而在他物"的外在"偶然性"。(依附它物为根据,自身无真理可言;依附它物而存在,自身无伦理可言;因而,包括实践科学在内的一切科学,极力批驳"偶然性"。)"必然性"与"偶然性"虽相差甚远,可毕竟出生于同一"母体",差距越大,相互越加需要彼此,于是二者相互关联,"偶然性"成了"必然性"的条件,"必然性"成为"偶然性"的实质,相互关联的结果产生了"新兴的现实。""新兴的现实"并非真正的"现实",它还很盲目、懵懂,依附于外在力量,没有自身明确的目的指向。若它有了自我冲动,燃烧理性激情,设定本身目的,"新兴的现实"便生成为真正的"现实"。在此意义上,"凡是合乎理性的东西都是现实的,凡是现实的东西都是合乎理性的"命题才得以成立。当细致考察黑格尔所谓的目的时,却发现其所指为"神意"或"天意"。"现实"最终在"神"的绝对意旨中成就自身。

所以说,黑格尔虽从历史思维的角度,超越康德知性态度,但仍无法摆脱西方哲学抽象性、思辨性、神秘性困扰。关于"现实"的理解,在逻辑层次上更加深入、更加思辨,却真正远离活生生的"现实"关照。

---

① [德] 黑格尔:《小逻辑》,贺麟译,商务印书馆1980年版,第297、298页。
② [德] 黑格尔:《小逻辑》,贺麟译,商务印书馆1980年版,第297、298页。

四 实践的"现实"

黑格尔的历史思维赋予"现实"极大的活力,"现实"不再是死气沉沉的范畴,"现实"能够运动,具有目的。这与亚里士多德关于现实的第二层释义相近。可思辨的"现实",再如何运动,也只是"精神"的附属,不同于实在。从朴素唯物主义角度出发,费尔巴哈指出,黑格尔所确立的"现实",仅是宗教神学中的抽象"现实",是将理智概念强加自然界、人类社会之上,与真正的"现实"相背离。真正的"现实"是自然的"现实",没有任何存在可以脱离客观实在的自然界。

马克思非常认同费尔巴哈关于黑格尔思辨哲学的评价,同时一并指出,费尔巴哈关于"现实"的理解也存在问题,一方面,仅仅局限于对"现实"的单纯直观;另一方面,仅仅局限于单纯感觉。《费尔巴哈提纲》第一条指出:"从前的一切唯物主义——包括费尔巴哈的唯物主义——的主要缺陷是:对事物、现实、感性,只是从客体的或者直观的形式去理解,而不是把他们当做人的感性活动,当作实践去理解,不是从主观方面去理解。所以,结果竟是这样,和唯物主义相反,唯心主义却发展了能动的方面,但只是抽象的发展了,因为唯心主义当然是不知道真正现实的、感性的活动本身。"①

马克思认为,此前哲人关于"现实"多有关注,一类是以近代哲人为代表的唯物论者,一类是以黑格尔为代表的唯心论者。前者只是从客体或直观的形式去理解"现实","现实"成为死板的"物";后者虽懂得从能动方面阐释"现实",展开"现实"历史内涵,但也只是抽象地展开。二者共同的缺陷在于,没有将"现实"理解为感性的活动,理解为实践。由此,马克思深刻地认识到,无论是感性直观还是抽象精神,都无法切中"现实"的实质,唯有从实践角度关照"现实",方可参透其中内涵。

在马克思看来,实践既包括:"人类生存的第一个前提,也就是一切历史的第一个前提,就是人们能够创造历史,必须能够生活。但是为了生

---

① 《马克思恩格斯选集》第 1 卷,人民出版社 1995 年版,第 54 页。

活，首先就需要吃喝住穿，以及其他一些东西。"① 又包括："满足需要"之后，"满足需要的活动和已经获得为满足需要而用的工具，又引起新的需要"，即满足新需要的历史活动。②

由此，实践的"现实"具有两层内涵：一是实在的物质条件，包括人类生活所必需的、直接的自然条件，以及"历史的每一阶段都遇到一定的物质结果，一定的生产力总和，人对自然以及个人之间历史的形成的关系，都遇到前一代传给后一代的大量生产力、资金和环境。"③；二是实践的历史活动，即人类为了实现超越性的自觉目的，在历史中显现以及确证自身的实践活动。前者是后者的前提，后者是前者的旨归。在这里，马克思承袭黑格尔历史思维的逻辑程式，认为"现实"的内涵不能局限于它的既成和当下，"现实"并非仅仅一成不变的实在，它通过人与自然、人与人间的对象主体化和主体对象化的实践活动，不断生成自身，不断由当下跃居非当下，止于自觉目的的实现。

所以，在马克思那里，"现实"不同于抽象观念，它具有扎实根基与实在内容，又不同于僵死的"物"，它能动地设定可实现的、超越自然的理想与目的。实践的"现实"，更好地丰富和弥合了亚里士多德关于"现实"，实在与活动的三方面内涵。

---

① 马克思：《德意志意识形态》节选本，人民出版社2003年版，第23、23页。
② 马克思：《德意志意识形态》节选本，人民出版社2003年版，第23、23页。
③ 《马克思恩格斯选集》第1卷，人民出版社1995年版，第95页。

论罗蒂的人性观及其实质

韩旭[*]

放眼历史，对"人性"的诠释古已有之。"人啊，你要认识自己！"这是古希腊德尔斐神庙门楣上的千古名言，也是哲学家们最喜欢的命题之一。古希腊哲学家苏格拉底更是时时把"认识你自己"挂在嘴边，休谟也曾说过，"任何学科不论似乎与人性离得多远，它们总是会通过这样或那样的途径回到人性。"几千年过去了，人认识了自己吗？人发现了人性的奥秘吗？追随于黑格尔、达尔文、尼采等人之后，理查德·罗蒂主张"否认有所谓'人性'或'自我的最深处'这种东西"[①]，主张放弃在人性问题上作哲学的探讨。哈贝马斯在纪念理查德·罗蒂的文章中赞誉道："几十年来，罗蒂始终以崭新的观点、崭新的洞见和崭新的表述直面包括其同行在内的普罗大众，就我所知，在当代哲人中，还无人能够与其比肩。"罗蒂哲学回归了人之维度，他把人类历史过程看作是一首冗长、膨胀、声音日益嘈杂的诗，一首逐渐使自己不可救药的诗。"人性的整个启示"将不是一系列命题，而是一系列词汇。那样的词汇将越来越丰富，而语汇越是丰富多变反而越好。他在探讨人性问题上提出了新的思路和视角。本文主要从人性向度对罗蒂的哲学思想进行解读。

一

罗蒂自称是"新实用主义者"，以复兴实用主义为己任，他把实用主

---

[*] 韩旭，辽宁大学哲学与公共管理学院。

[①] ［美］理查德·罗蒂：《偶然、反讽与团结》，徐文瑞译，商务印书馆2003年版，第3页。

义与后现代主义哲学相糅合，在欧美哲学界引起震动。泰勒①曾指出罗蒂总是能够以一种全新的、出人意料的视角来看待我们习以为常的事情。罗蒂的人性思想独具特色且发人深思。罗蒂的人性思想是建立在对"心灵之镜"哲学的批判基础上的。罗蒂认为，自柏拉图以来，西方哲学被"心灵是世界的镜子"的比喻引入歧途。以认识为中心的哲学传统通过笛卡儿和康德的工作达到顶峰。按照笛卡儿—康德模式，知识是对现实的真实描述，心灵可以正确无误地反映经验世界，哲学的基本任务是探讨心灵结构以及知识的可能性条件，解答主观如何与客观相适应等认识论问题，以建立其他科学都必须遵循的哲学方法论。罗蒂否认心灵是自然之镜，认为人们在语言行为中直接与自然打交道，认识不需要心灵为中介，也不需要关于心灵、自我的非历史性概念作为其基础和证明。② 罗蒂认为柏拉图明确提出的问题是：何以使人类独特？其他动物为何缺少人类之特性？我们所独有的东西为什么如此重要？人以什么样的自我形象出现时相对于这一独特性来说不失为正义？很显然，这些问题包含柏拉图对人性的思考。③ 罗蒂否认人类有一个共通的人性。他认为柏拉图尝试回答"为什么正义符合个人的利益？"，或当基督教宣称"人可以由服务他人而获得完美的自我实现"时，他们背后的企图都是希望公共和私人融为一体。为了以这类形上学或神学的角度，把完美的追求与社会整体感结合起来，他们要求我们承认人类有一个共通的人性。大写的共通人性，它一定具有超出当下经验的普遍、绝对、必然的特性，人们对于它的认识也就是对于一个经验世界之外的超验世界的把握。他们想尽办法让我们相信，对我们每一个个人而言，最重要的东西就是我们和其他人所拥有的共通人性。④ 他批评"柏拉图主义者、康德主义者和实证主义者共同具有的一个概念：人具有一个本质，即他必须去发现各种本质。把我们的主要任务看成是在

---

① 泰勒（Charles Taylor）是加拿大著名哲学家，麦吉尔大学的退休教授和西北大学的董事会法律和哲学教授。他对罗蒂的哲学思想持不同看法。
② 赵敦华：《现代西方哲学新编》，北京大学出版社2001年版，第217—221页。
③ 详见［美］理查德·罗蒂《分析的哲学与叙事的哲学》，《分析的哲学与叙事的哲学》是2004年7月罗蒂访问北京师范大学时所做的演讲。
④ ［美］理查德·罗蒂：《偶然、反讽与团结》，徐文瑞译，商务印书馆2003年版，第3页。

我们自身的镜式本质中准确地映现周围世界的观念,是德谟克利特和笛卡儿共同具有的如下观念的补充,这就是:宇宙是由极简单的、可明晰认知的事物构成的,而对于其本质的知识,则提供了可使一切话语的公度性得以成立的主要词汇"①。

罗蒂用"to become"代替"to be",体现了罗蒂对人性的反本质主义的哲学思考。他指出本质主义与反本质主义的两个差异。差异之一是柏拉图、亚里士多德和正统一神论对拟人的但非人类的权力都持有某种神秘感和惊奇感。从实用主义的观点来看,这种不可取的惊奇感不应该和存在着人类无法控制的某些事物的意识混淆起来。它也不应该和我们在面对人类想象力的鸿篇巨制时产生的那份敬畏感混淆起来,人类的想象力使事物焕然一新且充满惊奇。古希腊的惊奇感使我们意识到存在着像我们人类一样令人羡慕的某个事物,但是就单纯的智能而言,那个事物胜过了我们人类。实用主义的有限感要求我们仅仅意识到存在着我们当前情况不适用的某个计划,并希望就这一方面而言,未来将比现在更为出色。差异之二是本质主义认为人性是不可改变的。而实用主义认为人性是一个不受限制的观念。"古希腊人对我们的处境的描述假定,人性自身有一个内在的本质,即存在着一个不可改变的称作'人'的东西,它可以与宇宙中的其余事物进行对比。实用主义者抛弃了那个假定,并主张,人性是一个不受限制的观念。语词'人'命名了一个模糊的但有希望的计划,而不是命名了一个本质。所以,实用主义者把敬畏感和神秘感赋予人类的未来,而古希腊人曾经把它们给予了非人类的事物。它被改造成为这样一种感觉:虽然通过一个连续的叙事与我们相联系,但是,以各种仍然难以为我们能够料想得到的方式,未来的人性将胜过当前的人性。它与我们在面对想象力作品时产生的敬畏感相契合,并且它是我们在面对人类具有把其原本只能想象的事物变成现实的能力时产生的那种敬畏感,是我们在面对人类的自我创造能力时产生的那份敬畏感。"② 罗蒂的反本质主义的人性论是实用主义者的反本质主义的人性论。他说:"在那些同时也是实用主义者的

---

① [美]理查德·罗蒂:《哲学和自然之镜》,李幼蒸译,商务印书馆2004年版,第357页。

② [美]理查德·罗蒂:《后形而上学希望》,张国清译,上海译文出版社2009年版,第29—32页。

反本质主义者与那些不是实用主义者的反本质主义者之间的区别，也就是在以尼采和杜威为一方，而以海德格尔为另一方之间的对立：前者希望人类可以摆脱认为某种非人类的东西在观察着人类的观点的最后残余，而后者则希望人类可以重新把握这些观点。尼采和杜威，同海德格尔一样，不相信'上帝的观点'的观念，不相信'世界本身的存在方式'的观念。但同海德格尔不同的是，尼采和杜威想让人占有以前由上帝或实在的本性占有的位置。他们希望有一种人类中心的人本主义的语言观、思想观和文化观。"①

罗蒂认为萨特说人没有固定不变的本质是正确的，但萨特不应当由此进一步说，人的本质，就在于没有本质。② 萨特从人的本体论的角度揭示了基础主义的荒谬。对于萨特来说，人之不同于物，就在于他是无本质的存在，或者说他的存在是先于本质的。③ 存在即虚无，故"存在先于本质"，自由先于本质。Manque（缺失）对人有极大的诱惑力，人的本性就在于对自己没有的东西有强烈的好奇，缺失引导人不断自我超越。萨特说："人首先作为缺失而存在，并与他所缺少的东西直接联系起来……人总是倾向于未完成状态，自知是尚未存在的存在者，一个未出场的特殊存在。"④ 从萨特的存在主义那里，罗蒂得出两个结论：第一，人是一种无本质的存在。第二，自在与自为的区别实际上就是基础主义哲学和非基础主义哲学（如实用主义哲学）之间的区别。⑤ 普特南曾说："为存在（Being）和知识提供基础的事业……已经灾难性地失败了。"⑥ 赞同和支持这一论断的哲学家们由此而结成了反基础主义阵营，罗蒂就是这一阵营的突出人物。罗蒂指出基础主义哲学家"认为人的心，相当于这样一面无遮蔽的镜子，而且他对此了然于胸，这样一种观念，诚如萨特所说，就是神的形象。……如果我们考虑到这一情境的有利一面，他就可被称作'上

---

① [美]理查德·罗蒂：《后哲学文化》，黄勇译，上海译文出版社2009年版，第136页。
② 同上书，第32页。
③ 陈亚军：《形而上学与社会希望——罗蒂哲学研究》，江苏人民出版社2009年版，第42页。
④ 尚杰：《归隐之路——20世纪法国哲学的踪迹》，江苏人民出版社2008年版，第86页。
⑤ 陈亚军：《形而上学与社会希望——罗蒂哲学研究》，江苏人民出版社2009年版，第42—44页。
⑥ Hilary Putnam, *Realism with a Human Face*, Cambridge: Harvard University Press, 1990, p. 19

帝'，而如果我们考虑其不利的一面，他就被称作一架'机器'。……就是逃避人性的企图。"①罗蒂说："我们是这一客观主义传统的子孙，这个传统的中心假设是，我们必须尽可能长久地跨出我们的社会局限，以便根据某种超越它的东西来考察它，也就是说，这个超越物是我们社会与每一个其他的实在的和可能的人类社会所共同具有的。这个传统梦想着这样一种最终将达到的社会，它将超越自然与社会的区别；这个社会将展现一种不受地域限制的共同性，因为它表现出一种非历史的人性。"②

他同意由尼采开其端，海德格尔、德里达、福柯等人否认存在着独立于人类语言和人类历史而存在的某个秩序，反对从自然秩序中获得有关人性的解释依据，实际上否定从人类之外去获得有关人性的证明。他认为尼采对人性的回答不同于柏拉图的回答。尼采嘲讽柏拉图对现象—实在的二分，要求人们"从艺术的视角看科学，从生活的角度看艺术"。黑格尔强调我们在历史进程中发展和改变着我们自身。黑格尔的这一观点，为尼采"人类的指向就是通过对自我重新描述来进行自我创造"这一论断铺平了道路。罗蒂认为海德格尔是第一个试图调停柏拉图与尼采"关于什么东西使得人类如此特殊"的思想家。海德格尔的晚期著作告诉人们，西方知识分子始于对获得自我知识的希望，终于对实现自我创造的期盼。因此，黑格尔和海德格尔的成熟之作均力图去解释我们现代人怎样变成了我们现在这个样子这一问题。③

对罗蒂人性思想影响最大的哲学家恐怕非杜威莫属。杜威思考了人类作为一种具有自我意识的动物的含义。他认识到人类具有一种协调的连续性，使得人类能够通过重构境遇来弥合日常生活中暂时的裂隙。杜威在理解人性时持有这样的信念：我们是一种社会性的动物，我们的自我意识和自我实现都建立在共同参与的基础上。杜威认为，"人类并不像我们以前所认为的那样是万物存在的目的所在"，"不如说在浩瀚无垠的宇宙中，人类只是一种微末而脆弱的存在，也许是一种偶然的存在。但是对于人类

---

① ［美］理查德·罗蒂：《哲学和自然之镜》，李幼蒸译，商务印书馆2003年版，第352页。

② 同上书，第438—439页。

③ 详见［美］罗蒂《分析的哲学与叙事的哲学》，《分析的哲学与叙事的哲学》是2004年7月罗蒂访问北京师范大学时所做的演讲。

来说，人是价值的中心与衡量重要性的尺度。"[1]杜威1938年曾以《人性改变吗》为题撰写专门讨论人性的文章。他认为人性的确可以改变。这些本性的因素之种种表现是可以改变的，因为它们常为风俗和传统所影响。经济制度和经济关系是属于人性的表现方式之最易改变者。历史便是这些改变的活生生的证据。教育的意义本身就在改变人性以形成那些异于朴质的人性的思维、情感、欲望和信仰的新方式。证明人性的可变性是指示我们对于社会改变的种种建议应采取的态度。不难看出，罗蒂的人性思想广泛的吸取了杜威人性思想的基本观点。罗蒂以杜威的"追随者"自居，他们有着同样的目的：把自由主义从启蒙形而上学的传统哲学基础上解放出来。杜威拒绝将自由主义建立在关于不能剥夺的权利和必然的人类本质的形而上学学说的基础上。作为一个实用主义者，他拒斥形而上学固定的本质世界，转而强调我们整个世界的可塑性、改变性和偶然性。罗蒂因此而赞扬杜威，通过在没有"哲学的支持"的情况下给予自由主义以"哲学的清晰度"，通过"揭穿'人类本性'和'哲学基础'这一概念，杜威使自由主义对于当代反本质主义哲学家来说'显得好像不错'。[2]

二

罗蒂对以往人性理论进行否定，提出了视人性为偶然的理论。罗蒂认为必然性和偶然性的区分，可以看作先验性与后验性的区分，或者说"因为被所与物所影响"与"因为完全在心内并为其所控制"之间的区分。[3] 罗蒂认为以共通的人性为基础的哲学行不通。在罗蒂看来，我们关于人性的所有"客观真理"实际上就是我们当下对于什么是人性的共同意见，这种共同意见为我们文化语言共同体的同伴所接受，于是便成了关于人性的"正常话语"，所谓的"客观真理"无非就是这样的"正常话语"而已。在罗蒂看来，我们只能站在种族中心主义的立场上谈人性问题。因为它否定了共同的人性，否定了一切超人的普遍性，没有什么统一

---

[1] [美]詹姆斯·坎贝尔：《理解杜威——自然与协作的智慧》，北京大学出版社2010年版，第25—65页。

[2] [美]约翰·杜威：《人的问题》，上海人民出版社1986年版，第150—156页。

[3] [美]理查德·罗蒂：《哲学和自然之镜》，李幼蒸译，商务印书馆2003年版，第157页。

的衡量文化好坏的超文化的标准，研究就是在种族内部不断重织信念之网的问题，而不是把标准运用于实例的问题。标准同其他信念完全一样地变化，不存在任何可以使标准保持不变的法宝。[1] 罗蒂不同意古希腊人对我们的处境的描述假定，即人性自身有一个内在的本质，即存在着一个不可改变的称作"人"的东西，它可以与宇宙中的其余事物进行对比。实用主义者抛弃了那个假定，并主张，人性是一个不受限制的观念。[2] 罗蒂赞同黑格尔、萨特和海德格尔关于人类非确定性的观点。他说："黑格尔指出，尽管洛克和康德两人为人类自由的原因做出了不可估量的贡献，但他们所问的问题并不怎么好，因为他们没有认识到，历史是具有自然意识的人类的历史，而非自然的历史。就像萨特和海德格尔一样，对于黑格尔和布兰顿来说，人类是非确定的存在。就像那些使我们成为现在这个样子的法律和诗歌一样，我们需要的是永无止境的解释。我们永远也不会得到绝对正确的东西。"[3] 罗蒂勾勒出自由主义的反讽主义者（liberal ironist）的人物，这类人认真严肃地面对他或她自己最核心信念与欲望的偶然性，他们秉持历史主义与唯名论的信仰，不再相信那些核心的信念与欲望的背后，还有一个超越时间与机缘的基础。罗蒂所说的反讽主义不是与民主格格不入，更不是与人类团结为敌，因而，他提出了一个自由主义乌托邦的可能性：在这个乌托邦中，反讽主义在某种意义上具有普遍性。[4] 罗蒂认为在"自由主义的反讽主义"乌托邦里，人们不再相信可以找到超越历史的共通人性，作为人类团结的基础；人类的团结不是透过理论研究而发现到的，而是在重新描述他人和自我之中创造出来的。[5] "我们对于向着人性敞开的可能性的感觉将不会改变。"[6] 罗蒂认同人不是生来具有人性，

---

[1] 陈亚军：《形而上学与社会希望——罗蒂哲学研究》，江苏人民出版社2009年版，第189页。

[2] ［美］理查德·罗蒂：《后形而上学希望》，张国清译，上海译文出版社2009年版，第29—32页。

[3] 详见理查德·罗蒂《分析的哲学与叙事的哲学》，《分析的哲学与叙事的哲学》是2004年7月罗蒂访问北京师范大学时所做的演讲。

[4] ［美］理查德·罗蒂：《偶然、反讽与团结》，徐文瑞译，商务印书馆2003年版，第3—8页。

[5] 同上。

[6] ［美］理查德·罗蒂：《后形而上学希望》，张国清译，上海译文出版社2009年版，第125页。

而是要由人自己去争取、去创造的,从而在内部世界得以实现的。罗蒂认为人类就是他们使自身成为自身的样子,人类想要使自身成为萨特所谓的"自在而自为的存在"。他肯定萨特的命题,即"人把自身造成什么样子,他们就是什么样子。"他认为对"人性"这种用法的最好的说明是伯纳德·雅克的《渴望总体革命》所提供的。在该书中,雅克把目标在于"使人类能够实现其人性"作为康德类型的"自然"和"自由"之间对立的人性。在该书的结尾,雅克总结道:"提议把非人性化视为……没有社会不满根源的世界之障碍的前提——依据个人抵制外部约束的能力对个人人性的定义——使我们的人性不可能在外部世界实现。"[①] 罗蒂相信人性是偶然的,但"这并不是说……利用'人性'概念思考的努力,没有任何功劳可言。这类概念(例如人性本身等)提供了模糊但富有启发性的假想焦点。"[②]

罗蒂提倡浪漫主义的人性论,由"想象力"扮演起希腊人所赋予"理性"的角色。浪漫主义认为想象力乃是自我的中心,是内心深处的核心。[③] 过去的观念相信,人性中核心而普遍的成分之——"理性"机能,乃是我们道德义务的来源。根据罗蒂的看法,虽然这观念曾经在诸多现代民主社会的创建过程中,发挥了极大的功用,但我们现在却可以抛弃,甚至,为了有利于自由主义乌托邦的来临,我们应该努力加以抛弃。[④] 罗蒂吸取了尼采等浪漫主义的自我观,认为自我是在不断地创造中丰富自我的内容。人生活在一定的历史和自我故事之中,自我是历史和现实不断编织而成的网。在休谟那里,自我是信念和愿望的网络,罗蒂更进一步,他认为自我不仅是信念和愿望之网,还是文化和历史之网,这张网不断地连接过去,向前延伸。[⑤] 罗蒂认为如果启蒙运动的先知们或者说世俗主义者们使神学文化变成了后神学文化。那么,哲学已经迎来了后哲学文化。罗蒂对这样一个后哲学文化有生动的描述,在这里,没有哪个文化的特定部分

---

① [美]理查德·罗蒂:《真理与进步》,杨玉成译,华夏出版社2003年版,第288页。
② [美]理查德·罗蒂:《偶然、反讽与团结》,徐文瑞译,商务印书馆2003年版,第277页。
③ 同上书,第31页。
④ 同上书,第275页。
⑤ 董山民等:《罗蒂的自我观及其政治意蕴》,《南京社会科学方法》2008年第4期。

可以挑出来,作为样板来说明文化的其他部分所期望的条件。① 在后哲学文化中,大写的哲学死了,希望的哲学就是想象力的哲学。罗蒂用独特的方式回答了人们应该如何面对哲学问题。只要我们用想象力代替理性,用希望代替知识,我们就既可以抛弃理性形而上学,又保留人类对于美好未来的希望,保留对于人类的幸福生活的希望。罗蒂指出理性哲学或许会终结,但人的想象力犹存,人的希望犹存。他认为语词"人"命名了一个模糊的但有希望的计划,而不是命名了一个本质。所以,实用主义者把敬畏感和神秘感赋予人类的未来,而古希腊人曾经把它们赋予了非人类的事物。以各种仍然难以为我们能够料想得到的方式,未来的人性将胜过当前的人性。想象力是语言之源,而思想如果没有语言就是不可能的。根据罗蒂所称赞的浪漫主义观点,想象力是自由的来源,因为它是语言的来源。它既是根,也是花,是善的最主要工具(雪莱语)。② 想象力创造出人类的团结,想象力也创造出新人类。成为有想象力的人与成为仅仅耽于幻想的人相反,他做出某种新的事情,并足够幸运地使这种新奇性得到周围的人的接受并被吸收到他们的行事方式中去。总之,罗蒂相信人类具有把想象的事物变成现实的能力和自我创造的能力。

　　罗蒂认为人性是历史主义的人性,而非历史本性意义上的"人是什么"问题都是对于人性的断言,是一项无济于事的工作。广义上讲,关于去认识"我们的道德直观是善的形式的集合"的断言,"我们是一个敬爱的上帝的不顺从的孩子"的断言,或者"人类与其说通过仅仅拥有价值不如说通过尊严而区别于其他种类的动物"的断言,都是关于人性的断言。而与之针锋相对的断言便是:"人类仅仅是自私基因的工具"或者"人类仅仅是权力意志的喷涌之物"。自黑格尔以降,历史主义的思想家否认有所谓"人性"或"自我的最深处"这种东西。他们一贯的策略是极力主张社会化或历史环境的无所不及,所以根本没有任何在社会化的背后,或先于历史的东西,可以用来定义人性。由于受到历史主义转向的潜移默化的影响,我们已经逐渐摆脱了形上学和神学,不再受到逃离时间与

---

① [美]理查德·罗蒂:《后哲学文化》,黄勇译,上海译文出版社2009年版,第136页。
② [美]理查德·罗蒂:《实用主义哲学》,林南译,上海译文出版社2009年版,第16—37页。

机缘的诱惑。在自从法国大革命以来的两个世纪里，人类远比柏拉图和康德曾经梦想到的要可塑得多。我们对这种可塑性越是深刻，我们对我们的非历史本性问题便越不感兴趣。我们重新塑造我们自身的机会越多，我们便越没有必要去问我们真正是什么人。① 我们越是看到重新创造我们自己的机会，就越会认为我们无须问我们实际上如何的理由。在什么是人类深刻的非历史本性意义上说"人是什么？"标准回答是：我们是理性的、除单纯的感觉外还能认知的动物。而从历史主义上来看，就是拒绝考虑康德的"人是什么"问题，并且用"我们能够给我们的曾孙准备什么样的世界？"这个问题取而代之。②

　　罗蒂说："无知而迷信的人就像孩子一样；只有通过适当的教育培养之后，他们才会获得真正的人性。"③ 对于什么是无毛两足动物所特有的东西，柏拉图认为是尊重和教化的差异。他认为人类具有一个特殊的附加成分，这个成分使人类在本体论种类上区分于其他哺乳动物。而尼采的回答是使一个人停止屠杀、强暴和阉割另一个人的企图从长远看注定是要失败的，因为人性的真相是，我们是一种特别恶毒而危险的动物。罗蒂认为，人们对于二者之间的争论日益衰退。人们越来越愿意忽略"我们的本质是什么？"的问题，他们用"我们能够使自己成为什么"的问题取代了上一个问题，我们远不如我们的前辈那样认真地对待"人性理论"，我们远不如我们的前辈那样要把本体论、历史或性格学作为生活的指导，我们已经不太提起"我们是什么"的本体论问题，因为我们已经逐渐明白，历史和人类学的主要教训是我们的非同寻常的可塑性。我们正在逐渐把我们自身看作灵活、无常、自我塑造的动物，而不是合乎理性的动物或残酷的动物。罗蒂认为"教化"（edification）使我们脱离旧我，帮助我们成为新人。新人是什么人呢？"这样的人不是那些知道一个（大写的）奥秘的人、已经达到了（大写的）真理的人，而不过是善于成为人的人。"④ 新

---

① ［美］理查德·罗蒂：《后形而上学希望》，张国清译，上海译文出版社2009年版，第290—310页。

② ［美］理查德·罗蒂：《真理与进步》，杨玉成译，华夏出版社2003年版，第149页。

③ ［美］理查德·罗蒂：《后形而上学希望》，张国清译，上海译文出版社2009年版，第294页。

④ ［美］理查德·罗蒂：《后哲学文化》，黄勇译，上海译文出版社2009年版，第14页。

人是被实用主义者所认同的人,他们由宽容论者、多元主义者和民主主义者构成。这些人的核心目标就是,容许尽可能的不同的个人目标得到实现,以增加人类的幸福。思想和政治的自由、宽容、心胸开阔,可以合理地成为人类幸福的途径。[1]那么,如何成为新人呢?罗蒂从伽达默尔《真理和方法》书中获得启发,"重新对自己进行描述,是我们所能做的最重要之事。"伽达默尔以"Bildung"(教育、自我形成)概念,取代了作为思想目标的"知识"概念。认为我们读得更多、谈得更多和写得更多时,我们就成为不同的人,我们就"改造"了我们自己。罗蒂认为"Bildung"一词来代表发现新的、较好的、更有趣的、更富成效的说话方式的这种构想。教化性的话语应当是反常的,它借助异常力量使我们脱离旧我,帮助我们成为新人。对于如何成为有教养的人,罗蒂认为追求客观性和对客观性存于其中的社会实践的自觉认识,是成为有教养的必不可少的第一步。我们应当首先把自己看作"自在"(en-soi),然后才在某一时刻把自己看成"自为"(pour-soi)。罗蒂把不相信人的本质应是一本质的认知者这一观念而彼此相似的哲学家称为外围的哲学家或"教化的"哲学家,以区别于主流哲学家或"系统的"哲学家。伟大的教化哲学家是反动性的,并提供着讽语、谐语与警句。在教化哲学家看来,文化的最终冻结或许就是人类的非人化。智慧是维持谈话的能力,人类是新描述的产生者,而不是希望能去准确描述的人。只有当我们有这样一种普遍性描述的观念,我们才能把在某一描述下的人类等同于人的"本质"。只有借助这样一种观念,人具有一个本质的观念才可理解,不论该本质看作对本质的认知与否。于是,即使说人既是主体又是客体,既是自为又是自在,我们也未曾把握我们的本质。[2]

三

对比后现代以来的其他哲学家,罗蒂用更为中庸平和的态度审视人性。

---

[1] [美]理查德·罗蒂:《后哲学文化》,黄勇译,上海译文出版社2009年版,第4页。
[2] [美]理查德·罗蒂:《哲学和自然之镜》,李幼蒸译,商务印书馆2004年版,第335—354页。

德里达的解构主义认为一切都是不确定的,必须拆解"逻各斯中心主义",反对心物二元结构。利奥塔认为宏大叙事已失去效用,"小型叙事"才能赋予人类新的意义,后现代世界只是"凡人"世界。福柯把历史看成一部"没完没了重复进行的关于统治戏剧",冷眼看待"人的死亡"。[1] 罗蒂的人性思想力图走出传统哲学的困境,建立了新实用主义的人性观,令世人耳目一新。罗蒂人性思想的基本立场不是一味地"消解",而是在"消解"的同时具有积极的"建设性"。消解系统哲学是为了建设教化哲学、后哲学文化;消解大写的人是为了呼唤出小写的人,让现实的人的生活具有更广阔的文化空间。[2]

罗蒂赞同黑格尔的论断——"哲学是以思想的形式反映一个时代"。罗蒂之所以视人性为偶然的、浪漫主义的和历史主义的,离不开罗蒂哲学所产生的时代背景。略微回顾近几十年的英美哲学我们就会发现,罗蒂的学术生涯离不开英美哲学的发展变化。科技和理性的极端发展及两次世界大战先后爆发,科技和理性的负面效应得以充足展示。人沦落为理性和机器的奴隶。科技本是为人造福的,然而,社会历史和现实却使科技和理性走向了人的对峙面。"二战"前后,一批重要的哲学家从欧洲逃至美国,把欧陆哲学带进了美国各大高校的哲学系。解构主义思潮蔓延于西方文化界、与文学、艺术、历史学、社会学、政治学等领域的后现代主义思潮合流。后现代主义要求对传统哲学进行全面、彻底的批判,并且是怀疑、否定、解构和颠覆意义上的批判。后现代主义在风格和方法上也力求与传统哲学的思辨和论证方式相分别,用新的话语代替传统哲学那些统摄性的概念和命题,主张用"细小叙事"代替"宏大叙事"。[3] 罗蒂延续美国实用主义传统,特别是杜威的理念,成为后现代主义的代表人物。尽管他说,"我从来都不明白后现代主义这个词是什么意思。"[4]"我对自己被贴上这样的标签感

---

[1] 朱文文:《后现代文化中的哲学地位》,《理论建设》2009年第5期。
[2] 陈华兴:《从罗蒂哲学看后现代主义的积极意义》,《复旦学报》(社会科学版),1997年第3期。
[3] 赵敦华:《现代西方哲学新编》,北京大学出版社2001年版,第217—221页。
[4] 衣俊卿等:《走近罗蒂——与罗蒂先生关于分析哲学、后现代主义和文化哲学的对话》,《求是学刊》2004年第5期。

到不安。"① 在后现代社会里，在一个崇尚人文价值的新的话语系统里，人们将目光更多地投向其异化人性的一面。以往，人类需要征服自然、满足物质需求，知识就是目的。而今天，人类需要实现自身价值，满足人类幸福，反基础主义产生了广泛的共鸣。② 罗蒂对此曾清楚地说道："使我们能说出关于我们自己的新的、有趣的东西的事件，比改变了我们的形态或生活水准的事件（以较少具有'精神性'的方式"改造"我们），在这种非形而上学的意义上，对我们（至少对我们这些住在世界上一个稳定和繁荣地区的、相对有闲的知识分子）来说更'基本'。"③

罗蒂的人性思想有合理性、进步性和独特的价值，值得我们深思。"罗蒂的反基础主义论旨在阐明偶然性意义，从而避免非人性化和文化冻结。反基础主义旨在为自我描述扩大可能性，以便通过肯定自由使得人类更加人性化，运用更大的容忍开放各种可能性。"④ 当人类深受因循守旧观念的影响而缺乏创造性和想象力的时候，鼓励反讽的姿态，无疑具有深刻的意义。但是，罗蒂的反讽的自由主义人性论的核心主张之一就是把公共领域和私人领域区别开来，这种分割何以可能呢？自我具有自我意识，正是以社会存在为前提。私与公是相互影响的。此外，人的思维是一面镜子吗？如果把镜子比喻为反映绝对明确性和精确性的中介，那么心灵当然不是镜子。但是，如果规定镜子的标准相对宽松，人的心灵为什么不可以类似于一面镜子呢？另外，人的本性也许不存在，但人的条件（human condition）是存在的，人不是彻底的偶然性和任意性。有了条件作为思想和行动的视野，人的自由和责任成为可能。⑤ 在《哲学和自然之镜》中，伽达默尔的解释学（hermeneutics）被罗蒂当作是认识论的解毒剂。他随同伽达默尔把教

---

① [美]理查德·罗蒂：《后形而上学希望》，张国清译，上海译文出版社2009年版，第106页。
② 陈亚军：《形而上学与社会希望——罗蒂哲学研究》，江苏人民出版社2009年版，第122页。
③ [美]理查德·罗蒂：《哲学和自然之镜》，李幼蒸译，商务印书馆2003年版，第337—338页。
④ [美]吉尼翁（Charles Guignon）等：《理查德·罗蒂和当代哲学》，复旦大学出版社2011年版，第25页。
⑤ [美]埃尔叙坦（Jean Bethke Elshtain）：《不要虐待：反思罗蒂的自由主义》，复旦大学出版社2011年版，第152—173页。

化（edification）定义为"通过文化提高人性"，把效果历史意识定义为"那种对改变着我们的过去的意识"，他声称，效果历史意识表征了"一种态度，它与其说关心世界上的存在物或关心历史上发生的事件，不如说关心为了我们自己的目的，我们能从自然和历史中攫取什么。按照这个态度，正确获得事实，仅只是发现一种新的、更有趣的表达我们自己、从而去应付世界的方式的准备"。① 恰恰相反，伽达默尔坚持，"历史不属于我们，但是，我们属于历史。"在《真理和方法》中，伽达默尔继续说，"通过自我考察这个过程，我们理解了自己，在这很久之前，在家庭、社会和我们生活的国家中，我们以一种自明的方式理解我们自己。主观性的焦点是一面歪曲的镜子。个人的自我意识仅仅是历史生活的闭路内的一个闪烁。那就是为什么，在构成他的存在的历史现实中，个人偏见的作用远远超过他的判断。"理解我们的历史的尝试就是，从我们已经被历史所塑造了这个立场出发，力图理解已经使得我们成为我们现在是什么人的历史。正如伽达默尔所指出的那样，一切自我意识产生于历史上预先给予的东西，随同黑格尔，我们称之为"实体"，因为它优先于所有的主观意向和行动，所以，它规定和限制理解历史变迁中的任何传统的每一种可能性。这点几乎定义了哲学解释学的目的：它的任务是重新追溯黑格尔的精神现象学的道路，一直到我们在所有的主观性内发现作为主观性基础的实体性（substantiality）。可见，罗蒂对伽达默尔的理解值得商榷。②

  罗蒂的人性思想缺乏对人性的形而上学的思考，蕴含着反形而上学的旨趣。在后哲学文化中，人们会由于与形而上学脐带的割断而有某种孤独感。"人们感到自己是孤独的，有限的，与某种超越的东西失去了任何联系的。"③ 罗蒂认为"拒绝传统的逻辑中心主义把人类看作是认识者的形象，并不表明我们面临一个深渊，而只是表明我们面临一个选择的范围。"④ 失去形而上学的安慰，并不意味着失去一切，人们将会得到一种新的共同体感。罗蒂主张，实在论整个是场虚幻，它基本没有任何可以称

---

① ［美］理查德·罗蒂：《哲学和自然之镜》，李幼蒸译，商务印书馆2003年版，第338页。
② ［美］瓦恩科（Georgia Warnke）：《罗蒂的民主主义阐释学》，复旦大学出版社2011年版，第114—134页。
③ ［美］理查德·罗蒂：《后哲学文化》，黄勇译，上海译文出版社2009年版，第20页。
④ 同上书，第144页。

道的东西。没有了"实在的固有本质"这一概念,我们反而能过得更加逍遥自在些;没有了形而上学反而会更好。正如查尔斯·哈茨霍恩对罗蒂的批评一样,人类无法回避形而上学问题。视人性为偶然的人性论,无法回避人类的必死性,我们该如何去正视我们自身的这种难免一死的确定性,以及就我们大家所知,甚至我们人类的最终消亡?人不像其他动物,人类知道自身的必死性,也知道他们的选择在很大程度上取决于过去,不过这是就这些决定作为真正地决定了以前不确定的事物的意思而言的。[1]另一位当代美国新实用主义最著名的代表人物普特南更是认为,形而上学实在论是人类在实践生活中自然形成的一种关于世界的直觉,我们只能改造它,而不能回避它,否则我们将陷入一种更加糟糕的相对主义。罗蒂认识到人是自在和自为的存在,"教化"对人的成长和发展具有重要作用,主张人通过善于成为人而成为"新人",这难道不是人的超越性,人的形而上学本性的体现吗?罗蒂的人性思想忽视形而上学的存在,把自己的学说建立在新实用主义的立场上。忽视形而上学的原因,也许正如罗蒂自己所言:"实用主义者……除了提醒其对话者他们所处的共同境地,他们所分享的偶然出发点和他们一起参与的流动的没有根基的对话外,实用主义者不知道还有什么更好的办法可以说明他的信念。"[2]在对哈茨霍恩的回应中,罗蒂承认,"我同意哈茨霍恩的如下见解,形而上学不可能作为'语言的误用'而被消解。但是我还同意詹姆士的如下见解,假如我们无法使其同实践中的某个差异相联系的话,一个形而上学的差异可以被安全地忽略。"[3] 也就是,罗蒂认为形而上学不能被简单地消解,有时候可以被忽略。可见,他对形而上学的态度是摇摆不定的,是不纯粹的。

当今社会,人们创造了越来越多的物质财富,却无法摆脱精神的扭曲和贫瘠,也无法抵挡灵魂的流浪和无助。人们生存着,却不懂生活;人活在今天,却不知昨天,也不问明天。"单向度"(马尔库塞语)的人不再有能力去追求,甚至也不再有能力去想象与现实生活不同的另一种生活。人是跳跃生成的,人的本性是双重的,是自我创生的本性。人离不开

---

[1] [美]查尔斯·哈茨霍恩:《罗蒂的实用主义及告别信念和启蒙时代》,商务印书馆2003年版,第31—47页。

[2] 同上书,第31—47页。

[3] [美]理查德·罗蒂:《对查尔斯·哈茨霍恩的回应》,商务印书馆2003年版,第55页。

"理想"的向度。随着人们批判的、否定的、超越性的和创造性的内心向度的丧失,更加需要形而上学来确证思想的自由和人的尊严,更加期待形而上学来启示人们复归人的本性,创造生活的意义。"形而上学在本质上是对人性的一种关照,是对生存状态的一种反思,是人本身内在精神转型的一种动力,是对现存既定固化情形的一种反抗。"① 形而上学是人反思自己的生命历程、理解自己的生存境遇、寻找自己未来发展道路的内在要求和迫切需要,是心灵的慰藉和精神的摇篮。从这个意义上说,形而上学不会终结,而是在途中。

---

① 陆杰荣:《形而上学研究的几个问题》,中国社会科学出版社2012年版,第5页。

"物化"与"有分":庄子、惠施的两重世界

谢兴伟[*]

庄惠辩难,历来为哲学史家们津津乐道。在《庄子》一书中,惠施应该是被提及最多的人,庄惠的直接交锋就有八次[①]之多。其中,最为著名的当属"濠梁之辩"。庄子和惠施在濠上关于"鱼之乐"的论辩,常被看作是一个关于他人之心是否可知的争论。固然,这是一个理解的维度,但是,还有一个更根本的理解维度,即庄子和惠施是如何观世界的。对世界的理解方式往往是和在世界中的存在方式是一致的,人以什么样的方式理解和认识世界,就往往以什么样的方式存在着。《庄子·齐物论》篇末的一则寓言说:"昔者庄周梦为胡蝶,栩栩然胡蝶也。自喻适志与,不知周也。俄然觉,则蘧蘧然周也。不知周之梦为胡蝶与?胡蝶之梦为周与?周与胡蝶则必有分矣。此之谓物化。"这则寓言正道出了庄惠的两重世界,即"物化"的世界与"有分"的世界。在庄子的"物化"世界,万物一体,人在大全世界中悠游自在。在惠施的"有分"世界,万物不同,人在理智世界中研析名理。推而言之,庄惠的所有辩难、争论都可以从这样一个视角来加以审视,正是因为他们观世界的角度不同,在庄惠的眼中才呈现出各不相同的两重世界。正是在这两重不同的世界中,才出现了无用与有用、无情与有情、去知与求知、物化与历物的多种对立。围绕关于这些问题的辩难,我们可以走进庄惠二人不同的世界,同时体味二人在各

---

[*] 谢兴伟,1981年7月生,安徽宿州人,辽宁大学哲学与公共管理学院博士研究生,鲁迅美术学院文化传播与管理系讲师。

[①] 陈鼓应:《庄子注今译》,中华书局1983年版。
庄惠的八次直接交锋辩难,分别见于《庄子》一书的《逍遥游》、《德充符》、《秋水》、《至乐》、《徐无鬼》、《外物》、《寓言》诸篇。

自的世界中是怎样存在的。

一 用之辩：有用与无用

关于有用与无用的论辩，庄惠有两次直接的交锋，分别见于《庄子》的《逍遥游》和《外物》两篇。

我们先看看《逍遥游》中庄子和惠施的辩难：

> 惠子谓庄子曰："魏王贻我大瓠之种，我树之成而实五石，以盛水浆，其坚不能自举也；剖之以为瓢，则瓠落无所容。非不呺然大也，吾为其无用而掊之。"
>
> 庄子曰："夫子固拙于用大矣。宋人有善为不龟手之药者，世世以洴澼絖为事。客闻之，请买其方百金。聚族而谋曰：'我世世为洴澼絖，不过数金；今一朝而鬻技百金，请与之。'客得之，以说吴王。越有难，吴王使之将。冬，与越人水战，大败越人，裂地而封之。能不龟手，一也；或以封，或不免于洴澼絖，则所用之异也。今子有五石之瓠，何不虑以为大樽而浮于江湖？而忧其瓠落无所容，则夫子犹有蓬之心也夫！"
>
> 惠子谓庄子曰："吾有大树，人谓之樗。其大本拥肿而不中绳墨，其小枝卷曲而不中规矩。立之途，匠者不顾。今子之言，大而无用，众所同去也。"
>
> 庄子曰："子独不见狸狌乎？卑身而伏，以候敖者，东西跳梁，不辟高下，中于机辟，死于罔罟。今夫斄牛，其大若垂天之云，此能为大矣，而不能执鼠。今子有大树，患其无用，何不树之于无何有之乡，广莫之野，彷徨乎无为其侧，逍遥乎寝卧其下？不夭斤斧，物无害者。无所可用，安所困苦哉！"

以上这段辩难对话共两个回合，庄惠各自表明了对"用"的认识。第一回合，惠施以"大瓠"为例，指出瓠虽大而无用，暗讽庄子之言夸大虚空，不合实用。庄子针锋相对，指出"夫子固拙于用大矣"，不是大而无用，而是你不善于用大。接着，庄子以"药方"为例，同样的不龟手的药方，有人只是用它来世世代代漂洗丝絮，有人却用它得到了裂地封赏，这就是善用与不善用的区别。至于惠施认为大而无用的大瓠，庄子说可以用它来当作舟楫而浮游于江湖之上，担心瓠太大而无处可容，是因为你的有蓬之心，见识浅薄，不通道理。第二回合，惠施又以"大樗树"为例，指出樗树虽大，但其树干盘结、树枝弯曲都不合绳墨规矩，惠施谓庄子之言犹如大樗树，大而无用，终将被众人所弃。庄子则"狸狌"（野猫和黄鼠狼）和"斄牛"（牦牛）为例，狸狌虽小巧灵活却终死于罗网，斄牛虽庞大笨拙却能远祸全身。至于大树，庄子认为不必"患其无用"，可以把它种在无何有之乡、广莫之野，在树旁悠游玩耍，在树下逍遥寝卧。因为无用，不会遭到斧头砍伐，不会受到伤害，也不会遭受困苦。以此为例，庄子说明了有用致祸、无用免害的道理。

下面再来看看《外物》中庄子和惠施关于有用无用的谈话：

  惠子谓庄子曰："子言无用。"庄子曰："知无用而始可与言用矣。天地非不广且大也，人之所用容足耳。然则厕足而垫之致黄泉，人尚有用乎？"惠子曰："无用。"庄子曰："然则无用之为用也亦明矣。"

这段话中似乎只是庄子借助与惠施的谈话阐发了他的"无用之为用"的观点，惠施并没有反驳的话语。惠施认为庄子的言论没有用，但没有说明原因。庄子认为，要先知道"无用"才能再谈论"用"，他举例说明，天地很广大，人所用的只是容足之地，但是如果认为容足之地之外的地方都是无用之地，都挖掉，那么人所站的那块容足之地也就无用了。至此，庄子向惠施阐明了他的"无用之为用"的观点。

通过上述的两次直接交锋，我们可以看到：庄子是一种出世的态度，他所讲的"用"是一种"无用之大用"；而惠施则是一种用世的态度，他说讲的"用"是一种"当下之实用"。这两种对待"用"不同的态度，也使得他们以不同的状态在世界上生存、活动。庄子一生远离政治，生活寡淡悠游，惠施则积极参与政治活动，辅佐魏惠王三十余年，为魏国建言献策，官至魏相，曾被魏惠王尊为"仲父"。

关于用世从政的态度，在《庄子·秋水》中记载了两人的一次直接交锋,惠施在魏国为相的时候,庄子去看他,有人说庄子是来取代他的相位的,惠施就很惶恐,在国内搜寻了庄子三天三夜。后来,庄子见到了惠施,把惠施的梁国相位比作腐烂的死鼠,把惠施比作嗜腐鼠如命的猫头鹰,用腐鼠和猫头鹰的比喻把惠施羞辱了一番,并且表明心志,自己是非竹实不食、非醴泉不饮的凤凰。①可见,惠施对自己的相位很看重,庄子却视之如浮云。《秋水》中还有一个故事②正表明了庄子对待从政做官的态度,庄子正在濮水边钓鱼,楚威王派人请庄子去做官,庄子说,死了三千年的神龟虽然被装在竹盒、藏于庙堂让人觉得很尊贵,但是我还是愿意拖着尾巴在泥水里爬来爬去地活着。这则故事再次说明,庄子不愿从政做官而损害自然真性。惠施对于用世从政则颇为积极,曾用计谋换来了楚王"郊迎惠施"③的隆礼,其出行动不动即"多者数百乘,步者数百人;少者数十乘,步者数十人"(《吕氏春秋·不屈》),对于惠施出行仪仗的铺张扬厉,庄子非常看不惯,"惠子从车百乘以过孟诸。庄子见之,弃其馀鱼。"(《淮南子·齐俗》)

　　庄惠围绕"用"的辩论,展现了他们对待世界万物的不同态度。庄子强调的是,要从"道"的高度来认识"物之用",只要能"尽物之性",大瓠、大樗皆有其用,无用即是大用。惠施则从当下的实用功利来看"物之用",大瓠、大樗皆不能满足当下需要,因此认为二者都是无用的。庄子通过对"无用之为用"的辨析,走向了逍遥、自由的生存方式。惠施通过对"物"能否满足当下需要的判断,走向了用世、功利的生存方式。

---

　　① 《庄子·秋水》:惠子相梁,庄子往见之。或谓惠子曰:"庄子来,欲代子相。"于是惠子恐,搜于国中三日三夜。庄子往见之,曰:"南方有鸟,其名为鹓鶵,子知之乎? 夫鹓鶵发于南海而飞于北海,非梧桐不止,非练实不食,非醴泉不饮。于是鸱得腐鼠,鹓鶵过之,仰而视之曰:'吓!'今子欲以子之梁国而吓我邪?"

　　② 《庄子·秋水》:庄子钓于濮水,楚王使大夫二人往先焉,曰:"愿以境内累矣!"庄子持竿不顾,曰:"吾闻楚有神龟,死已三千岁矣,王巾笥而藏之庙堂之上。此龟者,宁其死为留骨而贵,宁其生而曳尾涂中乎?"二大夫曰:"宁生而曳尾涂中。"庄子曰:"往矣! 吾将曳尾于涂中。"

　　③ 《战国策·魏二》:魏王令惠施之楚,令犀首之齐。钧二子者,乘数钧,将测交也。(楚王闻之)施因令人先之楚,言曰:"魏王令犀首之齐,惠施之楚,钧二子者,将测交也。"楚王闻之,因郊迎惠施。

二 情之辩：有情与无情

关于有情与无情的问题，庄子与惠施有过一次直接的交锋，这次交锋出现在《庄子·德充符》：

> 惠子谓庄子曰："人故无情乎？"庄子曰："然。"惠子曰："人而无情，何以谓之人？"庄子曰："道与之貌，天与之形，恶得不谓之人？"惠子曰："既谓之人，恶得无情？"庄子曰："是非吾所谓情也。吾所谓无情者，言人之不以好恶内伤其身，常因自然而不益生也。"惠子曰："不益生，何以有其身？"庄子曰："道与之貌，天与之形，无以好恶内伤其身。今子外乎子之神，劳乎子之精，倚树而吟，据槁梧而瞑。天选之形，子以坚白鸣。"

在这段论辩中，庄惠围绕"情"的问题展开了论争。庄子认为，人本来就是"无情"的，他所说的"无情"就是指人不以好恶损害自己的本性，顺任自然而不人为增添什么。人之所以能称作人，不是因为情，而是因为道给了人容貌、天给了人形体。从惠施对庄子的追问来看，惠施认为，人之谓人，是因为人有情。那么，如何来理解庄子的人之"无情"和惠施的人之"有情"呢？其要义有三：其一，庄子言人之"无情"是基于人的精神生命，惠施言人之"有情"是基于人的物理生命；其二，庄子强调人的先验世界的大道之情，惠施强调人的经验世界的自我之情，所以庄子说惠施所言之情"非吾所谓情也"；其三，庄子认为有形无情是人的生命本真，惠施认为有形有情是人的生命本然。[①] 概而言之，庄子是从精神自由的角度否定人之"有情"而肯定人之"无情"，惠施则是从生命需求的角度肯定人之"有情"而否定人之"无情"。

需要注意的是，庄子和惠施在《德充符》中讨论的"有情"、"无情"的问题是就人而言的。庄子并非不讲"情"，他说："死生，命也；其有夜旦之

---

① 朱怀江：《庄子"有无之情"论辩证》，《新疆师范大学学报》（哲学社会科学版）1999年第1期。

常,天也。人之有所不得与,皆物之情也","夫道有情有信,无为无形;可传而不可受,可得而不可见;自本自根,未有天地,自古以固存;神鬼神帝,生天生地;在太极之先而不为高,在六极之下而不为深,先天地生而不为久,长于上古而不为老。"(《庄子·大宗师》)这里,庄子讲了"物之情"和"道有情"。生与死的生命变化和昼与夜的不停轮转都是自然规律,是"物之情",即物的情理。关于"道有情有信,无为无形",郭庆藩注曰:"有无情之情,故无为也;有无常之信,故无形也",疏曰:"明鉴洞照,有情也。趣机若响,有信也。恬淡寂寞,无为也。视之不见,无形也"①。"有情"之"道"能够无为而无不为地创生天地,构筑一个"道者,德之钦也;生者,德之光也;性者,生之质也"(《庚桑楚》)的意义世界,并引领主体与这个无穷的意义世界相往来。可见,庄子言"有情"多指涉的是道的层面。惠施常在世俗世界谈"情",他无法理解庄子的人之"无情",也无法理解庄子的道之"有情",所以,当庄子妻死,惠施去吊唁见到庄子鼓盆而歌时,他觉得庄子很过分,而且无法理解庄子为何如此薄情。

庄子论物谈情常常是在不同的角度上来加以讨论的,因此我们常常可以看到《庄子》中会出现"以道观之"、"以物观之"、"以俗观之"、"以差观之"、"以功观之"② 等说法,据陈鼓应先生统计,"庄子言情,全书多达 62 处,内篇出现 18 处。在不同的语境中,情的意涵也不相同。"③陈鼓应先生指出,在《逍遥游》、《养生主》、《大宗师》中,庄子提出了"人情"、"天情"、"道情"三个重要的概念,庄子从天人之际着眼来讨论三者的关系,认为人情本于天情而源于道情,而人情与天情又以道情为最根源性的存在依据。基于这种认识,我们就可以理解庄子在《德充符》中对惠施的回答了。当惠施问庄子"人之无情,何以谓之人"时,庄子回答说"道与之貌,天与之形,恶得不谓之人",这正体现了庄子思想中

---

① 郭庆藩:《庄子集释》(第一册)卷三上《大宗师第六》,中华书局 1961 年版,第 247 页。
② 《庄子·秋水》:河伯曰:"若物之外,若物之内,恶至而倪贵贱?恶至而倪小大?"北海若曰:"以道观之,物无贵贱;以物观之,自贵而相贱;以俗观之,贵贱不在己。以差观之,因其所大而大之,则万物莫不大;因其所小而小之,则万物莫不小。知天地之为稊米也,知毫末之为丘山也,则差数睹矣。以功观之,因其所有而有之,则万物莫不有;因其所无而无之,则万物莫不无。知东西之相反而不可以相无,则功分定矣。以趣观之,因其所然而然之,则万物莫不然;因其所非而非之,则万物莫不非。……"
③ 陈鼓应:《庄子论情:无情、仁情与安情》,《哲学研究》2014 年第 4 期。

人情本于天情而源于道情的观念。

庄子认为，圣人是不受世间是非负累之情的羁绊的，所以圣人"有人之形，无人之情。有人之形，故群于人；无人之形，故是非不得于身。"（《庄子·德充符》）庄子是在天人关系的语境下讨论"情"的，从天人之境中将个体生命提升到"天地精神"的境界，"在庄子和惠施关于'有情'与'无情'的论辩中，二人虽然同样讨论'情'，但是彼此的视角各异，'情'的语境意义也不一致"[①]，因此，针对惠施对"既谓之人，恶得无情"的追问，庄子说"是非吾所谓情也"，也就是说我们讨论的不是同一个"情"，"吾所谓无情者，言人之不以好恶内伤其身，常因自然而不益生也"（《庄子·德充符》），庄子所谓的"无情"之"情"说的是人世间纠葛于是非得失判断的"负累"之情。

三　知之辩：求知与去知

庄惠围绕着"知"的论辩，最典型的当属"濠梁之辩"。关于"鱼之乐"是否可知的辩难，学界多从认识论的角度来加以讨论，经常围绕"认识何以可能"的问题展开。我们先看看《秋水》中的这次庄惠交锋：

> 庄子与惠子游于濠梁之上。庄子曰："鯈鱼出游从容，鱼之乐也。"惠子曰："子非鱼，安知鱼之乐？"庄子曰："子非我，安知我不知鱼之乐？"惠子曰："我非子，固不知子矣；子固非鱼也，子之不知鱼之乐，全矣！"庄子曰："请循其本。子曰'汝安知鱼乐'云者，既已知吾知之而问我。我知之濠上也。"

关于庄惠的这段论辩，如果从认知的角度加以考察，会涉及两个问题：第一，人是否能感知"鱼之乐"？人为认知的主体，"鱼之乐"为认知的对象，二者能否相通从而达成主体对客体的认知？第二，两个人之间能否相互感知对方的感受？庄、惠皆为认知的主体，两个不同的主体之间能否相通从而达成主体之间的认知？杨国荣教授认为，"濠梁之辩在理论

[①] 陈鼓应：《庄子论情：无情、仁情与安情》，《哲学研究》2014年第4期。

上既涉及他人之心是否可知，也关联着'如何可能知'与'以何种方式知'有无区分或二者能否等同。惠施作为对话的一方对前一个问题持怀疑的态度，但其推论的过程又包含着内在的悖论；庄子对鱼之乐的可知性予以了确认，后者同时蕴涵着对他人之心是否可知这一问题的肯定回应。不过，在论证以上立场的过程中，庄子又将'如何可能知'的问题转换为'以何种方式知'，从而在逻辑上犯有转换论题的错误。当然，知'鱼'之乐所隐喻的知他人之心，同时又涉及社会领域中人与人之间的交往、理解、沟通过程。"[1] 学者已经不再仅仅局限在认识或者逻辑的角度来讨论濠梁之辩，逐渐注意到了从存在境域来看待这一问题，大大扩展和加深了对这一论题的理解和认识。

如果我们再跳转视角，可以看到庄惠的这次论辩还涉及到一个更深层次的问题，即求知与去知的问题。庄子追求的是"离形去知"，惠施追求的则是"追物求知"。庄子在《大宗师》中借孔子和颜回的对话，提出了"坐忘"的问题，"坐忘"即"堕肢体，黜聪明，离形去知，同于大通"（《庄子·大宗师》）。显然，庄子提到的"堕肢体"、"离形"指的是要摆脱生理欲望的控制，"黜聪明"、"去知"指的是要摆脱普通的常识的知识活动。当然，"庄子的'离形'，也和老子之所谓无欲一样，并不是根本否定欲望，而是不让欲望得到知识的推波助澜，以至于溢出于各自性分之外。在性分之内的欲望，庄子即视为性分之自身，同样加以承认的。所以在坐忘的意境中，以'忘知'最为枢要。忘知，是忘掉分解性的、概念性的知识活动，剩下的便是虚而待物的，亦即是徇耳目内通的纯知觉活动。这种纯知觉活动，即是美的观照。"[2] 显然，庄子所反对的这种分解性的、概念性的知识活动正是惠施所追求的、擅长的，他的"历物十事"基本都是以这种方式来讨论的命题。有了这样的一个基本的认识之后，再回到濠梁之辩来看一看，我们抛弃逻辑分析，也不纠缠于孰胜孰负，庄子看到鲦鱼出游从容，脱口而出"鱼之乐也"，这是一种观照、体悟，按照彭锋教授的分析，"鱼乐"是一个事实判断，而"知道鱼乐"则是一个事件描述，庄子说的"鲦鱼出游从容，鱼之乐也"被当作事实

---

[1] 杨国荣：《他者的理解：〈庄子〉的思考——从濠梁之辩说起》，《学术月刊》2006 年第 8 期。
[2] 徐复观：《中国艺术精神》，华东师范大学出版社 2001 年版，第 44 页。

判断而不是事件描述,是对庄子的误读。① 而惠施对庄子的诘问:"子非鱼,安知鱼之乐?"显然直接就是陷入了他的求知思考方式,将庄子的事件描述误读为了事实判断。为什么会有这种误读?原因就是他们的思考方式不同,惠施追求的是一种概念性的知识活动,要对事实下判断,而庄子追求的是一种体悟性的感知,只是描述对事件的感知、领悟。从哲学上来说,庄子的哲学是诗意的、体验的、美学的,惠施的哲学则是理性的、认知的、科学的。

惠施的这种求知的追求还表现在他的善辩、好辩上,在从政时,他与他的政敌和同僚辩,坐船时,他与船夫辩②,后来见到庄子,又开始与庄子辩。庄子反对执迷于辩,并在《齐物论》中提出了"辩无胜"的观点,认为辩论要分出胜负就要有一个标准,但是这个标准在庄子看来是找不到的。在庄子看来,好辩容易陷入自以为是的境地,以致昧于道。他说:"昭文之鼓琴也,师旷之枝策也,惠子之据梧也,三子之知,几乎皆其盛者也,故载之末年。唯其好之也,以异于彼;其好之也,欲以明之。彼非所明而明之,故以坚白之昧终。"(《庄子·齐物论》)庄子认为,惠施虽然在辩论上有所成就,但是大道已亏,未明大道,但强自以为明,而又明知于他人,终身蒙昧于坚白之辩,终无大成。此外,庄子在《徐无鬼》中还举了鲁遽及其弟子的例子③,指出音律上相应共鸣的道理,并不稀奇。鲁遽以宫召宫、以角召角,与其弟子以阳召阳、以阴召阴性质是相同的,犯了自以为是的错误,庄子在这里暗讽惠子也犯了自以为是的错误,而且惠施沉迷与他人争胜,偏离了大道。在

---

① 彭锋:《事实与事件——从濠梁之辩看哲学之本》,《天津社会科学》2013 年第 1 期。
② 刘向《说苑·杂言》:梁相死,惠子欲之梁,渡河而遽堕水中,船人救之。船人曰:"子欲何之而遽也?"曰:"梁无相,吾欲往相之。"船人曰:"子居船楫之间而困,无我则于死矣。子何能相梁乎?"惠子曰:"(子)居艘楫之间,则吾不如子。至于安国家全社稷,子之比我,蒙蒙如未视之狗耳。"
③ 《庄子·徐无鬼》:庄子曰:"射者非前期而中谓之善射,天下皆羿也,可乎?"惠子曰:"可。"庄子曰:"天下非有公是也,而各是其所是,天下皆尧也,可乎?"惠子曰:"可。"庄子曰:"然则儒墨杨秉四,与夫子为五,果孰是邪?或者若鲁遽者邪?其弟子曰:'我得夫子之道矣!吾能冬爨鼎而夏造冰矣!'鲁遽曰:'是直以阳召阳,以阴召阴,非吾所谓道也。吾示子乎吾道。'于是为之调瑟,废一于堂,废一于室,鼓宫宫动,鼓角角动,音律同矣!夫或改调一弦,于五音无当也,鼓之,二十五弦皆动,未始异于声而音之君已!若是者邪?"惠子曰:"今乎儒墨杨秉,且方与我以辩,相拂以辞,相镇以声,而未始吾非也,则奚若矣!"庄子曰:"齐人蹢子于宋者,其命阍也不以完,其求鈃钟也以束缚,其求唐子也而未始出域,有遗类矣!夫楚人寄而蹢阍者;夜半于无人之时而与舟人斗,未始离于岑而足以造于怨也。"

《寓言》中,庄子孔子不敢自以为是且能够与时俱化①,再一次批评了惠施与人争辩不休以致劳神劳形、执而不化的做法。

四 物之辩:物化与历物

在《庄子·山木》中,庄子提到要"物物而不物于物",即"以物为物而不被物所物役",这句话可以概括庄惠哲学对于物的不同态度。庄子哲学是一种诗意的哲学,是"物物",人在诗意的境界中回到世界本身。惠施看问题则持理性和科学的态度,是"物于物",以理性的态度分析外物,但常常被"物"所"物役"。庄子是仰观于道,惠施则是俯察于物。老子在论"道"时,就既从形而上的性质上规定"道可道,非常道",又引入形而下的"物"作对照来强为之说。庄子将老子的"有物混成,先天地生"(《老子·二十五章》)发挥为"夫道,有情有信,无为无形;可传而不可受,可得而不可见;自本自根,未有天地,自古以固存。"(《庄子·大宗师》),他"深刻而周延诠释出'道'虽无形无象,却具有实体性。这种实体性的'道'的本根虽然具有可以成为具体实在万物的功能,但它的存在方式只能是'无'。"② 在庄子看来,道生天地万物,道内在于天地万物之中,但"道"与"物"并不等同,沉迷于物反而会为物所累而昧于道,但若以道观之,则"天地一指也,万物一马也"。(《庄子·齐物论》)惠施则昧于道而囿于物,以物观物,以物言物,沉湎于"历物"而"其道舛驳,其言也不中"(《庄子·天下》)。

在《庄子·大宗师》中,庄子讲了一个关于南伯子葵和女偊的寓言故事,若要闻道进而达道,需做到"外天下"、"外物"、"外生",进而才能"朝彻"、"见独"、"无古今"、"不死不生"。在《至乐》中,庄子以自己的行为诠释了这一境界:

---

① 《庄子·寓言》:庄子谓惠子曰:"孔子行年六十而六十化,始时所是,卒而非之,未知今之所谓是之非五十九非也。"惠子曰:"孔子勤志服知也。"庄子曰:"孔子谢之矣,而其未之尝言。孔子云:'夫受才乎大本,复灵以生。'鸣而当律,言而当法,利义陈乎前,而好恶是非直服人之口而已矣。使人乃以心服,而不敢蘁立,定天下之定。已乎已乎!吾且不得及彼乎!"

② 王雅:《显与隐:老子之"道"的"有"与"无"》,《辽宁大学学报》(哲学社会科学版)2011年第6期。

庄子妻死，惠子吊之，庄子则方箕踞鼓盆而歌。惠子曰："与人居，长子、老、身死，不哭亦足矣，又鼓盆而歌，不亦甚乎！"庄子曰："不然。是其始死也，我独何能无概然！察其始而本无生，非徒无生也而本无形；非徒无形也而本无气。杂乎芒芴之间，变而有气，气变而有形，形变而有生。今又变而之死。是相与为春秋冬夏四时行也。人且偃然寝于巨室，而我噭噭然随而哭之，自以为不通乎命，故止也。"

妻子死了，庄子不但没有表现出悲戚，反而鼓盆而歌，惠施见此情景甚是气愤。其实，庄子并非薄情，他自己也说"我独何能无概"，但是庄子以道观之，洞悉生死，人本无生无形，复又归于无生无形，此乃大道自然之本性，何须"噭噭然随而哭之"！庄子说"圣人之生也天行，其死也物化"（《庄子·刻意》），又说"知天乐者，其生也天行，其死也物化"（《庄子·天道》）。可见，庄子认为，圣人生的时候能顺应自然、合于天道，死的时候也只不过是"物化"了，复归于自然、天道。这里所说的"物化"虽然与"庄周梦蝶"中所言的"物化"略有不同，但若从道的层面上来看，其实仍然讲的是"万物化而为一"。惠施不明此理[1]，终日沉迷于研物析理，"历物之意"，虽能"饰人之心，

---

[1] 《庄子·天下》对惠施学术的概括及评价:惠施多方，其书五车，其道舛驳，其言也不中。历物之意，曰："至大无外，谓之大一；至小无内，谓之小一。无厚，不可积也，其大千里。天与地卑，山与泽平。日方中方睨，物方生方死。大同而与小同异，此之谓'小同异'；万物毕同毕异，此之谓'大同异'。南方无穷而有穷。今日适越而昔来。连环可解也。我知天之中央，燕之北、越之南是也。泛爱万物，天地一体也。"惠施以此为大，观于天下而晓辩者，天下之辩者相与乐之。卵有毛。鸡有三足。郢有天下。犬可以为羊。马有卵。丁子有尾。火不热。山出口。轮不蹍地。目不见。指不至，至不绝。龟长于蛇。矩不方，规不可以为圆。凿不围枘。飞鸟之景未尝动也。镞矢之疾，而有不行、不止之时。狗非犬。黄马骊牛三。白狗黑。孤驹未尝有母。一尺之棰，日取其半，万世不竭。辩者以此与惠施相应，终身无穷。桓团、公孙龙辩者之徒，饰人之心，易人之意，能胜人之口，不能服人之心，辩者之囿也。惠施日以其知与之辩，特与天下之辩者为怪，此其柢也。然惠施之口谈，自以为最贤，曰："天地其壮乎，施存雄而无术。"南方有倚人焉，曰黄缭，问天地所以不坠不陷，风雨雷霆之故。惠施不辞而应，不虑而对，遍为万物说。说而不休，多而无已，犹以为寡，益之以怪，以反人为实，而欲以胜人为名，是以与众不适也。弱于德，强于物，其涂隩矣。由天地之道观惠施之能，其犹一蚊一虻之劳者也。其于物也何庸！夫充一尚可，曰愈贵，道几矣！惠施不能以此自宁，散于万物而不厌，卒以善辩为名。惜乎！惠施之才，骀荡而不得，逐万物而不反，是穷响以声，形与影竞走也，悲夫！

易人之意，能胜人之口，不能服人之心"，"由天地之道观惠施之能，其犹一蚊一虻之劳者也。"（《庄子·天下》）

纵览庄惠终生之辩，两人始终似乎各说各话，似乎思想交锋激烈，然而谁也没有说服过谁。原因何在？最根本的在于，他们生活在两重不同的世界当中，面对同一对象，在他们各自的世界当中映现的却是不同之物。惠施没有著作流传下来，对其思想的梳理把握只能大部分依据《庄子》书中的记载，然而《庄子》毕竟主要是庄子思想的著作，虽然书中多次记载了庄惠的直接交锋，但惠施似乎每次都没能展开，庄惠交锋也似乎成了庄子阐发其思想的载体。庄子虽然不同于惠施之说，但并不怀疑惠施之能，而且定在与惠施的思想交锋中受益颇多，所以惠施死后，庄子过惠施之墓，才发出了"自夫子之死也，吾无以为质矣，吾无与言之矣！"（《庄子·徐无鬼》）的感叹。

参考文献

[1]《庄子》：《逍遥游》、《齐物论》、《德充符》、《大宗师》、《秋水》、《至乐》、《徐无鬼》、《外物》、《寓言》等诸篇。

[2] 陈鼓应：《庄子今注今译》，商务印书馆2007年版。

[3] 陆永品：《庄子通释》，中国社会科学出版社2006年版。

[4] 郭庆藩：《庄子集释》，中华书局1961年版。

[5] 徐复观：《中国艺术精神》，华东师范大学出版社2001年版。

[6] 杨俊光：《惠施公孙龙评传》，南京大学出版社1992年版。

[7] 杨国荣：《他者的理解：〈庄子〉的思考——从濠梁之辩说起》，《学术月刊》2006年第8期。

[8] 彭锋：《事实与事件——从濠梁之辩看哲学之本》，《天津社会科学》2013年第1期。

[9] 梁徐宁：《庄子的"物化"概念解析》，《中国哲学史》2001年第4期。

[10] 陈鼓应：《庄子论情：无情、仁情与安情》，《哲学研究》2014年第4期。

[11] 王雅：《显与隐：老子之"道"的"有"与"无"》，《辽宁大学学报》（哲学社会科学版）2011年第6期。

[12] 朱怀江：《庄子"有无之情"论辩证》，《新疆师范大学学报》（哲学社会科学版）1999年第1期。

从实践辩证法的现实转向到否定的辩证法的文化转向

——马克思到阿多诺辩证法的内在逻辑演变

付 威[*]

  从实践辩证法到否定的辩证法的逻辑演进来看,马克思实践辩证法是对传统辩证法的批判即对黑格尔辩证法的批判,黑格尔的辩证法是在抽象的理论层面或在形式上完成了辩证法的精神性的运动。然而,这种辩证法表面所具有的批判性与否定性实则是对现存事物作为保守理论的一种辩护,也就是对"旧世界"的维护,而不能彻底地"改变世界"。马克思实践的辩证法正是切入现实之中,只有对社会批判即现实的资本主义制度批判才能彻底地改变世界,以实现人类的整体的解放。马克思通过对现实的批判完成了对资本主义私有制及其生产关系在内的整个资本主义社会逻辑与背后的历史观的批判,无论马克思对整体性的社会批判还是对人类解放的政治追求,他的批判是以建构性为基础的,他的批判既是对启蒙以来辩证法的最高完成也是对资本主义现代性批判的最后阶段。终结本身就意味着开启,以解构性形式出现的辩证法就成为了时代发展的必然。阿多诺否定的辩证法是以解构性为基础的辩证法,阿多诺辩证法之所以会走向"否定的"批判性,之所以将马克思对于社会制度的现实批判转向对文化的现实批判,从现实批判性的角度来看,马克思是阿多诺辩证法的过渡和历史逻辑发展的一个理论环节。

一 马克思实践辩证法批判的现实转向

  马克思实践辩证法批判的现实转向是针对传统辩证法也就是黑格尔辩

---

[*] 付威,中共辽宁省党校哲学教研部,辽宁沈阳,110004。

证法的批判的基础之上而转向对现实的资本主义制度的批判。他反对一切将辩证法建立在抽象事物的基础之上的传统哲学，同时也反对为哲学寻找一切本体论的基础。他立足于实践对传统的辩证法予以批判，即对旧世界进行批判而发现新世界。这个新世界不再停留于抽象的思维层面，而是转向到人的现实生活之中。马克思认为任何一种独立的观念都不会成为历史，他反对建立任何一种哲学的本体论，哲学在马克思的视域内已经失去了生存的环境。马克思所要改变的是黑格尔的辩证法表面具有批判性与否定性，而实则是作为一种保守的理论对现存事物进行完整的辩护，这种"批判的武器"即理性实则是在理论层面对现存的世界进行着解释。而马克思抓住了黑格尔辩证法所存在问题的关键之处，他用实践的劳动特征对现实的矛盾进行彻底的批判与否定，这种革命性的力量是现实的革命性的力量，它是一种"武器的批判"。在马克思看来，理性的批判当然不能代替现实的批判，只有对现实的社会或资本主义的制度进行批判才能够彻底地改变世界。

马克思对黑格尔的辩证法进行批判时指出，"现代德国的批判着意研究旧世界的内容，而且批判的发展完全拘泥于所批判的材料，以致对批判的方法采取完全非批判的态度，同时，对于我们如何对待黑格尔的辩证法这一表面上看来是形式的问题，而实际上是本质的问题，则完全缺乏认识。"[①] 黑格尔的辩证法是传统的旧哲学的形而上学的最高表现，他用"宗教、概念、普遍的东西统治着现存世界"，他将主体的思维过程作为产生现实世界的根源。由此将这种思维过程所产生的现实事物作为一种"外部表现"。将现实的本质确定在了抽象的存在之上，使其失去了现实的真实性与现实主体的能动性。只能在抽象的直观的层面或作为观念的东西对现存的事物进行辩解与解释。而马克思认为，正是由于传统辩证法的批判性特征只停留于理论层面，而对现行的资本主义制度进行辩护才导致了资本主义制度所产生的对人的统治与支配，人生存在了牢笼之中没有自由可言。马克思认为只有对现存的社会制度进行彻底的批判，人们才能获得自由的世界。在资本主义的制度之下，人们与自身的类本质、自然、社会都发生了异化，造成这种异化的根源在于资本主义私有制，私有制是资本主义存在的前提和基础，对资本主义私有制的批判在于资本主义生产方

---

① 《马克思恩格斯全集》第 3 卷，人民出版社 2002 年版，第 312 页。

式的批判，资本主义生产方式存在着资本主义的私人占有与生产资料的社会化两方面的矛盾，进而导致了资本主义的种种弊端与缺陷，只有通过对异化的扬弃及私有制的消灭才能够实现人们的自由与解放。"环境的改变和人的活动的一致，只能被看作是并合理地理解为变革的实践。"① 当"生产资料的集中和劳动的社会化，达到了同它们的资本主义外壳不能相容的地步。这个外壳就要炸毁了。资本主义私有制的丧钟就要敲响了，剥夺者就要被剥夺了"。② 马克思正是通过实践劳动才改变了生产关系，祛除了私有制。马克思正是看到了以往哲学家在概念及其理论超越的有限性，从而主张实践并不是在观念之中来实现的，而是要从物质实践的角度来阐发观念。实践不能在观念的领域内来完成，它只有在批判的与革命的实践之中来把握世界，只有通过实践或感性活动才能达到人与世界的现实的内在连接。"对此，马克思号召全世界无产者联合起来，使现存世界革命化，向现存的资本主义制度开火，推翻那些使人成为受屈辱、被奴役、被遗弃和被蔑视的东西的一切关系。"③ 就这样，马克思从实践或劳动的角度变革了以往哲学中对世界的看法，他将世界赋予能动性的特征即实践的特征，认为世界通过人的实践活动在不断地生成与改变。由此，马克思便转换了哲学由解释世界到改变世界的理论视角，他不再关注于对世界进行抽象性的解释，而试图通过以资本主义制度的实践性的批判为中介来建构一个全新的世界。在这种意义上来说马克思对现实的批判是以建构性为基础来完成的，只有在新世界里能够达到人与世界的统一，以至于在现实的世界中寻找到人的存在价值，这种存在价值的体现不仅是对现实世界的改造以及对精神世界的改造，还是通过实践寻找到适合于人的生存与发展的新世界，即为人的自由与解放寻求一条现实之路，这也是马克思实践辩证法的建构性批判的真正意图所在。

二 辩证法建构性批判的历史消解

作为辩证法现实批判发展到马克思的实践辩证法，已经实现了对于包

---

① 《马克思恩格斯文集》第1卷，人民出版社2009年版，第504页。
② 《列宁全集》第57卷，人民出版社1990年版，第17页。
③ 白刚：《马克思的资本辩证法》，《江苏社会科学》，2010年第3期。

括私有制及其生产关系在内的以后历史观的批判，马克思无论从整体性对社会进行的批判，还是为实现全人类的整个解放的追求，他的实践辩证法的批判是以建构性为基础的。马克思实践的辩证法既可以理解为近代启蒙在辩证法上的完成，也可以视为对于资本主义现代性批判的最高形成和最后阶段。然而，终结本身就意味着开启，建构性作为现代话语时代的产物本身就走到了它的历史的终点，以解构性形式出现的辩证法就成为了时代发展的必然。这为阿多诺的否定的辩证法出场提供了理论准备。

马克思实践的辩证法建构性的批判主要体现在对资本主义制度进行批判并在"共产主义"之中而告结束。马克思的共产主义既是对现代社会批判的逻辑的、历史的完成，又是在反对现实的基础之上所构建的现代性的方案，只有在共产主义之中才能完成人的全面的自由与解放的发展。在资本主义制度统治下的社会，人表现为异化的人，并陷入生存危机的处境，人在资本主义制度中受劳动及其分工的影响导致了人的工具化与碎片化，人类在这样的制度当中完全失去了自由及其发展的可能。马克思的实践辩证法正是以批判与审视的目光看待资本主义制度给人类的生活或生存带来的压制。通过对资本主义制度的批判与剖析，马克思看到了"资产阶级在它的不到一百年的阶级统治中所创造的生产力，比过去一切世代创造的全部生产力还要多、还要大"[①]，同时也看到了，历史的巨大的生产力给人类带来的异化的境遇，人在资本的急剧增长之中的贬值，马克思正是通过对资本主义内在矛盾的揭露与分析之后，提出了实践辩证法向共产主义的发展方向及其解决的措施，他不仅实现了对整个社会的现实批判，更完成了人类的整体的自由与解放。从逻辑的发展进程来看，马克思的实践辩证法所建构的共产主义既是近代启蒙在辩证法上的完成，又是对资本主义制度批判的历史性逻辑的终结。近代启蒙确立了现代性发展的基本路向，它以思维方式及其美好的世界图景以及获得人的自由与解放为最终的价值旨归。但当这种自由仅仅是作为资本主义制度的政治口号时，未能实现人的真正的自由。黑格尔首次运用辩证法所实现的是历史性的表达，是抽象的、精神的运动，他所完成的近代启蒙的价值追求仍然是精神性的抽象自由。马克思从理论研究及其对现实性的分析中得出了合乎历史逻辑的

---

① 《马克思恩格斯文集》第 2 卷，人民出版社 2009 年版，第 36 页。

共产主义思想成果，他在现实的意义上实现了人类的自由与解放，马克思真正地在现实之中实现了自由，这种自由是在实践的辩证法上对近代启蒙的完结，也可以理解为对资本主义现代性批判的最高表现。

马克思以实践辩证法对共产主义的追求完结了对现代性的建构性批判，但并没有完结辩证法本身的革命性进程。卢卡奇主张总体性的辩证法，这是对马克思主义辩证法的一种理解，他认为辩证法只能作为一种方法将社会生活与历史的发展作为整体的过程而显现，整体是凸显部分意义与性质的总和。但卢卡奇认为"总体的范畴绝不是把它的各个环节归结为无差别的统一性、同一性"①。他将社会历史领域中的主客体关系融入到总体性之中，将思维主体转换成了无产阶级，无产阶级通过实践来完成对资本主义总体性的认识，进而通过阶级意识对资本主义的社会现实进行干预并实现对社会的改造，由此，理论与实践统一到了社会历史之中。同时，卢卡奇还对资本主义制度所造成的物化进行了批判，认为只有无产阶级成为整体社会意识的法人才能对资本主义制度造成的物化进行克服。在卢卡奇看来，马克思的辩证法不是对世界进行描述和认识的方法，而是对现实进行改造的方法，同时这也成为了马克思辩证法革命性的特点，成为辩证法实质的总体性才得以实现。卢卡奇的总体性的辩证法不仅为阿多诺否定的辩证法提供了对现实资本主义制度批判的理论视角，而且还成为了向阿多诺以解构形式出现的辩证法过渡的环节，由之开启的以解构形式出现的辩证法走在了时代的前列。

三 否定的辩证法现实批判的文化转向

马克思的实践辩证法通过对资本主义制度的批判实现了对现实批判的转向，并在对现实的批判之中，用具有能动性的实践活动建构了共产主义的美好世界，马克思就此完成了从"解释世界"到"改变世界"的革命性变革。从马克思对现实的批判之中，我们可以看到马克思的批判是辩证法内部的包含肯定的批判，由此，马克思的实践辩证法是建构性的批判。而阿多诺否定的辩证法以解构性为基础也对资本主义的制度进行了批判，

---

① [匈]卢卡奇：《历史与阶级意识》，杜章智等译，商务印书馆2009年版，第61页。

他在对资本主义制度展开批判的同时，借助于马克思实践辩证法中对资本主义制度当中的经济及政治批判的基础，将其转向对文化的批判。文化及其意识形态造成了资本主义社会成为一种统治的形式，这种统治形式是由理性的同一性原则来操作的。由此，阿多诺的辩证法走向了"否定的"批判性。他将马克思对于社会制度的现实批判转向对文化的现实批判，从现实批判性的角度来看，马克思是阿多诺辩证法的过渡和历史逻辑发展的一个理论环节。

马克思的实践辩证法开创了向现实社会批判的理论步伐，对现实社会批判的理论体现在对资本主义制度当中，资本主义制度包括经济及政治制度等在内。资本主义的进步与发达都是靠科技背后的经济力量的推动，马克思对资本主义世界的本质矛盾的揭露便从经济学的角度入手，商品形式的秘密的揭露体现出资本主义世界的经济力量。在资本主义的经济制度下，商品之中蕴含着资本家与劳动者之间的剥削关系，商品本身所具有交换价值与使用价值，"商品作为使用价值的这种存在，和它的自然的、可以捉摸的存在是一致的。"① 当商品作为客体存在时，它使用价值占据着商品的首要性，而当客体成为商品时，商品的自然属性消失在了交换价值之中，由此，交换价值便成为了首要性，劳动产品本身的社会性质在资本的转化中形成了产品的物性，在这个抽象的物化的普遍世界当中，人与人的社会关系就变成了物与物的关系。阿多诺正是站在了马克思对现实社会的批判基础之上对资本主义制度进行了批判，只不过阿多诺对现实的批判即对资本主义制度的批判转向到文化批判之上。在阿多诺看来，资本主义制度的核心在于资本主义的交换体制，在面对交换价值与使用价值之间的关系时，他站在了马克思的立场之上，认为使用价值丧失了它原有的自然功能，取而代之的是交换价值成为了事物的本质，事物原有的自然属性便消失殆尽。交换原则成为阿多诺否定的辩证法中社会批判理论的起点。这也是法兰克福学派的社会批判理论惯常的做法，把政治经济学当中的单一的商品交换原则作为批判起点的主导，这种批判传统来源于霍克海默将此问题作为资本主义分析的核心问题。阿多诺在秉承了这种批判传统之后，进一步将资产阶级当中的商品交换原则给人类带来的异化视为同一性的逻

---

① 《马克思恩格斯全集》第31卷，人民出版社1998年版，第419页。

辑所造成的,"资产阶级的理性以商品交换原则的形式真正接近于它自身与之相称并与自身相同一的体系"①。资产阶级通过脱离内容的纯思想形式总是将自己意识形态的本质抛出在外,而阿多诺认为资产阶级的意识形态可以准确地定位为同一性,它是一种资产阶级文化及其意识形态无意识地占统治地位的方式,它深入经济、政治、法律等各个领域,在法律领域中所表现的是形式平等,在政治领域所实现的就是程序正义。虽然在政治上人们有形式上自由选择的权利,但在"市民社会"中却成为了具体的不平等。这种"平等中的不平等"正是资产阶级的文化及其意识形态所造成的。阿多诺的辩证法正是与资产阶级的意识形态形成对立,使其成为一种反抗的权利,这种思想的权利成为了同一性的社会模式,由此,阿多诺的辩证法走向了"否定的"批判,即对同一性的否定。阿多诺否定的辩证法正是从对现实社会的资本主义制度批判入手,进而上升到对同一性的文化及其意识形态的批判之上的,从其现实批判的角度来看,马克思成为了阿多诺辩证法的过渡和历史逻辑发展的一个理论环节。

---

① [德]阿多诺:《否定的辩证法》,张峰译,重庆出版社1993年版,第22页。

人本属性文化境界的现实样态

浦家滢[*]

一 文化的发生机制：文化的人属性与"第二自然"

人总是文化的人，文化也总是属人的。正如蓝德曼所说，"我们是文化的生产者。但我们也是文化的创造物"[①]。

人作为一种对象化的存在，使得人先天有一种要将自身本质进行"外化"的要求。而人自身的抽象化、形式化能力，又使人不自觉地将直观的生存状态固定下来，再加之人的自由能力更使得这种固定具有了创造性，而不是单单对自然的重复，所以形成了与自然界不同的另一个世界——精神世界。精神世界在人类社会中不断被培育与教化，而扩展为人类整体的精神世界，而这个世界就是文化。文化从其根本就是对人的生命的表达，所以文化精神一定是自然而然地流露在人的生活方式之中的。所以文化本身就是属人的，也因此文化必然是对人的本质的揭示。文化的自我创造性其实就是人的创造性，文化创造的历史过程就是人的历史过程，文化创造的过程的整体性就是人的整体性，人以自身为目的，那么文化必然也是把人作为终极目标的。所以在我们发现人与文化的相生关系之后，我们会注意到，看待文化的问题时要先对人的本质先进行把握。但是文化与人的自然属性无关，因为文化不是对人的外在境遇的解释，而是对人内在本质的规定性的把握，据此而形成超越自然属性的"第二自然"。

人在自然中生存，但是人对自身能力运用的渴望使得人对现存自然

---

[*] 浦家滢，辽宁大学哲学与公共管理学院，110036。
[①] 蓝德曼：《哲学人类》，工人出版社1988年版，第264页。

有了创造性改变的动力,将现存世界通过符号、制度和物品等"文化形态"来表现出来,而这些"文化形态"就构成了人所特有的文化。德国生物学家格伦就对人的这种能力进行了剖析,他认为人与动物的不同在于人的"非专门化"(unspecialization)使得人不能像动物一样凭借某种自然本能在自然界中生存,所以人由于先天的自然缺憾只能在通过后天来弥补,而这种弥补活动就是文化,所以文化是人的"第二本性"。所以我们说文化其实是对自然的超越而形成的"第二自然"。文化是对人生命的体现,它出生于人的现实生活中,在文化的发生之日起就与自然保持着亲近关系,但他的成长使得它并不被限制在自在世界之中,它与人的生命活力的绑定,使得文化天然地显现出创造性。它把人的现实存在不断抽象,不断提升,最终造就超越于自然的精神世界,而这种提升又使得人自身在文化中得到了进一步提升,所以说文化从根本上就是与人的内在精神相关的形上追求。因为文化的超越向度的形成,其本质上与人对形而上学的追求有关,是人对形而上学的构建的具体表现方式。而形而上学的是以"境界"为确立目标的,致使文化哲学的思考亦是离不开对"境界"的追寻。

二 文化的形上追求:文化之境界的形成

文化作为人的创造物,它表现人的生命存在又超越人的生命局限,它本身就是人对现实世界再创造,其表现形式就是把现实世界提升为感性符号,使其作为精神的对象而存在,所以其存在就是形上的存在,所以文化本身就内涵着对形上世界的追求,对形而上学"境界"的不断追寻与创造。因为形而上学提供的不是关于人的知识或者对人的规范,而是给予人不断超越自身、升华自我的那种人的境界。进一步讲,人创造出的文化又会随着历史发展的沉积演化成为一系列的规定,反而对人自身的生活加以限制,而人又不得不对这些限制产生反应,接受它的强制。这时文化的群体性特征就明显地表征出来:"文化历史积淀下来的被群体所共同遵循或认可的共同的行为模式,对于个体的存在往往具有先在的给定性或强制性,它一旦形成,就对生活于这一文化模式之下的个体的行为和社会生活具有制约作用,甚至决定性作用。"① 而且随着社会生活的发展,人们越来越感受到了文化的这种力量。于是人在文化之中便产生了两种背离的感觉:一是置于文化创造过程中所体会到的自由感,一是被文化反身诸己限制时所感到的束缚感,这种束缚感使得人的精神存在又被紧紧地束缚在生活之中,于是人在生活之中开始处于自由与强制的两难境地。而正是这种悖论痛苦的文化生活使得人对于文化的认识与反思变得深刻与明晰,所以正是这种自由与强制的紧张关系,使得文化最终提升为一种境界。

文化之所以能提升为一种境界,其原因在于文化本身是一种具有抽象性质的精神产物。它既是对人的一种相对稳定的生活方式的提升,使得文化本身具有一种稳定性;另外也是对人不同生活方式的整体覆盖,所以文化又有了总体性特征;最后,文化从其发生机制讲,是整个人类在社会生活中共同形成的产物,所以文化必然具有整体性。正是因为文化具有稳定性、总体性和整体性的特征,使得文化能够最终提升到形上之中,成为具有形而上学性质的文化境界。也使得文化具有哲学的广阔性和深刻性。

而对文化哲学的境界提升使得文化哲学获得了自身的总体性和深层价值,使文化在理性之下进行有体系的构建。但是这种文化境界的构建在其根本上所表达的是与人的生活意义有关的理论的构建,给人提供的是时代精神的终极关怀,是对人"真实"的世界图景的提供。② 所以其体现的是对现实文化的重构,与人的真实世界相关。当然这种"真实"与科学的真实无关,不是对物理世界的反应,而是对人的"真实"全面的表达,即面对"实然",又包括"应然",是对人的现实生活的整体写照。文化哲学以结构体系的方式完整地体现着人对世界的认识方式、理解方式和生活方式,真实图景是文化哲学无法摆脱的出身。反之,文化哲学自身境界的改变也会使人的生活方式发生转变,因为文化哲学的总体性是在人的现实生活中形成并渗入现实生活的,从而成为人们观念的基本经验,并成为人的一种世界观的方式。据此,文化究其根本是人的文化,是从人的生活现实中发生出来的文化,所以文化所提升的境界是与人相关的境界,与人现实生活相关的境界。据此对于文化哲学的思考必然要奠基于现实文化之

---

① 衣俊卿:《文化哲学15讲》,北京大学出版社2004年版,第17页
② 陆杰荣:《论哲学境界的世界观品格》,《广东社会科学》2004年第1期。

上，而不是传统的本质主义的狭隘的认知理性的思考方式。所以梁漱溟认为，文化在其本质上表现为一种人的生活样态。

三 文化的最终样态：人的现实生活

文化的本质就是生活，就是人面对的现实的存在，就是人的世界的生命状况。文化本身就是人生命的流淌。因为文化哲学之境界的构建，无论是溯其发生机制，抑或是论其存在本体，还是追求最终目的，都是生活世界本身。所以我们对文化的理解和研究应该源自对现实生活的关怀，对人类生活历史进行研究，其结果必然是文化境界要求对现实回归。而人的生活样态本身表现为一个历史过程，所以它必然要面对传统和现代的矛盾与碰撞，文化哲学就是在传统与现代的张力之间对平衡点的寻找，而这种寻找就在于人的现实生活模式之中。

而马克思的现实路径似乎为我们文化哲学的现实样态提供了理论支持。正如霍桂桓对文化的定义："所谓文化，就是作为社会个体而存在的现实主体，在其具体进行的认识活动和社会实践活动的基础上、在其基本物质性生存需要得到相对满足的情况下，为了追求和享受更加高级、完满的精神性自由，而以其作为饱含情感的感性符号而存在的'文'来化'物'的过程和结果。"[①] 按照这个定义我们会发现文化其实有两个层面，一个是"物化"；一个是"精神"。文化以符号的样式在人类精神生活领域中存在，并在社会关系中的制度建设中体现，甚至在可能境遇下将这些符号以产品的方式出现在物质世界。据此，文化的双重属性使得文化和现实有了亲和的可能。

而其原因正在于文化本身具有的人属性，正如马克思所说："动物只是按照它所属的那个种的尺度和需要来建造，而人却懂得按照任何一个种的尺度来进行生产，并且懂得怎样处处都把内在的尺度运用到对象上去；因此，人也按照美的规律来建造。"[②] 只有人对世界的理解不仅仅停留在生存基础上，而是作为一个有生活感的个人的存在，体现着人的生命活

[①] 霍桂桓：《文化：是什么和为什么？》，《光明日报》，2011-08-03。
[②] 马克思：《马克思恩格斯选集》，人民出版社1995年版，第47页。

力。马克思在《德意志意识形态》中最重要的一个结论就是:"全部人类历史的第一个前提无疑是有生命的个人的存在。"① 所以"人们的存在就是他们的现实生活过程"②。既是说人存在的意义就是在现实生活中,人本质的体现就在于现实生活中,所以文化作为人本质的提升就在于人的现实生活之中,文化必然表现为人的现实生活样态,文化哲学所表现的境界是人所特有的表达方式。

而这种生活样态的体现追其根本在于人的实践,而马克思对人的实践理论的阐述深刻揭示了其中的本质所在。马克思从异化劳动的角度,揭示人是实践的存在物,而实践就是人类自由自觉的活动,据此拉开了对人的实践性意义论述的序幕。但人的实践是建立在外部的感性世界基础之上的,"没有自然界,没有感性的外部世界,工人什么都不能创造"。③ 所以"自然界……是人的无机的身体"④,人需要依靠自然界而生活,人与自然在不断的交互过程中维持自身的生存与发展,所以人对感性世界的依赖性是真实存在的,文化哲学境界的人属性注定了它必然要面对感性世界这一基础。但是实践作为人创造性的一种方式,与单纯直接的反映世界不同,"人通过实践创造对象世界,改造无机界,人证明自己是有意识的类存在物"⑤,并且在分工中将实践的力量展现得淋漓尽致。据此,实践本身就预示着生命具有创造性的活力,人对感性世界的要求不仅仅是要"解释世界",更重要的问题是在于"改变世界"。因此,人并不会无意识地生活于自然界所提供给他的现状,而是有意识地对自然界自在状态按照自身的尺度改造,并衍生出一种人所特有的具有文化性质的生活。据此,我们可以得到如下结论:"所谓哲学境界,就是人在实践活动的基础上,通过反思、批判的自我意识所确立的'应然'目标的境地。"⑥

马克思不仅为文化哲学对现实样态的回归提供了理论支持和可能路径,而且他本身的哲学就是一种文化哲学的论述方式。马克思哲学中所蕴

① 马克思:《马克思恩格斯选集》,人民出版社1995年版,第67页。
② 同上书,第72页。
③ 同上书,第42页。
④ 同上书,第45页。
⑤ 同上书,第46页。
⑥ 陆杰荣:《哲学境界》,吉林教育出版社1998年版,第4—5页。

含的对历史批判的特质使他没有局限在一个纯粹哲学的理论层面来探讨问题。他对资本主义的批判，和对共产主义的描述，都是和他那个时代的发展联系在一起，为了实现人对自身本质的复归和全面发展而对人的现实生活所开展的批判活动。他已经不再停留在书斋里进行思辨哲学的论述，而是与人的现实的生活联系在一起，对文化创造活动进行批判与建构，为人类的文明演进提供了巨大的前进动力。

四 文化哲学现实境界的当代意义

随着 20 世纪人类文化状况的全面改变，文化哲学问题从隐形哲学变成了当今最具影响的显性哲学。打破了文化的自在状态，文化自觉成为这个时代的现实要求，据此文化哲学于这个时代的意义也就变得重要了。对文化的反思已经上升为这个时代的精神的主题。

文化哲学将哲学的形上思考奠基在现实文化之上，使得哲学的形上追求从本质主义旨趣转变为一场关于人生价值意义的对话，使得哲学在人的日常生活中感受时代，提升为真正的表现时代精神的精华。我们之前对生活世界的深度遗忘，造成了哲学对生活世界的"失职"，而文化哲学对生活世界的回归，让我们的视野从本质主义中转移到生活世界中。而中国现代化进程的深入，导致了深刻的社会变革和文化冲突的加剧，文化哲学对生活世界的回归为我们中国哲学的未来发展提供了生机，为中国社会发展的新的现实境遇提供解决问题的可能路径。

当然我们也应该注意到，这种由文化哲学的实践品格所决定的植根于现实生活样式之中的文化哲学，使其必然伴随着多元化理解。这种对文化哲学的多元性阐述虽然促进了文化哲学的发展，也使得人们对于文化哲学地认识出现了一些混乱，因此我们在回归文化哲学的现实生活时也要理性地认识到其中伴随的问题。

参考书目

[1] 马克思：《马克思恩格斯选集》，人民出版社 1995 年版。

[2] 蓝德曼：《哲学人类》，工人出版社 1988 年版。

[3] 陆杰荣：《哲学境界》，吉林教育出版社 1998 年版。

[4] 李鹏程:《当代文化哲学沉思》,人民出版社 1994 年版。

[5] 衣俊卿:《文化哲学 15 讲》,北京大学出版社 2004 年版。

[6] 陆杰荣、张伟:《哲学境界:诠释马克思哲学的一个新视角》,《教学与研究》,2008 年第 11 期。

[7] 陆杰荣:《论哲学境界的世界观品格》,《广东社会科学》2004 年第 1 期。

[8] 霍桂桓:《文化:是什么和为什么?》,《光明日报》2011 年 8 月 3 日。

[9] 何萍、李维武:《文化哲学对人的本质的揭示》,《哲学动态》1988 年第 2 期。

形而上学内在主体逻辑探析

张 丽[*]

考察西方哲学历史演进中主体概念的变迁与形而上学的逻辑进路之内在关系，可以明确形而上学的问题域中主体性研究的重要意义，并通过对主体概念的新的理解，勾勒出未来形而上学之微观进路的可能性。

一

在主体概念与形而上学逻辑之基本设定的考察中，可见西方哲学中主体范畴与形而上学体系在关涉人性的人类学视域下其涵养、结构以及价值设定的一体化追求。

形而上学是一种关涉人性本身的哲学思考，它首先与人的依附关系问题关联起来，表现为对人的存在根据，人的存在方式，人的存在状态的应然和实然之间内在张力的拉锯和纠缠。这种内在张力通过时间与空间交汇在对主体概念的不同诠释中延异出西方形而上学内在逻辑演进的进路。主体是一种对象性的存在，而其与对象对应，表现为其自觉能动的属性。也可以说，在有限的历史境遇中，通过对不同的形而上追求的对象，即主体概念的关照，可以显现出形而上学本身的历史演进。形而上思考从设定之初，作为对世界存在根据的哲学沉思，就表现出其作为人的本性，从而成

---

[*] 张丽，(1987—)，女，山东淄博人，马克思主义哲学博士，华中农业大学马克思主义学院讲师，主要研究方向：哲学基础理论。

为人的存在的制导的至上权威。从将外在实体（或自然物质、或超验精神）作为自觉能动的主体，这一逻辑在对历史资料的梳理中可以得到印证。西方形而上学的理路在近代认识论的转向中，表现出从宏观视域向微观视域下降的逻辑线索，这一进展伴随着对主体理解的多层次展开。或者可以这样理解，西方形而上学对主体性的理解构成了这一深层进展的表层逻辑。人的存在在对主体概念的抽象中表现出人之为人的应然范型与实然状态，也可以说对主体范畴的关照是西方形而上学在概念层次的逻辑演进。从这个意义上说，西方形而上学通过主体概念的不同表达映现其自身的内在逻辑和不同样态。

主体范畴可以理解为一个二元论、概念论和意识论的内在结构，同时，主体也表现为一种历史性的存在和生成性的存在，是人的本性中形而上之思对权威的追求的概念产物。首先，主体是传统形而上学二元结构的产物。它通过与对象相区别，表现出自觉能动的能力，并因此表现出对对象的制导权威，主体通过对象化生成对象的过程也是主体本身形成的过程。同时，主体依赖对象的存在再现自我而存在。其次，主体通过形而上学表现为一种概念性的存在，也是人性对权威的追求。对主体的一般性理解，可以解读为近代认识论通过意识同一性建构人的主体性的勾勒。故而，主体被理解为人文主义转向中认识论的范畴。实际上，主体表达人为自然立法，人作为事物合理性标准的要求，是人认识事物，克服事物，改造事物的超越性追求。近代认识论，使对主体的诠释进入人类学视域，主体进入人自身，人成为能动的存在，当然这个人不是感性活动的人，而是作为人的属性的抽象概念中的人。形而上学的追求向人内部的回归，直接显现为主体概念的开显。最后，主体是一个生成的有意识的过程，主体从人的活动中产生，而非先在性的存在。主体是人在对象化活动中自由自觉的创造，实际上主体随着物化异化的控制而成为主体性的存在，生产单面向的主体，是主体作为一个逐渐生成的过程，也表征其历史性，从这个意义上，我们或者可以驳斥关涉形而上学与主体问题研究的任何关联，传统形而上学始终在空间中建构，形而上不是哲学本身，更可以言之为哲学的境界。

从人作为他者，人的意识作为实现物，到自我意识作为纯粹的实体存在的颠倒，是传统西方形而上学的主体逻辑。青年黑格尔派，费希特、谢林开始反思基于传统形而上学二元对立的理性结构,对主体与对象的理解,人从类抽象物转变为复杂抽象集合。马克思对异化的批判,突出地显示出对主体现实性的凸现,表现出对主体生成的历史性判断,使对主体的异质性理解提供了新的可能性。福柯等现代哲学家力图从非理性的视角破解理性主体,使主体与主体性,以及人的本性追求同一起来,主体不仅表征人,而且表征与人共在的人的存在和人的依附关系,从而在人类学视域下,将人的形而上学追求与人的主体性追求共同作为人的本性确定下来。人的本性是对作为主体的要求,亦可以说,形而上学作为关涉人性本身的思考,也可以说形而上学是建立主体的思维方式。形而上的精神追求,到个体境界追求,表现出形而上学内在结构的转变。形而上学的主体、对象、内容发生了转变,人是否作为主体,对人作为主体的属性的不同诠释构成了主体与形而上学研究的内在关联。

总之,一定哲学思考中形而上学的基本设定决定一定的主体概念及其基本属性,同时通过这种主体概念的变迁史的脉络,可以再现西方形而上学的主体逻辑,这不仅隐藏在两个不同视域的逻辑关联中,同时也能够在对两个范畴的哲学史的考察中得到相互的印证。

二

主体概念的逐渐开显是近代哲学通过人文主义向主体哲学转向的显现。主体概念伴随着哲学视域从对世界的根据转向对人本身的存在,主体性形而上学之建构的基本逻辑和内在结构得到充分展开。

其一,形而上学与主体概念原初设定中的内在亲和关系。

在超验性形而上学设定之初,主体表示根据,而非自我的概念,或者说主体是那个外在于人并作为人的意识能力存在根据的属性,柏拉图称之为理念,亚里士多德则称之为实体。古希腊哲学确立了主体概念结构的基本属性和规定原则。那就是主体表现出地其作为对象事物存在的根据,并突出地显现出一种能动的自我认知和自我实现的意识能力和精神能力的基本属性。事实上,从这种对主体的规定中可以演进出西方哲学关于人类学的诸多视域,也可以表现出主体范畴在远处设定的属性规定中作为形而上学的基本范畴。这不仅演变出理性主义的西方哲学传统,也逐渐开显为基于科学人类学背景的主体哲学。在关涉人类学的视域转换中，使西方哲学在关涉人类学的视域转换中基本可以概括为是主体哲学中通过主体概念变迁实现的演变史。显然，古希腊时期的主体概念还没有下降到人的内部，而是表现在人的外部作为人的存在根据的那种属性，它决定人作为意识的存在，生成人的意识活动，是人之为人的根据。古希腊哲学对主体的概念性理解，实体被理解为主体，主体是一种压制性的至上权威，超验的形而上学通过本体论对人之存在根据的追溯建构出西方形而上学的基本结构，在实践理性与理论理性的纠缠中显现出意识论、概念论与二元论三位一体的宏观建构，主体确立的基本原则被范畴化为一种根据性的探讨，表现出人类的现实生存状态的精神境界及超越性追求。可以说，在形而上学与主体概念的原初规定中，二者通过对人的超越根据的探讨表现出一体性的价值。中世纪，这种模糊的不可现的理念或形式，被拟人化为上帝的形象，在长达千年的黑暗时代，上帝是精神和意识的唯一主体，人的形而上学境界直接表现为一种被压制的特征，个体的微观境界被完全压制在主体精神权力控制中。同时，通过对个体实现分别精神控制的过程中，个体的形而上境界通路被自上而下，自外而内的完满绝对的主体强力打通，这条通路为此后主体的个体化，以及形而上境界的微观进路提供了新的可能性。

其二，形而上学与主体性建构的一体化过程。近代哲学，对人的关注从探讨存在的根据逐渐向探讨存在的状态下降，事物的存在表现为主体的存在。从笛卡儿的"我思故我在"，通过"思"与"在"的关系，主体哲学在近代逐渐开显并成为一种人类学的显学。这个过程首先在科学认识论中起步，主体显示为认识中的主体，认识主体标志意识同一性的原则，表达人通过理性思维能力可以实现对象事物的知识把握。对主体的解读建立在人类学基础和认识论基础之上，表示认识中和行动中与对象对立的人。这种方式是主体属性的破碎性方式将人的主体能力仅仅抽象为一种认知理性，而一切关涉能动的力量，即人的超越的力量仍然被归结为神的意志。认知理性仍然是人的类特质的追求，用意识同一性将宏大的本体论建构引入科学认识论体系，并最终指向超验的形而上学境界。人如何获得主体的全部能力，是启蒙哲学的思辨主题和理论任务。这就是说，主体作为那个奠定一切感觉、一切知觉、一切思维和一切意志的基础，必须是属人的。康德发现了完成这一任务的可能性，就是对批判的构造人作为主体的先验理性根据，主体被理性整合为三个维度，即纯粹理性的逻辑主体，实践理性的历史主体，审美判断的价值主体。康德将主体下降到人的完成，实质是主体完成了与先验理性结构的对接。就是在先验主体的前提下建构新的形而上学的根据的探讨，新的形而上学建构在超验对先验前提的确定之下。基于先验理性的完整建构的主体使人的类特质不仅以一种科学形态被探讨，而且仍然归结为一种全能的理性神。黑格尔对主体的自我实现权能的辩证塑造，使主体彻底表现为主体性，而非人的属性。黑格尔的主体是绝对精神。"主奴之喻"明确的表现出主体与客体的双重逻辑，在人作为主体自我实现的过程中，人是可能的主体，或者说在斗争中占据强力位置的人是主体；而在理性的自我实现中，作为肉体的人不过是自我意识的奴隶；同时绝对精神的历史实现中，个别的自我意识也是绝对精神控制的客体。总而言之，主体建立的三个辩证层次显示出自我意识的个体实现，不过是绝对精神历史实现的工具。绝对精神与自我意识的辩证关系构成人之为人，以及人的自觉运动的本质，绝对精神作为历史的起点、过程和指向，逐渐自我实现为历史和现实的世界，它的自由和实现是永恒的超越指向，绝对精神作为主体的自我实现是本体论、认识论、存在论、过程论、历史哲学的逻辑起点和归宿，是一切力量和动力的源地，是绝对纯粹完满。主体需要通过力量关系的对比和牵扯塑造出来，主体的生成过程也显现出主体作为发生性和生成性合一的存在，其实质是绝对精神的权力，以及通过自我意识辩证运动的实现。

近代哲学直至黑格尔以个体完全被贬斥为客体的方式，将主体作为主体性的原则完整地树立起来，通过思辨的方式实现抽象的历史的统一，实现了在哲学建立之初形而上学与主体概念的关系，"主体即实体"的原初设定。传统形而上学在黑格尔全能的绝对精神的塑造中完成了传统形而上学与主体概念从结构到过程的同一。当然，近代主体哲学使形而上学通过主体概念向先验结构的人的属性的倾斜，表现出向人的视域的下降，并且黑格尔的自我意识运动显现出向人的生成，以及个体实现的下降。作为实体的主体性理性，它不仅能够为现实世界立法，而且能够通过自我实现而完成现实世界，表现出形而上学的内在原则，是实体、动因、自我实现、意识统一、意志自由等纯存在的范畴。这使表现为在主体性基础上形而上学、本体论、知识论、认识论、意识论、人类学最终在存在论上的同一。

主体性形而上学的权威无疑体现基于这些原则彰显的人的理性权力，通过不同理性主义形式，如早期的经验理性与知识理性，启蒙时期的先验理性，黑格尔的绝对观念，通达人与世界的同一性这个旨趣中表现出作为人与世界的现实存在方式的至上的权威。通过理性的抽象能力，人们的理性完成了对象化的过程，用理性的秩序创制现实社会的规范，用理性的能力标榜人的价值，用理性衡量一切精神的意志的权力本身。无论何种理性主义都必须通过表现为形而上学的方式，也可以说任何精神都必须表现为作为根据，同时作为动力本身而显示出的对与现实世界以及现实的人的存在方式这种过程才能够显现出其内在的权力。从这一点上看，主体性形而上学的内在意蕴构成了西方社会内在秩序和建构原则的基本理念。

三

黑格尔以绝对精神对人的理性主体性的权力，勾勒出主体形而上学颠覆的开端。传统主体以为自我意识和抽象自我为主要内容的近代主体概念，消解在主客体统一的宏大历史叙事中。这个统一的基础是绝对精神和绝对理念的自我实现，自我意识被贬斥为对象。或者说主体被贬斥为客体的方式实现的，个体的主体性的绝对丧失，现实的个体丧失在"我就是我们，我们就是我"的历史精神中。它完全是在人被抽象的基础上完成的概念。黑格尔以绝对精神完成对主体的塑造，同时将人本身下降到最低的位置，经过费希特、谢林，黑格尔的绝对精神向"自我"下降，主体向人本身的倾斜，透射出重思人与主体的区别为主题的启蒙精神之必然逻辑。直至马克思将对象化过程理解为一种自由自觉地能动活动，现实的人成为历史活动的主体，并预示着形而上学作为人的历史性、现实性、价值性的三重属性的转向。

一方面，以现实的人为基础，马克思转变了精神与现实的相互决定关系，将精神的无限性与现实的有限性统一于人的实践活动中，显示出传统形而上学由宏观世界建构性向微观个体生成性的转变。马克思借助异化劳动分析，揭示出精神对象化的抽象本质，他指出，"黑格尔把人的自我生产看作一个过程，把对象化看作是去对象，看作外化和这种外化的扬弃；因而他抓住了劳动的本质，对象性的人，现实的因而是真正的人理解为他自己劳动的结果"。① 马克思明确了主体性的人的生产是劳动异化的产物，并且通过颠覆黑格尔的逻辑两端，使现实的人和绝对精神的地位互换，第一次将批判的注意力引至现实的人的生存境遇，指出"全部人类历史的第一个前提无疑是有生命的个人的存在"的命题。现实的个人，是那个现实的个人的现实所决定的，"个人是什么样的，这取决于他们进行生产的物质条件"。② 现实的社会活动的主体表现为在有限的历史境遇中表现出现实性、历史性以及类本质的个体，人以及将人的存在方式和生活状态的性质全部归结为他们生产的物质条件上，现实的人和人的现实是一切人的实现活动的出发点，制导一切对象化过程，作为一切生成物的价值原则。马克思的形而上学以现实的人为主体，以现实的人作为起点，显示出现实性、历史性、价值性的多重维度，从而第一次将形而上学的精神追求附属于现实的人本身，并归结为现实的人实现的，形而上学也第一次成为人本身的一种属性。

另一方面，马克思通过对现实社会的商品拜物教的虚假本性的揭露，在人的类本质与个体自由之内在至一中昭示出一种新的基于现实性的历史哲学视域的可能性，也是形而上学在关照现实的人的转身中，在历史主体的确认中关涉人的实现之无限可能性与有限现实性的统一。劳动异化在生产关系中表现为人与人关系的物化，通过商品—货币—资本的三次抽象，普遍的概念、形式以及理念作为有效的普遍原则和价值取向取代强制性暴力作为资本主义社会的无限性统治力量。权力依托于物的价值量的符号再现自身，这种方式隐匿于经济基础对上层建筑的决定作用中，马克思通过经济学—哲学进路，挖掘人的自然属性、社会属性及价值属性一体性的生成过程，为新的历史境遇下关涉人性的形而上学提供了新的进路。人性不仅表现为人的类本质，同时立足于现实的个人及其活动作为一切人类历史的出发点，现实的人是人类社会生成的基本要素，现实的人的个体实现成为人类共同价值的归宿，西方形而上学之微观视域随之开启。马克思在批判的历史主体的认定，以及在历史主体实现中个体的自由解放与自由人联合体的关联中，将现实的人作为主体，将主体性表述为一种感性现实的能

---

① 《马克思恩格斯全集》第42卷，人民出版社1979年版，第63页。
② 《马克思恩格斯选集》（一），人民出版社1995年版，第66页。

动性实践活动,人在自己的现实活动中,表现出个体的形而上学追求与人的类解放的统一,表现出个体境界与类自由的统一。历史的主体与人类的主体,依赖于从现实出发的人的自由自觉地能动活动,使主体成为从事感性活动的个体自身,并且决定这种生产的第一性或者称之为基础的生产是人的物质生产,或者说人的社会生活中感性活动的部分,这就是通过人的物质生产而实现的人与人的生产关系,形成的抽象的物的关系中人的现实交往活动,通过人的语言活动促成人的物质交往之外的社会生活。主体的生产与人本身的生产,或者说人的自我生成的过程同一起来,使人成为真正的自身活动的主体。现实的人的感性活动成为制导人的生成,历史主体的生成,乃至整个社会生活如何呈现出当下的存在状态的至上权力。基于现实性的实践活动,构成历史实践的基础,是形成人类社会历史发展的价值判断的标准。历史的生成以及历史的价值不再是黑格尔的自我意识或者绝对精神的抽象运动和对象化理性过程,而是人的自由自觉地能动活动以及历史的现实实践过程。

马克思对这种理性主义传统的权力架构方式的破解,通过对主体性形而上学对人的抽象和异化这一本质的揭露基础上,新的形而上学的指向建立在时代精神的精华的凝聚上,建立在指导改造世界的思维实践上,建立在批判现实世界的抽象活动上,是一种通向人的自由自觉活动的世界的超越性精神追求。首先实现了在实践论的基础上建构唯物史观,将主体归结为现实的人,将对象化归结为现实的人的感性活动,从而将主体性从意识同一性归结为实践同一性,并赋予人类的历史实践以及个体的感性活动本身作为检验真理的唯一标准的权威;从而将从精神到现实的认识路径,转变为从现实到精神的认识路径,将从认识到实践的理论进路,转变为从实践到认识的本体进路。实践因而表现出作为新的形而上学追求,对现实的人的根据,以及现实的价值的依据,以及对现实社会秩序的规范之设定的至上权威。具有历史意义的实践进而成为推动人类社会历史发展的动力。马克思并不是将实践规定为纯粹的物质生产,而是广泛涉及人的自由自觉地能动性活动,实践不仅是经济生产,而且是伦理道德生产,也包括社会公共生活以及人与人的关系的生产,关涉人的存在方式的精神生产。人的存在通过自由自觉地能动活动实现自我生成的过程,故而,实践从本质上是人的本真的存在方式和应有的存在状态,是人成为人本身的自我生产方式。实践生成的现实的个人是自由自觉地能动活动的主体，马克思通过实践概念摆脱了由抽象理性生产的主体性的人，而实现了新的历史主体。

马克思在现实的人的实现旨趣上的形而上学追求，在个体的自由自觉的能动活动中表现出一定的"有限性"与"无限性"，精神性与现实性，微观性与宏观性的统一，并且力图通过人的生成过程逐渐彰显出其多重层次和丰富内涵。从这一点上，马克思对新的形而上学的指向的揭示无疑表现出人类学的关怀，以及在关照人本身的过程中呈现出的必然的形而上趋势。马克思新的现实的人的形而上学的微观形而上学的路径，与传统形而上学的区别还在于马克思通过人的个体实践和历史实践实现自身的权能的确认。形而上的追求不再表现为超验的或先验的存在，不再表现为某种预设的目的、模型或必须遵循的逻辑规律，而成为多元化和异质性的生成过程的完成，从而显现出有限性的现实世界和人类实践的无限可能性。"无限性"从神秘的绝对的根据，转变为历史的生成的可能性，马克思开启了新的形而上学乃至现代哲学的新的论域，此后的现代哲学，无出其右地在这种对"无限性"的新的潜在表达中翻腾。

四

马克思对资本统治的揭露，直接表明了以符号形式出现的抽象的普遍形式仍然占据资本主义社会的统治地位。马克思以现实的人颠覆普遍的抽象形式的哲学反思，将主体同一性破解为个体异质性，但却仍然未能在现实生活中实现。"在此意义上，可以说主体性的形而上学虽然在理论上得到局部的瓦解，但在现实的生活世界中仍然在发挥着固有的作用。"[1] 将抽象理性转变为在现实世界中，这引发了基于福柯通过非理性对个体境界提升，以及哈贝马斯通过交往理性改造主体间性的不同破解方式的争论。总的来说，主体的异质性理解，以及形而上学微观进路的展开，共同交织出哲学境界在历史性、现实性与个体性三重属性。

一方面，这种探讨所涉及的启蒙精神和现代性态度，映现在福柯的微

---

[1] 陆杰荣、牛小侠：《"有限性"视阈下马克思哲学对旧形而上学的批判性超越》，《马克思主义与现实》2014年第2期，第46—52页。

观权力与主体化的关联中。福柯哲学被判断为一种微观权力学说，也被明晰为一种主体性哲学。这种争论的焦点集中于福柯对微观权力与主体化关系的纠缠中，知识—权力建构的主体性，并非真实的自由，而使压制性主体的生产，这种生产通过微观控制的方式渗透，主体被理解为异化与自由的中介，逐渐演变出一种通过建构新的主体关系，建构的形而上学与境界逐渐演变为一种生成的个体境界的追求，伴随着哈贝马斯主体间性探讨中多元理性重叠共识的确认，微观形而上学不仅表现在个体的精神境界的追求中，同时也表达为一种现实社会交往的权力关系。个体境界的实现最终被理解为人类的微观形而上学的重要路径。福柯的主体哲学包括批判与建构。批判主体哲学，同时倡导一种差异个体作为主体的微观存在，进而演变出一种通过提升个体境界的生存美学的方式。直至福柯，西方哲学微观视域才成为关涉人的存在的形而上学的可能性而作为一种显学。而实际上，这个形而上学从本体走向主体，从自然走向身体，从他者走向主体，从本体走向身体，从精神走向心灵的过程，可能通过嵌入一个主体概念的变迁过程。这涉及主体概念在福柯微观权力观中的多重内涵，而使微观视域、力本论以及形而上学勾连和纠缠起来。现代哲学，主体即个体的自我技术，将工具理性的生活自我改造为生存美学的生活，这种通过主体的个体境界之改造，实现一种新的人的依附关系，包括人与人的交往理性，人与自然的生存美学，人与社会的和谐发展等。

另一方面，哈贝马斯与福柯的辩论集中在如何改变人的存在状态这个问题上，福柯力图改造人的整个依附关系，而哈贝马斯则力主改造人与人的依附关系。故而，哈贝马斯将改造交往理性作为后形而上学的基点。主体间性作为现代哲学本体论追问的主要视域，其内在的生成逻辑可以追溯到马克思对生产关系哲学意蕴的阐明，商品交往是人的交往的物化表现，而这种物化在其后愈加突出的对于语言和符号交往的文化表现，文化作为一种凝聚精神和物质双重属性的载体，逐渐成为一个显性的哲学视域。主体间性探讨主体之关系属性，这种探讨能够达成的主体的对等基础在于哲学在认识论和价值论、人类学领取的已有成果。主体间性探讨的认识论基础，在于人作为人的存在具有认识对象达到其本性的权能。而究其关键基点而言，人是在实践中生成的现实性的个体，而在这一生成过程中，起决定作用的是那些参与这一个体生成的现实境遇，包括生产、生活中一切文化及其物化的成果，以及人作为类存在历史境遇中生成的共同的价值追求。可以说，主体间性是一种个人境界通过语言、文化等符号实现的价值交往，是主体在生成自身的实践活动中的必然环节。而正是通过主体间性表达的个体境界，与人的共同境界。

总的来说，反抗主体同一性的现代哲学家们往往基于反抗传统形而上学的建构性，而力图通过提升个体境界的方式提供一条新的实现超越性追求的路径，这通常表现为生存美学、技术审美化，或者改造交往理性的努力。这种看似简捷的方法却包含着巨大的内在矛盾，基于差异性和多元性、异质性的个体作为主体的努力，也是新的主体生成的唯一路径，而内在潜藏的矛盾却在于形而上学不仅表现为个体的追求，同时是在普遍的意义上达到人类对世界的共同看法，和对未来的共同愿景。而预设的前提则是自然主义的性善论。同时，也忽视了他们批判的那个现实的力量，他们用各自的理论努力证明了的那个事实，就是生产主体性的那种理性和权力具有生产的本性，他们不断生产和塑造自己的主体，并且通过这些主体控制个体本身。而受控制的个体又如何通过自身的努力摆脱受控制的状态呢？现象学之后，事件本身的处理方式发生分化，存在现象学与意识现象学，人作为独立的存在是一个综合体，而人的世界也消解在二元对立之中，成为一个生成中或过程中的存在。而实质上，这种消解在人之死之后，将弥漫在形而上追求之上的那些道德、意识、价值原则祛除，而恢复了人本身的存在状态，而人的存在不仅是现实性的存在，而且是精神的存在，是通过精神的存在，不仅是有限性的存在，而且是无限性的存在，这直接表现为个体作为境界性的存在方式。实际上，就西方哲学历史资料和内在逻辑的考察，主体概念由同一性向异质性，传统形而上学向微观形而上学的演进，渐次凸现出个体境界作为现代哲学重要归宿的事实，并逐渐确证出这一事实的生成逻辑和内在意蕴。同时，主体间性与形而上学微观进路的相互缠绕也共同昭示出境界问题的现实性、历史性与个体性的三重转向。无论是自我技术还是主体间性对个体境界的突出，以及微观形而上学指向个体境界的趋势，表现出哲学与境界在现代哲学中的趋同性。

"哲学境界使人借助于自我意识的方式，从人的生存活动中去寻求人的活动、意义根据的理论常识，是从普遍理论层次上对人与世界关系观后所确立的世界图景。"① 哲学境界起初表现为与形而上学一体的关系，它作为一种时代精华的世界观的个体审度，不仅再现出时代的追求，也表现出世界观的一种个体演绎，是哲学的精神通过自我意识的理解。哲学境界不仅是再现，同时也包含一种新的信仰对未来图景的构建，故而，哲学境界也表现出一定的个体差异。而哲学境界的个体差异决定人的精神活动以及指导感性活动的价值追求，"哲学的境界不过是人借助于精神表达方式，表示自身的思想与精神深度的方式"②。哲学的境界本身不仅是个体的关照，而且表现出个体的现实境遇，表现出历史性、现实性与个体性的特征。境界表征人的自在，自为，自觉，自律的存在方式，它通过人的形而上的思维再现人对现实的认知图景以及提供给人的感性活动以价值原则的方式，人从境界中获得合理性和合价值性、合道德性的行动目的和行动方式，这使境界表现出个体的差异性，以及现实性和历史性的多重属性。境界在理性的思维中呈现出其有限性与无限性在个体中的统一，是人的感性活动与超验境界的统一。

　　个体主体的生成，以及形而上学的微观进路，依赖于个体境界的提升这一逻辑的确认以及事实的显现，使中国传统文化重返潮流，中国哲学对个体境界的描述成为现代形而上学演变的有效资源。在当代中国道德文化以及价值观念的时代建设中，彰显出主体视域下形而上学微观进路研究的理论价值和现实旨趣。

---

①　陆杰荣：《哲学境界》，吉林教育出版社 1998 年版，第 60 页。
②　陆杰荣：《哲学境界》，吉林教育出版社 1998 年版，第 60 页。